CNRS HISTOIRE

INSTITUT D'HISTOIRE DU TEMPS PRESENT

Ecrire l'histoire du temps présent

En hommage à François Bédarida

Préface de Robert Frank

Actes de la journée d'études de l'IHTP
Paris, CNRS : 14 mai 1992

CNRS EDITIONS

Maquette originale de couverture :
Studio de création Cockpit

Illustration de couverture :
Reclining Figure, Henry Moore.
Musée National d'art moderne, centre Georges Pompidou, Paris.

ISBN 2-271-05121-5

Ont collaboré à cet ouvrage

Charles-Robert AGERON	Professeur émérite, université de Paris-XII
Jean-Pierre AZÉMA	Institut d'études politiques, Paris
Karel BARTOSEK	Institut d'histoire du temps présent - CNRS
Jean-Jacques BECKER	Université de Paris-X
François BÉDARIDA	Institut d'histoire du temps présent - CNRS
Alain BELTRAN	Institut d'histoire du temps présent - CNRS
Serge BERSTEIN	Institut d'études politiques, Paris
François BLOCH-LAINÉ	Inspecteur général honoraire des finances
Philippe BURRIN	Institut universitaire de hautes études internationales, Genève
François CARON	Université de Paris-Sorbonne
Roger CHARTIER	Ecole des hautes études en sciences sociales, Paris
Pierre COLIN	Institut catholique, Paris
François-Marie CROUZET	Professeur émérite, université de Paris-Sorbonne
Eric DUPIN	Journaliste à *Libération*
Etienne FOUILLOUX	Université Louis Lumière Lyon-II
Etienne FRANCOIS	Wissenschaftskolleg, Berlin
Robert FRANK	Institut d'histoire du temps présent - CNRS
Jean-Marie GUILLON	Université de Provence
Eric J. HOBSBAWM	Professeur émérite, université de Londres
Hartmut KAELBLE	Université Humboldt, Berlin
Serge KLARSFELD	Association des fils et filles des déportés juifs de France
François KOURILSKY	Centre national de la recherche scientifique
Pierre LABORIE	Université de Toulouse-II
Jacques LE GOFF	Ecole des hautes études en sciences sociales, Paris
Nicole LORAUX	Ecole des hautes études en sciences sociales, Paris
Pierre MILZA	Institut d'études politiques, Paris
Pierre NORA	Ecole des hautes études en sciences sociales, Paris
Luisa PASSERINI	Université de Turin
Denis PESCHANSKI	Institut d'histoire du temps présent - CNRS
Jean-François PICARD	Institut d'histoire du temps présent - CNRS
Michelle PERROT	Université de Paris-VII
Michael POLLAK †	Institut d'histoire du temps présent - CNRS
Krzysztof POMIAN	Ecole des hautes études en sciences sociales, Paris
Antoine PROST	Université de Panthéon-Sorbonne
René RÉMOND	Fondation nationale des sciences politiques
Paul RICŒUR	Professeur émérite de philosophie, université de Paris-X
Henry ROUSSO	Institut d'histoire du temps présent - CNRS
Michèle RUFFAT	Institut d'histoire du temps présent - CNRS
Dominique SCHNAPPER	Ecole des hautes études en sciences sociales, Paris
Jean-François SIRINELLI	Université Charles de Gaulle Lille-III
Alexander O. TCHOUBARIAN	Institut d'histoire mondiale, Moscou
Alain TOURAINE	Ecole des hautes études en sciences sociales - CNRS
Michel TREBITSCH	Institut d'histoire du temps présent - CNRS
Dominique VEILLON	Institut d'histoire du temps présent - CNRS
Pierre VIDAL-NAQUET	Ecole des hautes études en sciences sociales, Paris
Mercedes VILANOVA	Université de Barcelone
Danièle VOLDMAN	Institut d'histoire du temps présent - CNRS

Ecrire l'histoire du temps présent CNRS Editions 1993

ERRATUM

A également collaboré à cet ouvrage :
Patrick FRIDENSON, Ecole des Hautes Etudes en Sciences sociales

La transcription et la mise en forme
des interventions orales ,
l'ensemble du travail d'edition,
ainsi que
la composition de l'ouvrage
et de l'index

sont dus à
Marianne Ranson et Nicolas Roussellier

Avant-propos

François Kourilsky [1]

Cher François Bédarida, c'est un honneur et un plaisir pour moi d'ouvrir cette journée qui vous rend hommage. A travers vous, elle honore le mouvement que vous avez lancé et le temps présent dont vous vous êtes fait l'historien. Je voudrais rapidement rappeler comment, selon moi, vous avez contribué à ouvrir cette nouvelle direction de recherche et à la rendre féconde.

Votre carrière a brillamment débuté par des études à l'Ecole normale supérieure où vous avez côtoyé un grand nombre de ceux qui ont lancé vers de nouvelles perspectives la recherche française, non seulement en histoire, (je pense par exemple à Maurice Agulhon, Pierre Ayçoberry, Jacques Le Goff ou Emmanuel Le Roy Ladurie), mais aussi aux frontières de l'histoire, parmi ces sciences de l'homme avec lesquelles elle apprend alors à se frotter (je songe ici entre autres à Michel Foucault, Marcel Roncayolo, ou Alain Touraine).

C'est à l'histoire de l'Angleterre que vous vous appliquez d'abord et dont vous êtes un des meilleurs spécialistes français. Presque au sortir de l'ENS, vous êtes nommé professeur à l'Institut français du Royaume-Uni. Puis vous passez quatre ans au CNRS, bien heureux de vous accueillir et de vous faire «bénéficier» (selon la terminologie de l'époque qui mériterait une petite analyse historique et financière) d'une «allocation d'attaché de recherche». Vous étudiez en détail les structures et les opinions politiques à Londres à la fin du XIXe siècle, et devenez, après un passage à la Sorbonne directeur de la Maison française d'Oxford. Vous y retournerez plus tard en 1971 comme Visiting Fellow *à All Souls College. Parmi les nombreux articles et ouvrages que vous publiez durant cette période, je ne peux pas manquer de citer* La société anglaise du XIXe siècle à nos jours *(dont la réédition récente augmentée et révisée montre que vous n'avez jamais abandonné le*

1 . Texte de l'allocution prononçée par le Directeur général du CNRS à l'ouverture de la journée d'études du 14 mai 1992.

thème de vos recherches initiales), mais aussi, plus récemment Syndicats et patrons en Grande-Bretagne, *ou encore* La bataille d'Angleterre. *Alliant ainsi la monographie érudite à l'effort de vastes synthèses, vous apporterez une vision exceptionnelle de l'histoire contemporaine anglaise.*

On pourrait se demander ce que vient faire dans cette carrière déjà si bien remplie votre retour au CNRS en 1978 à la direction de l'Institut d'Histoire du Temps Présent. Celui-ci vient d'être créé, sur décision du Premier ministre et du CNRS, avec une double vocation : prendre le relais du Comité d'histoire de la Deuxième Guerre mondiale (qui est intégré à l'IHTP en 1980), et développer des études sur l'histoire la plus récente de la France et des pays étrangers (mais surtout de la France). La tâche est considérable, car tout est à inventer pour ce laboratoire propre du CNRS qui se constitue à partir de rien : recruter des chercheurs, définir des programmes, mettre en œuvre une politique de recherche, constituer un réseau de collaborations à la fois nationales et internationales. A un tel moment, le choix du directeur est essentiel, et le choix d'un historien de l'Angleterre, comme son acceptation, n'ont, pour ceux qui vous connaissent, rien d'étonnant : l'IHTP va être le moyen de satisfaire plus largement les curiosités que vous avez aiguisées sur l'histoire anglaise. Votre connaissance de celle-ci est une garantie d'un regard acéré et sans concessions dans ce domaine particulièrement délicat qu'est l'histoire du temps présent. Vous reprenez ainsi le flambeau d'une lignée d'illustres interprètes de l'histoire anglaise (Taine, Elie Halévy, André Siegfried, pour ne citer que des classiques), qui démontrèrent l'intérêt extrême de ce point de vue comparatiste pour la compréhension de l'histoire de France, tant il est vrai que ces deux pays rivalisent, se comparent, s'affrontent et s'imitent depuis des siècles.

Vous avez fait de l'IHTP une grande réussite et l'un des secteurs les plus brillants et les plus reconnus, dans le monde entier, non seulement au sein de la recherche historique française, mais de la recherche française dans son ensemble.

Il vaut donc la peine de détailler les traits que vous avez imprimés à l'IHTP, et qui expliquent largement, selon moi, ses succès.

En premier lieu, le travail d'équipe, si rare et si difficile à mener dans la recherche historique, est développé à l'IHTP à un degré inégalé. Cette notion de travail d'équipe caractérise la recherche moderne dans toutes les disciplines, et me semble en particulier nécessaire pour celle qui porte sur le temps présent : groupes de travail, séminaires, tables rondes, colloques, enquêtes qu'un chercheur solitaire ne pourrait pas mener : tels sont les ingrédients nécessaires dans un domaine où l'infini de la documentation disponible implique à la fois la spécialisation individuelle et la recherche commune permanente de la synthèse et des perspectives globales.

Ensuite, l'interdisciplinarité qui est aussi une caractéristique nécessaire des recherches sur l'histoire du temps présent que vous avez eu à cœur de développer. C'est sur le temps présent que les sciences humaines et sociales développent le plus souvent des approches nouvelles et variées.

Ouvert dès longtemps aux disciplines voisines, vous l'êtes aussi aux coopérations internationales. Vous savez que l'histoire du temps présent, confrontée plus que toute autre aux risques d'étroitesse de vue liée à un faible recul historique, les requiert non seulement pour compléter des connaissances et effectuer des comparaisons fécondes, mais pour élargir notre propre regard sur un objet si proche. Vous avez multiplié les collaborations et les échanges de vue avec la Grande-Bretagne bien sûr, mais aussi les Etats-Unis, l'Allemagne, l'Italie, l'Espagne, ou encore la Tchécoslovaquie, la Pologne, la Russie, la Chine...

Les nombreux colloques internationaux que vous avez organisés ont renouvelé un grand nombre de sujets. Récemment encore le colloque sur le gouvernement de Vichy, que vous avez publié avec Jean-Pierre Azéma, fut un grand succès.

Enfin l'IHTP a été porteur d'innovation en prenant à cœur de répondre aux demandes que divers secteurs de la société française lui ont adressées. Qu'elles émanent de ministères (aussi bien la Justice ou l'Équipement que la Culture), des Régions ou des entreprises (Gaz de France par exemple), ces demandes témoignent du besoin de compréhension globale et rationnelle du monde répandu chez nos contemporains.

Mais au-delà de ces caractéristiques de l'organisation et de la méthode de recherche qui sont celles de l'IHTP comme elles devraient l'être de tout grand centre de recherche, je voudrais rapidement dire quelles sont les deux conditions majeures, à mes yeux, du succès d'une histoire du temps présent, conditions plus nécessaires et plus difficiles à réunir en ce domaine que dans tout autre peut-être, et dont la présence à un degré éminent dans cet Institut est votre plus beau titre de gloire. Je veux parler du courage et de la rigueur scientifique.

Ceux qui écrivent l'histoire bénéficient souvent du confort feutré (intellectuel sinon matériel) des bibliothèques ou des dépôts d'archives. L'histoire du temps passé ne soulève que rarement des tourmentes. Certes, l'histoire de la Révolution française provoqua longtemps des tempêtes, et il arriva à l'histoire médiévale d'en connaître (Jacques Le Goff pourrait, entre autres, en témoigner). Mais cette atmosphère est le lot quotidien de l'histoire du temps présent et cette tension est souvent au cœur de votre «recherche ordinaire». Votre travail sur Vichy et les Français m'a ainsi fourni voici quelques mois le plaisir d'attaquer en justice l'auteur d'un libelle révisionniste qui taxait le CNRS «d'officine juive». Sans qu'il soit toujours (heureusement) nécessaire d'en arriver là, il est clair que l'intérêt suscité par l'histoire du temps présent la rend également riche de controverses, et la soumet au risque de pressions. C'est le courage des historiens qui peut faire naître le respect nécessaire. Votre exemple a permis à l'ensemble de la communauté historienne et même scientifique de progresser dans cette direction.

Ce courage ne serait rien, et ne forcerait pas le respect sans son pendant qu'est la rigueur scientifique. En un temps où la «vérité scientifique» est présentée dans tous les médias habillée des parures les plus attrayantes et tient lieu de référence absolue à tant de discours, les historiens sont, à un degré encore plus élevé que dans d'autres disciplines, soumis à une forme de pression extérieure à leur travail. Dans les sciences humaines ou sociales, chacun se sent souvent capable de jugement malgré une absence totale de compétence. Ici la complexité de l'objet peut servir de prétexte à un relativisme complet des interprétations et, par là même à toutes les manipulations. Il est donc nécessaire d'affirmer avec force la rigueur de la méthode comme seul constituant d'un savoir de type scientifique. L'histoire du temps présent, dont les enjeux dans les luttes de pouvoir sont énormes en dehors du monde de la recherche est soumise, plus que toute autre discipline, à des tentatives de manipulation : les arguments historiques sont au cœur de la guerre en Yougoslavie, de celle du Golfe Persique, ou des bouleversements politiques des pays de l'est de l'Europe. Seule une histoire du temps présent rigoureuse permet de soumettre à critique toutes les interprétations qui circulent sans avoir toujours de fondement. L'historien est le garant de l'approche scientifique. Il faut donc faire respecter votre discipline dans ses pratiques quotidiennes, qui sont le vrai creuset d'une démarche rigoureuse et indépendante : l'accumulation et la préservation des archives et des documents marquants, leur classement, leur analyse, et la réalisation d'études préliminaires antérieurement à toute conclusion hâtive.

Par votre travail inlassable dans cette direction, par le courage et la rigueur passionnée dont vous avez fait preuve et que vous avez su susciter autour de vous, vous êtes au cœur de cette grande aventure qu'est encore l'histoire du temps présent ; au nom de tous ceux qui en ont bénéficié et de toute la communauté scientifique, je vous en remercie.

Préface

Robert Frank

Lorsque François Bédarida décide de ne plus assumer à partir du 1er janvier 1991 la direction de l'Institut d'histoire du temps présent, l'équipe formule aussitôt le souhait d'organiser une journée d'étude en son honneur. Rendre hommage à celui qui créa le laboratoire et présida à ses destinées pendant plus de douze années n'est pas chose aisée, tant est considérable la dette affective et intellectuelle de chacun à son égard. Une option a été immédiatement rejetée, celle de consacrer cette journée à un bilan des travaux de notre institution : cette manifestation eût ressemblé à une autocélébration insupportable et incongrue. Il a été jugé préférable de demander à la communauté scientifique de nous aider à faire le point de la réflexion sur la notion même et la pratique d'histoire du temps présent. C'était sans doute la meilleure façon de témoigner notre amitié et notre reconnaissance à François Bédarida qui, comme directeur-fondateur de l'IHTP, est précisément la personne qui a le plus fait pour inventer et faire inventer les questions, problématiques et méthodes propres à mettre en valeur ce champ historique nouveau. Sans relâche, parce que la terre était encore en friche, il a incité ses chercheurs à ne jamais tenir pour évidentes leurs démarches et à toujours s'interroger sur leur sens et leur validité. C'est bien un laboratoire au sens propre et plein du terme qu'il a créé, capable de forger les outils conceptuels pour appréhender historiquement le temps présent. C'est donc sur ce terrain que nous voulions placer la rencontre.

Tous les membres de l'IHTP ont travaillé avec coeur à cette journée d'étude qui se tint le 14 mai 1992, et les personnalités invitées à y contribuer ont répondu spontanément et instantanément à l'appel, marquant ainsi de la plus belle façon leur estime pour l'oeuvre de François Bédarida. Après un travail considérable d'édition effectué par Marianne Ranson et Nicolas

Roussellier, les textes rassemblés à l'occasion de cette journée, donnent lieu au présent ouvrage. Que tous ici soient chaleureusement remerciés.

«Ecrire l'histoire du temps présent» n'est pas chose si naturelle. Cet acte suppose un travail sans cesse renouvelé de réflexion sur deux plans : sur la notion même de temps présent et sur la pratique de son histoire. D'où cette distinction entre le «penser» et le «faire» qui scande la journée d'étude et organise en deux parties le livre qui en découle.

Peut-on «penser le temps présent» ? ou plus précisément, peut-on concevoir «historiquement» le temps présent ? Telle est, autour de cette question, la première série d'interrogations posées par cet ouvrage. Et, parmi ces dernières, celle qui s'impose d'emblée est celle de la *validité* d'un savoir fondé sur l'appréhension historique du temps présent. Ce questionnement épistémologique est, encore et toujours, nécessaire. On ne peut en effet esquiver la critique de la raison historique en matière d'histoire du très contemporain si l'on veut juger de sa prétention à s'ériger en science. Le problème principal est de savoir si l'historien du passé très proche ne subit pas précisément le handicap de la proximité ; a-t-il suffisamment de «distance» pour faire de l'histoire du temps présent une histoire digne de ce nom ? De fait, la cause est entendue, «la bataille est gagnée», écrit à juste titre René Rémond dans son introduction au débat. Cette sorte d'histoire, longtemps décriée, a conquis son rang et son statut, et les travaux de l'IHTP ont pesé de leur poids dans cette guerre de légitimité. Mais, ajoute-t-il non moins justement, cette victoire presque trop facile ne doit pas nous détourner de cette exigence perpétuelle de rigueur, plus indispensable peut-être lorsqu'il s'agit de l'étude du passé proche. S'il est vrai que le manque de distance n'empêche pas nécessairement la distanciation critique, il la rend plus difficile. A l'inverse, cette proximité, en attirant le regard sur les aspérités spectaculaires des péripéties et de la contingence, présente l'avantage de rappeler qu'il ne faut pas mettre de la rationalité là où il n'y en a pas. Si le propre de l'historien est d'apporter de l'intelligibilité au passé, il ne doit pas céder à ce que Dominique Schnapper appelle «l'illusion rétrospective de nécessité». Le philosophe Paul Ricœur nous invite lui aussi à «défataliser» le passé, et, à ses yeux, l'historien du temps présent est bien placé pour accomplir cette tâche. Il nous rappelle en outre que cette dialectique distance/proximité est changeante selon l'objet historique considéré, selon que le «point de clôture» est atteint ou non. En ce sens, il propose de distinguer l'histoire du passé récent mais révolu, (la Seconde Guerre mondiale, les empires coloniaux, le communisme), d'une histoire du temps présent, celle dont on ne connaît pas la fin au moment où on l'écrit (l'Afrique ou l'Asie post-coloniale, l'Europe de l'Est post-communiste). Dans le second cas, il faut surmonter un obstacle de taille. Comment faire un récit achevé d'une histoire qui ne l'est pas, si ce n'est en courant les risques de se projeter dans l'avenir ? Le présent est bien cette lacune entre le passé et le futur (Luisa Passerini), si difficile à combler. A ce propos, Eric Hobsbawm montre avec humour à la fois la difficulté de l'historien du temps présent à échapper à certaines formes de prévision et le danger de ces prédictions souvent démenties par les faits. Mais le premier cas aussi, celui du passé récent et clos, pose problème : il n'est pas certain que la fin d'une histoire signifie nécessairement que le passé qu'elle porte est révolu ; il nous faudra y revenir.

La proximité perd tous ses handicaps si l'on inverse le courant, si l'on ne descend pas du passé vers le présent, mais si l'on cherche au contraire à éclairer le premier à la lumière du second. Serge Berstein le dit avec force : il n'éprouve aucune angoisse épistémologique face à l'histoire du temps présent, tant sa validité lui paraît naturelle. L'important à ses yeux est plutôt la capacité de réflexion qu'elle lui inspire, ou plutôt que lui inspire le choc des événements présents — comme ceux de 1989-1991 — pour faire retour au passé, le réinterpréter et lui trouver de nouvelles significations. Il faut dire que le mot «histoire» est ambigu, puisqu'il désigne tantôt la discipline de l'historien (la science historique), tantôt le cours des événements. Profitons-en : ce ne sont pas seulement les faits du présent qui poussent à la réinterprétation, mais aussi son écriture et son analyse qui incitent à cette réécriture du passé. En ce sens, Pierre Nora a raison de suggérer qu'en se dilatant en un présent historique qui englobe et transforme le passé, l'histoire contemporaine — la discipline — est aussi en passe de changer «la manière de faire l'histoire des périodes précédentes».

Penser le temps présent, c'est aussi tenter de le définir. Après la question cruciale de la validité de son histoire, se pose celle de sa *définition*. Pour esquisser une réponse, l'approche historiographique est précieuse. Un peu d'histoire de l'histoire du temps présent nous a paru nécessaire, ainsi que l'histoire des mots qui la désignent, en France et à l'étranger : «histoire immédiate», «histoire du temps présent», «histoire contemporaine», «*Contemporary History*», «*Zeitgeschichte*», etc. En s'adonnant à cet exercice difficile, Michel Trebitsch, Hartmut Kaelble et Mercedes Vilanova montrent avec précision les particularités et les préoccupations nationales qui ont pesé sur l'émergence d'une telle discipline en France, en Allemagne et en Espagne. A travers ces études, c'est l'histoire d'un vocabulaire fluctuant et d'une périodisation mouvante qui est analysée, ainsi que l'histoire de trois démarches inscrites dans des contextes intellectuels, politiques et internationaux différents. Pendant son développement, l'historisation progressive du temps présent rencontre des obstacles qui n'ont pas nécessairement à voir avec le degré de proximité du phénomène étudié. Philippe Burrin le démontre à travers les blocages de l'historiographie du génocide, un événement daté, mais si difficile à ériger en objet d'histoire ordinaire. Comment historiser sans banaliser ? telle est l'interrogation terrible de l'historien sollicité à la fois par la rigueur de son métier et les exigences de son éthique propre.

Là réside sans doute la principale *spécificité* de l'histoire du temps présent : l'historien a affaire non pas à de la mémoire froide, morte, et transmise, mais à de la mémoire vive, celle de ses contemporains, dont les enjeux brûlants pèsent de tout leur poids sur son travail. Le passé récent est rarement un passé simple, mais plutôt un passé composite, fait d'un mélange de souvenirs tantôt bien tantôt mal assumés, mais certainement vivants. Non, même clos, ce passé n'a rien de révolu, tant qu'il vit dans les mémoires. La conséquence positive en est la possibilité de recourir à l'enquête orale, et Danièle Voldman fait le point sur cette mémoire-source, spécifique de notre discipline historique. Mais, en même temps l'historien se sent «sous surveillance», celle des témoins. Pierre Laborie analyse précisément les rapports complexes, à la fois de sympathie et de distance, entre les historiens de la résistance et les résistants. Ce qui lui permet de mesurer l'écart qui existe entre histoire et mémoire, entre étude critique et recherche d'identité. Justement, parce que la mémoire a ses troubles et ses défaillances, parce que, sélective, elle a aussi pour fonction d'organiser l'oubli, elle n'est plus seulement considérée par l'historien comme une source — nécessaire et imparfaite —, mais comme un objet d'histoire intéressant en soi, un objet d'étude. Henry Rousso montre comment depuis plus d'une décennie «l'histoire de la mémoire» constitue un domaine de recherche spécifique. Les historiens modernistes, comme Philippe Joutard et d'autres, avaient ouvert la voie, prouvant que l'histoire objective d'un phénomène doit être utilement complétée par l'histoire de la mémoire de ce phénomène, c'est-à-dire par l'histoire de son futur, jusqu'à nos jours. Jean-Jacques Becker se situe sur un autre plan, puisqu'il met en lumière non pas tant la mémoire objet d'histoire (la science historique), mais la mémoire agent de l'histoire (l'histoire qui se déroule). En effet, les représentations du passé, avec leurs mythes et déformations, peuvent aussi influencer la réalité et le cours même des événements historiques : l'effet des souvenirs de la boucherie de 1914-1918 est délétère en 1940, et, à l'inverse, le souvenir du choc de 1940 crée pour les jeunes générations pendant les décennies suivantes un besoin urgent de renouveau.

On peut ainsi repérer plusieurs événements ou mythes fondateurs, qui varient selon les générations, mais qui permettent aussi de scander différemment le temps. Penser le temps présent c'est tenter de le *périodiser* et de le *délimiter*, et donc de faire dépendre cette périodisation des représentations du présent et de ses enjeux. Ainsi Paul Ricœur a raison de faire suivre les questions épistémologiques de caractère général sur l'histoire du temps présent par des questions portant sur la spécificité de *notre* temps. Les approches diffèrent selon que l'on se réfère à un événement inaugural ou terminal, et les bornes du temps présent sont variables selon le poste d'observation. Jean-Pierre Azéma peut aisément démontrer en quoi la Seconde Guerre mondiale constitue la «matrice» de notre présent, et cette façon de voir est évidemment à la base du travail de l'IHTP, qui a en grande partie fondé son travail et sa légitimité sur cette idée. Ce conflit a moins traumatisé la Grande-Bretagne que d'autres pays du continent européen, et pourtant elle a pesé de tout son poids sur le déclin britannique, même s'il a fallu attendre longtemps pour que l'on en prît conscience (François Crouzet). Si l'on sort d'Europe, Charles-Robert Ageron a raison de mettre l'accent sur la décolonisation comme phénomène majeur du second vingtième siècle, fait hautement fondateur pour la plupart des pays d'Afrique et d'Asie. Mais, à l'autre bout de la chaîne, il faut maintenant s'interroger sur «les années 1989» et, comme le suggère Serge Berstein, voir de quelle façon ce nouveau présent permet de réinterpréter le passé. Il est évident que la fin des démocraties populaires, l'unification de l'Allemagne, la guerre contre Saddam Hussein, l'implosion de l'URSS, l'effondrement du communisme et la montée des nationalismes, poussent l'historien à repenser autrement le siècle et le temps présent, à en repousser plus loin dans le passé les dates initiales, tant dans l'étude des couples : «démocraties et dictatures» (Pierre Milza), «guerres et paix», «puissance américaine et puissance soviétique», que dans l'analyse de la question allemande (Etienne François), de l'histoire de l'Europe centrale (Karel Bartosek) et orientale (Alexandre Tchoubarian). Pour François Caron, passé récent et temps présent s'éclairent mutuellement pour expliquer les deux grandes crises économiques du siècle, celle de 1929 et celle de 1974, et cette approche permet de remplacer une histoire linéaire et cyclique par une histoire plus globale qui explique les passages d'un ensemble structurel à un autre, d'une crise à l'autre.

A ce stade de la réflexion, le regard des historiens des autres périodes — et non des moindres, puisqu'il s'agit de l'antiquisante Nicole Loraux, du médiéviste Jacques Le Goff, du moderniste Roger Chartier et de la dix-neuviémiste Michelle Perrot — est apparu comme particulièrement précieux. Au cours de la table ronde animée par Krzysztof Pomian, ils ont dit ce qu'ils attendaient et apprenaient de l'histoire du temps présent, soulignant sa nécessité, ses spécificités (en particulier ses rapports avec la mémoire vivante), mais aussi son unité avec l'histoire des passés lointains. Cette dernière constatation est d'une importance primordiale : l'histoire du temps présent n'est pas l'histoire immédiate, elle ne s'intéresse pas à la seule écume de l'actualité, mais elle s'inscrit au contraire dans les profondeurs et l'épaisseur du temps historique. Fernand Braudel lui-même l'avait brillamment démontré dans une introduction à un manuel de Terminale dont il était le co-auteur en 1963 [1]. C'est cette immersion qui crée les conditions de la distanciation critique et atténue l'impression d'immédiateté du présent. Dans ce travail de mise en perspective de la durée et de l'articulation entre le temps court et le temps long, le métier d'historien se différencie de celui de journaliste.

Le propos de la deuxième partie («Faire l'histoire du temps présent») a été d'analyser les champs de recherche ouverts ou couverts par l'histoire du temps présent. La grande question est de savoir dans quelle mesure cette dernière a permis à l'histoire contemporaine de rattraper son retard méthodologique sur

---

1. L'expression utilisée est précisément celle de «temps présent» : «Introduction : Histoire et temps présent», in S. Baille, F. Braudel, R. Philippe, *Le monde actuel. Histoire et civilisations*, Paris, Belin, 1963.

l'histoire des autres périodes. Dans un premier temps, c'est sans doute le «renouveau de l'histoire politique» qui a été «le levain pour l'histoire du temps présent», écrit à juste titre Jean-François Sirinelli. Et non l'inverse. Si les historiens du religieux s'intéressent au temps présent — et l'IHTP a eu sa part dans le mouvement — l'histoire religieuse du temps présent, nous dit Etienne Fouilloux, comme «champ bien défini, avec ses méthodes et ses structures de recherche», reste à créer. En revanche, la demande sociale est telle que cette l'histoire du très contemporain a naturellement fécondé et annexé l'histoire des techniques, l'histoire des sciences, l'histoire des entreprises (lire les analyses d'Alain Beltran, de Jean-François Picard et de Michèle Ruffat). Voilà pourquoi, l'IHTP, est-il besoin de le rappeler, ne s'est pas cantonné dans l'histoire du politique, mais a su s'investir dans les domaines de l'histoire économique, sociale et culturelle. Dans sa tentative d'histoire globale, l'historien du temps présent est en bonne position pour renouveler l'histoire du quotidien et scruter, comme nous y invite Dominique Veillon, les traces du vécu, de l'éphémère et du répétitif. Histoire globale, mais histoire inachevée, nous rappelle Antoine Prost, puisqu'elle est la seule à ne pas nous laisser la possibilité de comparer avec la période postérieure. Ainsi l'historien du temps présent apprend relativement peu de choses à ses contemporains sur les changements sociaux du moment, mais davantage sur les représentations que les acteurs s'en font et sur l'inadéquation de ces représentations par rapport aux réalités sociales. Le propre de l'histoire du temps présent est donc «d'assumer son inachèvement» et de se nourrir de l'histoire de cette inadéquation entre le réel et le représenté.

Tous ces efforts de novation resteraient vains et l'histoire du temps présent ne parviendrait pas à se construire si elle ne s'ouvrait pas largement aux sciences sociales et politiques. On connaît les difficultés de l'inter- ou de la pluridisciplinarité. Néanmoins, Michael Pollak, ainsi qu' Alain Touraine et Patrick Fridenson qui dialoguent ensemble, réussissent à nous décrire les apports réciproques de la sociologie et de l'histoire, insistant à la fois sur l'unité du champ commun, la spécificité et la complémentarité des deux démarches. Phénomène plus récent, l'alliance nouvelle entre juristes et historiens permet, nous dit Denis Peschanski, une recomposition du paysage des sciences sociales et l'ouverture d'un champ nouveau, celui de l'histoire de la justice et du contrôle social.

L'histoire du temps présent, enfin, est souvent faite à la demande de la société elle-même. On ne compte plus les institutions, les entreprises qui passent commande pour que leur histoire récente soit écrite ; même les magistrats ont besoin d'expertise historique ; bien plus, depuis une dizaine d'années, l'histoire du temps présent est enseignée dans les collèges et lycées. Les enjeux de cette demande sociale et de cette fonction civique ont donné lieu, en cette fin de journée d'étude, à une table ronde animée par Edmond Lisle. Le besoin d'histoire a été analysé chez les décideurs (François Bloch-Lainé), et chez les journalistes (Eric Dupin), de même qu'a été décrit «l'entrée tranquille» de l'histoire des dernières décennies dans les programmes scolaires (Jean-Marie Guillon). Puisque ce type d'histoire interpelle nécessairement la morale et la politique, la question de l'engagement a été au coeur du débat avec Serge Klarsfeld, Pierre Vidal-Naquet, et Pierre Colin. Pour reprendre une expression utilisée par ce dernier, il faut bien voir que l'objectivité de l'historien ne signifie aucunement l'indifférence aux réalités sociales et humaines. Là réside sans doute le principal enseignement de François Bédarida, qui, en investissant son autorité scientifique et sa force d'âme dans la lutte contre les négateurs du génocide, a prouvé d'une façon exemplaire que science et éthique pouvaient faire bon ménage.

PREMIERE PARTIE

PENSER LE TEMPS PRESENT

I

Réflexions sur une notion

L'ensemble des auteurs[1] *de cette première étape, au-delà du caractère singulier de leur réflexion, s'accordent pour rendre compte de la place acquise par le temps présent au sein de la recherche historique. Ils s'interrogent également à propos du changement de définition et de délimitation de ce temps présent à la lumière de l'actualité récente.*

Sans céder au triomphe, l'histoire du temps présent a dépassé les conflits de légitimité dont elle était naguère l'enjeu. Certes, son rapport aux archives, à la fois multiforme (l'exubérance des sources écrites, orales, audiovisuelles) et lacunaire (le tri, le secret, le délai légal d'ouverture des fonds) continue de décrire la spécificité des problèmes posés à l'histoire du temps présent. On ne lui oppose plus cependant un véritable veto de principe. En s'intégrant aux études historiques générales, celle du temps présent se conforme à la méthode historique qui les régit. Mais, en raison même de sa propre fragilité, elle apporte plus de discontinuité, plus de contingence et plus d'inattendu. Elle contribue à renouveler le questionnaire des historiens pour le passé tout entier.

Au moment où elle prend enfin acte de son succès en habilitation, l'histoire du temps présent doit déjà s'interroger sur la réalité même de sa période de référence et de ses bornes chronologiques. Notre temps présent prend-il son origine au creux des années noires de la dernière guerre ou faut-il, d'ores et déjà, considérer l'année 1989, la chute du Mur de Berlin, la fin du communisme, comme autant de bornes nouvelles ?

On le voit, la vocation de l'histoire du temps présent ne risque pas d'être figée ou de devenir académique. Après le temps des controverses, toutes les réflexions menées à son propos — notamment celles que l'on va lire — demeurent indispensables.

---

1. Les cinq premiers textes présentés ci-dessous (ceux de René Rémond, Paul Ricœur, Pierre Nora, Dominique Schnapper, Serge Berstein et Luisa Passerini) sont issus d'exposés de portée générale et introductive. Ils ont été inspirés par la lecture de l'ensemble des communications écrites diffusées avant la journée du 14 mai 1992.

La question épistémologique

Quelques questions de portée générale en guise d'introduction

René Rémond [1]

Ceux qui ont conçu cette journée d'études lui ont assigné deux objectifs. Le premier (ce fut bien l'intention première des organisateurs, des responsables de l'Institut d'histoire du temps présent), en faire une manifestation en l'honneur de François Bédarida rendre hommage principalement au rôle qu'il a exercé à la tête de l'Institut d'histoire du temps présent comme son fondateur d'abord, ensuite en dirigeant pendant une douzaine d'années les destinées de cet institut. Manifestation de sympathie au collègue et de reconnaissance pour ce qu'il a fait de cette institution. François Kourilsky a dit en termes excellents, ce qu'avait été son rôle, quelles tâches l'attendaient. Au risque de redonder — mais en la circonstance la répétition n'est pas mal venue —, je voudrais insister sur la lourdeur de la tâche qui lui incombait. Tout ou presque était à faire, lorsque la décision a été prise par les pouvoirs publics de créer au CNRS un laboratoire propre dont l'objet serait d'étudier le temps présent. La mission était fixée : il restait à lui donner un contenu. Il fallait d'abord concevoir ce que seraient la nature, la fonction, la finalité de cette institution originale. Il fallait imaginer les thèmes, définir des axes, choisir des directions de recherche, inventer une méthodologie, repérer des sources nouvelles, en inventer même. Constituer une équipe, créer des habitudes (relativement neuves dans la profession) de subordination des préoccupations personnelles à des objectifs communs, susciter une recherche collective, établir des relations avec les autres institutions. Il fallait faire de ce laboratoire une institution de service et non pas un isolat : donc susciter, coordonner, imprimer une impulsion, appeler à travailler ensemble.

---

1. René Rémond a été président du Comité scientifique de l'IHTP depuis sa création en septembre 1978 jusqu'en juin 1989 (*note des éditeurs*).

La simple énumération de ces tâches, et qui n'est pas complète, suggère qu'il fallait des qualités fort différentes les unes des autres et qui ne sont que rarement réunies chez le même : des qualités d'administrateur, de chef d'équipe, de savant, d'imagination aussi.

A vrai dire, quand je suggérais que tout était à faire, ce n'était pas tout à fait vrai, puisque il y avait un héritage, François Kourilsky l'a rappelé. Au lendemain de la Libération, le gouvernement avait suscité la création d'une Commission d'histoire de l'occupation et de la libération de la France : la CHOLF, qui s'est transformée ensuite en Comité d'Histoire de la 2e guerre mondiale. Puisse ce rappel faire justice de l'allégation qui a trop souvent cours, qui voudrait que les historiens français par timidité, frilosité, pusillanimité, se seraient gardés pendant vingt ou vingt cinq ans d'entreprendre l'histoire de ces années difficiles, laissant à d'autres, plus jeunes ou étrangers, le soin de la déchiffrer. C'est une légende : les historiens n'ont pas manqué à leur devoir. Il est peu de périodes sur lesquelles on ait aussitôt commencé de travailler et de la transformer en objet scientifique. Au moment de la création de l'IHTP, il y avait donc un passé, un travail avait été fait, une méthode définie. Mais gérer un héritage n'est pas toujours une facilité ; ce n'est pas faire tort à la mémoire des disparus, ni méconnaître la qualité du travail que de le dire. Et je puis témoigner, pour avoir partagé les préoccupations de François Bédarida qu'il est quelquefois plus difficile de recueillir une succession que de partir de rien. On peut m'en croire. Dans le secteur économique les fusions d'entreprises posent de délicats problèmes. Il en va de même dans les entreprises scientifiques. Au total, on peut dire aujourd'hui, en jetant un regard en arrière sur la douzaine d'années écoulées depuis la montée en puissance de l'IHTP, que c'est une réussite et si nous nous sommes réunis c'est d'abord pour en prendre acte, sans triomphalisme, pour en porter témoignage et en rapporter le mérite essentiel à François Bédarida Tels sont le premier objet et la première finalité de cette journée.

Pour l'honorer conformément à la nature de l'institution et à son caractère, plutôt que de dresser le bilan des activités entreprises et menées à bien par l'IHTP, en recensant les colloques, les publications (il serait considérable), il a semblé plus adéquat et plus pertinent d'instituer une réflexion sur l'objet qui est la raison d'être et fait la spécificité de l'IHTP, de conduire une réflexion sur la façon de penser l'histoire du temps présent, et de l'écrire. Voilà la seconde finalité de cette journée, qui n'est pas très différente de la première ; elles sont inséparables tant François Bédarida s'est identifié à l'IHTP et tant l'IHTP a travaillé pour l'étude du temps présent. Voilà donc rendues explicites, définies, les intentions qui donnent sens et raison d'être à cette journée.

La liste des interventions, avec une cinquantaine de contributions écrites ou orales est prestigieuse. Elle atteste le rayonnement de l'Institut et son extension. Je ne dirais pas que tous les historiens du contemporain y participent — ce serait faire injure à ceux qui ne peuvent être là — mais disons que la corporation est bien représentée.

Trois traits entre autres me semblent concourir à l'originalité de cette journée. D'abord, et il convient de leur rendre grâces, la présence d'historiens spécialistes d'autres périodes. Elle permettra sans doute de mieux discerner ce qui fait la spécificité de l'histoire du temps présent ainsi que ses analogies et ses affinités avec celle des autres périodes. Les autres disciplines aussi sont représentées — François Kourilsky a insisté sur l'interdisciplinarité —, la sociologie, la science politique, la théologie même. Et aussi la dimension internationale, puisque plusieurs amis d'autres pays nous font l'honneur et l'amitié d'être présents et de participer activement au déroulement de la journée.

Il m'a été demandé d'introduire aux travaux de cette journée ;.et au moment de le faire, je découvre qu'il est peut-être plus difficile encore d'ouvrir que de fermer. Surtout quand le programme est aussi riche et la matière aussi abondante. Etais-je le bon choix ? Je suis trop proche de François Bédarida pour prendre quelque distance. Nous nous connaissons depuis près d'une cinquantaine d'années. Il a été — quel mot employer ? — de mes tout premiers élèves, si je puis dire, et depuis nous ne nous sommes jamais séparés, nous avons mené le même combat depuis fort longtemps en faveur de l'histoire du temps présent et il m'a associé étroitement pendant douze années aux responsabilités et aux satisfactions qu'apportait la direction de l'Institut d'histoire du temps présent. Alors, en quoi puis-je être utile ? Je me bornerai à énoncer très succinctement quelques questions de portée générale. Je ne reviens pas sur les raisons qui légitiment notre histoire du temps présent. La bataille est gagnée, on ne conteste plus son statut au temps présent et qu'il puisse être objet d'une étude scientifique. Il convient d'en prendre acte, félicitons-nous-en, sans triomphalisme, inutile de continuer à énoncer les arguments qui militent en faveur de la saisie d'une histoire proche par les historiens. Je dirais plutôt l'inverse — je ne suis pas suspect d'être réservé à l'égard de l'histoire du temps présent —, qu'il faut se défier des victoires trop faciles et tempérer l'ardeur de beaucoup de collègues. Il y a un effet de mode, un engouement aujourd'hui et on vole au secours de la victoire. Certains par un sentiment trompeur d'une plus grande facilité, c'est ce qu'évoquait François Kourilsky en disant que tout un chacun s'imagine qu'on peut faire l'histoire du temps présent puisque c'est celle que nous vivons, elle fait partie de nos souvenirs et de notre expérience. Or il convient de rappeler que cette histoire exige autant de rigueur, sinon davantage, que l'étude des autres périodes : nous devons mettre l'accent sur la discipline, l'hygiène intellectuelle, les exigences de probité. C'est là un langage qu'il faut maintenant faire entendre et d'autant plus nécessaire et opportun que la société qui nous environne et notre temps exercent une pression en faveur de l'histoire du temps présent. Le vent lui est favorable, il gonfle nos voiles, mais le temps est peut-être venu de les carguer, d'opérer un retour à l'histoire. Après une période où l'épistémologie privilégiait la continuité, la constance, les structures, nos contemporains ont redécouvert à la faveur de l'événement et de l'actualité l'importance de l'histoire. L'actualité nous harcèle, elle ne nous ménage pas : il y a une demande sociale et nous en sommes, François Bédarida, quelques autres et moi-même les témoins. On attend des historiens qu'ils tranchent les débats, qu'ils soient les arbitres dans les controverses qui divisent la conscience publique et troublent l'opinion, qu'ils fassent la vérité. On leur demande d'exercer une magistrature. C'est la confusion des rôles : les magistrats se font historiens, et on demande aux historiens de devenir magistrats. Tout cela nous invite à une réflexion approfondie sur les limites de notre pouvoir, sur la relativité des conclusions auxquelles nous aboutissons, sur l'exigence de vérité, sur notre responsabilité sociale. Nous ne pouvons pas nous comporter comme le font trop souvent les intellectuels, sans nous soucier des conséquences de nos actes. Nous devons être responsables dans la recherche de la vérité objective sur le temps présent. C'est une des directions dans lesquelles nous devons instituer, engager, approfondir une réflexion collective.

Qu'est-ce qui fait l'unité de notre rencontre à travers la variété des sujets ? Il n'est que de parcourir la liste de certains des thèmes traités qui vont de la technique au quotidien, de la science au religieux, pour voir qu'il n'y a qu'un seul principe d'unité, un seul lien entre tous ces thèmes : leur situation dans la durée, leur inscription dans le temps, leur proximité par rapport à nous. Ce caractère de proximité spécifie-t-il entièrement l'histoire du temps présent ? En d'autres termes, est-elle une histoire comme les autres ou une histoire distincte ? Est-ce qu'elle relève de la même méthode ? Est-elle assujettie à la même problématique ? Nous avons toujours plaidé, François Bédarida et moi, la thèse de l'analogie de la banalité. A ceux qui nous disaient : il faut attendre que le temps soit écoulé pour que le temps présent devienne objet d'histoire, et qui arguaient ainsi de l'irréductibilité, de la spécificité, nous répondions : il n'y a pas de différence de nature entre la démarche de l'historien qui travaille sur la guerre du Péloponnèse et celle qui s'intéresse à la Seconde Guerre mondiale ; il n'y a pas de raison d'établir une différence et de différer l'histoire du temps présent. La question est essentielle. Est-elle une histoire comme les autres ? A-t-elle une spécificité ? Et sa spécificité se réduit-elle uniquement à une position qu'elle est d'ailleurs appelée à perdre, dans la durée historique ? Où y a-t-il une spécificité ?

Seconde question : puisque l'essentiel est précisément cette position dans la durée, elle concerne la délimitation du champ qui constitue l'objet propre de l'histoire du temps présent. Ce n'est pas une histoire de l'instant et il faut s'élever contre la confusion entre une histoire de la proximité et une histoire de l'instantané ; c'est aussi une histoire de la durée. Mais de quelle durée ? Quelle est l'unité de temps ? Quels critères pour tracer la limite où s'arrête l'histoire qui n'est pas encore du temps présent et où le relais est pris par celle qui est du temps présent ? C'est la démarche exactement inverse de celle qui, si longtemps, a fait différer d'étudier le temps présent : on attendait que les archives soient ouvertes, c'était un terminus *ad quem* et maintenant c'est l'inverse. D'où partir ? Faut-il attendre qu'aient disparu les derniers survivants, ceux qui pouvaient témoigner ? Est-ce l'effacement de la mémoire personnelle ? Faut-il attendre que les phénomènes étudiés soient des phénomènes révolus ? Ou est-ce un événement ? En 1979-1980 la question ne se posait pas encore : c'était évidemment la rupture introduite dans l'histoire du monde par la Seconde Guerre. Avec une variante : inclurait-on ou laisserait-on en dehors la guerre ? 1939 ou 1945 ? Un peu comme la question de savoir si c'est 1789 ou 1815 qui doit marquer la séparation entre l'histoire moderne et l'histoire contemporaine. Mais à quelques années près, la différence était mince. 1939-1979 : quarante années, telle était l'unité de temps, la séquence. Douze ans plus tard, la Seconde Guerre s'efface et s'éloigne. Il y a une conséquence à en tirer pour les historiens du temps présent, il leur faut continûment réviser la délimitation de leur champ de recherche. Par un glissement continu et ininterrompu, tel problème, tel sujet, tel thème, qui définissaient leurs objets sont en train de sortir du champ, basculentn dans une histoire qui n'est plus celle du temps présent. Et l'accélération, qui fait que nous avons vu en deux ou trois ans le paysage bouleversé, a pour conséquence que la plupart des thèmes qui étaient au cœur de l'investigation et de la réflexion de l'histoire du temps présent sont en train de prendre un coup de vieux et d'accéder à la dignité d'objet du passé : la guerre froide, le communisme, la décolonisation. En conséquence les historiens du temps présent doivent prêter attention aux changements, accueillir de nouveaux thèmes, montrer de l'imagination.

Troisième, et dernière, question : quels effets peuvent avoir sur l'histoire générale et non plus seulement celle du temps présent, la réintégration du temps présent dans la perspective de l'historien ? Quels effets sur la conception que les historiens de toutes périodes se font de leur métier et sur l'exercice de leurs méthodes ? On entrevoit certains effets pour les sources : les archives ont perdu de leur caractère exclusif, on est amené à faire place à d'autres sources, non pas à l'histoire orale — l'expression est malheureuse — mais aux sources orales de l'histoire. Il faut étendre la méthode historique à la critique des témoignages. Je pense que les effets peuvent aller plus loin et contribuer à infléchir l'idée que l'historien se fait de son rôle et de son métier. Son rôle dans la société ? J'évoquais la demande sociale, la pression de la société tendant à ériger les historiens en experts. Gardons-nous de nous ériger en corporation, l'histoire ne nous appartient pas, elle est à tous, aux magistrats aussi bien qu'aux citoyens. Elle est un bien commun, chacun a des droits sur son histoire et nous devons être les délégués de la société. Gardons-nous de nous approprier l'histoire. La réintégration du temps présent amène à balayer dans la vision de l'histoire les derniers vestiges du positivisme : l'historien du temps présent sait à quel point son objectivité est fragile, que son rôle n'est pas celui d'une plaque sensible qui se contente d'observer des faits, il contribue à les construire.

L'historien du temps présent étant confronté à l'actualité, son regard a un rayon relativement court : il est donc plus attentif aux détails (c'est comparable au point de vue de celui qui s'élève en hauteur et qui voit les reliefs s'aplatir), et on comprend que l'historien qui travaille sur des parcours dont nous sommes séparés par plusieurs siècles ait plus de facilité à dégager les tendances lourdes, soit plus enclin à juger que les péripéties n'ont pas d'importance et à concentrer son intérêt sur les phénomènes stables et constants. Mais l'histoire du temps présent rappelle l'importance de la contingence et de l'événement : l'histoire est faite de surprises, de surprises plus que de ruses. A cet égard, la fréquentation de l'histoire du temps présent est peut-être une bonne précaution, le plus sûr moyen de se prémunir contre la tentation qui nous guette toujours d'introduire dans le récit du passé une rationalité qui ne pouvait pas y être. L'opération indispensable d'intelligibilité ne doit pas se faire au détriment de la complexité des situations et de l'ambivalence des comportements. L'histoire du temps présent est une bonne médication contre la rationalisation *a posteriori*, contre les illusions d'optique que peuvent entraîner la distance et l'éloignement.

Remarques d'un philosophe

Paul Ricœur

Concernant l'histoire du temps présent, deux séries de questions me semblent se poser dont je voudrais montrer pourquoi finalement elles ne peuvent pas être aisément dissociées.

Le statut de l'histoire du temps présent

Se posent d'abord des questions épistémologiques de caractère général, concernant le statut de l'histoire du temps présent par rapport aux autres disciplines historiques. Viennent ensuite des questions portant sur les traits de *notre* temps présent qui font que les questions épistémologiques perdent de leur généralité et deviennent elles-mêmes des questions historiques. C'est donc au prix d'une certaine abstraction, résultant de la mise entre parenthèses de la spécificité de la période présente, que j'isolerai certains problèmes relevant de la question : quel savoir ? quelle science ?

Je serai bref sur les débats anciens dont on a déjà dit qu'ils étaient dépassés ou en cours de dépassement. Pour ceux qui demeurent, je tiens les objections faites à la notion même de science du temps présent pour des points d'appui ou, à défaut, pour des problèmes qu'il est légitime de se poser. Considérons d'abord le vieux débat histoire/mémoire — témoignages des vivants, d'un côté, preuves d'archives, de l'autre. Il me paraît aujourd'hui en voie sinon de résolution, du moins d'apaisement ; il est devenu problème. Le prix de cet aménagement est le suivant. D'un côté, on est enclin à moins majorer la scientificité de l'histoire : René Rémond a dit à cet égard ce qu'il fallait à propos de la place du récit, de l'interprétation, de la prise en compte de l'événement et de la discontinuité. De l'autre côté, on est en train de prendre une mesure de plus en plus critique de la notion même de mémoire. Aussi bien les psychologues que les sociologues ont souligné la complexité du phénomène «mémoire» tenant au rôle de la sélection, à la place du récit et de l'interprétation, à l'amplitude conférée par la transmission des générations, à l'intériorisation de l'histoire enseignée qui fait dire qu'il y a de l'histoire dans la mémoire, pour ne rien dire enfin des composantes collectives de la mémoire. Nous sommes ainsi confrontés à deux phénomènes dont la complexité est mieux reconnue et du même coup dont l'opposition est moins nette. Le débat n'est certes pas supprimé, mais il est rendu moins intraitable. De toutes façons il restera toujours un écart, comme René Rémond l'a également rappelé, entre l'histoire savante et toutes les autres manières de se rapporter au passé. Si, de plus, nous rappelons que l'histoire n'appartient pas aux historiens, il y a place pour toutes les modalités du témoignage sur le passé.

Est également en voie de dépassement le débat entre sources orales et sources écrites, qui n'est au fond qu'une annexe du précédent. D'un côté, l'écrit apparaît pour une grande part comme un recueil de paroles dites, de témoignages inscrits, tandis que l'oralité révèle des traits qu'on pourrait dire d'inscription, ce qui permet de parler d'archives orales. Au fond ce qui compte, par-delà la distinction entre oralité et écrit, c'est la manière dont on questionne soit la mémoire, soit les sources orales, soit les sources écrites.

Me paraît aussi en voie de dépassement le débat sur la périodisation : quand, demande-t-on, commence le temps présent ? Combien de temps dure-t-il ? Ce sont là des paradoxes apparents ; mais nous reconnaissons volontiers que le découpage du temps historique n'est pas livré à l'arbitraire et qu'il est lié, entre autres, à des demandes du social, à des demandes du présent, que j'évoquerai précisément dans ma seconde série de remarques, lorsque je poserai la question : quel temps est le nôtre ? La question sera aussi : quelles séquences et quelles délimitations ce temps impose-t-il ?.

Je voudrais donner plus d'ampleur à deux questions qui me paraissent plus neuves que celles que je viens d'évoquer. C'est d'abord l'idée très remarquable que j'ai trouvée chez Henry Rousso et d'autres, d'une histoire de la mémoire. Dans la mesure où la mémoire est un travail de sélection et d'organisation, elle est elle-même objet d'enquête à titre de partie de l'histoire des mentalités. On peut demander : de quoi fait mémoire tel sujet ou tel groupe ?

Et comment le fait-il ? Et surtout avec quelle efficacité ? Michael Pollak a vivement insisté sur cette notion d'efficacité opératoire : comment l'acte de faire mémoire change-t-il la perception du présent ? En posant cette question, on érige la mémoire elle-même en objet historique.

Deuxième avancée, par-delà les débats hérités des décennies antérieures : en quoi l'histoire du présent est-elle un poste favorable pour appréhender le phénomène historique en général ? On peut soutenir ici que le passé récent est l'occasion de souligner des traits de la connaissance historique que l'on risquerait de perdre de vue dans le cas du passé lointain. Je fais allusion à ce que dit Michel Trebitsch concernant la conquête d'une voie moyenne entre contingence et enchaînement, entre récit et structure, entre l'événement tenu pour une simple rupture de la continuité et l'événement travaillé, à la limite, si l'on peut dire, d'enchaînements structuraux. On voit ainsi s'esquisser des médiations entre des conceptions que l'on avait tenues opposées, le bénéfice étant double, du côté de l'appréhension du présent, d'une part, et du côté de celle du passé, d'autre part. Concernant le présent, le jeu reconnu entre la contingence et l'enchaînement a permis toute une série de «retours» : retour du narratif, retour du politique, retour de l'action, retour du problème de l'identité ; tous ces retours nous rendent plus attentifs à ce qui demeure virtuel dans le présent, à ce qui y est encore ouvert sur le possible. Evoquant la date 1989, comme une date tout à fait à part, René Rémond note que la surprise occupe aujourd'hui la place que la ruse a pu tenir dans un autre contexte philosophique.

Nous sommes ainsi amenés à voir le présent lui-même comme plus ouvert que nous le croyons et, dans cette mesure même, comme «défatalisé» ; mais la remarque vaut aussi bien pour le passé, et pour le passé le plus lointain. C'était déjà la thèse de Raymond Aron en 1937, thèse au ton existentiel, ajusté à l'humeur de l'époque, que la tâche de l'historien était de défataliser le passé et de réouvrir des options qui avaient pu être celles des hommes d'autrefois. C'est là, à mon avis, un des effets de choc en retour de l'histoire du temps présent sur celle du passé plus lointain. Nous sommes amenés à considérer le passé lointain comme ayant été pour les acteurs eux-mêmes un temps présent, avec ses attentes, ses souvenirs, et tout le travail déjà à l'œuvre de l'histoire sur la mémoire. Ainsi est-il possible d'étendre à l'histoire du passé des traits propres à l'histoire du temps présent.

Cela dit, je me permettrai d'évoquer deux problèmes. Le premier est celui que posent en épistémologie de l'histoire les auteurs allemands ou américains ou, plus récemment, F. K. Ankersmit dans *A semantic Analysis of the Historian's Language* (Nijhoff, 1983). Le problème est lié à *l'écriture de l'histoire* en tant que procédure distincte de l'étape documentaire et même de l'étape de l'explication : il s'agit, selon le terme même d'historio-graphie, de la mise en forme d'écriture du texte historique. Or c'est à l'écriture de l'histoire que se rattache un travail important de dénomination, de conceptualisation et de configuration. La question se pose alors de savoir si l'histoire du temps présent est bien ou mal placée pour mener à bien ce travail. Celui-ci a pour résultat tangible que nous donnons des noms propres à des configurations d'événements, des noms qui ne sont pas nécessairement empruntés au vocabulaire des acteurs eux-mêmes : *la* Renaissance, *la* Révolution française, *la* guerre froide. Ankersmit considère que la grandeur d'un historien se reconnaît à sa capacité de proposer à la discussion une *narration* intelligible qui soit une singularité. On s'est trop longtemps battu, prétend-il, sur la question de savoir si c'étaient les événements qui étaient singuliers. Ce qui est singulier, selon lui, ce sont les récits qui en sont faits : l'histoire de la Révolution française de Michelet n'est pas celle de Quinet, qui n'est pas celle de François Furet, ce qui fait de l'historiographie un travail permanent de réécriture d'écritures antérieures. Encore faut-il que ces narrations puissent comporter un point de *clôture*, désignant la «fin» d'un développement : ce qui est le cas quand l'histoire se réfère à la fin de la Seconde Guerre mondiale, à la fin des empires coloniaux, à la fin du communisme.

En revanche, l'histoire du temps présent est dans une situation beaucoup moins favorable lorsqu'elle a à faire à des évolutions en cours, lorsque — si je peux dire — nous sommes au milieu du gué et que prévaut un fort sentiment de crise. A l'opposé du phénomène de clôture évoqué plus haut, c'est une toute autre sorte d'écriture qu'appelle par exemple le devenir en cours des Etats ex-colonisés, la constitution éventuelle de nouvelles démocraties à l'Est, la montée des nationalismes. Ici l'histoire du temps présent mérite bien son nom, qui la distingue de l'histoire du passé récent. Ce qui constitue un handicap pour cette historiographie, c'est la place considérable des prévisions et des anticipations dans la compréhension de l'histoire en cours. Et pourquoi ? Précisément pour pouvoir boucler une certaine totalité susceptible d'être dénommée, conceptualisée, configurée. On ne peut alors donner sens aux événements en cours qu'en leur adjoignant une tranche de prévision et d'anticipation. En ce sens, je dirais que l'histoire du temps présent devient plus dépendante de la prévision et de l'anticipation, au moins au stade final de l'élaboration de grandes unités narratives, dans la mesure où elle est moins confrontée à des événements-clôtures qu'à des événements-charnières. Dans ce dernier cas, le plus grand handicap de l'histoire du temps présent est de devoir dessiner des courbes dont elle ne connaît que la moitié ou le commencement. Cette contrainte ne constitue pas du tout à mes yeux une objection contre la notion même d'histoire du temps présent ; elle ne porte qu'à souligner un problème majeur qui distingue l'histoire du temps présent des autres disciplines historiques.

Je voudrais terminer ces considérations épistémologiques en évoquant une autre problématique nouvelle, greffée sur la fonction critique que l'histoire exerce à l'égard de la mémoire. Le problème qui avait hanté Michel de Certeau, dans l'*Absent de l'histoire*, était celui de savoir par quels procédés l'histoire fait basculer le passé dans l'absence. Le problème atteint sa forme aiguë dans le cas de l'histoire du temps présent. Je suggérerais de dire que le travail de l'histoire sur la mémoire consiste précisément à creuser en elle la modalité d'absence en quoi consiste le passé. Dans le cas du passé lointain, l'opération est facile à comprendre : la distance temporelle nous permet de voir les hommes du passé comme exerçant leur action sur nous à partir de leur absence et à travers les traces qu'ils ont laissées et au sein desquelles s'exerce la dialectique de l'absence et de la présence. La question est de savoir si, pour être historique, l'histoire du temps présent ne présuppose pas un mouvement semblable de chute dans l'absence du fond de laquelle le passé nous interpellerait avec la force d'un passé qui fut naguère présent. Mais je ne veux pas m'aventurer davantage dans ces zones périlleuses ...

Quel temps est le nôtre ?

J'arrive à ma seconde série de réflexions ; elles tournent autour de la question : quel temps est le nôtre et quelle marque ce temps met-il sur l'histoire du temps présent ?

Je propose trois remarques. La première m'est suggérée par Jean-Pierre Azéma, Jean-Jacques Becker et Henry Rousso, lorsqu'ils concèdent qu'une certaine opacité du temps présent résulte de sa dépendance à l'égard d'événements ayant fonction de matrice. Ainsi

Azéma parle-t-il de la Seconde Guerre mondiale comme de la «matrice» du temps présent. Becker parle de «temps nodal», Rousso de «date initiale» (1917 ? 1937 ?). Notre maîtrise conceptuelle s'arrête au seuil d'événements revêtus d'une fonction à la fois inaugurale et générationnelle. Inaugurale, en ce sens que de leur mise en route procèdent des ondes de choc qui communiquent aux processus en cours un dynamisme venu de plus loin ; de là la somme de conflits, la variété des effets et une invitation, nous dit Azéma, à sans cesse penser l'histoire différemment. Il est ainsi requis de l'historien un sens particulièrement aigu de l'extrême fragilité de nos dispositifs institutionnels, contrairement à l'attention qu'il faut continuer de porter aux tendances lourdes de l'histoire ; à une histoire solide s'oppose ainsi une histoire fragile, une histoire dangereuse et finalement une histoire pour laquelle les moments d'inauguration — en tous cas c'est le cas pour *notre* temps présent — ont été des blessures qui font que les questions posées aux acteurs contemporains sont des questions mortelles. Cela a peut-être été d'autres fois le cas : on a évoqué l'effet de choc issu de la défaite de 1870 et intégré à la constitution de l'histoire républicaine. Je doute toutefois que la défaite de 1870 ait eu un impact traumatique comparable à celui qu'exerce encore sur nous la «solution finale». Il faut bien en venir là : c'est une singularité véritablement exceptionnelle de notre temps présent qu'il demeure marqué par l'horrible. J'entends par l'horrible le contraire de l'admirable. C'est ici que la fonction inaugurale de ces événements matriciels devient fonction générationnelle : c'est l'horrible qui commande le mémorable et l'impose à la fois à notre mémoire et à notre histoire.

Ma seconde remarque résulte de ce qui vient d'être dit : vu la nature de ces événements qu'on peut dire défondateurs, il n'est pas certain que tout du passé puisse être historicisé. Tout, en effet, ne peut être mis à la distance requise, s'il doit être possible d'échapper à l'alternative de l'exécration et de la commémoration, comme le demandait François Furet s'agissant de «penser la Révolution française». Faute de cette distance, l'historien reste sollicité par une «demande sociale» qui elle-même n'est pas quelconque. C'est une demande de caractère civique qui impose le devoir de ne pas oublier ; dès lors c'est la dette envers les morts qui régit le travail de l'historien. Que l'historien ait à mener cette tâche autrement que le mémorialiste ou que les témoins, ou encore que les juristes, c'est le problème qu'a 'évoqué René Rémond. Je dirais ici, en employant un vocabulaire sans technicité psychanalytique excessive, que l'histoire transforme le travail de mémoire en travail de deuil. C'est là une façon de se détacher des objets de la douleur tout en les intériorisant. Peut-être touchons-nous ici à un trait propre à l'histoire du temps présent, qui renforce la remarque épistémologique faite un peu plus haut, concernant la difficulté de conceptualiser l'histoire en cours. Nous sommes encore dans l'onde de choc de l'événement traumatique. La difficulté n'est pas simplement de bien conceptualiser, mais de faire correctement ce travail de deuil.

J'aimerais faire une dernière remarque, de caractère moins émotionnel. Outre le fait que l'histoire du temps présent — le nôtre — est inauguré par des événements traumatiques, ce qui empêche que tout du passé puisse être historicisé (l'*Historikerstreit* des Allemands aurait pu être évoqué ici), le temps présent frappe par l'accumulation des événements qui précipitent en quelque sorte le temps. Ici encore 1989 est une date-clé. On a insisté, à des degrés divers, sur le cours haletant de l'histoire (nous retrouvons ici l'effet de surprise évoqué plus haut). Cet afflux du non prévu donne un caractère extraordinairement précaire et provisoire à toute lecture globalisante et nous condamne probablement à ne produire que des esquisses fragmentaires soumises à une révision incessante. Là, ce n'est pas le deuil qui est rendu difficile, c'est l'intelligibilité qui est rendue précaire.

De l'histoire contemporaine au présent historique

Pierre Nora

Mon intervention portera sur une question centrale et qui nous est commune avec François Bédarida, puisque, «dans nos vies parallèles et nos romans croisés», au moment même où il prenait la direction d'un Institut d'histoire du temps présent, en 1978, venait de m'être confiée aux Hautes Etudes une direction d'études que Jacques Le Goff m'avait poussé à intituler «Histoire du présent» : rapprochement inattendu de deux mots dont nous étions conscients du caractère un peu provocateur. C'est sur ce rapprochement, sur la définition même d'une «histoire du temps présent» que je voudrais rapidement m'interroger.

L'expression coiffe en effet deux choses qui pour se recouvrir et se recouper, désignent cependant des réalités différentes : d'un côté une *histoire contemporaine*, proprement dite, la réhabilitation d'une histoire scientifique du temps proche, mais dans les termes et les cadres d'une histoire classique ; de l'autre un *présent historique*, notion elle-même neuve et qui indique un véritable renversement, une promotion de l'histoire contemporaine longtemps considérée comme la parente pauvre des histoires plus nobles, et devenue au contraire hégémonique, dominante, et presque redistributrice des places et des rôles.

L'histoire contemporaine, on le sait, a longtemps été considérée comme impossible à faire scientifiquement, pour deux raisons simples, le manque d'archives disponibles et le manque de recul qui prive de la fameuse «objectivité» et de la sérénité de jugement. Et il est vrai que prononcé selon les critères d'une histoire traditionnelle, le verdict n'est pas complètement faux. Il s'est traduit, on le sait aussi, par une quasi-prohibition de l'histoire contemporaine dans les institutions, à la Sorbonne en particulier ou aux Hautes Etudes et l'histoire contemporaine s'est réfugiée plutôt dans des institutions parallèles, comme l'Ecole libre, puis l'Institut d'études politiques, où René Rémond, dont nous sommes tous ici les élèves, a fait le joint entre l'histoire contemporaine et la science politique. Mais en Sorbonne, l'une des toutes premières thèses, sur une période qui dépassait la Première Guerre mondiale, a été, si je ne me trompe, celle d'Annie Kriegel, *Les Origines du Parti communiste français*, en 1963, il y a trente ans à peine. Les Annales, on le sait encore, ont longtemps, Braudel surtout, reconduit la méfiance vis-à-vis du contemporain. Si bien que celui-ci s'est trouvé comme écartelé entre le pôle journalistique et le pôle anthropologique. Au journaliste de s'en occuper, et parfois fort bien, mais en héritant au départ des événements tels qu'ils s'imposaient, tels qu'il les recevait déjà tout constitués par l'opinion et par l'actualité, sans s'interroger sur la fabrication même et l'expression de cette opinion, sans s'interroger sur la nature de l'actualité, sans imposer à ces événements qu'il s'agissait d'étudier une autre grille d'intelligibilité que celle qu'ils sécrétaient eux-mêmes, ce qui est le propre de l'historien. Aux spécialistes des autres sciences humaines de s'attacher au contemporain, le sociologue, le géographe, l'économiste, en donnant à leurs travaux une dimension historique, mais sans un point de vue proprement historien, et en condamnant du même coup l'historien au seul domaine traditionnel de la politique, sans la totalité des moyens de l'histoire politique, c'est-à-dire, précisément, les archives et la distance critique.

Cette situation est aujourd'hui complètement dépassée. Personne ne contesterait la solidité, la légitimité, la scientificité de l'étude du contemporain, même si elle implique des moyens spécifiques. Un fantastique rattrapage s'est opéré en moins de vingt ans, qu'est venue précisément couronner, et aider, au CNRS, la création d'un laboratoire consacré au temps présent.

Mais ce qui me paraît intéressant de souligner, c'est que ce combat pour une histoire contemporaine s'est développé dans un mouvement historique qui a profondément transformé ce contemporain lui-même, son histoire et son historiographie. Ces phénomènes de fond, on ne peut ici que les rappeler. Il y a eu *mondialisation*, c'est-à-dire avènement de sociétés sans conscience historique d'elles-mêmes à une historicité de type occidental, la conscience historique de l'Occident en étant du même coup profondément affectée, et transformée. Il y a eu *accélération* pour reprendre la formule de Daniel Halévy, ou réchauffement de l'histoire, pour faire allusion à la distinction de Claude Lévi-Strauss entre les sociétés froides et les sociétés chaudes, c'est-à-dire conscience de plus en plus forte que c'est le changement qui est devenu lui-même continu. Il y a eu *démocratisation* de l'histoire, c'est-à-dire mobilisation générale de ceux qu'on aurait pu considérer comme des civils de l'histoire, les groupes et les masses qui vivaient traditionnellement à l'arrière de la scène du changement historique, le subissant éventuellement, mais sans y participer directement. Il y a eu, enfin et surtout, *mass-médiatisation*, qui a donné à l'actualité une existence propre, et qui a complètement transformé le déroulement de l'histoire, sa perception et même sa nature. Bref, il y a eu une extraordinaire *dilatation* de l'histoire, une poussée d'un sentiment historique de fond, qui, dans le temps même où l'histoire dite contemporaine faisait son redressement, son rattrapage, acquérait sa place au soleil de l'historiographie, conquérait sa légitimité par rapport aux autres domaines de l'histoire (Antiquité, Moyen Age, période classique et moderne), transformait profondément cette histoire contemporaine pour en faire autre chose : un présent historique, qui ne se contentait pas d'annexer à l'histoire traditionnelle une plage temporelle récente, mais se chargeait à son tour d'un poids, d'une spécificité qui non seulement comportait ses exigences propres, mais travaillait en profondeur la manière de faire l'histoire des périodes précédentes. L'histoire contemporaine n'était plus une annexe, une simple suite, mais elle passait aux commandes de la discipline historique tout entière.

Le sens et la signification de ce présent historique seraient trop longs à expliciter ici. Contentons-nous d'indiquer les conditions de son avènement. Il y en a, me semble-t-il, deux principales.

La première consiste dans une rupture de la continuité temporelle, dans un renversement du rapport du passé et de l'avenir. Sur le plan historiographique, cette fin d'un temps historique homogène s'est traduite par les fameuses durées braudeliennes, par une dislocation des unités temporelles classiques à laquelle ont contribué tant d'historiens de la même génération, celle des années soixante et soixante-dix. Je pense à Le Goff et à son «long Moyen Age» étiré jusqu'au bord de la révolution industrielle, à Le Roy Ladurie et au thème de l'«histoire immobile», à Furet et à la Révolution française étalée sur un siècle, ou plus directement liée à l'histoire contemporaine, à l'analyse que je croyais pouvoir faire de l'«événement» nouvelle manière, au début des années soixante-dix. Cette dislocation, contemporaine de la vague de la futurologie, a certainement correspondu à une conscience d'un obscurcissement de l'avenir, que le retournement de la croissance et les débuts de la crise économique ont rendue plus aiguë. Un avenir devenu imprévisible, d'une imprévisibilité à la mesure même de la nécessité de le prévoir et de le préparer, au moment même où l'arrachement de la croissance, très profondément destructrice des continuités traditionnelles, nous rendait en même temps le passé lointain et opaque. Passé, présent, avenir perdaient quelque chose de leur linéarité. Chacune des instances prenait une manière d'autonomie. Et entre un avenir devenu totalement imprévisible et un passé rendu à son étrangeté, au sentiment définitif de sa perte, le présent, jusque-là simple transition, passerelle et point de passage, se mettait à devenir la catégorie impérative de notre compréhension de nous-mêmes. Mais un présent dilaté par l'obligation du regard anticipateur et comme déjà chargé lui-même d'une dimension d'histoire.

La deuxième de ces conditions réside dans les circonstances très particulières à la France du milieu des années soixante-dix, qui expliquent peut-être cette montée volcanique du «présent» en lieu et place du «contemporain». La France a vécu, simultanément, un ensemble de transformations silencieuses, mais profondément ressenties. Transformation économique, avec, à la faveur des débuts brutaux de la crise, la conscience soudaine et rétrospective du prix payé par les années de forte croissance. Transformation sociale, avec la fin de l'assise paysanne et chrétienne maintenue en France plus longtemps qu'ailleurs, la généralisation des classes moyennes qui explique la montée de l'appel à la «société civile», la fin du vieux monde ouvrier. Transformation politique et idéologique, avec le double effacement du gaullisme et du communisme, les effets de l'après de Gaulle et l'épuisement convulsif de l'idée révolutionnaire elle-même. Transformation de la conscience nationale de soi, avec la révélation, symbolisée par l'arrivée à Matignon du «meilleur économiste de France» venu de l'Europe de Bruxelles, de la contrainte internationale qui sanctionne le passage de la grande puissance étatique et impériale à la conscience de la puissance démocratique moyenne. C'est tout un ensemble de paramètres sur lesquels vivait la France depuis au moins deux cents ans qui se nouent et se dénouent pour faire imperceptiblement basculer la France dans les débuts de ce que Henri Mendras appelle «la seconde Révolution française».

Comment cet ensemble n'aurait-il pas été répercuté en profondeur pour métaboliser une histoire contemporaine vécue comme une suite en un présent historique chargé à son tour du poids de tout le passé, mais d'un passé devenu, lui aussi, globalement, selon l'expression de Peter Laslett, «ce monde que nous avons perdu» ?

Cette transformation d'une histoire contemporaine en présent historique sous l'effet de cette histoire même a sans doute été d'autant plus nette et saisissable que l'exclusion scientifique d'une histoire possible du contemporain avait été, en France, plus nette et plus claire qu'à l'étranger. Mais du même coup, elle entraîne, me semble-t-il, des conséquences de plus grande ampleur sur la manière même de faire cette histoire du passé récent : des catégories d'intelligibilité temporelle qui lui sont particulières, comme la notion de génération par exemple, ou le retour sur la notion d'événement, la montée en puissance d'une histoire critique de la mémoire, la centralité nouvelle de l'histoire culturelle, le retour de l'histoire politique sous le signe du politique, l'attention neuve à des sujets comme les intellectuels, les symboles, les commémorations, une interrogation elle-même inédite sur ce qui nous est authentiquement contemporain. Autres types d'approche, autres sujets, autre attitude historienne : c'est presque une autre histoire que celle du contemporain à laquelle nous invite une véritable histoire du temps présent — et son Institut.

Le temps présent entre histoire et sociologie

Dominique Schnapper

L'histoire contemporaine a la même ambition que toute entreprise d'histoire ou de sciences humaines : donner une intelligibilité du monde social. Je ne suis d'ailleurs pas sûre, contrairement à mes collègues historiens, que le monde contemporain soit beaucoup plus complexe et instable que le monde du passé. Je me demande s'il ne s'agit pas d'un exemple d'illusion rétrospective de nécessité, qui nous fait voir la simplicité du passé et la complexité du présent.

Cela dit, l'histoire contemporaine ou du temps présent connaît quelques problèmes spécifiques. Le premier est celui des sources. Les unes sont fermées (dans certains cas, c'est préférable du point de vue de la paix sociale...), d'autres sont trop nombreuses. L'historien du XXIe siècle, qui voudra faire l'histoire de l'opinion publique dans les années 1980 devra interpréter plus de 35 sondages quotidiens. Elles sont parfois insuffisantes, lorsque par exemple, des décisions se prennent à la suite d'échanges oraux, qui ne laissent pas de traces dans les archives. Cela dit, je m'en tiendrai à la réflexion de Nicole Loraux, les sources, il y en a toujours ou trop ou pas assez. De toutes façons, pour parler familièrement, il faut «faire avec». De ce point de vue, l'histoire du temps présent n'est pas fondamentalement différente de l'histoire des autres périodes. Reste le problème sur lequel l'IHTP s'est longuement penché : celui des sources orales [1]. L'Institut avait eu raison de traiter de la question, qui agitait des chercheurs de pays voisins et de conclure, après de nombreuses réunions et un colloque, qu'il s'agissait non d'une histoire nouvelle mais de sources nouvelles, qu'il convenait d'utiliser

---

1. Voir *Problèmes de méthode en histoire orale, table ronde du 20 juin 1980*, publication de l'Institut d'histoire du temps présent ainsi que «Questions à l'histoire orale. Table ronde du 20 juin 1986», *Les Cahiers de l'IHTP*, 4, juin 1987.

de manière critique. L'Institut a ainsi joué le rôle qui devait être le sien, examiner les problèmes nouveaux que se posent les historiens, résister aux modes intellectuelles.

Le deuxième point c'est, bien évidemment, que nous ne connaissons pas la fin de l'histoire. Ceux qui écrivaient l'histoire du communisme au début des années 1980 ne l'écriraient plus aujourd'hui de la même façon. Nous connaissons aujourd'hui sinon la fin de l'histoire, du moins la fin d'une période du communisme. Il est vrai qu'il y a là un autre danger : de l'implosion de 1989, il ne faut pas déduire la faiblesse du danger communiste dans les années 1940 ou 1950. Comme les autres, les historiens du «présent» ne doivent pas céder à l'illusion rétrospective de nécessité. Mais, à la différence des autres historiens, ils ne connaissent pas la fin de l'histoire qu'ils écrivent.

Le troisième trait spécifique, c'est qu'ils touchent à des passions qui font encore partie du débat politique actuel. Ceux qui ont eu la chance d'entendre en 1982 la conférence de Daniel Cordier dans le grand amphithéâtre de la Sorbonne en ont gardé un souvenir marquant. Les auditeurs ont assisté à la confrontation d'un historien, armé de ses documents et de ses analyses, avec des témoins qui avaient reconstitué une mémoire idéalisée, image d'Epinal d'une Résistance parfaitement héroïque, dans laquelle ils jouaient le rôle de héros parfaits. Ils refusaient que l'on remplaçât l'histoire sacrée de la Résistance par son histoire profane. La séance fut pathétique. Elle a montré combien l'histoire du contemporain est envahie par le réel, à quel point elle touche à la légitimité politique actuelle, encore fondée sur la légitimité de la Résistance. Autre exemple, l'évaluation du régime de Vichy. Même les historiens les plus sérieux restent marqués par la querelle de la légitimité. Tous s'accordent pour voir un tournant en 1942-43. Mais, pour certains, jusqu'à cette date, le gouvernement de Vichy était légitime (à l'exception du statut des Juifs). Pour les autres, dès le mois d'août, avant même le statut du 3 octobre 1940, les mesures prises (suppression rétrospective des naturalisations, expulsion de la fonction publique de ceux dont le père était étranger, etc.) entamaient la légitimité du régime, même s'il était appuyé par la majorité de l'opinion. On touche là à un problème spécifique de l'histoire du temps présent, l'interprétation de sujets touchant à la légitimité politique de la société dans laquelle nous vivons.

J'en viens en quelques mots, aux relations entre l'histoire et les sciences humaines. On a dit que les historiens du contemporain devraient intégrer tout le savoir économique et sociologique. Il est clair que le sociologue, de son côté, ne saurait parler de la société actuelle en ignorant son passé. D'ailleurs, il existe effectivement des travaux qui sont au confluent d'une analyse historique et d'une enquête sociologique. J'en prendrai pour exemple l'ouvrage d'un historien, Antoine Prost, sur la démocratisation de l'enseignement qui utilise les concepts et les travaux des sociologues de l'éducation et contribue en même temps à l'histoire du système d'enseignement depuis la Seconde Guerre mondiale. Mais si l'on veut sortir de l'affirmation de bonne volonté : tout le monde devrait tout savoir — ce sur quoi on peut se retrouver, mais ce qui reste abstrait —, il faut souligner que le point de vue de l'historien n'est pas celui du sociologue. L'ambition de l'historien est de construire l'intelligibilité des événements, de faire un récit, de raconter ce qui est arrivé une fois, *hic et nunc*. Bien entendu, cela suppose qu'il utilise des concepts et qu'il ait une grille d'interprétation, cela ne signifie pas qu'il soit réduit à la seule description. Mais il n'en reste pas moins que son but est de faire un récit intelligible des événements singuliers. En revanche, les sociologues, même s'ils utilisent ou doivent utiliser les faits historiques (c'est une évidence et une banalité de le dire) ont pour ambition d'élaborer des modèles d'interprétation à partir des données statistiques et des observations empiriques. Ils s'efforcent de formuler, au moins à titre d'hypothèse, les règles et les modes de fonctionnement de la vie collective, indépendamment de tel ou tel épisode particulier. Les historiens et les sociologues doivent emprunter les uns aux autres leurs connaissances, éventuellement leurs méthodes (par exemple, dans l'utilisation des entretiens), mais il ne faut pas confondre les deux entreprises.

Pour terminer, je dirai que les historiens du contemporain ont rencontré une difficulté que les sociologues connaissaient depuis longtemps ; ils traitent de situations ou d'événements dont les acteurs sont encore vivants. Quand on a écrit sur un pays étranger, on sait combien il est ensuite difficile de retourner sur le lieu où l'on a travaillé : quelle que soit la sympathie avec laquelle on a objectivé les comportements, on les a objectivés, et en tant que telle, cette objectivation est insupportable pour les acteurs. Je ne crois pas que ce soit une raison pour renoncer ni à la sociologie, ni à l'histoire.

Tout au contraire. Au lendemain de l'arrêt concernant Touvier, ce que je regrette, c'est que les historiens n'aient pas pu garder pour eux de traiter de l'interprétation du régime de Vichy, que le problème des négationnistes ait été transféré à la justice. C'était à la communauté des historiens d'en débattre. Quelles que soient les difficultés et les attaques des anciens acteurs, je crois fermement que les historiens doivent poursuivre leur entreprise, celle de l'intelligibilité rationnelle des événements contemporains.

L'historien et le contemporain

Serge Berstein

Ce sont trois questions que me pose l'histoire du temps présent. La première est celle-ci : «Quand fait-on de l'histoire du temps présent ?» ou «Quand commence le temps présent ?». On nous a dit que le temps présent commençait en 1945. Etienne Fouilloux se demande quant à lui : «Quand fait-on de l'histoire du temps présent ?» Est-ce quand les archives publiques ne sont pas accessibles ? Est-ce — Danièle Voldman insiste là-dessus — lorsque les témoins sont encore vivants et peuvent surveiller ce qu'écrit l'historien et le mettre en défaut (d'ailleurs ils ne s'en privent pas) ? Est-ce quand la mémoire des événements est encore vivante (mais est-ce que la Révolution française c'est du temps présent ou seulement son bicentenaire ?). Ou bien, est-ce, comme cela a été dit, lorsque on a vécu les événements ? Cela apparaît comme une notion extrêmement relative. Eric Hobsbawm écrit qu'il a le souvenir du jour où Hitler a été nommé chancelier. Cela me frappe énormément parce que pour moi c'est vraiment de l'histoire, et cette histoire appartient au passé. Il y a là une zone extrêmement floue. J'avoue que, lorsque j'ai travaillé sur de l'histoire relativement contemporaine, je ne me suis jamais vraiment posé la question de savoir si je travaillais sur de l'histoire du temps présent. Jean-François Sirinelli considère que j'ai fait de l'histoire du temps présent et il dit la même chose concernant Antoine Prost. Ce dernier en a peut-être pris clairement conscience, mais ce n'est pas mon cas. Je me demande si au fond la meilleure définition du temps présent ne serait pas à peu près le contraire de ce qu'a dit Danièle Voldman à savoir que l'historien du temps présent a pour charge, à la lumière du passé, d'ouvrir des perspectives dans le présent. C'est peut-être la formule d'Eric Hobsbawm qui se rapproche le plus de la réalité en lui assigant la période durant laquelle se produisent des événements qui contraignent l'historien à réviser la signification qu'il donne au passé, à revoir les perspectives, à redéfinir les périodisations, c'est-à-dire à regarder en fonction du débouché d'aujourd'hui un passé qui ne prend qu'à cette lumière là, sa signification. C'est donc la première question que je me pose, sans être tout à fait sûr que la réponse soit la bonne.

La seconde question c'est de savoir si l'histoire du temps présent est une histoire spécifique, différente des autres, ayant ses méthodes propres qui la rapprocheraient peut-être davantage des sciences sociales que dans d'autres périodes de l'histoire. Sur ce point, je dois reconnaître que je ne suis pas vraiment convaincu. Je ne crois pas, en dépit de l'intérêt de ce que j'ai lu — pour prendre des exemples précis — que l'histoire des techniques ou l'histoire des entreprises, l'histoire politique ou l'histoire des sciences aient une affinité spécifique avec le temps présent qui échapperait à d'autres périodes de l'histoire. J'avoue ne pas voir en quoi, par ses enjeux, par ses objets, l'histoire du temps présent se distinguerait profondément de l'histoire des autres périodes. Je le vois davantage au niveau des méthodes et pour des raisons évidemment liées aux sources et en particulier à cette abondance extraordinaire de sources dont on dispose, y compris ces sources sous forme d'images, ces sources audiovisuelles que ne connaissent aucune des autres périodes, ces sources orales et la possibilité — je crois que ce n'est pas négligeable pour un historien —, d'entendre à travers des disques ou à travers des enregistrements de radio, un certain nombre de témoins de l'histoire. C'est là une richesse induite par une variété considérable de sources et peut-être la seule différence effective avec ceux d'entre nous qui étudient des périodes beaucoup plus reculées où cette extraordinaire richesse de sources n'existe pas. Il me semble en tout cas que sur beaucoup de points essentiels à la signification de l'histoire, cette variété compense très largement les difficultés de communication, ou la rétention d'un certain nombre de sources. Quant au contact avec les autres sciences sociales, en dépit du fait qu'il est vrai que la plupart travaillent aussi sur le temps présent et que l'objet peut être identique, je ne suis pas du tout convaincu que par rapport à l'histoire moderne ou à l'histoire du Moyen Age, il y ait, de ce fait, une collaboration plus grande avec elles au niveau de l'histoire du temps présent. Au fond, la seule différence me semble t-il, la seule spécificité réelle, me paraît être que cette histoire ne prend sa signification que comme l'émergence dans l'immédiat d'évolutions de longue durée et qui donnent sens à l'histoire de plusieurs décennies, parfois de plusieurs siècles. Tout dépend de l'objet que l'on prend en compte. L'exemple précis auquel je pense et qui est présent à toutes les mémoires — celui des évolutions récentes en Europe de l'Est qui tourne une page, qui achève un moment — donne un certain nombre de réponses aux questions que l'on se posait sur le système socialiste dans les pays de l'Est. Et sans cet aboutissement, il me semble que la signification de l'histoire du communisme et de son insertion dans un système d'Etat serait notablement différente. Pour le reste, je crois n'avoir jamais ressenti l'histoire du temps présent comme une histoire très profondément ou très notablement différente des autres aspects de l'histoire.

Dernier point, est-ce-que cette histoire du temps présent, par sa proximité relative dans le temps, serait en quelque sorte viciée par ce que l'on a appelé la «demande sociale» et contiendrait de ce fait des objets rétifs par nature à l'analyse historique ? D'une part, nombreux sont ceux, et en particulier Michael Pollak, qui nous font remarquer que cette histoire du temps présent est l'objet d'une demande sociale importante. Cette demande sociale, on l'observe par exemple en matière de recherche d'identité (Michèle Ruffat, à propos de l'histoire de l'entreprise le montre bien) ; en matière d'expertise, c'est le cas de la commission présidée par René Rémond sur l'affaire Touvier) ; voire même en termes de légitimation, qui a moins d'importance historique. Il est donc vrai qu'il y a une demande sociale, d'importance très relative j'en conviens. D'autre part, je suis très frappé par les observations de Pierre Laborie concernant l'extrême difficulté pour l'historien d'inscrire dans l'évolution historique, avec toutes les exigences qui sont celles de la science historique, des événements comme ceux de l'époque de la Résistance. Et Philippe Burrin va encore plus loin en posant des problèmes essentiels — dont j'avoue ne pas détenir la réponse — sur l'historisation ou l'impossibilité d'inscrire dans l'évolution historique un certain nombre de phénomènes, de considérer au fond comme des objets d'histoire qu'on peut traiter en historien, des phénomènes qui posent des problèmes éthiques fondamentaux. Jusqu'à quel point faut-il séparer ou unir le champ de l'éthique et celui de la science historique ? Est-ce que, par exemple, l'extermination systématique des Juifs pendant la Seconde Guerre mondiale peut être objet d'histoire ? On pourrait répondre par la négative, ce que d'une certaine manière je comprendrais parfaitement, car je ne souhaite pas faire ce type d'histoire. Mais, d'un autre côté, j'avoue que je m'intéresse à ses résultats et que je ne pense pas, au fond de moi-même, qu'il soit sain et souhaitable, y compris sur le plan de l'éthique, d'exclure de l'analyse historique un événement aussi horrible et aussi insupportable soit-il. Il y a là, je crois, un problème grave qui est difficile à trancher mais en même temps impossible à éluder et je comprends bien quel est le risque de banalisation d'un phénomène qui résulte de son inscription dans le devenir historique. Mais je vois aussi les inconvénients de l'exclure en quelque sorte de l'histoire en le considérant comme tellement exceptionnel qu'il ne pourrait en aucun cas, jamais, se reproduire dans d'autres circonstances. Il me semble que rien ne doit échapper à l'analyse historique, aussi graves, aussi insupportables que soient les problèmes posés.

La «lacune» du présent

Luisa Passerini

Les thèmes proposés à l'occasion de cette journée d'études — «situer le présent dans le temps», «penser le temps présent», «en écrire l'histoire» —, suggèrent au moins trois points de réflexion.

Le commencement du présent

Nous devons nous rappeler tout d'abord le caractère subjectif des commencements historiques. L'Espagne nouvelle commence à compter ses années à partir de la guerre civile de 1936 (Mercedes Vilanova) ; en Allemagne, dans les années cinquante, les experts considèrent que la *Zeitgeschichte* a pour point de départ l'année 1917 (Hartmut Kaelble) ; la Seconde Guerre mondiale est considérée comme l'événement inaugural ou la matrice du temps présent (Jean-Pierre Azéma) ; l'usage consistant à faire commencer l'histoire contemporaine en France en 1789 (Michel Trebitsch) a été longtemps prédominant. Mais il s'agit en l'occurrence de subjectivités collectives qui doivent être entièrement traversées et approfondies pour conduire à la seule objectivité possible en histoire, comme l'écrit Siegfried Kracauer [1].

A l'heure actuelle, nous expérimentons un de ces «commencements» : l'année 1989 (Etienne François, Hartmut Kaelble) se profile comme le début d'un temps nouveau qui a pris tout le monde par surprise, qui invite à réécrire l'histoire de certains pays européens et qui redéfinit l'Europe.

Il devient évident que chaque commencement ne définit pas seulement une époque, mais aussi un espace, une dimension qui appartiennent à ce temps-là. Dans ce dernier cas il s'agit d'une dimension européenne. La dimension européenne pose des

1. *History. The last Things Before the Last*, New York, 1969.

problèmes historiques comme par exemple celui de la recherche de ses origines ou de ses antécédents, sans se borner à la seule histoire des idées savantes, mais en prenant en compte les cultures quotidiennes. Elle pose aussi des questions neuves en termes de mémoire : on a beaucoup travaillé sur la mémoire des totalitarismes en Europe. Le très récent commencement de la nouvelle Europe nous pose le problème du rapport entre la mémoire et la démocratie — cette démocratie qui est enfin sortie victorieuse en Europe après avoir risqué d'y disparaître au tournant des années quarante (Pierre Milza).

Commencement, définition d'un temps et d'un espace, recherche d'une préhistoire et recherche d'une mémoire : toutes ces expressions font partie d'une même constellation présidant à l'effort nécessaire pour bâtir un présent et constituent les axes d'une subjectivité historique en changement, partagée, quoique de manières différentes, par les historiens et les contemporains. Cette dernière notion nous amène à une corrélation fondamentale constituant le deuxième point de cette réflexion.

Présent et vécu. La chaîne des générations

Michel Trebitsch nous rappelle que François Bédarida a souligné cette relation en soutenant que «le mot "contemporain" doit être réservé au temps qu'on vit». On trouve ici plusieurs connexions et des entrelacements entre une pluralité de mémoires (Karel Bartosek) : celle des historiens et celle des divers groupes de la société, mais aussi la mémoire des parents et des grands-parents (Jean-Jacques Becker : mémoire apprise et mémoire spontanée, mémoire collective, mémoire imprégnée par l'expérience de ceux qui ont vécu avant nous). Ce qui ressort fortement de cette pluralité est l'étroite liaison entre mémoire et expérience vécue, entre tradition et capacité d'expérience [2]. Parallèlement, tout cela nous rappelle à quel point il est indispensable, pour rendre prégnant le sens du rapport présent/vécu, de détacher le présent de l'actuel et de l'immédiat (Robert Frank, Henry Rousso).

La connexion entre présent et vécu contient finalement la référence à la relation constitutive entre le présent et le futur. La communauté des générations comprend aussi les successeurs, les générations auxquelles on transmet l'histoire (enseignement,

2. M. Lowy, *Rédemption et utopie*, Paris, 1988.

transmission, médias — transmission politique : «traditions» des dernières décennies, du féminisme, des différentes formes de radicalisme, de la «gauche» — quel que soit le sens de ce mot aujourd'hui. C'est Michel Trebitsch qui parle justement de l'importance pour le temps présent des questions idéologiques et politiques, de la responsabilité civique.

On sait bien que les catégories intitulées «expérience» ou bien «mémoire» ou encore «tradition», sont aujourd'hui très problématiques. Voir Paul Ricœur sur Alfred Schutz [3] : «le règne des contemporains — ceux qui sont définis par prendre ensemble de l'âge, vieillir ensemble, durer ensemble — le monde des prédécesseurs, le monde des successeurs. L'anonymat de ce triple règne fournit la médiation entre le temps privé et le temps public ; la contemporanéité a perdu en large partie le caractère de partage d'expérience».

Ce qui apparaît ici est l'entrecroisement entre le présent et le futur, ce qui nous renvoie au troisième point.

Le présent comme "lacune" entre passé et futur

L'idée et le terme viennent d'Hannah Arendt[4]. Je les trouve particulièrement indiqués pour exprimer un concept que l'on retrouve fréquemment chez les historiens : de différentes manières ils insistent sur la rupture du temps présent, sur la discontinuité, sur la surprise («le temps court», Jean-Pierre Azéma ; «le rythme précipité», Etienne François), enfin sur une conception de la temporalité dans le présent comme possibilité, hasard, liberté.

Hannah Arendt reprend la parabole de Kafka sur la lutte engagée par *lui* (le titre de l'apologue est *Er*, [*il*], mais aujourd'hui on pourrait bien dire *elle*) contre deux adversaires, le premier qui en le précédant le pousse par derrière et le deuxième qui lui fait face et s'oppose à sa marche. Chacun des deux l'aide dans la lutte contre l'autre, le passé contre le futur et le futur contre le passé. Le rêve de ce personnage est qu'un jour, dans un moment où il n'y aura pas de témoins (peut-être une nuit plus obscure que toutes les précédentes), il saura se soustraire au front de la bataille et avec l'expérience acquise, il deviendra l'arbitre de la lutte entre les deux adversaires. La résultante de ce parallélogramme est une force

3. *Temps et récit*, III, *Le temps raconté*, p. 165 sq.
4. *Between Past and Future*, New York, 1954.

diagonale — enracinée dans le présent et tendue vers un paysage mobile — changeante, variable. Selon cette conception, le temps n'est pas un *continuum*, mais il est interrompu au point où l'être humain se trouve et où il/elle doit prendre position contre passé et futur ensemble. La lacune n'est pas un simple intervalle, mais un champ de forces, généré par l'effort de l'homme à penser. Dans le temps historique et biographique il n'y avait pas de lacune tant qu'il avait une tradition ; au fur et à mesure que la modernité procède, la lacune devient une expérience pour tous, un fait politique enfin. La pensée, la mémoire, la prévoyance peuvent sauver quelque chose de l'usure subie par le temps historique et biographique. Nous pouvons ajouter que l'histoire — en particulier l'histoire du temps présent — peut contribuer à créer la lacune que chaque génération nouvelle, chaque être humain, doivent découvrir et maintenir ouverte par un travail assidu.

Ce n'est pas par hasard que ce petit essai d'Hannah Arendt s'ouvre sur une citation de René Char : «Notre héritage n'est précédé d'aucun testament», citation qui décrit parfaitement la situation de l'histoire du temps présent et ses relations ambivalentes avec le passé et face au futur.

L'approche historiographique

La quarantaine et l'an 40
Hypothèses sur l'étymologie du temps présent

Michel Trebitsch

«A la recherche du temps présent» titrait, proustien, *Le Figaro* du 7 février 1980, pour annoncer l'inauguration officielle de l'IHTP. Douze ans plus tard, le 29 janvier 1992, l'IHTP figure dans la liste des organismes du CNRS soumis à la délocalisation, sous le nom improbable d'*Institut du temps présent.* Temps présent ou temps perdu ? Irréductibilité du présent à l'histoire ? De ces boutades ou lapsus, on ne se permettrait nul docte commentaire, si n'y paraissaient résumées caricaturalement quelques-unes des critiques portées jusqu'à nos jours, malgré l'ancrage institutionnel, la valeur et l'audience des travaux accomplis, contre l'histoire du temps présent. Une lettre adressée naguère à l' «Institut d'histoire du temps précieux» couronnerait ce bêtisier tout droit sorti de l'étude de Freud sur *Le mot d'esprit et ses rapports avec l'inconscient.* L'errance sémantique serait-elle le signe d'incertitudes épistémologiques qu'une réflexion méthodologique intermittente n'a pas dissipées ? Une décennie sépare le séminaire fondateur lancé en 1979 par François Bédarida et les journées d'études de 1980, du séminaire «Histoire politique et sciences sociales»(1988-1990), qui s'ouvrait sur ce constat : «Nous ressentions, à des degrés divers, un certain déficit théorique dans la discipline de l'histoire du très contemporain et une méfiance instinctive, plus nette ici que dans d'autres secteurs de l'historiographie française, à l'égard de toute forme de conceptualisation ou de modélisation» [1].

---

1. Denis Peschanski, Michael Pollak, Henry Rousso (dir.), «Histoire politique et sciences sociales», *Les Cahiers de l'IHTP*, 18, juin 1991, p. 11. Le séminaire de François Bédarida sur «Les usages sociaux de l'histoire» (1979-1985) n'a pas été publié. Les textes des *Journées d'études des correspondants départementaux (28-29 novembre 1980)* organisées par le Comité d'histoire de la 2e Guerre mondiale et l'IHTP (Paris, CNRS, 1981), ont été repris dans «L'histoire du temps présent», *Historiens et Géographes*, 287, décembre 1981.

Au coeur de ces incertitudes, le statut de la coupure de 1939-1945. «La France a mal à sa Seconde Guerre mondiale», affectait-on de dire au tournant des années 1980. Le temps présent commence-t-il en 1945, en 1940, en 1939, remonte-t-il aux années 1930 ? Se définit-il essentiellement par la présence de témoins vivants ? N'est-il qu'un appendice chronologique ou doit-on le concevoir comme discontinuité historique radicale remettant en cause la notion même d'histoire contemporaine ? Dans sa quête d'une voie moyenne entre la «quarantaine» des délais archivistiques et le traumatisme de «l'an 40» l'histoire du temps présent aspire à fournir des réponses scientifiques à des questions éminemment idéologiques et politiques. C'est à cette relation complexe entre histoire et mémoire, entre autonomie de la recherche et «demande sociale» ou, si l'on préfère, responsabilité civique, qu'on doit la possibilité de plusieurs niveaux de lecture. Nous nous proposons de rendre manifestes quelques-uns de ces discours impliqués par la notion de «temps présent», en poursuivant ici une recherche seulement esquissée sur celle d'histoire contemporaine [2].

La voie moyenne

L'Institut d'histoire du temps présent aurait dû s'appeler «Institut d'histoire du monde contemporain» et ne devrait son sigle qu'au risque de confusion avec l'Institut d'histoire moderne et contemporaine créé en même temps [3]. En s'écartant de la notion trop journalistique d' «histoire immédiate» lancée un temps par Jean Lacouture, l'histoire du temps présent se définit de manière fondamentale et fondatrice par sa relation critique à l'histoire contemporaine. Répondant à une enquête sur «l'objet de l'histoire contemporaine», François Bédarida écrivait : «Il y a en tout cas une division qui ne peut plus tenir, c'est d'appeler histoire contemporaine, l'histoire depuis 1789 : l'idée qu'à partir de 1789,

2. Michel Trebitsch, «L'histoire contemporaine : quelques notes sur une histoire énigmatique», dans Olivier Dumoulin et R. Valéry (dir.), *Périodes. La construction du temps historique*, Paris, Editions de l'EHESS et Histoire au Présent, 1991, pp. 134-144.

3. «Objectifs de travail et perspectives de recherche pour l'Institut d'histoire du monde contemporain», note de la fin 1978 ; «Note sur la création d'un Institut d'histoire du monde contemporain», janvier 1978. Je remercie Marianne Ranson de m'avoir ouvert les archives de l'IHTP et François Bédarida d'avoir répondu à mes questions sur les conditions de naissance de l'IHTP.

c'est l'histoire contemporaine, était liée à une certaine conscience nationale et politique de la France au XIXe siècle, qui trouvait ses origines dans la Révolution et qui donc baptisait contemporain tout ce qui procédait de là. Le mot 'contemporain' doit être réservé normalement au temps qu'on vit, au sens originel du terme. C'est ainsi que l'histoire contemporaine est considérée dans les pays étrangers, et cette pratique est beaucoup plus sensée. Le terme de 'temps présent' a été précisément créé, parce que le mot contemporain était ambigu» [4].

L'histoire du temps présent, poursuivait François Bédarida, se définit à la fois comme une *période* et une *démarche*, celle d'un historien impliqué dans son *Zeitgeist*, affronté à une documentation d'un autre type, à la fois proliférante et lacunaire, contraint de se situer dans sa relation aux acteurs et sa confrontation permanente aux mécanismes de mémoire. Aux distinctions admises entre XIXe et XXe siècle, voire, plus récemment, entre un «premier» et un «second XXe siècle», se substitue une périodisation à géométrie variable, le temps présent couvrant «une séquence historique marquée par deux balises mobiles», la durée d'une vie humaine (celle des témoins) en amont, en aval une frontière «souvent délicate à situer, entre le moment présent - l' 'actualité' - et l'instant passé» [5]. Sur le plan méthodologique, l'utilisation de sources nouvelles, l'approche comparatiste et pluridisciplinaire entretenue par le dialogue et l'échange avec les autres sciences humaines, la volonté de réintroduire la longue durée dans le temps présent, et d'y repérer les mécanismes de représentation et les relations complexes entre ruptures et continuités, sont autant de pratiques rompant avec l'historiographie traditionnelle. Dans cette démarche, il y a comme une réponse à l'appel à «la conquête de l'histoire contemporaine par l'histoire nouvelle» lancé en 1978 par Jacques Le Goff. Scellée en 1986 avec l'entrée du «temps présent», estampillé par Jean-Pierre Azéma, dans le *Dictionnaire des sciences historiques*, l'alliance avec la nouvelle histoire ne va pas sans contradictions [6]. Sur les archives par exemple. En jouant un rôle essentiel dans l'introduction des sources orales, l'histoire du temps présent a indéniablement contribué à abattre le privilège du

---

4. François Bédarida, «Le temps au présent», *Espaces Temps*, 29, 1er trimestre 1985, p. 11.

5. «Histoire politique et sciences sociales», *op. cit.*, pp. 9-10.

6. Jean-Pierre Azéma, «Temps présent», dans André Burguière (dir.), *Dictionnaire des sciences historiques*, Paris, PUF, 1986, pp. 653-656.

«document» écrit et vénérable ; mais elle neutralise la charge militante de l' «histoire orale» en officialisant la notion, plus modérée, d' «archives orales» [7]. Quant aux circonstances de la loi sur les archives de 1979, contemporaine de la fondation de l'IHTP, qui réduit à trente ans les délais d'accessibilité, ne conviendrait-il pas de s'interroger sur «la possible et probable influence des pratiques archivistiques sur l'accès aux documents et sur les périodisations de la recherche qu'elles induisent plus ou moins consciemment», si l'on se souvient qu'une circulaire de la Direction des Archives de France du 16 décembre 1965 décidait de réorganiser le classement des séries modernes des Archives départementales à partir de la date limite du 10 juillet 1940 [8].

Dans un article inaugural à maints égards sur le XXe siècle comme «siècle de la contingence», René Rémond suggère «une voie moyenne entre le récit qui s'articule sur la pure contingence et l'analyse explicative qui la tient pour une illusion des sens et ne croit qu'aux facteurs qui transcendent les situations conjoncturelles» [9]. En théorisant ainsi l'empirisme méthodologique qui caractérise au fond l'histoire du temps présent, il ouvre la voie à un compromis rendu possible par l'évolution d'une nouvelle histoire moins dogmatique et en proie elle-même aux interrogations. Dans ce sens, l'histoire du temps présent participe bien, quoiqu'elle s'en défende, d'un discours des retours, retour du narratif, de l'événement, du politique [10]. Le contexte des années 1980, dans lequel se produit ce que Marcel Gauchet a appelé un «changement de paradigme en sciences sociales», est ici essentiel. Au paradigme critique des années 1960, celui des systèmes explicatifs, des modèles, du structuralisme, succède, avec le «retour de la conscience», de l'individu, la réhabilitation de l'action, une centralité nouvelle de l'histoire au moment même où l'histoire se

---

7. Voir notamment, Dominique Aron-Schnapper et D. Hanet, «D'Hérodote au magnétophone. Sources orales et archives orales», *Annales, Economies, Sociétés, Civilisations*, 1, janvier-février 1980, pp. 183-199 ; Danièle Voldman, «L'invention du témoignage oral», dans «Questions à l'histoire orale», *Les Cahiers de l'IHTP*, 4, juin 1987, pp. 77-94.

8. Cf. Françoise Hildesheimer, «Périodisation et archives», dans *Périodes*, *op. cit.*, pp. 42-43.

9. René Rémond, «Le siècle de la contingence», *Vingtième siècle. Revue d'histoire*, 1, janvier 1984, p. 98.

10. René Rémond, (dir.), *Pour une histoire politique*, Paris, Editions du Seuil, 1988. Voir les remarques de Gérard Noiriel, «Une histoire sociale du politique est-elle possible ?», *Vingtième siècle. Revue d'histoire*, 24, octobre-décembre 1989, pp. 81-96.

déconstruit, se décompose en «micro-storia», s'ethnologise, se désidéologise, se symbolise, pour endosser, en devenant «science de l'immobile» (Le Roy Ladurie), une fonction conservatrice et patrimoniale. «Le problème organisateur était celui du *dépassement du contemporain* ; il est devenu celui de l'*identité historique*» [11]. Le contexte politique éclaire ce contexte historiographique. On peut dater des années 1980 «l'alignement», la fin de l'exceptionnalité française, préparant la victoire de la gauche en 1981 et le triomphe des thèses consensuelles du Bicentenaire, dans un environnement mondial de crise économique et politique. Aux «Trente Glorieuses» succèdent les chocs pétroliers et les marées noires qui ébranlent les sociétés de consommation. Les dernières illusions soixante-huitardes viennent se briser sur la découverte de l'archipel du goulag, du génocide perpétré par les Khmers rouges, tandis que se dessinent des solutions inédites, Solidarité en Pologne, les progrès de l'unification européenne, mais que montent aussi les conflits incontrôlables d'Iran ou d'Afghanistan. La recherche de voies nouvelles se fait au rythme du néo et du rétro : néo-libéralisme, nouveaux philosophes, nouvelle droite, mais aussi, plus complexe ou plus inquiétant, retour du religieux ou essor du révisionnisme. La Seconde Guerre mondiale s'éloigne, marquant la fin des «guerres franco-françaises» et des «fièvres hexagonales».

On peut se demander si l'histoire du temps présent ne rejoue pas malgré elle la scène primitive de l'histoire contemporaine, quelque cent ans plus tôt, en reproduisant et en intériorisant les contradictions qui ont fait de celle-ci, selon le mot de Pierre Nora, «une histoire sans objet, sans statut et sans définition» [12]. Introduite en 1865 dans les programmes d'histoire par une réforme de Victor Duruy, l'histoire contemporaine est immédiatement rejetée sur le plan théorique par l'interdit sur le présent qui resservira presque mot pour mot contre l'histoire du temps présent : impossibilité d'utiliser des sources suffisantes, ignorance des effets à long terme des faits étudiés, implication de l'historien lui-même dans cette histoire en train de se produire. Paradoxalement, ce sont pourtant les historiens positivistes qui institutionnalisent l'histoire

---

11. Marcel Gauchet, «Changement de paradigme en sciences sociales ?», dans *Les Idées en France 1945-1988. Une chronologie*, Paris, Le Débat/Folio histoire, 1989, pp. 472-480.

12. Pierre Nora, «Présent», dans Jacques Le Goff, Roger Chartier, Jacques Revel (dir.), *La Nouvelle Histoire*, Paris, Retz, 1978, pp. 467-472. Voir aussi Olivier Dumoulin, «Histoire contemporaine», dans André Burguière (dir.), *Dictionnaire des sciences historiques*, *op. cit.*, pp. 154-156.

contemporaine, l'intronisent en Sorbonne, brossent, sous la direction de Lavisse, les grandes fresques d' «histoire de la France contemporaine», eux enfin qui s'engagent, dès l'affaire Dreyfus, qu'il s'agisse de l' «instituteur national» Lavisse ou de Seignobos, dont un recueil, paru en 1934, s'intitule curieusement : *Etudes historiques et politiques sur le temps présent...* Dans l'esprit du législateur de 1865, l'espace chronologique de trois-quarts de siècle, «une vie d'homme», allant de 1789 à la fin du Second Empire, guerre de Crimée et expédition mexicaine comprises, n'était pas très différent de la définition de François Bédarida; en prolongeant l'histoire contemporaine quasiment jusqu'à l'affaire Dreyfus, la réforme pédagogique de 1902 opère un glissement de sens fondamental, qui fait de 1789 non plus simplement la borne initiale du «temps qu'on vit», mais la matrice d'une phase nouvelle de l'histoire humaine. Ce qui se joue entre 1865 et 1902, c'est ce que Charles-Olivier Carbonell a appelé la «mutation idéologique» des historiens français affrontés au traumatisme de la défaite face à l'Allemagne [13]. Ce tournant essentiel détermine la fonction hégémonique de l'histoire à la fois comme science positive et comme patrie temporelle fondatrice de l'identité nationale. Pierre Nora l'a montré à propos de Lavisse, il y a un lien extrêmement fort entre l'établissement douloureux d'une République née de la défaite, secouée par la Commune puis, à la fin du siècle, par l'affaire Dreyfus, et l'intégration par l'histoire positiviste de la Révolution française dans l'histoire nationale : «La coupure fondatrice ne passe plus, par principe, à l'intérieur de la nation, mais à l'extérieur» [14].

Il n'est pas tout à fait abusif de rapprocher de cette «mutation idéologique» des années 1865-1885 le «changement de paradigme» des années 1980. Plus que les connotations positivistes sensibles dans l'empirisme méthodologique, on soulignera certains parallélismes dans les mécanismes de pédagogisation, de vulgarisation (succès de *L'Histoire*, lancée en 1978) et dans l'insistance sur la fonction sociale et politique de l'historien, voire dans sa fonction d'expertise, comme lors du récent rapport de la «commission Touvier». Présentées comme une «révolution conceptuelle», les réformes des programmes d'histoire de 1983, qui

13. Charles-Olivier Carbonell, *Histoire et historiens, une mutation idéologique des historiens français, 1865-1885*, Toulouse, Privat, 1976.

14. Pierre Nora, «*L'Histoire de France* de Lavisse», dans Pierre Nora (dir.), *Les Lieux de mémoire*. II. *La Nation (1)*, Paris, Gallimard, 1986, pp. 317-375.

introduisaient en terminale l'étude du monde contemporain de 1939 à nos jours, puis de 1987-1988, qui déplaçaient en première l'étude de la Seconde Guerre mondiale, ont suscité des débats assez similaires à ceux de la fin du XIXe siècle et révélateurs du traumatisme de 1940 [15]. Des *Lieux de mémoire* au millénaire capétien, de *L'Identité de la France* de Braudel à l'*Histoire de France* bimillénaire de Duby, la fonction nationale de l'histoire est à la fois reconquête nationale face aux modèles historiographiques étrangers, l'Allemagne pour les positivistes, la «colonisation» anglo-saxonne de l'histoire de Vichy pour l'histoire du temps présent [16] et principe spirituel, au sens renanien, «volonté de continuer à faire valoir l'héritage qu'on a reçu indivis» [17]. La comparaison esquissée entre la fonction de l'histoire nationale dans les années 1880 et celle de la mémoire nationale dans les années 1980, renvoie aux deux césures de l'histoire contemporaine et de l'histoire du temps présent. C'est dans les années 1880 que «la Révolution entre au port» selon François Furet; c'est en 1979, date de naissance officielle de l'IHTP, qu'il proclame, dans *Penser la Révolution française*, que «la Révolution est terminée». Pour Lavisse, la mémoire passait par l'histoire : en expulsant vers l'amont de 1789 le traumatisme de 1870. Pour l'histoire du temps présent, la mémoire est objet d'histoire, puisqu'elle expulse vers l'aval du «temps qu'on vit» le traumatisme de 1940.

«L'acte de baptême de notre temps» [18]

Fondé en 1934, l'hebdomadaire *Sept* réapparut en 1937, après une interruption, sous le nom de *Temps Présent* [19]. Cette référence certainement inconsciente permet de proposer, à la fois sur l'histoire contemporaine et sur la méthode historique, une seconde

15. Joël Cornette et Jean-Noël Luc, «Bac-génération 84. L'enseignement du temps présent en terminale», *Vingtième siècle. Revue d'histoire*, 6, avril-juin 1985, pp. 103-130 ; Dominique Borne, «L'histoire du 20e siècle au lycée. Le nouveau programme de Terminale», *ibid.*, 21, janvier-mars 1989, pp. 101-110.
16. «Note sur la création d'un Institut d'histoire du monde contemporain», janvier 1978, citée.
17. Ernest Renan, «Qu'est-ce qu'une nation ?» (1882), cité dans Pierre Nora, *ibid.*, p. 328.
18. Jean-Pierre Rioux, «Le temps présent a une histoire», *La Croix*, 11, décembre 1980.
19. Cf. Aline Coutrot, *Un courant de la pensée catholique : l'hebdomadaire* Sept *(mars 1934-août 1937)*, Paris, Le Cerf, 1961.

généalogie, d'inspiration chrétienne et même personnaliste, qui éclaire d'un tout autre jour les notions-clés de l'histoire du temps présent, événement, mémoire, témoignage. Le concept de présent est à prendre ici au sens très fort de présence au monde qui renvoie, par-delà, à la thématique de l'incarnation comme paradigme de l'événement et à celle de la «présence réelle» dans l'eucharistie qui divinise la participation de l'homme au monde. Cette réflexion sur l'acte et l'actuel comme fondateurs de la personne, présente au monde, libre et responsable, par opposition à l'individu isolé et aliéné, est centrale chez Denis de Rougemont, Emmanuel Mounier et les personnalistes des années trente et se retrouvera dans les écrits du futur Jean-Paul II. L'acte est «point de départ» parce que c'est Dieu lui-même qui est l'Acte : «Tout acte personnel est participation à l'actualité éternelle du Christ» [20]. Cette conception, ici résumée très schématiquement, a deux séries de conséquences sur la définition du temps présent : l'une concerne la place et le rôle de l'historien, sa «présence» et sa responsabilité, et débouche sur le concept d'engagement, l'autre renvoie à la conception chrétienne du temps lui-même.

Il n'est pas indifférent ici de revenir sur les acteurs principaux de la fondation de l'IHTP, sur les arrière-plans idéologiques et même spirituels qui ont pu les guider, sur le lien entre leur engagement spirituel et leur posture dans le champ historique. Faut-il évoquer ici l'expérience militante au sein de mouvements développés dès l'entre-deux-guerres, ACJF, JEC dans le cas de René Rémond, renforcés dans la Résistance, notamment *Témoignage chrétien* pour François et Renée Bédarida ? Se livrant un peu sur son propre itinéraire, René Rémond a rappelé, à côté d'autres influences, le rôle capital pour lui de son expérience catholique, pour replacer sa démarche historique, son intérêt pour le temps présent, dans une conception globale de l'homme [21]. François Bédarida, comme directeur de l'Institut, a maintes fois insisté sur la responsabilité de l'historien, non seulement par rapport à l'université et la recherche, mais plus largement, à cette «demande sociale» qu'il faut prendre

---

20. Cf. Denis de Rougemont, «Définition de la personne», *Esprit*, 27, 1934, pp. 368-382 ; Denis de Rougemont et A. Dandieu «L'Acte comme point de départ», *Recherches philosophiques*, Paris, 1935 ; Karol Wojtyla, *Personne et Acte*, Paris, Centurion, 1983.

21. René Rémond, «Le contemporain du contemporain», dans Pierre Nora (dir.), *Essais d'ego-histoire*, Paris, Gallimard, 1987, pp. 293-349. Voir aussi : Renée Bédarida, *Les Armes de l'esprit :* Témoignage chrétien, *1941-1944*, Paris, Ed. ouvrières, 1977.

dans un sens non pas médiatique et consumériste mais selon une conception de l'histoire comme source de valeurs, et débouchant uniquement dans cette perspective sur une «histoire totale».

C'est à cette lumière qu'il faut relire, selon nous, l'article précurseur de René Rémond paru en 1957, «Plaidoyer pour une histoire délaissée», celle de l'entre-deux-guerres, au nom de laquelle il rejette toutes les critiques classiques sur les archives ou l'absence de recul qu'on verra reformulées ensuite contre l'histoire très contemporaine [22]. On en tirera l'hypothèse d'une autre chronologie pour les conditions de naissance d'une historiographie du très contemporain, antérieure et non postérieure à l' «histoire en miettes» des années 1980, située, à la charnière des années 1950-1960, au coeur du débat philosophique, politique et historique entre la mouvance marxiste (au sens large, incluant la tradition des *Annales* et la naissance du structuralisme) secouée par le choc de 1956 et la mouvance chrétienne en pleine remise en cause à l'avant-veille de Vatican II. Ce débat théorique qui atteint de plein fouet les historiens coïncide avec le choc de la guerre d'Algérie. Derrière la figure emblématique d'Henri-Irénée Marrou, on retrouve, quelle qu'ait été la diversité des positions personnelles, des intellectuels chrétiens, souvent proches d'*Esprit*, engagés à la fois dans la lutte contre la guerre d'Algérie et dans un débat historiographique puissant sur le sens de l'histoire, Pierre-Henri Simon, auteur du retentissant *Contre la torture* (1957), André Mandouze, Paul Ricœur, René Rémond, voire, sur des positions plus mesurées, François Bédarida devenu en 1961 secrétaire général du Centre catholique des intellectuels français [23]. Est-il tout à fait surprenant de retrouver plusieurs de ces intellectuels parties prenantes à une controverse historiographique, lancée certes dans l'immédiat après-guerre, autour de Lucien Febvre et Fernand Braudel à l'EPHE et aux *Annales*, de Le Bras et Gurvitch en sociologie, et marquée dès 1951 par *Le Temps de l'histoire* de Philippe Ariès, mais qui ne se déploie réellement que dans le contexte heurté des années 1954-1958. On a souvent lu cette phase, inaugurée par le dernier recueil de Lucien Febvre, *Combats pour l'histoire* (1956) et symbolisée par l'article célèbre de Braudel, comme le début de la victoire de la longue

---

22. René Rémond, «Plaidoyer pour une histoire délaissée. La fin de la IIIe République», *Revue française de science politique*, 7, 1957.

23. Cf. François Bédarida et Etienne Fouilloux (dir.), «La Guerre d'Algérie et les chrétiens», *Les Cahiers de l'IHTP*, 9, octobre 1988 ; Jean-Pierre Rioux et Jean-François Sirinelli (dir.), «La Guerre d'Algérie et les intellectuels français», *Les Cahiers de l'IHTP*, 10, novembre 1988.

durée, des structures chères à Lévi-Strauss, du sériel et du quantitatif officialisés par la thèse de Pierre Chaunu sur Séville et l'Atlantique [24]. C'est minorer l'impact de la guerre d'Algérie, voire d'Indochine, pour faire ressurgir une réflexion sur le passé le plus récent, celui de la guerre, de l'Occupation et du régime de Vichy qui aboutit, dès cette période, à une première tentative de lecture en termes de rupture et de continuité, de poids des «traditions» et des forces profondes, notamment dans trois ouvrages, tous parus en 1954 : l'*Histoire de Vichy* de Robert Aron, l'*Histoire des relations internationales* de Pierre Renouvin, *La Droite en France de 1815 à nos jours. Continuité et diversité d'une tradition politique* de René Rémond. C'est aussi en 1954 qu'Henri-Irénée Marrou publie son essai *De la connaissance historique*, un an avant l'essai de Paul Ricœur, *Histoire et vérité*, deux ouvrages parus au Seuil, dans la collection «Esprit», qui abordent le thème fondamental du sens de l'histoire, de la subjectivité et de l'objectivité en histoire, et qui sont attaqués sur leur droite par le positivisme et sur leur gauche par le marxisme.

Il faut ici revenir à la nouveauté radicale de la conception chrétienne du temps, pour laquelle le temps est historique et l'histoire a une signification [25]. Rompant avec la pensée cyclique du temps et l'opposition classique entre *aiôn* et *chronos*, elle conçoit l'éternité non plus comme absence de temps mais comme temps infini. L'*aiôn* est donc à la fois éternité et temps historique, temps illimité et temps limité. Le temps historique, limité, des hommes, c'est l'*aiôn outos*, le «temps présent», qui va de la création à la parousie, et dont saint Paul annonce la fin dans la première Epître aux Corinthiens. Mais le «temps qui vient», l'*aiôn mellon*, sans limite après la création, est déjà en acte dans le temps présent, puisque l'œuvre du Christ est déjà commencée. En étant le premier et le dernier, le Christ inaugure et accomplit le temps, un temps définitif instauré par l'incarnation et ouvrant sur l'avenir. C'est de cette conception de l'*aiôn outos* que saint Augustin tire sa théologie trinitaire du présent, le temps présent des choses passées, le temps présent des choses présentes et le temps présent des choses futures :

---

24. Fernand Braudel, «Histoire et sciences sociales : la longue durée», *Annales, Economies, Sociétés, Civilisations*, XIII, 4, décembre 1958, pp. 725-753. Voir aussi en 1954 le *Michelet* de Roland Barthes, en 1955 *Séville et l'Atlantique* de Pierre Chaunu, *Tristes tropiques* de Claude Lévi-Strauss, en 1957 la thèse d'Alphonse Dupront sur le mythe de la Croisade.

25. Germano Pattaro, «La conception chrétienne du temps», dans *Les Cultures et le temps*, Paris, Payot/UNESCO, 1975, pp. 93-222.

le passé existe maintenant comme image présente ou souvenir des événements passés, et le futur comme anticipation actuelle des événements futurs, ce qu'on pourrait traduire en termes actuels en définissant la mémoire comme présent du passé et le projet (voire la prospective) comme présent du futur [26]. C'est en ce sens que, selon un mot de Rougemont, «L'Histoire est le devenir présent» [27]. La conception augustinienne trinitaire du présent débouche, via le *hic et nunc*, le «maintenant de la Parole» de Karl Barth, dont on sait l'influence sur Rougemontmais aussi sur Ricœur, sur une conception «sursignifiée» de l'événement comme expérience du mystère du temps et de la contingence. «L'événement seul a la vertu de concrétiser le concret et de manifester à l'évidence son mystère», écrit Rougemont; «il est précisément la révélation de tout l'étranger, de la nature et des hommes, et pour certains de plus que l'homme. Il dessine la rencontre de l'univers avec mon univers», note Mounier[28]. De ces remarques philosophiques au mystère de la contingence et aux survivances du passé dans le présent évoqués par René Rémond dans un séminaire sur «Durée, mémoire et politique» [29], voire à la remarque braudélienne sur le présent constitué à 90% de passé, la distance est moins grande qu'on pourrait le croire. Lire la guerre d'Algérie ou Vichy, penser après Auschwitz, pour paraphraser Adorno, c'est tenter de trouver un «sens» dans l'histoire, par-delà la fin du providentialisme religieux et la fin de la raison hégélienne.

Une histoire expérimentale de la modernité

Il faut ici aborder une troisième piste, en proposant d'ouvrir le débat sur ce qui nous semble une interprétation réductrice de l'événement et de la contingence à partir des travaux de Paul Ricœur et de Pierre Nora. On ne peut réduire selon nous le sens nouveau donné par l'un et par l'autre à l'événement, ni à sa relation à la longue durée, ni à sa relation à sa propre représentation. On trouve certes chez Ricœur un schéma historiographique décrivant

---

26. Saint Augustin, *Confessions*, XI, ch. 20 et 17-18.

27. Denis de Rougemont, *L'Aventure occidentale de l'homme*, Paris, A. Michel, 1957, p. 133.

28. Denis de Rougemont, «Définition de la personne», art. cit., p. 369 ; Emmanuel Mounier, *Révolution personnaliste et communautaire, Œuvres*, Paris, Editions du Seuil, 1961, t. I, p. 172.

29. René Rémond, «Le contemporain du contemporain», cité, pp. 305-306.

comment au «fait historique» positiviste chosifié et «infra-signifié», a succédé le règne du «sens englobant» presque vidé de tout événementiel, puis le retour de l'événement, mais «sursignifié», analysé comme produit d'un récit, d'un discours, d'une représentation [30]. Mais la visée de Ricœur est infiniment plus profonde : elle part d'une définition de l'histoire comme récit qui est au coeur de sa tentative de philosophie herméneutique et qui se veut réponse à la lecture heideggerienne de l'historicité de l'être. Il n'est peut-être pas anecdotique de rappeler que ce débat s'est ouvert en 1955, lors d'une Décade Heidegger à Cerisy à laquelle assistaient Ricœur et Fessard. Pour Heidegger aussi, «c'est cette épiphanie d'un unique présent qui est le sens voilé de l'être à son aurore, un tel présent que Hegel nommera encore le jour spirituel du présent ne se réduisant nullement à l'instant qui passe, mais ouvrant au plus proche les plus extrêmes lointains, aussi bien les lointains du passé que ceux de l'avenir» [31]. A Heidegger pour qui le temps est «l'horizon transcendantal de la question de l'être», et demeure donc une énigme ou une aporie, Ricœur répond que l'expérience temporelle ne peut que se raconter. Le récit est «le gardien du temps», le temps est humain en tant qu'il est raconté ; de cette réciprocité entre narrativité et temporalité, il découle que l'histoire est toujours intrigue, qu'il n'y a pas de différence fondamentale entre fiction et historiographie.

Chez Pierre Nora[32], auquel la référence est devenue quasi incantatoire, il nous semble que ce n'est pas la relation entre l'événement et sa représentation qui est nouvelle : Georges Lefebvre analyse déjà ainsi le meurtre du comte de Dampierre. Tout événement est «fait mémorable», pour reprendre une expression de Charles Morazé. Ce qui est nouveau, et là-dessus Nora n'est pas loin de Ricœur, c'est le nouveau type d' «événementialité» propre à notre monde contemporain, où la représentation l'emporte sur le fait, où elle entre dans les procédures généralisées de «médiatisation», de consommation de signes, d'abstractions (au sens où Marx décrit l'abstraction grandissante comme une forme suprême d'aliénation).

---

30. Paul Ricœur, *Temps et récit*, I, Paris, Editions du Seuil, 1983 ; «Evénement et sens», dans *L'Espace et le temps. Actes du XXIIe Congrès de l'Association des Sociétés de Philosophie de langue française*, Paris, ASPLF/Vrin, 1990, pp. 9-21.

31. Jean Beaufret, *Dialogue avec Heidegger, Approche de Heidegger*, Paris, Minuit, 1976, pp. 219-220.

32. Pierre Nora, «Le retour de l'événement», dans *Faire de l'histoire*, Paris, Gallimard, 1974, pp. 10-228.

D'où, d'autre part, l'ambiguïté et la fécondité possible d'une histoire symbolique. Elle n'explique rien, incarne en fait une curieuse régression vers l'histoire historisante, si elle est seulement description de la relation entre l'événement et sa représentation, insistance sur les diverses formes historiques de la mémoire ; elle peut devenir productive en étant histoire du symbolique, lecture critique de la hiérarchie relative de l'efficacité du symbolique et des formes de symbolisation dans des sociétés contemporaines à la fois surchargées de «choses» (la consommation d'objets) et de significations, de fictions, de métaphorisations.

En ce sens, la conception d'une événementialité multiple et complexe permet de déboucher sur une conception du présent, ou de l'actuel, non seulement comme l'accompli, mais comme contenant le virtuel, le possible. Si 1789 peut apparaître comme paradigme, comme événement absolu, ce n'est pas au nom d'une reconstruction purement symbolique, comme le soutient François Furet mais parce que la Révolution française est ce qu'Henri Lefebvre définit comme un «phénomène total», inépuisable, qui révèle progressivement les virtualités contenues en lui. Il n'y a pas projection illusoire du présent dans le passé : chaque fois qu'une de ces virtualités se réalise, elle projette rétroactivement une lumière sur l'événement inital [33]. Ainsi 1789 permet de construire un véritable faisceau de chronologies, chronologie politique des «guerres franco-françaises», chronologie intellectuelle de l'affaire Dreyfus au «silence des intellectuels», voire de remonter, à travers le millénarisme et le mythe de l'homme régénéré, à l'incarnation comme source de toute événementialité. Cette catégorie du possible, peu d'historiens l'ont reprise en compte [34]. Elle permet pourtant des exercices et une remise en cause de la périodisation susceptibles de faire de l'histoire du temps présent le lieu d'une histoire expérimentale. L'idée d'histoire expérimentale ne manque pas de lettres de noblesse : elle apparaît avec la naissance de l'histoire contemporaine, puisque, reprise de l'*Introduction à l'étude de la médecine expérimentale* de Claude Bernard (1865) par la célèbre préface de Taine à la seconde édition des *Essais de critique et d'histoire*, intitulée «Introduction à l'étude de l'histoire expérimentale» (1866), on la retrouve aussi chez Gabriel Monod. Elle a été réévaluée récemment dans trois directions assez

---

33. Henri Lefebvre, «Qu'est-ce que le passé historique», *Les Temps Modernes*, 161, juillet 1959, pp. 159-169.

34. Charles Morazé, *La Logique de l'histoire*, Paris, Gallimard, 1967.

différentes, par Marc Ferro qui assimile les démarches de la recherche historique et de la recherche médicale, par Carlo Ginzburg qui y décèle les racines d'un «paradigme indiciaire» et, plus récemment, par Daniel Milo [35]. Si l'on revient à la définition même de Claude Bernard, pour qui l'expérience n'est qu'une observation provoquée, s'ouvre à la fois la perspective de dépasser l'aporie présent-passé, puisque, comme le montre Ginzburg, nous ne pouvons observer du passé que des traces, et d'élargir la notion même de sources, qui sont toutes dès lors des «sources provoquées». Surtout, les expériences de décontextualisation (idéal-type wébérien), de «possibilisme» (expérience célèbre de Robert Fogel sur les chemins de fer et la croissance américaine), d'anachronisme méthodologique (prospective) permettent de déborder les notions classiques de structure, pour déboucher sur celles de paradigme (Kuhn), de complexité (Morin), d'aléatoire.

Par là peut se dessiner une histoire du temps présent qui se définit, comme l'histoire contemporaine pour Pierre Nora, comme une histoire «autre», où les ruptures et les inflexions ne se disent plus seulement en termes de périodes ou de chronologie. Peut-être faudrait-il, par-delà le débat sur la «post-modernité», revenir au sens originel, non pas de contemporain, mais de moderne, du moderne comme rupture avec la tradition et tradition de la rupture, de la modernité comme «projet inachevé» n'ayant pas encore épuisé ses modèles critiques [36]. Une modernité marquée par un nouveau rapport au présent, rompant avec le temps unique et linéaire, l'ontologie du nouveau, la dialectique historique de la rupture-dépassement-synthèse, pluralisant les paradigmes de rationalité (l'événement, la singularité, l'altérité) et conduisant à une critique du réel non sans risque de déréalisation historique. Mais aussi une modernité situant sur le même «plan de l'écliptique» de l'hominisation de l'homme, la refonte de l'épistémé de la représentation aux environs du XVIe siècle (Michel Foucault), la révolution industrielle, seule révolution depuis le néolithique pour Lévi-Strauss, et l'invention de l'homme en termes de droit en 1789.

---

35. Marc Ferro, *L'Histoire sous surveillance*, Paris, Calmann-Lévy, 1985 ; Carlo Ginzburg, «Traces. Racines d'un paradigme indiciaire», dans *Mythes, emblèmes, traces. Morphologie et histoire*, Paris, Flammarion, 1989, pp. 139-180 ; Daniel Milo, *Trahir le temps (Histoire)*, Paris, Belles-Lettres, 1991. Cf aussi Reinhart Koselleck, *Le Futur passé, contribution à la sémantique des temps historiques*, Paris, Editions de l'EHESS, 1990.

36. Jürgen Habermas, «La modernité, un projet inachevé», *Esprit*, 12, décembre 1979.

L'historien et l'«historisation»

Philippe Burrin

En 1985, le regretté Martin Broszat, l'un des historiens allemands les plus respectés et l'un des meilleurs connaisseurs du nazisme, publiait un article qui fit quelque bruit. Son «Plaidoyer pour une historisation du national-socialisme» [1] interpellait la profession et lui soumettait une sorte de paradoxe. Il existe, sur le nazisme, d'innombrables travaux, dont beaucoup sont de qualité, plus de travaux peut-être que sur tout autre sujet contemporain. Et pourtant, nous dit Broszat, il reste encore à l'étudier et à le traiter comme un objet d'histoire à part entière, à l'«historiser».

Broszat exprimait son malaise devant un tableau peint en noir et blanc, au point d'empêcher toute appréhension nuancée, comme il va de soi pour n'importe quel autre objet ou n'importe quelle période de l'histoire. Du coup, l'époque 1933-1945 se trouve pour ainsi dire «insularisée» dans le cours de l'histoire allemande. Les lignes de continuité qui vont de l'Empire à la République fédérale s'en trouvent méconnues, de même qu'est méconnue la diversité des attitudes et des motivations des Allemands sous le IIIe Reich. Cet état des choses provient en particulier de ce que la période nazie est lue à partir de son aboutissement, à partir d'Auschwitz, alors qu'Auschwitz avait précisément été absent de l'horizon de pensée de la majorité de la population allemande, avant la guerre bien entendu, et même pendant la guerre quand les usines de la mort fonctionnaient à plein rendement.

La préoccupation de Broszat, un homme certes éloigné de toute pensée apologétique, est celle d'un historien qui aimerait voir

---

1. «Plädoyer für eine Historisierung des Nationalsozialismus», *Merkur*, 39, 1985, pp. 373-385, reproduit dans Martin Broszat, *Nach Hitler. Der schwierige Umgang mit unserer Geschichte*, Munich, Oldenbourg, 1986.

restituer sa complexité au passé, même à ce passé-là, en lui appliquant le sens de la nuance et de la diversité, la curiosité compréhensive pour tous ses aspects, le goût de l'évocation et de la narration, qui s'imposent à l'historien dans le traitement de tout autre sujet. Sa préoccupation est aussi celle d'un citoyen qui estime que la référence au passé nazi s'est transformée en un rituel dont la valeur civique est largement épuisée, et qui aimerait que, par la prise en compte d'une histoire moins simplifiée, les nouvelles générations apprennent à exercer leur vigilance dans des situations dont l'aboutissement est souvent opaque, plutôt qu'à se borner à des dénonciations faciles *a posteriori*. Enfin, elle est celle d'un patriote qui souhaite faire reprendre aux Allemands la conscience d'une continuité sociale et nationale en délivrant ses compatriotes de l'illusion confortable de l'«heure zéro».

Cette prise de position a suscité un échange pugnace avec Saul Friedländer [2]. Pour ce dernier, l'idée d'«historisation» peut être bonne dans l'intention, elle risque d'être dangereuse dans l'application, et notamment de favoriser les idéologues conservateurs qui veulent redonner à l'Allemagne un sentiment d'identité et de fierté nationales. Mais sa crainte principale est que l'«historisation» ne se traduise, en définitive, par un déplacement du foyer qui commande notre vision du nazisme, à savoir que le IIIe Reich fut, dès le départ et dans ses fondements, un régime criminel. De nombreux aspects de la vie des Allemands ont pu sembler «normaux» alors et prolonger des lignes de continuité plus anciennes. Il demeure que, du fait même de l'existence du régime, ces aspects de vie normale et ces continuités prirent une qualité nouvelle et spécifique, qui justifie que l'on délimite la période 1933-1945 comme un ensemble en soi.

Quelle que soit la préférence que l'on puisse accorder à l'une ou l'autre de ces positions, également dignes de considération, l'idée d'«historisation» mérite notre attention. Elle rappelle, avec force, la situation particulière de l'histoire du temps présent, de cette histoire dont François Bédarida a été en France, par ses travaux et son activité d'animateur, la défense et l'illustration, pour le plus grand profit de la communauté historienne. Le travail sur une matière qui

---

2. «Dokumentation. Ein Briefwechsel zwischen Martin Broszat und Saul Friedländer um die Historisierung des Nationalsozialismus», dans *Vierteljahrshefte für Zeitgeschichte*, 36, 1988, pp. 339-372. Voir également de Saul Friedländer, «Réflexions sur l'historisation du national-socialisme», dans *Vingtième siècle. Revue d'histoire*, 16, octobre-décembre 1987, pp. 43-54.

vit dans la mémoire de contemporains procure à l'évidence des facilités, que ce soit sur le plan des sources orales, de la récolte d'informations, de la suggestion de pistes, ou de la correction par l'évocation d'une atmosphère. Mais il rencontre aussi des obstacles, en particulier lorsqu'il s'agit de sujets chargés - surchargés - d'une forte dimension morale ou politico-morale. Il y a des passés simples, et il y a des passés compliqués ; des passés qui passent, et d'autres qui pèsent. Les seconds font problème parce qu'ils renvoient à des événements traumatiques, qui troublent le rapport au passé et désécurisent l'avenir. Le cas du nazisme est, bien entendu, exemplaire comme passé traumatisant qui a laissé une trace massivement douloureuse pour certains, gênante pour presque tous.

L'«historisation» du nazisme pose, me semble-t-il, deux problèmes distincts. Le premier concerne l'historien dans ses rapports scientifiques avec l'objet nazisme. A cet égard, il me paraît possible de prendre une autre position que Broszat: l'«historisation» scientifique du nazisme est à la fois déjà faite et impossible à réaliser complètement. Il n'est pas besoin d'être grand clerc en histoire du nazisme pour savoir la grande diversité des approches et des hypothèses qui s'y marque. Les historiens travaillent, sur ce domaine comme sur d'autres, en faisant preuve de la plus complète liberté, et les meilleurs travaux révèlent tout à la fois esprit de curiosité, inventivité conceptuelle et capacité d'évocation. De ce point de vue, je ne vois pas ce que le passage du temps pourrait apporter de radicalement neuf, au-delà de l'enrichissement du questionnaire que suggérera le déplacement des perspectives.

Si, pour ce qui concerne la plupart de ses aspects, le nazisme est déjà un objet d'histoire ordinaire, il en va différemment pour son noyau, la politique d'extermination à fondement raciste. Ici encore, toutefois, on peut douter que le passage du temps change sérieusement la situation, et que dans un siècle, nos successeurs repoussent les limites que l'on aperçoit aujourd'hui. Ces limites, elles tiennent à la relation particulière entre l'historien et cet objet d'étude, comme l'a fort bien indiqué François Bédarida lors du colloque qu'il organisa à la Sorbonne en 1987 et où fut, pour la première fois, abordée l'extermination nazie dans le cercle entier de ses victimes [3].

---

3. «Bilan et signification de quarante années de travail historique», dans *La politique nazie d'extermination*, Paris, Albin Michel, 1989, p. 16.

Ce qui est atteint ici, ce sont les limites même de notre culture. L'extermination de peuples entiers n'est pas exceptionnelle dans l'histoire humaine. La politique nazie a pour spécificité d'avoir été menée dans une partie du monde où avaient apparemment triomphé les principes humanitaires, au milieu d'une civilisation qui reconnaissait à l'homme et à sa raison une valeur éminente. A cet égard, le nazisme représente une transgression réactive de toute la civilisation des Lumières. Or, c'est à cette civilisation que l'historien doit ses méthodes et ses instruments, c'est elle qui lui a donné les fondements intellectuels et moraux de son activité. Ce qui, du coup, le bride, c'est le refus, ou l'incapacité, de mimer intellectuellement la transgression réactive des nazis.

Qu'il fasse l'histoire des bourreaux : son enquête butera, à un moment ou à un autre, sur un blocage de sa compréhension intuitive qui l'empêchera d'appliquer pleinement à cet objet d'étude la finesse et la pénétration qu'il appliquerait à d'autres. Ce n'est pas à dire qu'il est impossible d'écrire une histoire des bourreaux. A preuve, le livre tout récent de Christopher Browning : on y voit de manière exemplaire comment une unité de la «police d'ordre» composée de Hambourgeois quadragénaires, pères de famille pour la plupart et dont beaucoup étaient d'origine ouvrière, en vient à accepter, non sans quelques refus individuels et des tensions psychologiques, l'extermination des ghettos de Pologne [4]. Il reste malgré tout un noyau de ténèbres, car nous ne pouvons que refuser droit d'existence dans notre psychologie à certains sentiments et attitudes des bourreaux. Si nous devons transgresser les valeurs des Lumières pour accéder au monde mental des criminels, ne quittons-nous pas alors le sol d'intégrité morale sur lequel repose notre effort d'explication ?

S'il s'agit de faire l'histoire des victimes, nous rencontrons un autre blocage. L'histoire est analyse et explication, elle est aussi description et évocation. Or, l'historien, ici, préférera passer vite sur la description du sort des victimes, éviter une évocation de leurs tourments, et s'en remettre au témoignage des survivants. C'est qu'il rencontre des barrières de nature anthropologique (d'une anthropologie historiquement déterminée), des barrières incrustées dans nos attitudes en face de la douleur et de la souffrance, en face de la mort et des morts, toutes sphères de l'expérience que, dans notre monde, nous préférons oublier et que nous sommes mal

4. *Ordinary Men, Reserve Police Bataillon 101 and the Final Solution dans Poland*, New York, Harper Collins, 1992.

armés pour affronter. Tant que notre culture vivra sur ses valeurs et ses fondements actuels, on ne voit pas comment ce noyau du nazisme pourra être vraiment «historisé», en revanche, on voit toutes les raisons pour que le défi que représente sa transgression continue à surplomber nos interrogations sur la modernité.

Le deuxième problème porte sur la place que doit occuper la politique d'extermination dans la conscience historique du passé nazi. Ce point est au coeur des considérations de Broszat, qui l'enveloppe sous le terme d'«historisation» alors qu'il est un problème séparé. Car, au fond, il ne concerne pas tant le travail des historiens et le traitement scientifique du passé que l'actualisation de ce passé ; une actualisation qui paraît à Broszat déformée en ce que la centralité accordée aujourd'hui à Auschwitz — le terme étant utilisé comme métaphore de la politique d'extermination nazie — pousse de côté et couvre de son ombre tout le reste.

La prise de position de Broszat a évidemment à faire avec une conjoncture, celle des années 1980 et peut-être de toute cette fin de siècle, où il apparaît que le passé nazi ne s'est pas effacé avec les années, mais que son ombre grandit et épaissit. Broszat réagit aussi et surtout au contexte spécifique de l'Allemagne, celui d'une démocratie fondée sur les ruines d'un régime dont la condamnation globale assume une fonction civique. Par certains aspects, son plaidoyer anticipe l'*Historikerstreit*, où d'autres historiens, venant de droite cette fois, se font l'écho, avec des arguments bien moins fondés et pour des motifs rien moins qu'innocents, du même malaise face à cette centralité d'Auschwitz, accusée de bloquer l'accès au passé allemand.

Chez les uns et les autres, me semble-t-il, a joué un ressort générationnel et s'exprime une insatisfaction devant le fossé qui s'est creusé entre leur propre expérience de l'époque, ou d'une partie de cette époque, et l'image qui en est venue à prédominer, en particulier dans la génération de leurs petits-enfants. Une situation qui n'est pas propre à l'Allemagne, tout en y étant plus prononcée qu'ailleurs, et qui souligne l'une des difficultés que rencontrent les historiens du temps présent, à savoir la relative rupture de communication intervenue entre les générations, à la fois cause et conséquence de l'existence de passés traumatisants, ou conflictuels. Du coup, l'historien, surtout s'il est né après la guerre, doit faire un effort particulier pour intégrer dans son travail le dénivellement de perspective, sur cette question de l'extermination, entre les contemporains et lui-même.

L'effort est d'autant moins évident, pourrait-on ajouter, que l'exigence d'«historisation» — dans le sens d'une complexification du passé — se fait jour à un moment où l'historien du nazisme est à la fois très sollicité et pratiquement sans influence. La vision en noir et en blanc que déplore Broszat est, à mon avis, bien moins l'effet des travaux historiques sur l'extermination nazie, même si leur vague continue à s'enfler, que d'un ensemble de facteurs sociaux sur lesquels l'historien n'a pas de prise : l'actualité politique avec la résurgence de l'extrême-droite et du nationalisme, l'amplification des médias et de l'édition, le travail des différentes mémoires, l'existence d'une sensibilité aiguë envers les droits de l'homme et les minorités, sans oublier une actualité judiciaire, qui fait beaucoup en France aujourd'hui, comme dans l'Allemagne des années 1960 et 1970, pour ranimer le passé et le faire voir par le prisme d'Auschwitz. Valorisé par l'actualité d'un passé dont il est un spécialiste, l'historien se voit offrir un moyen d'expression dans l'emploi duquel, en dehors même des déformations ou des simplifications que peuvent subir ses propos, il devra trouver à concilier sa rigueur professionnelle et l'attente de ceux qui le sollicitent.

Mais la demande ou la pression sociale, quand bien même elle exerce une influence non négligeable, importe moins qu'un dernier élément, tout intériorisé, qui, dans ma vue des choses, représente le plus fort obstacle à une «historisation» du nazisme telle que la souhaite Broszat. Autant il me paraît évident que l'historien a pour vocation de donner l'image la plus exacte et la plus nuancée du passé, autant il me semble que, dans le cas particulier, il ne peut se défaire d'une exigence de respect envers les victimes et les survivants. La centralité d'Auschwitz est une question à laquelle chaque historien répond par lui-même, sous le contrôle de la communauté des pairs, en décidant comment il va pondérer, distribuer et intégrer dans son tableau d'ensemble les aspects «normaux» et «anormaux» de l'époque. Mais il est douteux qu'il puisse y procéder comme s'il s'agissait d'une pure affaire d'appréciation scientifique, sans qu'il ait à éprouver les sollicitations alternées de son éthique et de son métier.

La *Zeitgeschichte* : l'histoire allemande et l'histoire internationale du temps présent

Hartmut Kaelble

Les définitions internationales

Les expressions «histoire du temps présent», «*contemporary history*», «*Zeitgeschichte*» ne sont entrées dans le vocabulaire des historiens qu'après la Seconde Guerre mondiale alors qu'on assistait à une convergence des écoles historiques en Europe. A cette époque, non seulement l'expression était nouvelle mais elle traduisait également une situation nouvelle. Son avènement dans le langage international annonçait que les historiens du temps présent entendaient explorer les ruptures et les transitions récentes de l'histoire bien plus que ne le faisaient les historiens classiques. Il s'agissait par conséquent de définir une périodisation du XXe siècle. Par ailleurs, l'expression exprimait peut-être aussi le fait que l'histoire européenne du XXe siècle était agitée de grandes turbulences et l'objet de profonds bouleversements. Si nous avons eu l'illusion, pendant un certain temps, que la seconde moitié du XXe siècle serait plus calme et représenterait une période de transitions lentes, les événements de 1989 traduisent une nouvelle rupture ainsi qu'un retour à des transformations majeures. La dimension internationale des expressions «temps présent» ou «*Zeitgeschichte*» trouve sa justification à la fois dans l'accroissement des échanges entre historiens mais aussi dans l'internationalisation des points de repères et des ruptures fondamentales du XXe siècle au regard des aspects plus spécifiquement nationaux de l'histoire du XIXe siècle et de l'historiographie classique. C'est donc aussi l'histoire internationale elle-même qui a contribué à l'avènement et à la généralisation de l'usage de ces locutions au cours de la seconde moitié du XXe siècle. Phénomène très étonnant enfin, pour un Européen contemporain de la première moitié de ce siècle, l'histoire du temps présent — dont les points de repères résident le plus souvent dans une succession de guerres et de crises économiques de dimension internationale — n'est jamais réduite à la seule relation entre ces événements catastrophiques que furent les guerres ou les crises et leurs conséquences : l'expression est finalement porteuse d'une connotation neutre et même parfois positive.

Les historiens ne sont pas les seuls à utiliser cette expression. La notion d' «histoire du temps présent» ou de «*Zeitgeschichte*» est assez floue, plus floue que celle d' «histoire moderne» ou d' «histoire contemporaine». Quelle chronologie, quel événement charnière et reconnu de tous doit-on adopter pour faire débuter l'histoire du temps présent ? Théoriquement, il s'agit de la période remontant à la dernière grande rupture ou de manière encore plus vague, de l'époque que nous avons vécue et dont nous nous souvenons. L'expression recouvre par conséquent toute une évolution historique. Dans les années cinquante, en Allemagne du moins, les experts considéraient l'année 1917 comme le point de départ de la «*Zeitgeschichte*». En effet, cette date marquait le terme de la très longue suprématie européenne et annonçait l'avènement de l'ère américaine par l'entrée en guerre des Etats-Unis ; année de la révolution soviétique d'autre part, elle amorçait la lente émergence d'un autre pouvoir mondial. Depuis lors, d'autres événements fondateurs ont été envisagés et discutés : la crise économique mondiale des années trente avec ses multiples séquelles à long terme ; la fin des années quarante avec la double prééminence américano-soviétique, le partage de l'Europe et les débuts de l'intégration européenne ; les années cinquante enfin, avec leur cortège de changements socio-économiques, la prodigieuse montée de la prospérité, la stabilisation de l'Ouest, la reconstruction de l'Europe et les premiers pas de la Communauté européenne. Or voici que l'année 1989 vient nous interpeller en nous proposant un nouveau point de départ à l'histoire du temps présent.

Les particularités allemandes de la «*Zeitgeschichte*»

Dans le cadre des évolutions internationales, les recherches de la *Zeitgeschichte* en Allemagne possèdent plusieurs caractéristiques spécifiques. Soulignons au passage que cette spécificité est inhérente aux recherches sur l'Allemagne de notre temps, menées à une échelle internationale, non à l'échelle des seuls historiens allemands. En effet, l'Allemagne du temps présent constitue en elle-même un sujet d'histoire internationale. Il est difficile et même inutile de chercher dans ce domaine des contributions spécifiquement allemandes.

L'histoire de l'Allemagne du temps présent offre trois particularités à la fois nettes et importantes.

L'histoire de la période nazie est au cœur de la *Zeitgeschichte*. Pour des raisons déplorables, il est vrai, l'histoire du nazisme est un sujet d'intérêt européen et tout spécialement en raison de l'occupation de l'Europe et du génocide. Etant donné que le régime nazi a été instauré par des Allemands et qu'une grande majorité d'entre eux y a adhéré, la perspective des historiens de l'Allemagne est particulière. Il s'agit ici d'explorer l'histoire de la chute tragique de la démocratie de Weimar, et non pas seulement celle de la crise d'une république ; d'examiner la stabilité et la longévité du pouvoir nazi ainsi que la résistance à ce pouvoir ; d'analyser les origines lointaines de ce régime et non pas seulement l'histoire de quelques années tragiques, mais passagères imposées par une puissance étrangère ; d'étudier enfin l'histoire de quelques continuités et des profonds bouleversements qui en sont résultés. C'est pourquoi les thèmes majeurs que l' «Institut für Zeitgeschichte» de Munich a choisi d'étudier ne peuvent être que très différents de ceux de l'IHTP à Paris. Au fil du temps cependant, les approches de la *Zeitgeschichte* allemande concernant la période nazie ont beaucoup changé. Le question de la responsabilité individuelle est devenue moins centrale avec la disparition progressive des acteurs tandis que l'étude des origines de la prise du pouvoir, de la stabilité du régime ainsi que de la guerre et du génocide prenaient de plus en plus d'importance. Cependant, l'étude approfondie de l'Allemagne entre 1933 et 1945 reste un sujet à part, d'autant plus qu'il attire un grand nombre d'étudiants des nouvelles générations — les futurs historiens d'Allemagne et d'ailleurs — ce qui contribue à pérenniser sa spécificité.

La période de l'après-guerre en Allemagne est elle aussi appréhendée dans une optique particulière bien qu'il existe certains parallélismes et des caractéristiques communes aux divers pays d'Europe. L'après-guerre est perçu comme une époque charnière pour l'Allemagne d'aujourd'hui, comme une période fondatrice de la première démocratie stable et de la première société moderne en

Allemagne mais sur laquelle plane encore l'ombre du nazisme. Période vivement discutée cependant, car si tous s'accordent pour la considérer comme un moment décisif, un tournant de l'histoire de ce pays, certains n'en estiment pas moins que toutes les chances qui s'offraient alors n'ont pas été saisies. Ceci a donné lieu, chez les historiens, à de vifs débats sur des sujets aussi variés que les syndicats et le socialisme, la politique économique, la politique étrangère, l'enseignement, les assurances sociales, le monde ouvrier, les fonctionnaires, la famille et les femmes, le rôle de l'administration des Alliés entre 1945 et 1949 comme celui des administrations allemandes depuis 1949, sur l'étude des ruptures et des continuités enfin, chez les élites. L'après-guerre tient sans doute une place plus importante dans l'histoire de l'Allemagne que dans celle de la France, de la Grande-Bretagne ou de l'Espagne. Si les débats de cette période portent si souvent sur les fondements de la politique d'aujourd'hui, c'est aussi en raison de la spécificité allemande.

L'histoire de l'Allemagne de l'Est, de la zone d'occupation soviétique et de la RDA constitue la troisième spécificité de la *Zeitgeschichte*. Cette histoire qui reste pratiquement à faire est tout à la fois stimulante et provocatrice pour diverses raisons. C'est une histoire qui doit être écrite par les Allemands de l'Est eux-mêmes : histoire des répressions et des brutalités subies, des erreurs politiques, des chagrins, des luttes intestines, une histoire de vies gâchées et de difficultés surmontées qui est primordiale pour l'identité des Allemands de l'Est. Elle est également importante pour l'histoire de la gauche qui sera amenée un jour à s'interroger sur les erreurs commises au nom de l'idéologie socialiste et sur ses continuités. L'histoire de la zone d'occupation soviétique et celle de la RDA sont essentielles enfin pour l'histoire de l'Allemagne toute entière. En effet, comment comprendre l'Allemagne de l'Ouest, sa politique étrangère, les fluctuations de sa conscience européenne et de sa conscience nationale, son conservatisme, sa gauche et ce qui la différencie des autres gauches européennes, ses réformes politiques et sociales et leurs limites, sans faire référence à l'Allemagne de l'Est ? Un «Zentrum für Zeitgeschichte» est en cours de création à Potsdam qui va travailler sur l'histoire de la RDA et de la zone d'occupation soviétique. Ce Centre sera animé par des historiens anciennement de l'Est et de l'Ouest et l'on espère aussi par d'autres Européens et des Américains.

L'histoire du temps présent comme époque européenne

C'est surtout en France et en Allemagne que les historiens ont travaillé sur l'histoire de toute la période qui s'est écoulée depuis la fin de la guerre, sans se limiter à l'immédiat après-guerre, lui conférant ainsi un véritable statut d'histoire du très contemporain. Il me semble que François Bédarida et avec lui l'IHTP ont été des pionniers en la matière. Et plus on avance dans le temps présent, plus on voit se préciser des aspects communs dans les divers pays d'Europe.

Trois grands thèmes européens sont en effet à l'ordre du jour de l'histoire du temps présent. L'histoire de la construction européenne tout d'abord, qui est souhaitée par le public lui-même et aussi par la Communauté européenne avec une insitance nouvelle, dans la perspective des prochaines avancées de l'intégration européenne. Cette histoire-là s'écrit sur un autre mode puisque c'est l'histoire des décisions diplomatiques et politiques prises par de nouvelles institutions européennes ; c'est l'histoire du Marché commun et de la modernisation de l'économie à l'échelle européenne, l'histoire aussi de structures sociales, et de mentalités évoluant dans le cadre d'une Europe pensée et voulue. Deuxième thème commun : les changements sociaux fondamentaux, en particulier la prospérité des Trente Glorieuses, l'émergence des Etats-providence, la recherche délibérée d'un mode de consommation et d'un style de vie européens, l'institution de liens européens renforcés par les voyages et les séjours à l'étranger dans le cadre de la formation, de la profession, ou au moment de la retraite, et aussi par des échanges entre écoles et entre villes : l'émergence en somme d'un espace de vie et d'un horizon quotidien européens. Troisième thème enfin : l'histoire d'événements-clefs, non seulement au plan national, mais dont la résonnance et les conséquences présentent des éléments de convergence européenne. Qu'il s'agisse de la décolonisation des empires coloniaux français, britannique, belge, néerlandais, espagnol et portugais, ou bien de l'affaiblissement du neutralisme en Suisse, en Suède, en Finlande, en Autriche et en Irlande ; ou bien encore de l'unité qui vient de redonner à l'Allemagne un statut de normalité et des frontières claires qui ne laissent en dehors d'elles aucun territoires irrédents.

Sans doute, ce temps présent européen qui ne peut s'établir qu'à côté — et non à la place — de chacun des temps présents nationaux, n'est-il pas encore écrit. Mais il est en train de fournir la matière à une histoire plus européenne que ne l'est aujourd'hui l'histoire contemporaine.

L'histoire du temps présent en Espagne

Mercedes Vilanova

La pérennité de la dictature franquiste (1939-1975) nous permet de comprendre pourquoi l'usage fait commencer l'histoire du temps présent en Espagne juste avant le déclenchement de la guerre civile en 1936. En effet, les bouleversements intervenus au cours de la Deuxième République (1931-1939) s'ils furent brefs, furent si intenses qu'ils marquèrent pour longtemps la mémoire des historiens tout en les amenant à considérer cette tranche d'histoire comme une suite d'échecs économiques, politiques et sociaux. Cette vision négative de la République a fonctionné comme un piège de telle sorte qu'elle a gelé pendant des décennies toute initiative visant à entreprendre l'histoire du franquisme. C'est à partir des années soixante qu'apparaissent les premières études scientifiques sur cette période. D'abord celle de Raymond Carr en Angleterre, *Spain, 1808-1939*, ouvrage qui dans ses premières éditions ne traitait d'ailleurs pas encore du franquisme. Il fut traduit et publié presque immédiatement en Espagne. Mais il fallut attendre la deuxième édition, révisée et augmentée en 1969 de l'*Introduccion a la Historia de España*, (dont la première édition remontait à 1963), sous la direction de Joan Reglà de l'Université de Valence, pour que soit abordé le sujet du franquisme, grâce à la contribution de Carlos Seco.

Durant les années quarante où fleurit une historiographie nationaliste, les esprits de valeur se réfugient — signe des temps — dans l'étude de l'archéologie et du Moyen Age. L'époque «moderne» est aussi très en vogue, et tout particulièrement ce qui touche à l'action de l'Espagne dans l'Amérique coloniale, ce qui était en accord avec le mot d'ordre phalangiste *«Por el Imperio hacia Dios»* («par l'Empire, vers Dieu»). En tout état de cause, l'époque contemporaine est négligée sinon pour critiquer le libéralisme espagnol du XIXe siècle, accusé d'être à l'origine de tous les maux fomentés par la République [1]. L'image «officielle» de la guerre civile est celle d'une guerre sainte ou d'une croisade menée contre la conspiration judéo-maçonnique, les rouges, les séparatistes et les athées jusqu'à ce que mort s'ensuive. Une croisade ayant permis l'avènement de l'Espagne nouvelle qui commence à compter ses années, à partir de 1936, comme les années triomphales du franquisme.

En Catalogne, il faut souligner l'action remarquable et l'influence fondamentale de Jaume Vicens Vives qui, après la défaite, s'est mis au travail, se fondant sur la seule étude des faits et se plaçant en dehors de toute école officielle ou idéologique, dans le but de construire une alternative politique. Durant toutes les années d'autarcie franquiste, Vicens, Abadal, Battlori et d'autres chercheurs catalans avec eux, refusèrent de se laisser cantonner dans la seule vision «espagnole» des événements, tentant au contraire de replacer l'histoire de la Catalogne dans un contexte européen. Ils furent à l'origine d'une école que Ramon Grau et Marina Lopez ont appelée la période «réaliste» par opposition au positivisme et au néo-romantisme du premier quart du siècle [2].

C'est grâce à Vicens Vives, dont le travail avait facilité l'introduction en Espagne de la production historique internationale, qu'il a été possible de dédramatiser l'histoire de la Catalogne et tout spécialement les épisodes de son effondrement. Grâce à lui toujours, les chercheurs catalans ont introduit et fait connaître les nouvelles écoles historiques et en particulier celle des *Annales*. Grâce à lui encore, l'histoire économique et sociale est devenue le fer de lance de la nouvelle historiographie espagnole. Sa disparition prématurée en 1960 fit de son contemporain, l'historien français Pierre Vilar, la principale et incontournable référence marxiste pour la majorité des historiens espagnols et toute la Catalogne, avide de contemporanéité. Ainsi, par exemple, Jordi Nadal, suivant hardiment la voie tracée par Vicens, se spécialisa en histoire économique et démographique ; Josep Fontana devint quant à lui l'historien marxiste espagnol de grand renom qui fonda en 1970 avec d'autres collègues, la revue

1. Selon Ignacio Olabarri Gortazar, «El Peso de la Historiografia Española en el Conjunto de la Historiografia Occidental (1945-1989)», dans *Hispania*, 175, vol. L/2, 1990.

2. Ramon Grau Fernandez y Marina Lopez Guallar, «Historiografia» dans *Ictineu, Diccionari de les Ciènces de la Societat als Paisos Catalans (segles XVIII-XX)*, Barcelone, 1979 et Ramon Grau Fernandez «Realisme», dans *Diccionari d'Història de Catalunya*, Barcelone, 1992.

interdisciplinaire *Recerques* . Hors d'Espagne, mais également dans la mouvance marxiste, il faut souligner le travail de Manolo Tuñon de Lara, initiateur des colloques de Pau, qui exerca dans les années soixante-dix une grande influence sur l'historiographie espagnole. Le thème central des débats, à cette époque, était la révolution bourgeoise en Espagne, des débats d'ordre purement idéologique et qui prirent fin en 1979 [3].

Dans les années soixante, il faut aussi souligner l'influence de l'historiographie anglo-saxonne (Herr, Hennesy, Malefakis, Jackson, Hugh Thomas, etc.) et tout spécialement de l'oxonien Raymond Carr. Cette historiographie qui met l'accent sur l'importance du politique fera des adeptes en Espagne : Miguel Artola et José Maria Jover ainsi que Romero Maura et Varela Ortega, plus proches encore de Raymond Carr. Tous s'emploient à remettre en question le libéralisme espagnol du XIXe siècle qui s'est révélé incapable de «moderniser» une société traditionnelle où le clientélisme était roi. Ils s'intéressent également à la dynamique électorale ainsi qu'aux partis politiques et au système «canoviste». La préoccupation toujours présente chez ce groupe d'historiens est de rechercher les raisons pour lesquelles la démocratie espagnole des années trente a culminé dans une guerre civile [4].

A la fin des années soixante, parallèlement à l'important développement des études universitaires, apparaît une nouvelle génération de jeunes historiens qui va construire ce qu' Enric Ucelay da Cal a appelé «*la historiografia frentepopulista*» (l'historiographie front-populiste). Délibérément, ils entendent prendre le contre-pied de l'histoire officielle et du bourrage de crâne dont ils ont été abreuvés à l'école durant leur enfance. Pour ces jeunes étudiants, l'historien est quelqu'un qui doit «s'engager» dans la société et dont la tâche est à la fois civique et professionnelle, ce qui par contraste fait apparaître l'«objectivité» et le «positivisme» sous un jour négatif. L'engagement spécifique de l'historien doit le conduire à se ranger du côté de tous les opprimés tragiquement divisés pendant la guerre civile. Par certains aspects, il s'agit là d'une historiographie traditionaliste, prenant en compte les divisions de classes et ayant pour ambition de défendre une

---

3. Sisinio Perez Garzon, «La Revolucion Burguesa en España : Los Inicios de un Debate Cientifico, 1966-1979», dans *Historiografia Española Contemporanea, X Coloquio del Centro de Investigaciones Hispanicas*, Universidad de Pau, *Balance y Resumen*, Madrid, 1980.

4. Cf. Julian Casanova, *La Historia Social y los Historiadores*, Barcelone, 1991.

conception de l'Histoire dans son acception la plus ancienne — c'est-à-dire comme une science morale —, dans laquelle sont valorisés l'éthique et les notions de bien et de mal. Selon Ucelay da Cal, ce schéma front-populiste a des racines fortement teintées de religion : on y idéalise le monolithisme d'école, on y revendique la moralité de groupe, on y parle constamment de «débat», en évitant soigneusement tout débat conceptuel réel (puisqu'il existe une orthodoxie subjective), on y prône enfin l'élimination de l'adversaire comme objectif idéal de toute confrontation [5].

Pendant les années quatre-vingt, après la mort tardive de Franco, l'historiographie contemporaine espagnole connaît une crise profonde désignée en Espagne par les termes de «*secano*» ou «*desierto inexplorado*» ou encore «*realidad fosilizada*» (terre brûlée, désert inexploré, réalité fossilisée). Pour les divers auteurs qui se sont interrogés sur les causes de cette crise, il semble qu'il y ait à cela d'une part des raisons structurelles et que d'autre part elle soit aussi l'une des conséquences de la longue dictature franquiste. Parmi les causes structurelles, dans cette Espagne qui s'informatise progressivement, on soulignera l'énorme déficit des infrastructures scientifiques, faisant que ce pays reste de ce point de vue un pays du Tiers-monde, où le travail de recherche se trouve considérablement limité. Les répertoires bibliographiques, les éditions de documents et de correspondance font cruellement défaut. Les archives sont dans un état déplorable : la documentation, quand elle n'a pas été vendue ou perdue — pour diverses raisons — n'est ni classée ni répertoriée et n'est donc pas accessible. De plus, les bibliothèques et les services d'archives ne disposent d'aucun personnel compétent et leur dotation financière est dérisoire.

A partir des années quatre-vingt, priorité est donnée aux célébrations des cinquantenaires respectifs de la république et de la guerre civile. Ceci a pour résultat de privilégier les études locales et régionales qui sont le plus souvent financées soit par les gouvernements des régions autonomes, soit par les municipalités, les uns comme les autres désireux d'affirmer leur identité locale par opposition à une identification avec l'Etat espagnol. Ces études sont aussi abondantes que généralement de mauvaise qualité, à tel point qu'aucune d'entre elles n'arrive à dépasser les synthèses des années

---

5. Enric Ucelay da Cal, «La Historiografia dels Anys 60 y 70 : Marxisme, Nacionalisme i el Mercat Cultural Catala», dans *La Historiografia Catalana. Balanç y Perspectives*, Gérone, 1990.

soixante. Par certains côtés, on continue donc à évoluer entre l'apologie du pouvoir et celle de la souffrance héroïque. Le débat le plus intéressant se trouve peut-être chez les historiens économistes qui, tout en procédant à la critique de ce qu'on pourrait appeler «le paradigme de l'échec» ont introduit une nouvelle vision «modernisatrice» de l'économie du XIXe et surtout du premier tiers du XXe siècle.

D'autre part le repli du pays sur lui-même, conforté par un mouvement portant vers les commémorations, l'histoire locale ou par ce «paradigme de l'échec» vient encore aggraver une autre de nos lacunes : notre désintérêt proverbial pour toute recherche consacrée à d'autres pays que l'Afrique du Nord ou l'Amérique ibérique (encore ne s'agit-il dans ce cas que d'études limitées aux seuls thèmes concernant les relations de l'Espagne avec les pays en question). «Parmi les centaines de travaux académiques et même d'articles de presse suscités dans le monde par la révolution portugaise, il y a 15 ans, il ne s'en trouve pas un seul d'origine espagnole, non plus qu'en ce qui concerne la révolution cubaine ou celle du Nicaragua : trois pays inclus pourtant dans notre aire culturelle. Il serait encore plus inutile de chercher une quelconque contribution espagnole à l'histoire de la Chine, des Etats-Unis ou de la Russie, dont la connaissance est cependant essentielle à qui veut comprendre l'histoire de notre siècle. Or sans une vision globale du monde extérieur, comment prétendre arriver à un niveau d'interprétation digne des objectifs de l'Espagne ?» [6]. Dans cette perspective d'ouverture vers l'extérieur, il faut souligner l'effort accompli depuis 1989 par la revue *Historia y Fuente Oral* dans le but d'aider les historiens de langue espagnole à s'intéresser à une appréhension internationale de l'histoire.

---

6. José Alvarez Junco y Santos Julia, «Tendencias Actuales y Perspectivas de Investigacion en Historia Contemporanea», dans *Tendencias en Historia*, CSIC, Madrid, 1988.

Un historien et son temps présent

Eric Hobsbawm

Le paradoxe de l'histoire contemporaine, c'est sa non-contemporanéité. Nous n'avons pas tous le même «temps présent». Le temps présent que je partage avec François Bédarida, depuis que nous nous sommes rencontrés dans les années 1950, c'est tout ce qui se passe dans le monde depuis les débuts de la guerre d'Algérie. Lui, il l'a vécu à travers une optique française, moi, en tant qu'Anglais, et ce n'est donc pas tout-à-fait la même fin de siècle qui se précipite vers chacun de nous. Mais, comparée au temps présent de quelqu'un qui serait né il y a vingt-cinq ans et qui préparerait sa thèse, elle est pratiquement identique. Car pour nous les événements mondiaux de 1968 font partie de l'expérience adulte, tandis que pour notre jeune thésard(e) hypothétique, ils appartiennent au passé mort, celui qu'on récupère par les fouilles dans les archives, ou au mieux, dans la zone grise de l'anecdote et du mythe courant : pour lui (ou elle), 1968 est aussi éloigné que l'était 1918 pour moi. Le véritable «temps présent» ne commence qu'avec la conscience de vivre dans le monde. Evidemment, même le plus jeune chercheur est imprégné d'information historique, mais ce n'est pas la même chose que l'histoire vécue. J'ai été politisé quand j'étais un lycéen de 14 ans à Berlin, entre 1931 et 1933. Je me souviens de ce jour quand, rentrant de l'école, j'ai vu sur l'affiche du journal du soir que Hitler avait été nommé chancelier de l'Allemagne. Quand je raconte cela aux étudiants de mon cours d'histoire contemporaine à New York, ils me regardent comme si je leur avais dit que j'avais assisté à l'assassinat de Abraham Lincoln en 1865. Car pour eux c'est de l'histoire ancienne, presque le Moyen Age. Et pourtant pour moi, c'est l'avant-hier qui continue à colorer mes «aujourd'hui».

Historien dont les souvenirs remontent au début des années trente, historien engagé dès sa jeunesse et longtemps militant, je n'ai pourtant jamais choisi de m'occuper de l'histoire de mon temps. *My period*, comme on dit chez nous, c'est le long XIXe siècle, qui se termine en 1914. Ce n'est que récemment que j'ai commencé sérieusement à m'occuper de l'époque actuelle, bien que j'ai eu évidemment l'occasion de m'exprimer sur ce sujet au cours de quelques décennies de commentaires et de polémiques politiques. Mais au fond — et voilà un autre paradoxe — je suis un historien passionnément engagé dans le présent par sa méthode historique ainsi que par son tempérament, mais qui a, pour l'essentiel de sa carrière, fait de son mieux afin ne pas dépasser l'année 1914 dans ses travaux professionnels. Pourquoi cela ?

Laissons de côté l'aspect purement biographique faisant que pendant longtemps, les versions orthodoxes formulées par les autorités de l'URSS et des partis communistes faussaient l'histoire. Il était donc impossible de travailler sur l'histoire après 1917 sans se dresser publiquement contre le Parti et l'URSS, ce que les bons camarades et moi-même ne voulions pas faire. Mais ces contraintes, bien que fortes au début de ma carrière, ont disparu depuis longtemps. D'ailleurs, mes réticences n'ont pas trompé l' «oeil de Moscou» ... : aucun de mes livres n'a jamais été traduit en russe du vivant du PCUS.

Il reste des raisons plus sérieuses. D'abord — pour rester dans les limites du jeu de l'érudition — il y a la question des sources : à la fois insuffisantes et pléthoriques. L'inaccessibilité des sources gêne surtout l'histoire événementielle, mais elle pose des problèmes sérieux, en Grande-Bretagne en particulier, où les archives publiques ne s'ouvrent qu'après trente ans, certaines séries restant sous les verrous en permanence. Prenons le cas du débat qui s'est instauré autour de l'appui apporté par les Britanniques à Tito, au lieu de Mihailovic, pendant la Seconde Guerre. Ce débat n'a pu être tranché qu'au moment où l'on a su que l'information qui avait convaincu Churchill provenait du déchiffrage des communications militaires allemandes, lesquelles ne laissaient aucun doute sur le sérieux de la résistance des Partisans. Or, les triomphes du centre de déchiffrage de Bletchley et l'existence même de ce centre restèrent un secret total pendant les trente ans qui ont suivi la guerre. En effet, l'histoire officielle des services de renseignement britanniques durant la guerre, et qui restera à jamais le seul ouvrage basé sur les archives de ces services, ne commence à sortir qu'en 1979. En conséquence, un secteur assez important de l'histoire de la Seconde Guerre a dû être largement modifié après 1975. Bien sûr, les érudits ont toujours tendance à exagérer la valeur des sources archivistiques. En ce qui me concerne, j'ai toujours éprouvé beaucoup de sympathie pour l'aphorisme : «*Foreign Offices have no secrets*» énoncé par le grand historien diplomatique que fut A.J.P. Taylor. Malgré tout, le problème des sources reste majeur pour l'historien du temps présent.

Il est cependant moins grave que le problème de la perspective courte. J'en prendrai pour exemple un cas personnel. En 1968, je publiai un manuel d'histoire économique sur la Grande-Bretagne contemporaine. Le livre s'achevait sur la conclusion que, bien qu'en déclin, l'économie britannique à cette époque restait - mais de justesse - la troisième économie industrielle du monde. Or, quand la traduction française de ce livre fut mise en route quelques années plus tard, Michel Winock, responsable de la publication de ce texte aux Editions du Seuil, m'écrivit, en toute politesse, qu'en 1975, le lecteur français trouverait cela ridicule. Et relisant mon texte six ans après l'avoir écrit, je me rendis compte, en effet, que le déclin relatif de l'économie britannique s'était tellement accéléré en six ans que les formulations de 1968 n'étaient plus soutenables. Je modifiai donc le texte français. Or, cette brusque accélération du déclin britannique, je ne l'avais pas prévue bien qu'étant assez pessimiste de tempérament.

Prenons un autre cas frappant, celui des analyses contemporaines des économies socialistes. En 1961 — cela figure dans les documents rendus accessibles au Public Record Office cette année — ce qui préoccupe Harold Macmillan, alors premier ministre du Royaume-Uni, c'est la croissance économique de l'URSS qui allait renforcer sa position de superpuissance. En 1992 cela paraît une crainte absurde, presque maniaque, mais à l'époque c'était une évaluation qui semblait parfaitement raisonnable. Le taux de croissance de l'URSS et des autres économies planifiées avait été impressionnant, peut-être supérieur au taux moyen de la croissance du soi-disant «monde libre». L'URSS venait de battre les Etats-Unis dans la course aux planètes, c'est-à-dire dans le champ de la technologie de pointe, et ce ne fut qu'au cours de la décennie des années soixante que la supériorité des économies capitalistes devint visiblement écrasante. Elle se basait alors sur une politique économique qui, loin de faire confiance exclusivement aux forces du marché — le néo-libéralisme ne fera son retour que dans les années soixante-dix — s'orientait de manière croissante vers une convergence entre gouvernements, entreprises et politique sociale.

M. Macmillan était peut-être un peu en retard, car le ralentissement des économies socialistes avait déjà commencé, mais on pourrait facilement citer bien d'autres hommes politiques vers 1960, dont l'évaluation de l'avenir des économies socialistes était analogue à la sienne.

Ceci m'amène à faire une observation cruciale : l'arme secrète de l'historien c'est la rétrospective. On gagne toujours si on parie sur les courses de chevaux qui sont déjà terminées. Mais le drame de l'historien du temps présent, c'est précisément qu'il — ou elle — ne peut jamais se passer de la prévision de l'avenir. Or, la prédiction n'a pas été précisément le point fort ni des historiens, ni des autres experts, du moins depuis la guerre. Je ne parle même pas de la prédiction orientée par l'idéologie ou le parti-pris, bien que ce soit une tentation à laquelle peu parmi nous aient su totalement résister. Pour revenir au cas de mon manuel de 1968, j'aurais sûrement formulé la situation de la Grande-Bretagne d'une façon plus nuancée si je n'avais pas été irrité à l'époque par le ton apocalyptique d'une certaine polémique du moment qui voyait déjà l'Angleterre comme une sorte de Portugal. Je ne parle pas non plus de la prévision des événements politiques ou d'autres événements aléatoires. Mais prenons le cas des économistes dont la capacité de prévoir les tendances de l'économie, ou plutôt le renversement de ces tendances, n'a pas été brillante. Avaient-ils prévu les «Trente Glorieuses» à la fin des années quarante ? Au contraire, dans l'immédiat après-guerre tout le monde craignait une nouvelle crise comme après la Première Guerre. Ont-ils prévu la fin de l'âge d'or au début des années soixante-dix ? Au contraire, au début des années soixante-dix l'OCDE ne cessait de prédire un taux de croissance moyen accru de 5% par an. A la fin des années quatre-vingts, le gouvernement conservateur anglais fit confiance à ses experts qui ne s'attendaient pas à une crise économique grave et de longue durée. Tous eurent tort, mais suivant les méthodes les plus scientifiques et en se basant sur les modèles économétriques les plus avancés, nourris d'une quantité de données statistiques que seul l'ordinateur est en mesure de digérer.

Je ne dis pas que nous sommes totalement impuissants face au problème de la prévision. L'expérience du passé, le réalisme et la logique autorisent bien des pronostics acceptables. Par exemple, il est absolument certain que tôt ou tard des forces politiques en Allemagne, vraisemblablement de droite, vont chercher à rouvrir le dossier des frontières orientales du Reich d'avant 1938 que tous les gouvernements traitent comme une affaire classée. Il existe aussi certains cycles en histoire qui se prêtent à la prédiction. Bien que personne ne puisse les expliquer et bien que de nombreux spécialistes aillent jusqu'à nier leur existence, les soi-disant «ondes longues Kondratieff» m'avaient permis —toujours pour mon manuel — de prévoir en 1968 la fin des «Trente Glorieuses» ainsi qu'un avenir économique beaucoup plus problématique pour les années 1970 et 1980. Sur la même base, on pourrait légitimement avancer l'hypothèse d'un nouveau changement de la conjoncture économique mondiale au milieu de la présente décennie, en direction d'un mieux. Mais attention : puisque la périodicité Kondratieff reste inexplicable, la prévision basée sur le pur précédent reste tout à fait arbitraire.

Au fond, l'historien n'est pas, et ne peut pas être prophète. La valeur de l'avenir pour nous, c'est qu'il nous donne une perspective sur le présent, de même que le présent nous en donne une sur le passé. C'est là précisément le problème de l'historien du temps présent.

Depuis la publication du dernier de mes volumes sur l'histoire de la société bourgeoise du XIXe siècle, je prépare quelques réflexions sur ce que mon ami Ivan Berend a nommé «le court vingtième siècle», c'est-à-dire l'époque qui s'ouvre avec la Première Guerre et la révolution russe, et qui visiblement, vient de se terminer. Lorsque j'ai commencé à préparer un cours pour mes étudiants à New York sur ce sujet, il semblait logique de structurer l'histoire de cette époque comme une sorte de diptyque. La «belle époque» d'avant 1914 aboutit à une ère de catastrophe générale pour le monde bourgeois, catastrophe d'ailleurs préparée par les contradictions même de l'ère des empires. Entre 1914 et le deuxième après-guerre c'est la crise générale. Tout s'écroule. Guerres mondiales, révolutions sociales, débâcles de l'économie, crises des valeurs, des institutions, des systèmes politiques libéraux — bref, rien ne fonctionne plus. Ce qui donne à l'URSS, enfant aîné de cette débâcle et inspiratrice du plus formidable des mouvements révolutionnaires du globe, le rôle de Fortinbras dans la tragédie universelle d'*Hamlet* où tout semble s'achever en un monceau de cadavres. C'est par ce nouveau système que le monde sera sauvé. Or, après la Seconde Guerre il y a un redressement presque miraculeux de l'économie et de la société capitalistes. Un capitalisme évidemment remanié et qui a été soumis, selon mon ami Carlos Fuentes, à la critique du socialisme et en a tiré les leçons. Mais il n'en reste pas moins que le nouvel essor de l'économie mondiale est sans précédent et que nous assistons à l'ouverture d'une ère de transformations sociales, technologiques, culturelles — de tout et de n'importe quoi — qui fait de ce troisième quart du XXe siècle l'époque la plus révolutionnaire de l'histoire mondiale. Le secteur soviétique du monde, bien qu'énormément accru, commence à révéler ses faiblesses structurelles, politiques, économiques et autres, à partir du milieu des années cinquante, mais ce n'est qu'à partir des années soixante que son infériorité saute aux yeux. Dès les années soixante-dix ce secteur du monde est en pleine crise.

C'est ainsi que le profil du siècle m'est apparu il y a cinq ans. Et voilà qu'en 1989 on assiste à l'effondrement total de l'Europe communiste, laissant prévoir la fin, sinon la désintégration totale, de l'URSS. A première vue cela ne semblait pas imposer une révision de ma perspective. Au contraire, ces événements faciliteraient une périodisation plus nette. Le «court vingtième siècle» apparaîtrait donc comme une époque dominée par la Révolution d'Octobre, née dans l'effondrement du monde capitaliste des bourgeoisies libérales à partir de 1914 et morte d'avoir été incapable de soutenir la concurrence avec un capitalisme revivifié. Mais en y regardant de plus près — et je parle en Anglais qui enseigne aux Etats-Unis — force est de constater que les années 1990 à 1992 ont connu une crise évidente, du moins sur le plan économique, d'une partie importante des économies capitalistes, ainsi que l'effondrement d'un ordre politique international. Il ne s'agit donc pas simplement, comme certains le croyaient dans l'euphorie de 1989, d'un effondrement unilatéral. Je me suis alors rendu compte qu'il fallait prêter beaucoup plus d'attention au tournant de l'économie mondiale qui avait mis fin à l'âge d'or, et que j'avais pour ainsi dire sous-estimé tout en en étant malgré tout conscient. Il devint de plus en plus clair en effet que la crise finale des économies communistes soviéto-européennes a été précipitée précisément par cette nouvelle phase de l'économie mondiale qui s'est ouverte aux débuts des années 1970, économie dans laquelle les régions soviétisées étaient de plus en plus intégrées mais sans avoir l'expérience de ses fluctuations brusques et profondes, et sans armes contre de tels chocs sismiques. Car on peut dire que ce qui a entraîné la perte du système en URSS aussi bien qu'en Pologne et en Hongrie, c'est le double choc pétrolier après 1973. Le capitalisme, lui, s'y est adapté sans grandes difficultés malgré quelques ennuis. Au début, les pays du bloc soviétique en sont les bénéficiaires : l'URSS en tant qu'exportateur d'énergie, les autres en tant que clients de prêteurs internationaux d'une générosité insolite et nouvelle, mais ils sont visiblement incapables de digérer les répercussions du second choc à la fin des années 1970. Dès 1980, c'est la crise ouverte et immédiate.

J'ai commencé alors à repenser l'histoire du siècle en forme de triptyque : l'ère des catastrophes, suivie par l'ère du redressement, qui constitue l'âge d'or du capitalisme, et finalement la nouvelle époque des crises mondiales, structurelles autant que cycliques, d'une économie globale dominée par le capitalisme mais qui redécouvre ses anciens problèmes, bien que protégée, dans ses régions centrales, contre les répercussions les plus graves du retour du chômage, de l'inégalité économique croissante, de la misère évidente, par le bouclier d'une richesse généralisée et de systèmes de protection sociale sans précédents. Malgré tout cela, et bien que les pays qui sont les berceaux de l'économie capitaliste aient montré, une fois encore, leur habituelle stabilité, le malaise actuel au sein de ces sociétés, y compris le malaise politique, saute aux yeux. Mais c'est à la périphérie de ces régions centrales que l'époque de crise devient une époque tragique — il n'est que de penser à la condition populaire dans de grandes régions de l'Amérique latine et de l'Afrique — et c'est aux marges orientales du système, dans les régions soviétisées, que la crise devient mortelle. Qu'il se trouve des zones qui aient échappé à ces cataclysmes et qui aient même bénéficié de la redistribution géographique de la production industrielle (une des conséquences frappantes de l'essor économique de l'âge d'or), ne modifie en rien cette impression que nous avons de vivre un tournant de la conjoncture, voire de l'histoire, à une échelle mondiale, n'excluant aucune région du globe, et touchant tous les systèmes sociaux, bien que de façon inégale. Dans cette perspective, c'est cette crise mondiale qui domine notre fin de siècle. Nous sommes sûrs qu'une époque historique vient de se terminer, mais elle s'achève mal. Elle s'achève dans une atmosphère de crise généralisée, de pessimisme, ou du moins d'incertitude. Si on avait essayé de dresser le bilan du second après-guerre il y a dix ans, ou même en 1987, serait-on arrivé à cette conclusion ? Sauf chez les militants de l'écologie, c'est peu probable.

Voilà donc comment dans un cas concret l'expérience de l'actualité peut, d'une année à l'autre, changer la perspective de l'historien non seulement sur la dernière décennie, mais sur tout un siècle — sans parler de l'avenir. Le présent, qui est actuellement en train de changer avec une rapidité si vertigineuse qu'elle dépasse même le journalisme (et ne parlons pas de la cartographie ...), transforme le passé. Si l'on veut écrire l'histoire du XXe siècle, il faut choisir le bon moment pour s'asseoir à sa table et commencer à taper. Et si l'on attend encore cinq ans, ne faut-il pas s'attendre à voir la rétrospective de l'historien changer une fois encore ?

C'est pourquoi il est bien plus facile d'écrire l'histoire d'une époque plus éloignée. Les péripéties du présent n'en sont pas absentes, mais elles sont moins gênantes. Dans ma jeunesse l'expérience de la crise des années trente a aiguisé la sensibilité des historiens aux phénomènes de crise dans le passé et donc à la découverte de la «crise générale» des sociétés féodales aux XIV-XVe siècles. Les luttes politiques et idéologiques du présent n'y sont pas absentes non plus, mais elles sont plus faciles à «situer». Le débat sur les racines historiques du déclin économique de la Grande-Bretagne continue, alimenté par les polémiques de l'ère thatcherienne, mais la recherche s'en trouve stimulée plutôt qu'embrouillée. De toute façon, la distance chronologique stabilise la perspective (j'ai publié mes trois volumes sur le XIXe siècle entre 1962 et 1987 sans éprouver le besoin de changer de cap).

Mais finalement, en dépit de tous les problèmes structurels de l'histoire du temps présent, c'est aussi pourquoi il faut l'écrire. D'ailleurs, on n'a pas le choix. Et il faut mener les recherches dans ce champ avec le même soin, selon les mêmes critères que pour n'importe quels autres champs, ne serait-ce que pour sauver de l'oubli et peut-être de la destruction, les sources qui seront indispensables aux historiens du troisième millénaire. Ainsi nous serons mieux préparés à écrire l'histoire de notre siècle quand les nuages du «temps présent» se seront dissipés.

Le poids de la mémoire

La mémoire n'est plus ce qu'elle était

Henry Rousso

Entré à l'IHTP il y a plus de dix ans maintenant, quelque temps après sa création qui suscita quelques remous, j'ai le sentiment que rendre aujourd'hui hommage à François Bédarida, qui en fut le fondateur et l'animateur infatigable, c'est en quelque sorte amorcer l'histoire d'une aventure intellectuelle. Et cette histoire se confond, pour tous ceux qui y ont participé, avec leur mémoire personnelle, tant l'investissement dans cette entreprise a été intense et a contribué à forger leur identité de chercheurs. C'est faire ainsi l'expérience immédiate de la difficulté de prétendre écrire une «histoire de la mémoire», un objet qui se dérobe constamment à toute définition simple et claire. Pourtant, j'ai le sentiment que cet objet-là est bien l'un de ceux qui nous a le plus motivé, qui nous a obligé à sortir des cadres traditionnels dans lesquels s'élabore une pensée historienne, et c'est cet objet-là qui nous a en définitive le plus enclin à nous affirmer comme des historiens du temps présent. A cet égard, le véritable hommage dû à François Bédarida, qui nous a souvent précédé, toujours guidé et parfois suivi sur ce terrain, réside moins dans les quelques pages qui suivent que dans la plupart des recherches conduites en ce domaine depuis des années, en particulier dans le cadre des travaux collectifs de l'IHTP [1].

La mémoire est inconstestablement d'actualité, si l'on peut dire : le terme revient aujourd'hui comme un leitmotiv dans les campagnes publicitaires des éditeurs, en France comme à l'étranger

---

1. Ce court texte est ainsi le prolongement de réflexions déjà publiées. Cf. notamment : Denis Peschanski, Michael Pollak et Henry Rousso (dir), «Histoire politique et sciences sociales», *Les Cahiers de l'IHTP*, 18, juin 1991, réédition : Bruxelles, Complexe, 1991, 290 p. (coll. «Questions aux XXe siècle»), ainsi que Henry Rousso, «La Seconde Guerre mondiale dans la mémoire des droites», dans Jean-François Sirinelli (dir), *Histoire des droites en France*, tome 2 : *Cultures*, Paris, Gallimard, 1992, pp. 549-620.

(notamment aux Etats-Unis) et l'on ne compte plus les ouvrages qui l'introduisent dans leur titre ou sous-titre, quand bien même il ne font œuvre que d'histoire, au sens le plus classique du terme. Sans doute, dans l'esprit de beaucoup de nos contemporains, la référence à la mémoire doit offrir une plus-value morale que l'histoire, si en vogue il y a à peine quelques années, semble désormais avoir du mal à assumer. Mais cette mode, voire ces dérives, sans doute passagères, ne doivent pas masquer que l'histoire de la mémoire constitue depuis une décennie un domaine spécifique, presque une nouvelle manière de faire de l'histoire, à l'image des *Lieux de mémoire*, conçus et édités par Pierre Nora, à l'orée des années 1980 et achevés en 1993.

La mémoire, au sens premier du terme, est la présence du passé. Rien d'étonnant à ce titre qu'elle ait intéressé les historiens du temps présent, après d'autres, car cette présence, notamment celle d'événements relativement proches comme les révolutions, les guerres mondiales ou les guerres coloniales, événements qui laissent des séquelles et des blessures durables, entrait en résonnance avec leurs préoccupations scientifiques : comment faire sereinement et dans le silence des archives l'histoire de Vichy alors que cette période était au même moment l'objet d'une interrogation obsessionnelle à l'échelle nationale ? La mémoire, pour prolonger cette définition lapidaire, est une reconstruction psychique et intellectuelle qui charrie de fait une représentation sélective du passé, un passé qui n'est jamais celui de l'individu seul, mais d'un individu enserré dans un contexte familial, social, national. A cet égard toute mémoire, par définition, est «collective», comme l'a suggéré Maurice Halbwachs. Son attribut le plus immédiat est d'assurer la continuité du temps et de permettre de résister à l'altérité, au «temps qui change», aux ruptures qui sont la destinée de toute vie humaine, bref elle constitue — c'est une banalité — un élément essentiel de l'identité, de la perception de soi et des autres. Mais cette perception diffère selon que l'on se situe à l'échelle d'un individu ou à l'échelle d'un groupe social, voire d'une nation tout entière. Si le caractère collectif de toute mémoire individuelle semble aller de soi, en revanche l'idée qu'existe une «mémoire collective», c'est-à-dire une présence donc une représentation du passé qui soit partagée dans les mêmes termes par toute une collectivité fait encore problème.

Pour surmonter cet écueil théorique qui relève plus de la philosophie ou de la psychologie sociale (et qui mérite débat), les historiens postulent en général, de manière plus ou moins avouée, que les représentations du passé qu'ils observent à telle époque et en tel lieu, à condition qu'elles présentent un caractère récurrent et répétitif, qu'elles concernent un groupe significatif et qu'elles aient un début d'audience dans ce groupe ou hors du groupe, sont la manifestation la plus claire d'une «mémoire collective». Faire l'histoire de ces manifestations, c'est-à-dire opérer «une enquête sur la représentation indigène des faits passés et de son évolution chronologique» [2], permet d'approcher au plus près la notion de mémoire collective, même si c'est par une démarche empirique, propre aux historiens. C'est l'objet même de toute histoire de la mémoire.

En France, ce territoire relativement neuf de l'historien ne s'est cependant pas développé tous azimuts et les travaux en ce domaine sont restés souvent tributaires de préoccupations très contemporaines, soit à cause de la pression exercée par la demande sociale, soit parce que les historiens ne pouvaient échapper à l'actualité du passé qu'ils avaient pour mission de décrypter. En ce sens, l'histoire de la mémoire a le plus souvent été une histoire des blessures ouvertes de mémoire car elle n'était au fond qu'une manifestation parmi d'autres des interrogations actuelles et brûlantes sur certaines périodes qui ne «passent pas» : si l'on admet que l'histoire des historiens n'est qu'un des modes d'expression de la mémoire collective, qu'elle n'est qu'un des vecteurs par lesquels se transmet et se reconstruit le passé, rien d'étonnant alors que l'histoire de la mémoire ait été d'abord et avant tout une manifestation de la mémoire collective, dans le contexte un peu trouble et la perte des repères des années 1980-1990. En ce sens, on peut constater que si Pierre Nora et ses collaborateurs ont véritablement posé un jalon essentiel en inventant la notion de «lieu de mémoire», la plupart des travaux qui ont vu le jour depuis quelques années ont surtout cherché à comprendre la mémoire d'un événement remarquable, au premier rang desquels la Grande Guerre, la Guerre d'Algérie et surtout la Seconde Guerre mondiale et le nazisme (c'est probablement en ce domaine que l'historiographie étrangère et française est des plus abondantes), sans oublier la Révolution française.

---

2. Jeanne Favret-Saada, «Sale histoire», *Gradiva*, 10, 1991, p. 4. Dans cet article, parfois critique à l'égard des historiens, l'auteur, ethnologue des religions, se penche sur les liens entre histoire et mémoire, et entre historiens et témoins, notamment dans le cadre de l'histoire du nazisme.

De même, l'histoire de la mémoire s'est surtout focalisée sur des vecteurs de mémoire immédiatement repérables : la politique mémoriale de l'Etat, les associations du souvenir, les représentations du passé dans le cinéma ou la littérature, l'historiographie — l'angle traditionnel par lequel on étudie depuis fort longtemps les représentations du passé —, qui charrient par définition des représentations explicites et volontaristes du passé, à vocation idéologique et unifiante. Elle s'est penchée sur la mémoire de groupes directement sensibilisés par la question du passé et de son rôle dans la formation et l'entretien d'une identité collective : mémoire ouvrière, mémoire des femmes, mémoire juive. L'histoire de la mémoire constitue enfin un élément désormais essentiel dans l'analyse des cultures politiques, comme en témoignent les nombreux travaux sur la mémoire gaulliste ou la mémoire communiste, ou encore l'expérience récente conduite par Jean-François Sirinelli qui, dans le cadre d'une histoire générale des droites françaises, consacre presque un tome entier à cette question [3].

Or ces tropismes dûs au contexte dans lequel écrivent les historiens ne vont pas sans inconvénients. Ils présentent le risque classique d'une sorte de métonymie, qui consisterait à confondre la partie pour le tout, une critique dont tous les historiens lancés sur ces sujets ont été l'objet : peut-on prétendre saisir l'histoire d'une mémoire nationale par le seul biais de groupes restreints ou de secteurs de la société particulièrement sensibilisés au passé ou qui ont vocation, comme l'Etat, à en proposer par essence des représentations ? Qu'en est-il de ces représentations dans des groupes plus larges et plus hétérogènes ? Peut-on parler, comme on parle d'une mémoire ouvrière, d'une mémoire des «classes moyennes», ou encore d'une «mémoire masculine» par opposition à la mémoire des femmes et dans la logique des réflexions sur la différence sexuelle ? Autrement dit, l'histoire de la mémoire ne pourra vraiment prétendre offrir des clés d'intelligibilité du passé que lorsqu'elle aura réussi à se détacher quelque peu de l'actualité et de la demande sociale, bref d'objets du souvenir qui, de manière évidente, nécessitent pour l'instant qu'on en fasse l'histoire.

Cependant, malgré ses lacunes et ses imperfections, cette historiographie peut légitimement considérer qu'elle a en partie résolu certains débats qui faisaient rage il y a peine dix ans. Ainsi, la question rituelle des différences entre histoire et mémoire

---

3. Cf. Jean-François Sirinelli (dir.), *op. cit.*, tome II : «Cultures».

semble aujourd'hui quelque peu dépassée. D'abord parce qu'il est désormais acquis (du moins on l'espère) qu'opposer d'un côté la reconstruction historienne du passé, avec ses méthodes, sa distance, sa prétention à la scientificité, et de l'autre les reconstructions multiples qu'opèrent les individus ou les groupes n'a pas plus de sens qu'opposer le «mythe» à la «réalité». La tâche des historiens, en ce sens, est double. D'une part, c'est une exigence essentielle, il leur faut répondre à la nécessité d'établir ou rétablir des vérités historiques, en se fondant sur des sources d'information aussi diverses que possible afin de retracer la configuration d'un événement ou la structure pérenne d'une pratique sociale, d'un parti politique, d'une nation, voire aujourd'hui d'une entité continentale (on pense aux nouvelles histoires de l'«Europe»), bref faire une histoire positive, même si l'on sait que décrire ou expliquer «ce qui s'est réellement passé» relève de l'illusion. D'autre part, et avec des méthodes et des questionnements différents, ils se doivent de retracer et d'expliquer l'évolution des représentations du passé, comme on a toujours tenté d'écrire l'histoire des mythes et des traditions qui sont les formes les plus évidentes de la présence du passé. Autrement dit, le fait même d'écrire une histoire de la mémoire signifie par définition que l'on dépasse cette opposition sommaire entre histoire et mémoire puisque c'est postuler que la mémoire a une histoire qu'il s'agit de comprendre. En outre, on l'a déjà rappelé, aucune histoire de la mémoire ne peut échapper à l'analyse de type historiographique, c'est-à-dire à l'analyse d'un des vecteurs particuliers de la mémoire collective qu'est l'histoire savante (celle des historiens) : l'un des problèmes que soulève l'histoire de la mémoire réside précisément dans l'écart entre ce que cette histoire savante peut dire d'un événement passé et les perceptions qui prévalent au même moment dans l'ensemble d'une société, en un temps et en un lieu donné, et qui ont bien entendu infiniment plus de poids.

A cet égard, l'histoire de la mémoire est un excellent exercice critique — et un exercice permanent — sur le métier même d'historien, fort loin de toute prétention à la normativité. Elle permet de résister à cette autre illusion néfaste qui consiste à croire que les historiens seraient les dépositaires de la vérité historique : en remettant l'histoire savante à sa place et rien qu'à sa place, en étant obligé d'admettre qu'aucun historien n'échappe jamais aux interrogations de son temps, y compris lorsqu'il écrit une histoire de la mémoire — on l'a vu avec le choix des sujets les plus fréquemment étudiés dans cette nouvelle tendance historiographique —, il réaffirme avec force que l'histoire appartient d'abord à ceux qui l'ont vécue et qu'elle est un patrimoine commun que l'historien a la charge d'exhumer et de rendre intelligible à ses contemporains.

Autre question qui semble aujourd'hui avoir perdu de son acuité : la place de l'«histoire orale» ou des «sources orales» dans une histoire de la mémoire. Si l'on y réfléchit avec sérénité, loin des anathèmes sur la prétendue «dépossession de la mémoire» à laquelle se livrerait l'historien et dont serait victime le «témoin» ou l'«acteur» (on se souviendra des débats, parfois violents, sur la mémoire de la résistance ou la mémoire de la déportation), on est obligé de s'en tenir à un constat simple : un individu, qu'il parle spontanément de son passé et de son expérience (en publiant par exemple ses mémoires) ou qu'il soit interrogé par un historien (donc érigé en témoin ou en acteur de l'Histoire), ne parlera jamais que du présent, avec les mots d'aujourd'hui, avec sa sensibilité du moment, avec à l'esprit tout ce qu'il peut entendre sur ce passé qu'il prétend restituer avec sincérité et véracité. Cette parole est non seulement légitime et doit être reconnue comme telle (un historien peut-il d'ailleurs empêcher quiconque de s'exprimer sur son passé ?), mais elle est indispensable à tout historien du temps présent. On l'a dit et répété, c'est même sa spécificité que de pouvoir bénéficier d'une source d'information sur le vécu d'un individu, sur ce qui est inaccessible par la voie des archives, sur sa vision contemporaine (c'est-à-dire au moment où il parle) des événements qu'étudie l'historien. Mais cette «source» n'est ni plus ni moins importante pour les historiens qui travaillent sur l'histoire du souvenir d'un événement qu'elle ne l'est pour ceux qui travaillent sur l'événement lui-même. En tout cas, on ne voit pas pourquoi, sous prétexte qu'il s'agit de mémoire, cette parole devrait être, dans la logique d'une démarche historienne, une source privilégiée — sauf bien entendu en ce qui concerne les individus qui ont joué un rôle essentiel dans la formulation des différentes représentations du passé : un responsable d'association du souvenir, un décideur politique en charge des commémorations, un universitaire de renom, etc.

Autrement dit, dans le champ de l'histoire de la mémoire, la fonction du témoignage n'a pas de raison d'être différente de celle qu'on lui assigne dans l'historiographie en général et elle mérite d'être maniée avec les mêmes précautions : peut-on par exemple écouter un ancien déporté juif expliquer comment son témoignage, aux lendemains immédiats de la guerre, n'a pas été entendu ou a été méconnu sans se pencher sur l'ensemble des sources disponibles *de l'époque* qui permettent de confirmer, d'infirmer ou tout simplement de replacer cette parole d'aujourd'hui dans le contexte d'hier ? N'est-ce pas par définition la meilleure façon de prouver qu'une histoire de la mémoire repose bien sur les mêmes bases scientifiques que tout autre démarche historique ? [4]. Pourquoi faudrait-il en cette matière confondre la nécessité de faire parler des femmes et des hommes qui ont des choses à dire sur leur passé, y compris sur la façon dont ils l'ont assimilé, oublié ou reconstruit par la suite — une entreprise que les historiens peuvent évidemment encourager, voire prendre en charge techniquement en publiant par exemple des textes — et l'intérêt que cette «source» ainsi créée va avoir ensuite dans la logique d'une œuvre historienne ?

Enfin, pour clore ces quelques remarques sur l'évolution de l'histoire de la mémoire, centrées sur l'historiographie française, on peut signaler que cette démarche se développe aussi à l'étranger, parfois sur des bases très différentes car les peuples n'entretiennent pas le même rapport à l'Histoire, mais parfois en rejoignant quelques unes des interrogations soulevées ici. Ainsi, Michael Kammen, qui vient de publier une monumentale histoire de la mémoire collective américaine, a été confronté à une question fort éloignée de celle que se posent en général les historiens de la France. Au cœur du projet, réside en effet le désir de comprendre comment un peuple qui, la plupart du temps, vit entièrement au présent, a éprouvé cependant la nécessité de se construire un passé «instrumental» afin de donner forme et substance à son identité nationale [5]. Une interrogation qui se prolonge par le désir de situer «quand et comment les Etats-Unis sont devenus une terre d'histoire et une culture dotée d'une mémoire spécifique ?». Or, en partant de présupposés fort différents, Michael Kammen nous livre en

4. Sur ces questions, voir l'ouvrage d'Annette Wieviorka, *Déportation et génocide. Entre la mémoire et l'oubli*, Paris, Plon, 1992, qui ne se contente pas de témoignages d'aujourd'hui mais se livre à une analyse exhaustive des traces laissées dans l'immédiat après-guerre par une mémoire de la déportation en pleine gestation.

5. «For much of our history, we have been present-minded ; yet a usable past has been needed to give shape and substance to national identity», Michael Kammen, *Mystic Chords of Memory. The Transformation of Tradition in American Culture*, New York, Alfred Knopf Ed., 1991, (citations p. 7).

définitive une œuvre très semblable aux *Lieux de Mémoire* de Pierre Nora, en ce sens qu'il propose une histoire des traditions et des cultures politiques américaines, en particulier une «histoire du sentiment patriotique», un sujet qu'il estime avoir été bizarrement négligé dans l'historiographie américaine. Le plus stimulant réside en outre dans les comparaisons qu'il fait avec d'autres pays, notamment européens, pour affirmer que l'essentiel des différences tient moins aux contenus des représentations du passé que dans ses modes de transmission : aux Etats-Unis, jusque dans les années 1950, l'Etat fédéral n'a joué en la matière qu'un rôle mineur au profit d'initiatives privées et locales, et surtout au profit des minorités religieuses, ethniques et raciales qui ont été l'un des principaux vecteurs de mémoire et de tradition — il suffit pour s'en convaincre de voir la place des ouvrages sur la culture noire («*African-American*») ou la culture des «*Native Americans*» dans la production littéraire. D'où la difficulté de construire une identité nationale fondée sur un passé commun, à l'image du sentiment républicain français. Autrement dit, le modèle d'analyse expérimenté en France (encore que l'historiographie anglo-saxonne se soit penchée depuis fort longtemps sur l'histoire sociale des traditions) n'est pas tributaire du contexte français, mais constitue bien un nouveau regard historiographique au sens plein du terme.

En revanche, l'exemple de la situation des pays de l'ancien bloc soviétique démontre que les urgences peuvent être différentes. Dans des pays, notamment l'ex-URSS, où l'histoire a constamment légitimé l'oppression, les débats entre histoire et mémoire, voire la possibilité même d'entreprendre une histoire de la mémoire se posent dans des termes forts différents. C'est Pierre Nora qui relève que si, en Occident, «la mémoire aliène et l'histoire libère», dans ce pays il faut affirmer l'inverse : «contre une histoire qui s'est transformée en pratique du mensonge au nom d'une prétendue scientificité, le retour à la mémoire n'est peut être pas l'accès immédiat à la vérité historique ; mais il est à coup sûr, le symbole de la liberté et de l'alternative à la tyrannie» [6]. Cela étant, si la mémoire vive recèle nombre de richesses sur le passé stalinien que

6. Pierre Nora, «Histoire-Mémoire», dans Youri Afanassiev et Marc Ferro (dir.), *Dictionnaire de la Glasnost*, Paris/Moscou, Payot/Ed. du Progrès, pp. 416-417, cité par Marie-Claire Lavabre, «Mémoire et politique : pour une sociologie de la mémoire collective», communication au colloque «Psychanalyse et sciences sociales», MIRE, Moscou, avril 1992.

les archives ne pourront sans doute pas restituer dans leur intégralité, elle n'en est pas moins porteuse de risques. Ainsi, l'émancipation des esprits et des mémoires alimente le renouveau historiographique qui s'amorce, mais elle revivifie tout autant des mythes et légendes tout aussi dangereux et fallacieux que ceux véhiculés par les communistes au pouvoir : les exemples abondent en Tchécoslovaquie, dans les Pays Baltes et pire encore, dans l'ex-Yougoslavie où la mémoire libérée engendre des réflexes ultra-nationalistes qui, par définition, se nourrissent d'une écriture simplifiée et déformée de l'Histoire [7]. On peut supposer ainsi que les controverses sur l'«histoire orale», si jamais elles éclatent, seront d'une tout autre charge émotive que celles que nous avons connues.

L'histoire des représentations du passé, si elle se fait dans ces pays, sera sans doute d'abord et avant tout l'histoire d'une écriture officielle et d'une mémoire réprimée, mais aussi un exercice de lucidité dont la vocation sera de contribuer, lui aussi, à l'avènement d'«une analyse historique rationnelle» du passé [8]. Au fond, cette ambition n'est pas si éloignée de la nôtre.

---

7. Cf. Alain Brossat, Sonia Combe, Jean-Yves Potel, Jean-Charles Szurek (dir), *A l'Est, la mémoire retrouvée*, Paris, La Découverte, 1990.

8. Youri Afanassiev, «Vers le pluralisme. Entretien avec Anne de Tinguy», *La Nouvelle Alternative*, 11, septembre 1988, p. 30.

La mémoire, objet d'histoire ?

Jean-Jacques Becker

Il est plus habituel d'employer la formule dans le sens inverse, l'histoire objet de mémoire, puisque l'histoire s'intéresse au passé même quand elle se préoccupe du temps présent, car le temps présent est déjà du passé. Le travail de l'historien consiste à réunir tous les moyens possibles pour reconstituer et analyser ce passé, à rassembler tout ce qui concourt à la connaissance de ce passé, à sa mémoire, mais l'exercice qui nous est demandé ici est un autre exercice puisqu'il ne s'agit plus de la mémoire devenue d'une certain façon l'histoire, mais de la mémoire devenue objet d'histoire dans le temps présent.

Il faut d'abord souligner le caractère ambigu de la notion de temps présent, en réalité aussi ancienne que l'histoire puisque chaque moment de l'évolution des sociétés humaines a connu son temps présent. L'évolution des sociétés humaines n'a été depuis la nuit des âges qu'une succession de temps présents. Il n'est pas nouveau non plus que ce temps présent ait été l'objet de l'histoire. Certes les maîtres de l'antique Sorbonne, une Sorbonne pas si antique d'ailleurs — et ils ne manquent pas de successeurs pour reprendre leurs propos — considéraient que prétendre s'occuper sinon du présent, c'est-à-dire d'hier, du moins d'une période assez proche, postérieure à l'ouverture des archives publiques, était, *horresco referens*, sombrer dans le journalisme, car manquait cette pierre angulaire de toute histoire — *l'archive* —, même si, comme il arrive, les archives qui subsistent peuvent envoyer sur de fausses pistes... Mais que faisaient les chroniqueurs du Moyen Age, sinon de l'histoire du temps présent, de leur temps présent ? Néanmoins les maîtres de la Sorbonne ici évoqués ne savaient pas ou plutôt ne voulaient pas savoir que leur pratique de l'histoire, même si cette histoire était suffisamment ancienne à leur goût, était comptable de leur formation intellectuelle, que les analyses qu'ils faisaient subissaient les effets de l'histoire qu'ils avaient vécue et qui les avaient imprégnés. Ils ne voulaient pas savoir que, quelle que soit l'époque considérée, les événements avaient été forgés par des acteurs qui avaient été formés dans une mémoire donnée et que cette mémoire a joué sur leurs comportements. De sorte que, quel que soit le bout par lequel on prenne notre thème, il apparaît bien que la mémoire est objet d'histoire, parce qu'elle entre dans le fonctionnement de l'histoire, et que ne pas analyser la mémoire à une époque, c'est se priver d'un des facteurs du comportement des hommes.

L'originalité de notre époque, quant à ses rapports avec le temps présent, est d'avoir créé un *Institut d'histoire du temps présent,* c'est-à-dire d'avoir franchi le Rubicon en osant dire, ce qui allait mieux en le disant, qu'il existait tout naturellement une histoire du temps présent.

Toutefois de quel temps présent s'agit-il ? Dans une thèse soutenue récemment, Jean El Gammal a traité du *poids du passé dans la vie politique française de 1885 à 1900*, et ce faisant il a mis en valeur la place dans le comportement des hommes du souvenir historique récent. Il apparaît bien par exemple que l'échec de Boulanger a été lié à la nécessité dans laquelle il a été placé de se défendre perpétuellement contre l'accusation de «césarisme», à un moment où ce terme était compris comme le souvenir d'un bonapartisme, rejeté d'instinct par une large fraction de la population et en particulier par ceux qui écrivent et qui parlent. Plus que conséquence d'une étude rationnelle, c'était bien la mémoire, la mémoire du temps présent puisqu'il ne s'agissait que d'un phénomène ancien d'une vingtaine d'années, qui véhiculait cette horreur du «césarisme». Pour un mouvement comme le boulangisme, il était mortel d'être contraint de se défendre au lieu d'attaquer. L'étude de la mémoire a seule permis de se rendre compte d'une faiblesse qui conduisit à la défaite un mouvement promis un moment à la victoire.

Une question essentielle est néanmoins de savoir sur quelle durée de temps présent la mémoire est un objet d'histoire.

Le 29 novembre 1947 — on était en plein cœur de la crise politico-sociale déclenchée par le parti communiste pour faire pièce au plan Marshall —, *L'Humanité* publiait en lettres d'affiches : «Alerte, ils veulent assassiner la République ! Un projet de loi plus abject que les ordonnances de Charles X supprime le droit syndical, la liberté individuelle, la liberté de la presse et l'immunité parlementaire».

A l'époque où j'ai lu cet appel, j'étais étudiant en histoire. Charles X et les Ordonnances de 1830 étaient des connaissances historiques ordinaires d'un étudiant. Je ne sais pas s'il en serait de même maintenant. En tout cas il m'est souvent arrivé de rêver sur ce rappel des Ordonnances de Charles X. Qu'ont-elles évoqué pour les lecteurs de *L'Humanité* ? Quelle place avaient-elles dans leur mémoire ? Etaient-elles encore suffisamment présentes pour précipiter les masses dans la rue afin de défendre la République soi-disant menacée, après avoir été assimilées aux textes présentés devant l'Assemblée nationale par Robert Schuman ? La mémoire peut-elle jouer ce rôle d'objet de l'histoire avec un décalage de plus d'un siècle ?

On comprend qu'il y a ici un risque évident de confondre deux données différentes que j'appellerai la «mémoire apprise» et la «mémoire spontanée» sans que pour autant ces deux mémoires soient totalement étrangères l'une à l'autre.

La mémoire apprise est celle qui se constitue à partir de l'enseignement historique reçu. Il n'est pas difficile d'imaginer qu'elle varie grandement en fonction de la catégorie sociale ou intellectuelle des individus et de la place que l'histoire a eue dans leur formation. Pour revenir à la thèse de Jean El Gammal, on se rend bien compte, en le lisant, de l'importance de la culture historique dans le discours des élites politiques de la fin du siècle précédent et combien les uns et les autres réagissaient en fonction de leur mémoire historique. Les événements de la Révolution vieux de près d'un siècle restaient la référence par excellence et le critère de l'existence des deux France. Il n'empêche qu'en même temps, en arrière plan, peu visibles, cheminaient les composantes d'un autre aspect de la mémoire, celles de la réalisation à travers les siècles d'une unité profonde du pays. Cet aspect de la mémoire explique qu'en 1914 un pays, apparemment très désuni, ait pu, à la surprise générale, se rassembler, pratiquement à l'unanimité, dans la défense nationale. Une formule nouvelle en naquit, l'Union sacrée, devenue emblématique. En d'autres termes, la mémoire du temps présent des Français d'alors était une mémoire de division, mais aussi liée à une autre mémoire, celle de la lente formation depuis des siècles de l'unité nationale. En quelque sorte, à un moment donné, peuvent venir se superposer une mémoire apprise et une mémoire spontanée. Mémoire apprise ? Peut-être pas tant que cela. Qui dira la place dans cette mémoire apprise de la tradition familiale portée par le discours ordinaire de génération en génération ?

La mémoire apprise peut se confondre avec le souvenir historique, avec tout simplement le poids de l'histoire dans la vie d'un pays, ce qui explique que les pays sans histoire écrite ne sont pas pour autant des pays sans mémoire.

La mémoire spontanée est tout de même d'une autre nature. Elle est la mémoire récente, elle est la mémoire contemporaine, elle est la mémoire du temps présent. Mais qu'est pour un contemporain cette mémoire du temps présent ? Elle me semble être celle des événements que l'on a vécus soi-même, mais aussi dans une certaine mesure ceux vécus par ses parents, voire ses grands-parents, en gros la mémoire d'un siècle. On dit souvent qu'à partir d'un certain âge on se souvient mieux de ce qui s'est passé dans sa jeunesse et que cela pèse davantage sur votre comportement que les événements récents. Il arrive fréquemment que l'on accompagne ces remarques de considérations peu flatteuses sur les effets de l'âge ! Il en est vraisemblablement autrement. On peut constater que l'homme d'un certain âge connaît bien les événements de sa jeunesse, mais aussi ceux qui ont précédé sa jeunesse. Combien de fois a-t-on dit de certaines vues du général de Gaulle qu'elles dataient du XIXe siècle, or il n'avait que dix ans en 1900 ! En réalité un homme reste toujours marqué, et son comportement d'homme civique, d'homme historique, en est déterminé, par la mémoire qu'il a intégrée dans sa jeunesse.

Le 27 janvier 1978, dans son discours de Verdun-sur-le-Doubs, le discours du «bon choix pour la France», Valéry Giscard d'Estaing disait ceci : «Quand j'avais treize ans, j'ai assisté en Auvergne à la débâcle de l'armée française. Pour les garçons de mon âge, avant la guerre, l'armée française était une chose impressionnante et puissante. Et nous l'avons vue arriver en miettes.... ». Ce souvenir, cette mémoire, Giscard d'Estaing l'utilisait pour convaincre son auditoire de faire «le bon choix». L'homme politique, presque par nature, est peu spontané et ce n'est sûrement pas par hasard que Giscard d'Estaing a utilisé cet exemple. D'ailleurs il le dit dans le tome I de ses *Mémoires* (p. 370), il fut frappé par la qualité du silence qui s'établit alors, «de cette foule compacte», ajoute-t-il, «de ces milliers de personnes qui retrouvent en chacune d'elles-mêmes, des impressions passées, des images, des humiliations». L'évocation du souvenir personnel rejoignait la mémoire collective.

Je crois que Giscard d'Estaing avait vu juste. Il se trouve que je suis à peu près de la même génération à un an près, et quand je réfléchis sur la Seconde Guerre mondiale, malgré le vichysme, malgré les camps de concentration, malgré la résistance, malgré la victoire finale, ce qui est dans ma mémoire le point nodal pour l'histoire de la France correspond bien à ces jours de juin 1940 où sur une petite route immédiatement au sud de l'estuaire de la Loire, j'ai passé des heures et des heures à regarder passer l'armée française, c'est-à-dire de petits groupes d'hommes minables, apparemment privés de tout commandement, la plupart du temps sans armes, traînant beaucoup plus souvent des valises, et qui marchaient, marchaient vers le sud, et cela dura jusqu'au moment où apparut sur la place du village, tout seul, le premier side-car allemand... En fait, je crois que pour ma génération qui n'avait pas vécu la guerre de 1914, mais dont la mémoire en était complètement imprégnée, elle était le point de référence et la débâcle de 1940 frappait de stupeur. Bien entendu je ne l'analysais pas comme cela à l'époque, mais cela a marqué à jamais ma réflexion historique : comprendre comment un peuple a pu s'élever à un niveau de sacrifices sans précédent, comment ce même peuple vingt ans plus tard a pu connaître l'écroulement le plus profond, le plus important de son histoire. Or l'explication se trouve en grande part dans la mémoire des hommes, dans ce que leur mémoire leur interdisait de recommencer et de subir ce que leurs aînés avaient fait si peu de temps auparavant, ou eux-mêmes d'ailleurs.

Je conçois pafaitement que des historiens plus jeunes construisent et continuent de construire leur réflexion historique en fonction d'une mémoire ultérieure et qu'ils essaient de trouver dans la mémoire de la Seconde Guerre mondiale une clef pour leur analyse historique, une Seconde Guerre mondiale qu'ils n'ont pourtant pas vécue ou presque pas.

Au total, en quoi la mémoire est-elle objet d'histoire ?

Elle l'est d'abord incontestablement comme source et une source à qui l'on ne cesse de faire appel, puisque de plus en plus on se réfère à la mémoire pour qu'elle permette de compléter ou qu'elle se substitue à d'autres sources. Il s'agit bien entendu de ce qu'on appelle l'histoire orale. Comme toute nouvelle approche, elle a d'abord été employée avec une certaine imprudence, en ne se méfiant pas assez que, plutôt que de remplir une page blanche avec des données peut-être fausses, il valait mieux la laisser blanche. C'est au même moment que l'histoire orale, sans plus de cérémonie, avait été élevée à l'éminente dignité d'archive orale. Cette époque est en grande partie dépassée. Le piège tendu par l'histoire orale a été évité par l'application à ce type de sources des méthodes historiques traditionnelles. La bonne pratique de l'histoire orale se manifeste par la multiplication des recoupements de sources. Il en est de l'histoire orale comme des sondages : bien utilisée elle rend d'éminents services en apportant le concours supplémentaire de la mémoire. En outre, en additionnant les précautions d'emploi, les spécialistes de l'histoire orale en ont d'ailleurs fait plus qu'une source, mais à proprement parler un objet de l'histoire, puisqu'ils ont été amenés à s'interroger sur les rapports entre mémoire et histoire, à se demander comment la mémoire réagissait face à tel ou tel type d'événement. Ainsi la mémoire conduit-elle pour les événements du passé comme le gouvernement de Vichy ou la guerre d'Algérie, par exemple, à vouloir avoir été dans le bon sens de l'histoire, le sens de l'histoire étant défini par ce qui est arrivé.

La mémoire est ensuite un objet de l'histoire du temps présent dans la mesure où elle agit sur le fonctionnement des historiens, sur la façon dont ils orientent leurs recherches, sur l'éclairage qu'ils donnent à leurs analyses historiques. On conçoit que cet effet de la mémoire sur la pratique de l'histoire comporte de grands dangers. L'historien doit en permanence s'interroger sur les risques de déformation que sa mémoire risque de faire peser sur l'histoire qu'il fait. Il y a toujours une part de subjectivité dans la recherche de l'objectivité, mais cette subjectivité doit être contrôlée, combattue, contenue. L'historien qui, d'entrée, déclare qu'il n'y a pas de présentation objective de l'histoire, capitule devant les difficultés de son métier. La mémoire n'est plus alors un objet de la pratique historique, elle en devient le dictateur. Néanmoins on pourrait objecter que cet effet de la mémoire sur l'historien n'aurait d'effet, non sur l'histoire elle-même, mais seulement sur l'histoire des historiens. Cela paraît discutable. La façon dont l'histoire d'un pays, d'un événement, est présentée, n'est pas sans conséquences sur l'histoire qui se fait. Les régimes dictatoriaux l'ont bien compris. Un de leurs premiers soucis a été de faire réécrire l'histoire en fonction de leurs objectifs. Il en est ainsi parfois aussi des régimes démocratiques : tout en n'utilisant pas les mêmes procédés que sous les régimes précédemment cités, l'historiographie de la IIIe République au moins jusqu'à la Grande Guerre est un modèle du genre, en donnant sa légitimité au nouveau régime dans une description très subjective des régimes précédents ou des forces qui lui étaient hostiles. Pourquoi a-t-il fallu près d'un siècle pour que des historiens puissent dire qu'il était peut-être temps de s'interroger sur la façon dont l'histoire du Second Empire avait été faite ?

La mémoire est enfin un objet d'histoire dans la mesure où la mémoire des acteurs est un élément considérable de l'évolution des sociétés. Les exemples abondent, à la limite presque toute l'histoire est dépendante de la mémoire des contemporains. Elle est un des puissants facteurs du comportement politique. Il n'est pas besoin d'insister sur les permanences de la géographie électorale, indifférente dans une certaine mesure aux catégorise sociales, traduisant les traditions culturelles et idéologiques d'une région, d'un village, en définitive la mémoire de leurs habitants. Elle est également un des puissants facteurs de l'action des dirigeants, en soulignant que les dirigeants sont souvent plus âgés que la moyenne de leurs administrés et que leur mémoire historique est différente. Pour ne prendre que cet exemple, alors que le phénomène du communisme s'éloignera dans le passé, il faudra longtemps avant que les hommes d'un certain âge l'écartent de leurs comportements, de leurs calculs. Mais pour prendre un exemple non éventuel, songeons au comportement d'hommes comme Edouard Daladier ou Neville Chamberlain en 1939-1940 et comment le comprendre si l'on ne prend pas en compte leur véritable paralysie devant la terreur de recommencer les grandes tueries de l'année 1914. C'était pour eux, dans les circonstances du moment, le point de mémoire essentiel. Et si, comme nous l'avons dit précédemment, on doit étendre cette réflexion à une grande part des Français, comment le comprendre si l'on oublie que la Grande Guerre était enkystée dans leur mémoire. Ce qui a été vrai pour la France et à un degré tout de même moindre pour le Royaume-Uni, l'a été moins ou différemment pour d'autres pays, parce que la mémoire de leurs habitants a fonctionné sur d'autres registres, en fonction d'autres facteurs.

La mémoire, et c'est peut-être le principal, est un objet d'histoire, et particulièrement du temps présent, parce que, en définitive, c'est souvent elle qui commande à l'histoire qui se fait.

La place des mots, le poids des témoins

Danièle Voldman

Peut-on écrire l'histoire de notre temps sans recourir à ce que l'on continue de nommer «histoire orale», cette traduction peu satisfaisante de l'expression anglaise «oral history» ? Pourquoi les historiens français, qui n'ont pas la réputation d'ignorer le génie de leur langue, n'ont-ils pas trouvé une locution plus adéquate pour nommer cette pratique, qui n'est peut-être qu'une banale technique ? Que recouvre cette réticence à recueillir auprès des témoins de l'époque ou de l'événement dont ils écrivent l'histoire, des informations dont ils feraient leur miel ?

Ces questions supposeraient de donner une définition argumentée de l'histoire du temps présent et de mener une réflexion sur les différents modes possibles de son écriture [1]. Sans couvrir dans ces quelques lignes un champ aussi vaste, on énoncera deux hypothèses. D'abord, l'histoire du temps présent se caractérise par l'existence (la «vivance») de témoins des faits étudiés, mettant ainsi l'historien «sous surveillance». Car, non seulement, par ses publications l'auteur se soumet à la critique et aux jugements habituels de la communauté scientifique à laquelle il appartient, mais les acteurs de la période historisée peuvent à tout instant contester ses interprétations et affirmer, forts de l'avantage de leur

---

1. Ce texte, qui doit beaucoup aux sugestions et aux critiques de Martine Morel, reprend une partie des démonstrations de «Historiens et témoins», (en collaboration avec Sylvie Vandecasteele-Schweitzer), *IVe Colloque international d'histoire orale*, Aix-en-Provence, CREHOP-IHTP, 1982, multigr. ; «L'invention du témoignage oral», *Les cahiers de l'IHTP*, n° 4, juin 1987 ; «L'histoire orale en France à la fin des années 1980», *Bios. Zeitschrift für biographieforchung und oral history*, n° spécial, 1990 ; «L'histoire orale entre science et conscience», *Vingtième siècle. Revue d'histoire*, n° 25, janvier-mars 1990 ; «Archiver les sources orales ?», *Cahiers de Sémiotique textuelle*, 20, 1991 et «Définitions et usages des sources orales» dans Danièle Voldman (dir.), «La bouche de la Vérité ? La recherche historique et les sources orales», *Les Cahiers de l'IHTP*, n° 21, novembre 1992, pp. 33-41.

présence effective au moment du déroulement des faits, que toute autre est la Vérité. Ensuite, l'écriture de l'histoire — de toute histoire, quelle que soit la période considérée —, est tendue par une double exigence contradictoire. Historiser, c'est en effet proposer d'un passé, dont la réalité matérielle et mentale est impossible à reconstituer dans sa totalité, une intelligibilité qui ordonne un faisceau d'événements pour qu'ils fassent sens. Mais c'est aussi devoir dire *le* vrai, en ayant conscience qu'il est seulement possible d'approcher la véracité (l'*un* des vrais) ; avant tout — mais pas uniquement — la partie discursive et rationnelle du passé. C'est chercher à administrer la preuve dans un domaine où resteront la présomption et la possibilité de révision. Révision s'entend ici dans un sens positif, celui de reconsidération d'une interprétation historique en fonction des avancées de la réflexion ou du cours des événements. Historiser, c'est donc assumer la contradiction entre la nécessaire mise en forme narrative du passé et cette impossible délivrance de la preuve historique, qui n'est pas, elle, de l'ordre du langage. Car, dans le passage obligé de l'ordre du vécu à celui de la rationalité du discours, le doute est toujours possible. Et proche du doute, rôde la négation. Ainsi, un des effets pervers de cette tension est illustré par l'existence des négateurs de l'extermination des Juifs d'Europe. Tandis que les témoins et les historiens avancent récits et preuves de cette entreprise, les arguties négatrices en forme de mots gardent un pouvoir difficile à briser. Cependant cette contradiction, si elle est bien posée, même avec les risques qu'elle engendre, loin d'être une incitation à l'impuissance stérile, devrait encourager les historiens à persévérer dans leur «stupide patience» à accumuler les éléments de l'administration de la preuve pour dire le vrai.

C'est pourquoi, dans la mesure où le recours au témoignage s'est, bon gré mal gré, définitivement imposé à la communauté historienne, je voudrais reprendre quelques uns des termes du débat pour montrer en quoi des problèmes techniques peuvent induire des choix méthodologiques.

Une des plus anciennes discussions concernant l'utilisation des sources orales porte sur la crédibilité, sur la définition même, d'une source provoquée par son utilisateur immédiat, ainsi que sur les effets de sa construction sur l'objet de la recherche. Les détracteurs de cette famille d'informations ont eu beau jeu de stigmatiser une documentation inventée pour les besoins préétablis de l'enquêteur, d'autant plus soumise à son pouvoir discrétionnaire que, contrairement aux archives couramment passées au crible de la critique, les entretiens ne sont pas toujours enregistrés et rarement consultables par l'ensemble de la communauté dans des lieux publics habilités à conserver les traces du passé. On pourrait clarifier le débat, sinon vider la querelle, en explicitant des démarches induites par la polysémie de ce genre de documents, mais que les utilisateurs négligent souvent d'exposer sans détour.

La parole source

Après une première phase défensive, où les historiens qui utilisaient des sources orales ont dû plaider pour la pertinence et la recevabilité de leur documentation, un consensus s'est dégagé pour admettre qu'elles étaient indispensables à certains objets historiques. Ceux-ci restaient cependant cantonnés dans les domaines des mentalités, de l'opinion et surtout de la vie quotidienne ou privée. Il est peut-être désormais possible de passer à une deuxième phase que l'on ouvrira sur une hypothèse en forme d'évidence : la construction de tout objet d'étude s'accompagne de la recherche d'un ensemble de sources, aucune n'étant donnée *a priori*, même si certaines paraissent plus évidentes que d'autres dans les commencements de l'étude. Ainsi, l'invention de la source fait partie d'un métier où le manque d'imagination pourraît être un défaut majeur. Sans sources, pas de récit historique, sans bonnes sources, pas de bon récit. Cela dit, chaque gisement a sa spécificité, et c'est aussi une des premières règles de notre technique professionnelle de l'interroger en fonction de cette spécificité. Qui pourrait prétendre exploiter de façon identique le rapport d'un préfet sur l'opinion d'un département français en 1943 et les procès-verbaux du conseil d'administration d'une grande entreprise nationalisée au moment d'une décision stratégique essentielle ?

Dans le cas de paroles recueillies pour une recherche précise par l'utilisateur lui-même, la démarche n'est pas si divergente de celle qui consiste à fouiller inlassablement dans des inventaires d'archives variés jusqu'à la découverte des fonds les plus adéquats, qui, à leur tour, orienteront la réflexion et l'analyse. A une différence près, de taille, qui nécessite de poser la distinction fondamentale entre *archive* orale et *source* orale. L'archive orale est un document sonore enregistré par un enquêteur, archiviste ou historien, sans doute en fonction d'un sujet précis, mais dont le dépôt dans un centre destiné à garder les vestiges des temps écoulés pour les historiens du futur, a été d'emblée la destinée naturelle. La source orale est le matériau recueilli par un historien pour sa recherche, selon ses hypothèses et le type de renseignements qu'il lui semblent nécessaires de posséder. C'est d'elle qu'il s'agit ici.

Cette parole-source possède deux caractères particuliers qui en font à la fois la richesse et la faiblesse. Tout d'abord, de façon plus ou moins affirmée, l'entretien est une partie de cache-cache entre l'historien et le témoin. Le premier se campant en position d'inquisiteur, («je suis celui qui sait»), le second doit à la fois se mettre sur la défensive et affirmer «je suis celui qui a vécu». Ainsi, alors que la méthode concernant les documents écrits déclaratifs consiste à pratiquer un doute systématique, dont seul le croisement avec d'autres informations permet de sortir, il faut, dans ce domaine, pratiquer un doute sur le doute puisque deux subjectivités immédiates se conjuguent, autant pour éclairer que pour brouiller les pistes. Ensuite, l'historien doit naviguer sur la crête d'une vague toujours prête à déferler soit sur le rivage d'une mémoire reconstituée qu'il lui faut décrypter, soit dans le cours d'une empathie participante que certains sociologues, pour leur part, manient sciemment, aidant de ce fait à la construction de l'identité des personnes interrogées [2].

Quand l'historien entreprend une récolte d'entretiens, il doit, certes, faire son métier selon ses techniques propres, mais aussi garder présent à l'esprit deux autres procédés, empruntés à des disciplines voisines : d'une part se servir des apports de la sociologie dans la conduite et la mise en forme des enquêtes, de l'autre ne pas négliger des éléments de psychologie et de psychanalyse. Il ne s'agit pas pour lui de proposer des interprétations au témoin sollicité, mais de savoir que le non-dit, l'hésitation, le silence, la redite, le lapsus, la dérive et l'association sont partie intégrante, voire structurante, du discours et du récit. Car, il n'y a pas à se désespérer des mensonges et de ce qui peut être pris comme des contre-vérités de la parole-source. S'il relève du travail de l'historien de démêler ce qui sera pris tel quel de ce qui devra être réexaminé (à la lumière d'autres sources), écarté (pour une analyse au deuxième degré ou sur un autre plan) et critiqué (comme il est de son devoir dans toute étude), rien ne permet d'ôter au témoin la position ès-qualité qu'il a acquise en

---

2. Nicole Lapierre, *Le silence de la mémoire. A la recherche des Juifs de Plock*, Paris, Plon, 1989 et Michael Pollak, *L'expérience concentrationnaire. Essai sur le maintien de l'identité sociale*, Paris, A.-M. Métailié, 1990.

acceptant de témoigner. Celui-ci est donc présumé sincère de par le lieu d'où il parle, toute la question résidant dans la manière de cette sincérité. Par exemple, en travaillant sur des récits de vie de pensionnaires dans un hôpital de personnes âgées dépendantes, si l'historien doit saisir pourquoi, sur le plan historique, il neige toujours au printemps pour des interlocuteurs à qui les premiers beaux jours de naguère semblaient si doux, il est évident que la compréhension du discours recueilli se fera à l'aide d'une explication sociologique et psychologique. Dans les mécanismes complexes de reconstruction du passé, les regrets de l'âge d'or sont aussi fréquents que la confusion entre le regard sur le temps écoulé et l'apologie de ce dernier.

Néanmoins, l'Eden disparu d'un ajusteur parisien retraité n'a pas les mêmes couleurs que celui d'une responsable d'un réseau de résistance pendant la Seconde Guerre mondiale.

D'un témoin à l'autre

Les statuts des témoins ne sont pas tous équivalents. Ils varient selon l'élaboration de l'objet auquel les donneurs de parole contribuent. Mais ils sont aussi fonction de la place et des rôles sociaux et psychologiques de chacun. On peut distinguer deux couples d'oppositions. D'une part, les personnes ayant le sentiment d'avoir, à quelque titre que ce soit, fait l'Histoire et celles affirmant l'avoir plutôt subie. De l'autre, les témoins offrant un discours verrouillé, construit et maîtrisé et ceux qui livrent des souvenirs moins ordonnés et plus spontanés. Bien que dans la plupart des cas, les alternatives se recoupent termes à termes, toutes les combinaisons sont possibles. Tandis qu'un exclu de l'Histoire peut donner une parole rationnellement réorganisée, il arrive, à l'inverse, de rencontrer de grands acteurs ne livrant que des éléments de leur petite histoire.

Ainsi, les témoignages des membres de groupes ayant bâti au cours des ans, avec ou sans l'aide d'un support associatif, une mémoire constituée en histoire propre, ont une cohérence et une structuration rigides, qui demandent une grande vigilance si l'on veut en dépasser l'aspect reconstruit et stéréotypé. Conscient d'avoir un message à délivrer, le témoin parle en s'appropriant le passé du groupe. Ce type de témoin sélectionne les souvenirs de façon à minimiser les heurts, les tensions et les conflits internes à l'organisation, gommant l'importance des opposants — ou au contraire les grossissant jusqu'à la caricature, pour justifier la mise à l'écart de certains membres de la cohorte. Ils tendent ainsi à présenter de leur mouvement une histoire unanime et sans faille. Cela oblige à confronter plusieurs récits : ceux des porte-parole qui veulent sauvegarder la légitimité de la transmission et ceux des dissidents ou des contestataires, dont l'exclusion ou la marginalité colorent le discours d'une véhémence porteuse de sens. La confrontation, si elle est difficile à obtenir, est d'autant plus efficace que la volonté des uns et des autres de détenir la vérité est plus forte et que les batailles de mémoire sont plus engagées.

Le cas des décideurs est assez proche, dans la mesure où eux aussi ont à justifier leurs actions passées. La différence tient d'abord à ce que — sauf exception — ils n'ont pas à prendre en considération un groupe tout en entier mais leur seule individualité. Ensuite, mais sur un plan différent puisque l'on passe du point de vue du témoin à celui de l'historien, le discours des décideurs permet d'analyser les mécanismes politiques et stratégiques de la décision. Ce qui éclaire la question du rôle de l'individu dans l'histoire et celle des rapports et des déterminants entre les forces politiques, économiques et sociales. Cette parole-source sert à apprécier le poids du hasard et des conjonctures, l'importance de la psychologie individuelle et collective ainsi que les tentatives d'auto-justification et les jugements *a posteriori*.

Toute différente est la parole des petites gens et des exclus, ceux que l'on aurait tendance à considérer comme les non-acteurs de l'Histoire, dont l'historien commence par valoriser le poids par le simple fait de l'interrogation. Ici la suspicion change de camp. L'informateur se demande ce que sa vie peut avoir d'intéressant pour un intellectuel, alors que celui-ci arrive à tirer de fascinantes constructions à partir des dires sur les simples gestes du quotidien. Que ce soit avec les sorciers du bocage normand lançant des sorts à leurs voisins, ou la mise des cochons dans des saloirs bourguignons, c'est toute l'organisation sociale et l'histoire des villages que ces paroles ont restituées [3]. Les interprétations de ces enquêtes ont, du reste, parfois été si éloignées de ce que les témoins ont eu conscience de dire, qu'elles ont donné matière à discussion

3. Jeanne Favret-Saada, *Les mots, la mort, les sorts ; la sorcellerie dans le bocage,* Paris, Gallimard, 1977 ; Yvonne Verdier, *Façon de dire, façon de faire. La laveuse, la cuisinière et la couturière,* Paris, Gallimard, 1979 ; Françoise Zonabend, *La mémoire longue. Temps et histoires au village*, Paris, PUF, 1980.

entre les auteurs des livres publiés et leurs informateurs, étonnés des résultats présentés, discussions allant jusqu'à des poursuites en justice pour diffamation.

En accordant à chaque témoin un statut différent correspondant au type de recherche envisagé, l'historien qui refuse l'observation participante compose une palette catégorielle, allant du grand au petit témoin, les premiers se différenciant des seconds par l'appréciation qu'ils portent eux-mêmes sur leur rôle historique. On met dans la catégorie des grands témoins les personnes ayant conscience d'avoir participé aux événements de leur temps, et d'avoir eu prise sur leur cours. Que l'historien puisse contester ce rôle ne change pas la catégorie, car le récit, irisé des couleurs de l'auto-proclamation, en garde les teintes dominantes. Le grand témoin est celui qui a construit son identité sur une action volontaire et consciemment interprétée, quel qu'ait été le niveau de responsabilité ou d'action réelles. De ce point de vue, l'ancien ministre ou l'humble militant de base ont le même statut. Les unes et les autres peuvent dire «je» ou «nous». Ils sont des «témoins-sujets». A l'opposé, se trouve l'obscur, autrefois supposé simple spectateur, subissant les événements, le cours et le poids de l'histoire. Même si l'historiographie récente a eu tendance à découvrir l'acteur méconnu sous le témoin passif et à réhabiliter une passivité ayant du sens, il reste un «témoin-objet». Avec ce type d'enquêtés, l'historien peut accepter ou refuser une tâche inédite : aider à la transformation de l'objet en sujet, par le jeu de l'interrogation historique. En acceptant le dialogue et un certain effacement de ses buts immédiats, l'historien peut accélérer ou favoriser l'évolution de son interlocuteur, qui va passer de l'affirmation de son obscurité et de son insignifiance («je n'ai rien d'intéressant à vous dire») à la construction de son propre récit.

Sort-on là du strict métier historique ? Certes non, mais l'important est que chacun choisisse la limite participative à laquelle il souhaite se cantonner et sache les raisons, la nature et les conséquences de ses choix.

Archiver les sources orales

Les historiens n'ont pas tous la même attitude vis-à-vis de la conservation des sources orales. Ceux qui les utilisent couramment et œuvrent à leur reconnaissance, déposent systématiquement leurs enregistrements dans les centres d'archives. La question est plus complexe parmi ceux qui, tout en utilisant les sources orales, doutent de leur valeur probatoire. Ceux-là incorporent dans le récit construit à partir des documents écrits, des informations venues de l'oral, qui le corroborent ou l'enrichissent. L'enregistrement ne sert qu'à la pratique personnelle de l'élaboration du récit historique. Il est nécessaire pour la rigueur, la vérification, et pour contenir les dérives de l'imaginaire. Mais privés de la possibilité de s'y référer par leur déclaration préalable de nullité, ne pouvant donc faire état des renseignements que leurs entretiens leur ont apportés, ces historiens ne se sentent pas responsables de la conservation des bandes. Pour quelques-uns même, seule la destruction systématique des enregistrements permettrait d'éviter que l'utilisation de ce matériel, dont seul le collecteur connaissait les tenants et les aboutissants, puisse échapper à l'interviewé comme à l'intervieweur. On comprend par quel cheminement certains collecteurs ont pu en arriver à ne plus rien enregistrer du tout, pris dans une transformation de leurs interrogations et confrontés à un glissement de leur objet vers l'étude du souvenir, de la mémoire, ou de la construction d'identité. Peu importe alors d'apporter la preuve, puisqu'on est ici sorti de la stricte pratique historienne. Y aurait-il moyen de persuader ces praticiens de confier leurs bandes aux archivistes ou faut-il les suivre dans leur raisonnement qui nie l'enregistrement comme mode d'administration de la preuve ?

D'autres historiens admettent volontiers que toute bande enregistrée doit être archivée. Mais dans les faits, par manque d'expérience, nonchalance, méconnaissance de la réglementation ou absence d'enseignement et de tradition, ils négligent de le faire. Nombreux sont les historiens qui possèdent par devers eux des «sources orales» c'est-à-dire des enregistrements plus ou moins satisfaisants sur le plan technique. Considérées comme des trésors ou des bandes-sons inutiles, elles ne sont pas toujours classées, répertoriées et conservées. Beaucoup les gardent à défaut de savoir qu'en faire. Car si les uns les conservent jalousement et regretteraient certainement d'avoir à s'en défaire, d'autres le feraient volontiers s'ils savaient où s'adresser et s'ils n'avaient pas été rebutés par les conseils d'archivistes, intransigeants à bon droit sur le matériel, le support et les règles minimales d'identification.

Faut-il lancer un appel à l'archivage des sources orales ? Adversaires et partisans ont des arguments qui ne s'écartent pas si facilement. L'essentiel me semble être l'énonciation du ou des procédés retenus. Que chacun accepte sans honte ni forfanterie l'étiquette et les conséquences de sa pratique, et certains débats en seront facilités.

Histoire et résistance : des historiens trouble-mémoire

Pierre Laborie

La Résistance entretient des relations compliquées avec l'Histoire et si les années passent, le constat demeure inchangé : son histoire reste toujours à écrire. Quelques récents travaux d'exception — tant par leur qualité que leur rareté — ne suffisent pas à masquer les vides énormes d'une historiographie étrangement déficiente [1].

Les raisons de cette situation sont nombreuses, mais elles n'ont rien de mystérieux. On sait dans quel imbroglio se mêlent des difficultés objectives indiscutables et, depuis un demi-siècle, des enjeux considérables de toutes sortes, aussi pesants que fluctuants [2]. Il faut y ajouter une réflexion encore incertaine sur les limites du concept même de Résistance [3] et un énoncé mal clarifié du rôle des uns et des autres entre les divers territoires des associations dépositaires de la «mémoire vivante» [4], des témoins-

---

1. Des lacunes et un attentisme persistant qui alimentent l'idée d'un nouveau «tabou» de notre mémoire nationale. «Si le tabou de Vichy semble largement entamé, celui de la Résistance demeure à peu près vierge» écrivent ainsi Eric Conan et Daniel Lindenberg dans la revue *Esprit* de mai 1992.

2. Cf. Dominique Veillon, «La Seconde Guerre mondiale à travers les sources orales», dans «Questions à l'histoire orale», *Les Cahiers de l'IHTP*, n° 4, juin 1987.

3. Se référer, par exemple, aux vigoureux débats du Colloque du Chambon-sur-Lignon publiés par Pierre Bolle (dir.), *Le Plateau Vivarais-Lignon, Accueil et Résistance, 1939-1944*, Société d'Histoire de la Montagne, Le Chambon-sur-Lignon, 1992, et à l'article de Claude Lévy, «La Résistance juive en France, de l'enjeu de mémoire à l'histoire critique», *Vingtième Siècle. Revue d'histoire*, n° 22, avril-juin 1989.

4. Mémoire qui, à la différence de l'histoire, dit «le juste et l'injuste» et «ensemence les consciences autrement que les livres, plus directement». Sur les relations entre «mémoire vivante» et «mémoire savante» on lira avec intérêt, comme reflet de l'état d'esprit dominant d'une grande association de déportés et résistants, l'allocution prononcée par Bernard Lambert au congrès de la Fédération nationale des déportés et internés résistants patriotes, le 24 mai 1992, à Vichy. Il

acteurs, des acteurs-témoins devenus historiens et des historiens non témoins. D'où, entre autres effets, la persistance d'ambiguïtés sur la place et le statut de l'historien de la Résistance, historien sous surveillance s'il en est.

Quelques grands ensembles de problèmes peuvent être dégagés de cette impression de confusion. Les premiers découlent de l'idée banale qui fait de l'histoire un instrument de «trahison». Parfois justifiés, les ressentiments des témoins s'expliquent surtout, ici, par une double impossibilité. Aussi scrupuleux soit-il, le discours de l'historien est incapable de relater avec exactitude et de reconstituer dans son intégralité un phénomène dont la clandestinité accentue encore l'extraordinaire complexité ; il ne peut pas non plus donner une juste place, dans une vision d'ensemble, aux aspects multiformes d'expériences individuelles qui participent, à travers un processus d'adaptation incessant en partie improvisé, à l'accomplissement d'une aventure collective hors du commun. Un second ensemble de difficultés provient des contradictions mises à jour par le croisement des mémoires, des périodes et des sources, travail de confrontation qui constitue la base élémentaire de la méthode historique. Les contrastes accusés entre l'image du bloc résistant aux arêtes nettes et aux itinéraires rectilignes que certains des siens se sont obstinés à préserver et les contours moins lisses que, le temps aidant, les multiples miroirs du souvenir et la dure leçon des faits ont laissés de la lutte clandestine, créent des points de conflit. En dernier lieu, des problèmes plus fondamentaux tiennent à la distance, difficile à réduire, entre des finalités légitimes mais rarement compatibles. Entre, chez les uns, la confiscation et la sacralisation unanimiste d'un héritage incomparablement porteur de sens — jugé donc, à ce titre, non soupçonnable — et, chez les autres, les exigences dues à la recherche impérieuse de la vérité [5]. Ces oppositions et ces divergences ne sont pas neuves. Bien

---

apparaît à l'auteur que les historiens «semblent parfois plus portés sur leurs prérogatives que sur l'amour de la justice». Cf. *Le Patriote Résistant*, juillet 1992.

5. Dans l'Avertissement à la première édition de l'*Histoire de la Résistance en France*, en 1967, les auteurs écrivaient : «Certes, il est facile, lorsqu'on se retrouve, fraternellement unis aux 'Amitiés de la Résistance' d'acclamer à chaque rencontre cette devise : on se souvient de ce qui nous a unis, on oublie ce qui nous divise. Mais l'Histoire a des impératifs qui ne s'accommodent guère d'une telle formule». Henri Noguères, Marcel Degliame-Fouché et Jean-Louis Vigier, *Histoire de la Résistance en France*, tome 1, *juin 1940-juin 1941*, Paris, Robert Laffont, 1967.

connues de tous, régulièrement mises en évidence mais diversement analysées ou commentées selon les situations ou les acteurs concernés [6], parfois source de méprises ou de méfiance, elles soulèvent des questions essentielles sur l'écriture de l'Histoire et les fonctions de l'historien. Ceux qui travaillent sur la période de la Seconde Guerre mondiale ont eu, depuis longtemps, à s'y confronter. Des enseignements et des thèmes communs de réflexion ont progressivement émergé de la dispersion des expériences de recherches individuelles ou collectives. Des lignes de conduite se sont affirmées et beaucoup de conclusions, largement partagées, tiennent lieu aujourd'hui d'évidences. Dans le nombre, trois grandes constatations peuvent être brièvement rappelées.

Une réalité incommunicable

Sauf à vouloir se contenter des clichés de l'imagerie populaire, la Résistance apparaît bien comme un univers difficile d'accès, «toujours plus complexe que ce qu'un auteur peut exprimer» [7]. Et cela d'autant plus que son histoire ne ressemble à aucune autre. Si tous les problèmes posés par son étude, envisagés isolément, ne lui sont pas propres, leur juxtaposition donne un mélange spécifique et un résultat inédit.

Cette spécificité résulte de diverses causes mais il faut, entre toutes, privilégier incontestablement la nature propre du phénomène, réalité insaisissable par ceux qui ne l'ont pas vécue. Le trait est partout souligné avec insistance [8]. L'idée, abondamment

6. Tous les témoins n'ont pas l'humour ou l'ironie amusée d'Alain Savary qui déclarait le 9 juin 1983, lors de la journée d'études sur le Conseil National de la Résistance : «Peut-être apparaîtra-t-il qu'il est plus facile de faire l'histoire que de l'écrire ou de la commenter» (*Jean Moulin et le Conseil National de la Résistance*, Paris, IHTP, Editions du CNRS, 1983). Confirmation donnée par Daniel Cordier : «Je dois l'avouer, les cinq ans passés à faire la guerre furent pour moi moins éprouvants que les douze années pendant lesquelles j'ai essayé de la raconter». Daniel Cordier, *Jean Moulin, L'inconnu du Panthéon*, I, *Une ambition pour la république juin 1899 - juin 1936,* préface, Paris, J.-C. Lattès, 1989.

7. Pour reprendre le témoignage de Vera Atkins dans Michael R.D. Foot, *Resistance,* Londres, Eyre Methuen, 1977.

8. Rares sont les jeunes chercheurs qui, dans leurs années d'apprentissage, ne se sont pas entendu rétorquer, après de longues heures d'entretien, le fameux «de toute façon, seuls ceux qui y étaient peuvent comprendre». Attitude contradictoire,

reprise dans les travaux de référence, est souvent exprimée par le talent de Jean Cassou : «Pour chaque résistant, la Résistance a été une façon de vivre, un style de vie, la vie inventée. Aussi demeure-t-elle dans son souvenir comme une période d'une nature unique, hétérogène à toute autre réalité, sans communication et incommunicable, presque un songe. Il s'y rencontre lui-même à l'état entièrement libre et nu, une inconnue et inconnaissable figure de lui-même, une de ces personnes que ni lui ni personne n'a, depuis, jamais retrouvée...» [9]. C'est la même impossibilité à faire partager ce moment exceptionnel de leur existence, «figé à jamais dans leur mémoire solitaire», que l'on retrouve, en d'autres termes, chez Daniel Cordier : «J'ai compris combien ce passé de la Résistance, enfoui dans mon sang, ne revivrait pour personne d'autre dans sa dévorante ardeur» [10].

Enfin, troisième observation, la complexité et la singularité du phénomène tiennent également à un fait primordial. Dans la vulgate, l'histoire de la Résistance est devenue indissociable de sa mémoire, de ses mémoires. La construction sélective d'une vérité *«historique»* fluctuante qui s'est nourrie, depuis les premières semaines de la Libération, de diverses représentations des années d'occupation, est une *réalité sociale* impossible à ignorer. D'autant plus impossible qu'elle a rempli des fonctions primordiales dans la reconstruction de l'identité nationale à partir de 1944. Mais, faut-il le rappeler, cette «réalité»-là n'est pas l'histoire. L'historien doit à la fois refuser d'entrer dans cet imaginaire de la confusion, ne rien faire pour l'entretenir, et accepter cependant de le prendre en considération comme un objet chargé de signification. D'où une histoire qui cumule les handicaps. Déjà amputée d'une part importante des sources écrites traditionnelles [11], et rendue de ce fait exagérément dépendante des témoignages et des témoins, elle concentre de plus toute une série d'enjeux dont l'importance se

---

mais non vécue comme telle, avec les reproches des mêmes sur les carences et les silences de l'histoire et des historiens.

9. Jean Cassou, *La mémoire courte*, Paris, Editions de Minuit, 1953.

10. Daniel Cordier, *Jean Moulin, L'inconnu du Panthéon*, préface du premier volume, *op. cit.*

11. Idée reçue qui résultait d'une situation de fait et qu'il conviendra sans doute de nuancer de plus en plus. Les années qui passent, les découvertes qui les accompagnent et les repérages de gisements non exploités — privés ou publics — semblent montrer que les sources écrites ne sont pas aussi pauvres que la référence aux conditions de la vie clandestine avait un peu vite conduit à l'affirmer.

situe très au-delà des problématiques habituelles de l'histoire orale et de la relation témoin-historien.

Ces enjeux recoupent et renforcent les marges et les contraintes liées au rôle et au fonctionnement de la mémoire résistante. Les effets de cette juxtaposition renvoient à des interrogations d'ordre plus général sur la condition de l'historien, ses contradictions et ses dilemmes. Si, sur ce point, des approfondissements restent à entreprendre, il peut être utile, dans l'immédiat, de tenter un début d'éclaircissement. Il indique les limites dans lesquelles ces quelques éléments de réflexion doivent être replacés.

Des grilles de lecture multiples

On ne rappellera que pour mémoire les difficultés inhérentes à l'utilisation des témoignages et aux malentendus habituels qui en découlent avec leurs auteurs ou leurs interprètes autorisés. Non parce que ces problèmes sont négligeables, mais parce qu'ils sont assez banals, qu'ils sont devenus familiers aux chercheurs et qu'ils n'appartiennent pas de manière spécifique à l'histoire de la Résistance [12]. Il reste que certains d'entre eux peuvent s'y poser avec une force particulière. Soit, par exemple, en raison d'une impossible conciliation entre la véracité des optiques fragmentaires et la vérité plus complexe, mais mal acceptée, des situations d'ensemble ; soit en raison des incertitudes qui entourent, tant chez les résistants que chez les historiens, la définition même de l'acte de Résistance [13] et, en conséquence, la place à accorder, la portée à attribuer ou le sens à reconnaître à la diversité des conduites de résistance civile [14], voire à des notions couramment utilisées et en apparence les plus simples. Questions et inquiétudes où l'on retrouve, on s'en doute, le poids des choix idéologiques sous-

---

12. Cf. en particulier les travaux de Daniel Cordier, Jean-Marie Guillon, Olivier Wieviorka, les apports de Michael Pollak et la réflexion que Danièle Voldman mène depuis de nombreuses années sur témoins, historiens et histoire orale. Se référer à sa contribution dans le présent ouvrage, «La place des mots, le poids des témoins».

13. Cf. François Bédarida, «L'histoire de la Résistance, lectures d'hier chantiers de demain», *Vingtième siècle. Revue d'histoire*, n° 11, juillet-septembre 1986.

14. Cf. Jacques Semelin, *Sans armes face à Hitler, la résistance civile en Europe, 1939-1943,* Paris, Payot, 1989.

jacents et des visions *a posteriori.* D'où des grilles de lecture multiples et autant de divergences d'interprétation résultant de logiques condamnées à demeurer parallèles. D'où aussi, inévitablement, des blocages et des motifs d'incompréhension.

Pouvoir des sources et source de pouvoir

On retrouve des traces de cette attitude à l'égard de la démarche des historiens, entre distance réservée et scepticisme, à propos de la question primordiale de l'accès aux sources non publiques, qu'elles soient documents de la période ou témoignages postérieurs. Les difficultés ne s'y limitent pas au franchissement des obstacles ou pièges divers qui conditionnent leur découverte, leur recueil ou leur consultation. Contrairement à des illusions encore répandues — je fais en particulier référence à une pratique naïve, ou manipulatrice, de l'histoire orale dans certains productions audio-visuelles — l'existence et la mise en évidence d'un ou de plusieurs témoignages de portée exceptionnelle ne suffisent pas à faire de l'histoire, telle du moins qu'elle doit s'entendre [15]. Autant la recherche de sources nouvelles est une des priorités de l'historien de la Résistance, autant l'absence d'esprit critique par excès de confiance peut conduire à des catastrophes, désinformation y compris [16]. Sans parler de l'authenticité des documents à vérifier, ce qui n'est pas une mince affaire, d'autres interrogations doivent porter sur les fonctions véritables des sources divulguées, sur leurs possibilités d'utilisation et sur les intentions éventuellement cachées. Des questions de simple bon sens ne peuvent pas être évitées sur les motifs et la date de la divulgation, sur le choix du bénéficiaire, sur les effets attendus. Soit l'obligation pour l'historien de tenter de voir clair entre des objectifs qui ne répondent pas à des intérêts convergents. Il va de soi que les nécessités de l'histoire ne coïncident pas toujours avec celles d'une image exemplaire à

15. Dans un texte de 1991, sous le titre «La mémoire résistante, apports et limites», Jean-Marie Guillon relève encore, pour la région de Provence, les dégâts provoqués par la tendance à ne faire l'histoire de la Résistance qu'à partir de sources orales.

16. Problème d'autant plus compliqué que le don ou le prêt de sources privées résulte généralement de toute une stratégie orientée vers l'établissement de contacts personnels où le sentiment d'une confiance partagée joue un rôle essentiel.

préserver de l'oubli, avec les préoccupations, aussi justifiables soient-elles, des témoins, y compris celles des témoins-historiens.

Les procédures de recueil du savoir sont bien, comme le dit Michael Pollak, «un rapport social porteur de sens» [17]. Dans ce face à face obligé — et passionnant — qui réunit le pourvoyeur d'informations et l'historien, les sources deviennent ainsi des lieux de pouvoir. Que ce dernier soit ouvertement revendiqué ou discrètement exercé, il permet, par des moyens divers, d'exercer un droit de contrôle sur l'utilisateur [18]. Là encore, la qualité des relations humaines entre celui qui sait et celui qui cherche à connaître ne simplifie pas obligatoirement les choses. Déjà contraint de construire sa démarche avec des matériaux lacunaires et moins assurés qu'à l'ordinaire, l'historien ne peut pas faire abstraction du cheminement des sources qui lui sont ainsi ouvertes après des années d'indifférence ou de silence volontaire. Il a conscience qu'il n'en maîtrise entièrement ni l'itinéraire antérieur, ni la composition et le volume réels des gisements d'où elles sont extraites, ni les conditions d'utilisation. Obligé de composer pour avancer, sous peine d'être réduit au pain sec, il doit, pour chaque cas, réinventer un mode d'emploi adapté, établir les règles du jeu et, sans les dissocier, naviguer au plus près entre discours et méthode. L'effort d'élucidation sur les outils de construction du discours et sur l'historicité de la démarche est, en toutes circonstances, un exercice probant de discipline intellectuelle. Il est indispensable ici, face à la crispation des enjeux de mémoire. La mise à plat des contraintes de méthode, l'énoncé transparent des pratiques adoptées et de leurs limites ainsi qu'une définition stricte des frontières du

17. Michael Pollak, «Pour un inventaire», dans «Questions à l'histoire orale», *Les Cahiers de l'IHTP*, *op. cit.*

18. Dans la préface du tome I de son *Histoire de la Résistance en France*, Paris, Robert Laffont, édition 1982, Henri Noguères écrivait à propos de la difficulté à obtenir des témoignages : «pudeur de la part de certains, scepticisme de la part de beaucoup d'autres qui soucieux de réserver leur témoignage à une entreprise dont ils auraient pu contrôler l'honnêteté historique, préféraient juger sur pièces avant de s'engager». C'est avec un état d'esprit marqué par le même souci que le Comité de Résistance pour l'histoire de la libération de Toulouse et de sa région avait lancé, il y a près de dix ans, une collection «Histoire de la Résistance en R4». Des historiens spécialistes avaient été sollicités pour y travailler. Le premier tome, consacré à l'*Histoire de la Résistance dans la Haute-Garonne* (Michel Goubet et Paul Debauges, Toulouse, Milan, 1986) portait la mention suivante: «Après vérification, le Conseil de Gestion du Comité, dans sa séance du 2 mars 1985, a confirmé le caractère historique du 1er tome : *La Résistance dans la Haute-Garonne* ».

travail de l'historien ne peuvent que contribuer à limiter les risques de suspicion par amalgames [19].

Des écarts non réductibles

C'est bien en effet quand il est confronté aux modes de fonctionnement de la mémoire des résistants que l'historien de la Résistance, solliciteur et sollicité [20], prend la mesure des poussées contradictoires qui s'exercent sur lui. C'est là qu'il prend conscience des ambiguïtés de son statut où une proximité de nécessité ou de sympathie, aussi forte soit-elle, ne peut en aucune façon servir à escamoter des distances ou à confondre les terrains. L'historien est et doit être un trouble-mémoire attentif à rappeler que des lignes de partage existent, que tous les écarts ne sont pas réductibles. Ecart entre la conviction de l'expérience vécue et les interrogations critiques portées de plus loin sur le déroulement du passé ; écart entre les vertus de la commémoration et la rigueur de la méthode historique ; écart entre les amnésies ponctuelles ou les arrangements du temps remodelé et les dures réalités de la chronologie minutieusement reconstituée ; écart entre les facilités trompeuses du regard rétrospectif et le refus de ramer dans le sens du courant pour continuer à observer les hommes et les événements de l'amont ; écart entre une mémoire-identité, ciment d'une solidarité et d'une «fraternité d'essence supérieure» [21] et des mémoires durement autopsiées, décapées et recoupées pour les besoins de la vérité ; écart entre la cohérence séduisante du discours explicite et la traque du non-dit, de l'oubli et des silences ;

---

19. Amalgames qui peuvent dériver jusqu'au fantasme d'un «complot» des historiens au service d'une vaste entreprise de désinformation. Les méthodes de travail de Robert Aron et d'Henri Amouroux semblent, entre autres exemples, avoir laissé des cicatrices durables. Les historiens pourraient ainsi lire avec profit les jugements sans complaisance que, depuis de longues années, Georges Guingouin porte sur «les historiens sans scrupule», à l'occasion des cérémonies commémoratives des combats des maquis du Limousin. Voir la collection du bulletin de liaison *Honneur et Patrie* ainsi que la publication des *Amis du musée de la Résistance du département de la Haute-Vienne*, Limoges.

20. Raccourci emprunté à un des thèmes de réflexion sur le témoignage développé par Jean-Marie Guillon, dans sa communication «la mémoire résistante, apports et limites», lors du colloque de décembre 1990 à Nice sur *Les guerres du XXe siècle à travers les témoignages oraux*.

21. Selon l'expression d'Henri Cordesse, préfet de la Lozère à la Libération.

écart entre la légitimation sous influence d'un passé trop fortement recomposé et la légitimité d'un engagement, d'un héritage et de valeurs à préserver de la banalisation.

La Résistance n'est pas un objet froid. Il n'y a pas de neutralité possible sur la reconnaissance, ou non, de la légitimité historique de ce qui fut et demeure avant tout «un fait moral» à l'égard duquel la dette de la nation est immense. Cela établi, cette seule raison exige précisément qu'on applique à son histoire la règle commune. Là comme ailleurs, le passé doit répondre aux questions du monde d'aujourd'hui. A toutes les questions. Contrairement aux crispations qui alimentent les rejets et les rumeurs destructrices, ne pas se dérober aux interrogations du temps présent reste le meilleur moyen (le seul ?) pour résister à la mécanique implacable de l'oubli.

II

Les grands enjeux de notre temps

Dans cette seconde étape, l'étude choisie de certains des grands enjeux du siècle valident l'apport de la notion de temps présent. La discussion sur le caractère mouvant du temps présent, de la Seconde Guerre mondiale jusques aux changements à l'Est et en passant par le temps des décolonisations, se situe au cœur des représentations de l'histoire proche. C'est même peut-être la «fonction» essentielle d'une approche d'une histoire passée à travers les soubresauts du présent : s'obliger à reconsidérer les perspectives et les comparaisons — qu'elles se placent dans le temps (les guerres et les paix, les deux crises économiques du siècle, les régimes politiques) ou dans l'espace (la représentation d'une Angleterre «déclinante», d'une Allemagne toujours en «question», et de l'Est «malade de sa mémoire»).

Revisiter, revoir, repenser, retourner : le vocabulaire même que nous employons indique cette obligation d'un parcours incessant entre le présent et le passé pour exprimer les grands enjeux du siècle.

La Seconde Guerre mondiale matrice du temps présent

Jean-Pierre Azéma

«Cet événement, le judéocide, *démontre combien il est important d'en revenir à une étude contextuelle des phénomènes de temps court. Après Treblinka et Auschwitz, il est difficile de soutenir avec Fernand Braudel que de tels phénomènes ne sont que "poussière". Braudel laisse même entendre qu'ils ne méritent pas d'être étudiés puisque, au contraire des événements de temps long ou moyen, ils "traversent l'histoire comme des traits de lumière" aussitôt destinés à "retomber dans l'obscurité, souvent dans l'oubli" »*

C'est ce qu'écrit Arno Mayer dans l'avant-propos de l'ouvrage qu'il a consacré à la «solution finale» [1]. Nous reprenons totalement à notre compte, en élargissant le propos, cette déclaration de principe, le vœu que soit systématiquement pris en considération le temps court, pour analyser la Seconde Guerre mondiale prise globalement, car elle nous paraît constituer un événement à la fois inaugural et générationnel.

Sans doute, le temps court a-t-il eu, pendant longtemps, bien mauvaise presse. Nous avions pris l'habitude de raisonner en traçant une quantité de courbes qui avaient parfois l'inconvénient de demeurer parfaitement plates, en oubliant qu'on pouvait penser en terme de mécanique ondulatoire. Bien entendu, il était admis que le temps ne marchait pas au même pas, qu'il y avait le pas de l'économique, différent de celui du social et encore plus de celui du mental. Mais l'événement, dans ce faisceau de courbes s'étirant sur le long terme, n'avait pas de véritable statut. A cette géométrie bien souvent trop plane, il convient de préférer une approche dynamique pour faire toute leur place aux faits inauguraux, ceux qui enclenchent toute une série de ces ondes qui façonnent l'histoire. J'y suis d'autant plus enclin que j'accorde de l'importance

1. Arno Mayer, *«La solution finale» dans l'histoire*, Paris, La Découverte, 1990, p. 9.

à la clé générationnelle [2]. Celle-ci peut être, selon moi, une grille de lecture féconde, dès lors que des hommes et des femmes, quel que soit leur âge, ont été exposés, pendant un minimum de temps, à un événement qu'on peut qualifier de générationnel, s'il leur en reste — je reprends là une expression de Marc Bloch — une «communauté d'empreinte» [3] ; en ajoutant que l'effet générationnel, qui est à différencier de l'effet d'âge, peut se perpétuer indirectement par des rejeux de mémoire.

La Seconde Guerre mondiale est bien un de ces événements inauguraux qui bouleversent le cours des choses et déclenchent des phénomènes qu'il convient d'analyser en termes dynamiques, en appréciant l'amplitude et les variations des ondes de choc. Car — pour reprendre la formulation très classique de Clausewitz — «l'ascension aux extrêmes» a été telle, et ce, à tous égards, qu'il s'agit moins de décliner par le menu les retombées évidentes du traumatisme ondulatoire que de repérer en quoi cette guerre a pu être une matrice à part entière du demi-siècle qui allait suivre. Précisons que, prêtant notamment attention à ne pas se laisser enfermer dans un européocentrisme réducteur, on fera débuter, en bonne rigueur, la Seconde Guerre mondiale en 1937, quand elle se déclenche dans les faits en Asie.

Cette fonction de matrice, la Seconde Guerre mondiale la joue d'abord pleinement pour tous les conflits, communément nommés périphériques, qui ont éclaté depuis lors. La raison en est simple : la guerre avait été non seulement mondiale et totale mais encore polyvalente [4] ; elle avait en effet juxtaposé *Bletzkrieg* et guerre de positions ou de siège (Stalingrad fournissant l'exemple le plus illustre) ; elle avait mis face à face des dizaines de divisions, des masses d'hommes impressionnantes, en même temps que le sort du conflit a pu sembler dépendre de la vertu et du courage de quelques uns (qu'on songe à la bataille d'Angleterre) : elle a sacralisé la primauté du char et encore plus de l'avion tout en donnant ses lettres de noblesse aux guerres de libération nationale (et notamment à leur variante maoïste) ; elle a consacré l'avènement de la guerre technologique avec toutes ses modalités et retombées

---

2. Je renvoie au numéro 22 de *Vingtième Siècle. Revue d'histoire*, numéro spécial «Les générations», avril 1989.

3. Marc Bloch, *Apologie pour l'histoire*, Paris, Armand Colin, 1961, p. 94.

4. Michael Howard, *La guerre dans l'histoire de l'Occident*, Paris, Fayard, 1988.

incommensurables qui vont du décryptage des codes adverses à la domestication de l'atome à des fins militaires en passant par la mise au point du radar ou le lancement des V2 ; cette «guerre des sorciers» comme l'a nommée Churchill, a bien pesé dans la décision finale, mais on sait quel enjeu a également représenté la vie quotidienne de millions de personnes dans un conflit qui autant qu'un affrontement de masses armées aura été une guerre de civils. Bref, pendant cinquante ans, les stratèges pourront s'inspirer de cette grande saga guerrière. Avec plus ou moins de bonheur, il est vrai, puisque l'Armée Rouge, elle qui l'avait emporté, à Koursk, dans la plus grande bataille de blindés de l'histoire, ne pourra mater la guerilla afghane ; de même que la logistique à l'américaine qui avait fait merveille en 1944, était réduite à l'impuissance dans les rizières du Viêt-nam, tout en triomphant dans la guerre du Golfe. Reste que depuis cette épouvantable expérience grandeur nature de toutes les modalités guerrières du XXe siècle, rien de décisif n'est venu modifier ce qu'il est convenu d'appeler l'art militaire.

Les retombées du conflit mondial sont plus ambivalentes, dès que l'on quitte l'art militaire proprement dit. L'onde de choc est bien le plus souvent présente mais son amplitude est plus variable qu'il n'y paraît. L'ampleur du traumatisme n'est évidemment pas niable. Ce qui se passe actuellement en Yougoslavie montre, de manière flagrante, combien les fractures anciennes réactivées — et notamment celles qu'ont pu provoquer les épouvantables massacres perpétrés dans les années quarante — peuvent rejouer. Sans doute, encore, est-il aisé de repérer dans nombre de pays, européens au moins, l'écho différé des traumatismes engendrés par ces années noires. Retenons l'exemple de la constitution actuelle de la France : l'homme qui l'institua, Charles de Gaulle avait été marqué à jamais non seulement par la déroute des armées françaises mais encore plus par la dilution de l'Etat dans les journées désastreuses de juin 1940 ; depuis lors, il n'aura de cesse de chercher à modifier la donne institutionnelle.

On peut même affirmer qu'un nouvel ordre mondial a surgi des décombres, en 1945 : le destin de la Grande-Bretagne, qui sortait en 1945 exsangue de «l'heure la plus belle de son histoire» pour reprendre la formulation célèbre de Churchill, illustre bien le déclin des Etats-nations européens. Au point que l'Europe occidentale cessait d'être le centre du monde pour n'être plus, dans le meilleur des cas, qu'un enjeu entre les deux super-puissances.

Cela dit, s'il est peu niable que l'évolution géopolitique des cinquante dernières années est pour partie commandée par la redistribution des cartes et par les nouveaux rapports de forces engendrés par la guerre, il faut également admettre que Yalta — ou plutôt ce qui passe pour avoir été le partage de Yalta — n'a pas été le nombril de la deuxième moitié du XXe siècle. On sait que ceux des historiens qui ne se rangent pas dans la mouvance «réaliste» des post-révisionnistes américains [5] n'estiment pas que le rapport des forces en 1945 impliquait fatalement la naissance de la guerre froide. Quant à l'Europe occidentale, son unification s'explique bien par la volonté d'en finir une fois pour toutes avec des politiques nationalistes et belliqueuses, mais tout autant par le désir de mettre sur orbite une Europe marchande, ce que traduisait l'appellation contrôlée de Marché commun. Bref, on aurait tort de faire du conflit mondial le démiurge du nouvel ordre terrestre. Une approche par trop mécaniste gommerait d'autres interférences, appauvrirait la mécanique ondulatoire. De surcroît, pareille géopolitique a le défaut d'être trop européocentrique. La guerre, il est vrai, a bien provoqué l'onde d'ébranlement de la décolonisation en Asie. Mais elle ne saurait, à elle seule, rendre compte de la diversité des mouvements nationalistes ni expliquer l'enjeu politique qu'est devenu, pendant un certain nombre d'années, le Tiers monde.

Ce qui, en revanche, transcende les redistributions géopolitiques et la cascade d'événements qui ont suivi, c'est que, depuis Auschwitz et Hiroshima, les politiques, comme d'ailleurs les citoyens responsables, ont été amenés, bon gré mal gré, à penser l'Histoire différemment [6]. La guerre, on le savait, était grosse d'un lot d'horreurs sans cesse renouvelé ; et pourtant, l'ouverture de camps d'extermination pour perpétrer un génocide et le lancement de la première bombe A signifiaient que, mentalement, on aurait désormais à se situer sur une toute autre planète. A un degré moindre, il avait déjà fallu répondre à toute une série de questions que le second conflit mondial avait posé de façon spécifique mais qui n'ont pas vieilli avec le temps : comment vivre sous une occupation de type totalitaire ? pouvait-on collaborer au nom de la *Realpolitik ?* fallait-il chanter sous l'Occupation ? fallait-il aller

---

5. Marco Altherr, «Les origines de la guerre froide : un essai d'historiographie», *Relations internationales*, 9, 1977.

6. Voir François Bédarida, «Penser la Seconde Guerre mondiale», dans André Versaille, *Penser le XXe siècle*, Bruxelles, Editions Complexe, 1990.

écouter chanter ? comment résister ? qu'est-ce que résister ? Et puis, il faudra par la suite se rendre à l'évidence : la guerre, et avant tout le nazisme, avait laissé derrière elle sa vérole, à savoir la torture, dont l'usage allait se généraliser un peu partout dans le monde, à des fins désormais politiques ; l'envers du procès de Nuremberg étant bien que les vainqueurs de l'Allemagne nazie allaient, à un moment ou à un autre, pratiquer ou laisser pratiquer ce qu'ils avaient convenu d'appeler les crimes de guerre.

C'est ce bouleversement mental qui explique dans une large mesure que le second conflit mondial soit demeuré emblématique. Au point que, en Europe surtout, mais aussi aux Etats-Unis et au Japon, la guerre reste un enjeu dans le débat politique et continue de susciter des rejeux de mémoire (qu'on songe au renouveau, depuis une vingtaine d'années, de la mémoire juive), dans la mesure où le travail de deuil n'est pas terminé. La raison principale en est que tous les pays belligérants —ou presque — se sont efforcés de dissimuler un bon nombre de cadavres dans leur placard [7] : les morts de Dresde, ceux de Katyn et d'autre lieux, ceux de Nankin (que les Japonais ne veulent pas reconnaître tant que les Américains n'auront pas présenté d'excuses pour les victimes d'Hiroshima) pour ne citer qu'eux. Sans oublier le fait que la mémoire a pu avoir bon dos : le «syndrome de Munich», l'équation relativement simpliste établie entre Hitler et Nasser, n'ont-il pas servi de justificatifs pour mener en 1956 une politique de la canonnière d'un autre âge [8] ? Il aura fallu des décennies pour qu'on connaisse un peu mieux tous les dessous de la «grande guerre patriotique» menée par un Staline qui, à cet égard, s'en tira à bon compte pendant longtemps ; sur une toute autre échelle, c'est seulement maintenant qu'on connaît le sort des Nippo-américains internés durant le conflit. Est-on certain que tous les catholiques aient vraiment médité sur les silences de Pie XII et sur les choix faits, en France et aussi ailleurs, par la plupart des responsables, clercs ou laïcs, d'avoir fait passer la sauvegarde des intérêts institutionnels avant les exigences du *dictamen* de la conscience [9]. Et quant à bon nombre d'hommes politiques et de juges français,

7. Se reporter à l'ouvrage collectif, *Les échos de la mémoire*, Paris, Editions Le Monde, 1991 ; consulter notamment les interventions de Robert Paxton et de Selichi Kitayama.

8. Une bonne approche dans Marc Ferro, *Suez*, Bruxelles, Editions Complexe, 1982.

9. Lire l'article de Rénée et François Bédarida : «L'Eglise catholique sous Vichy. Une mémoire trouble», *Esprit*, 181, mai 1992, pp. 52-66.

ils ne veulent toujours pas admettre, au nom de la «paix civile», que des Français puissent être condamnés pour crimes contre l'humanité. Cette intrusion de la raison d'Etat finit souvent, il est vrai, par provoquer l'inverse de l'effet escompté : en perturbant le travail de deuil, elle avive la curiosité dans nombre des pays qui ont subi ces années noires remplies de souffrances et qui impliquaient des choix éthiques et politiques difficiles.

Au total, cette guerre, qui a moins façonné la carte géopolitique qu'on ne l'affirme, mais qui ne cesse d'inspirer les stratèges du monde entier et demeure un enjeu de mémoire, continue d'agir sur notre mental. Reprenons le raisonnement d'Arno Mayer : un pareil événement générationnel, pareilles années d'épreuves qui n'ont pas de précédent, ne peuvent être diluées dans des chiffres et des courbes. C'est la dynamique de ce singulier phénomène d'imprégnation culturelle qu'il faut s'efforcer aussi d'analyser. D'autant que la formule chère à Clausewitz : «La guerre est la continuation de la politique par d'autres moyens», demeure un sujet de méditation pour tous les hommes d'Etat responsables. Et Michael Howard peut conclure son excellent essai, *La guerre dans l'histoire de l'Occident* sur cette affirmation qui incite à la prudence : «Depuis 1945, aucun événement n'a permis d'affirmer que la guerre et la menace aient cessé d'être des instruments politiques efficaces. Contre des peuples qui ne sont pas prêts à se défendre, elles pourraient même être très efficaces» [10].

---

10. *op. cit.*, p. 153.

La décolonisation

Charles-Robert Ageron

Phénomène mondial contemporain, la fin des empires coloniaux restera l'une des caractéristiques de la seconde moitié du XXe siècle, quelle que soit l'interprétation qu'on en donne.

L'histoire d'un mot

Ce concept de décolonisation malgré sa clarté ne s'est pourtant pas imposé comme une évidence. On sait que les auteurs marxistes le récusent toujours, car ils y voient une «ruse des colonialistes en vue de s'attribuer l'initiative de la victoire des mouvements d'indépendance obtenue aux dépens des puissances impérialistes». L'historien Jean Chesneaux aime ainsi à répéter «que l'utilisation de ce terme est le dernier refuge d'une interprétation européocentrique de l'histoire de l'Asie». Comme si, commente-t-il, la décolonisation prétendue avait pu être accordée par ceux-là mêmes qui avaient imposé la domination coloniale et tâchaient à la maintenir par les pratiques du néo-colonialisme.

Les premiers auteurs à relancer ce vocable attesté depuis 1836 étaient pourtant des révolutionnaires communistes. Le leader communiste indien Manabendra Nath Roy exposa le premier dans son livre *The future of Indian politics* (1927) la théorie selon laquelle la «*décolonisation*» progressive de l'Inde était sans doute en voie de s'amorcer grâce aux concessions politiques des dirigeants britanniques accordées à «la bourgeoisie nationale swarajiste» (celle du Parti du Congrès), en vue de permettre aux firmes capitalistes de poursuivre leur exploitation du sous-continent indien. Cette analyse fut réfutée par N.I. Boukharine au VIe Congrès de l'Internationale communiste (1928) : «Je ne partage pas le point de vue qui prétend que l'Inde a cessé d'être un pays colonial et qu'on y observe un processus de *décolonisation*». La condamnation de cette théorie par les instances du Komintern entraîna le rejet même par les communistes du mot décolonisation. C'est à peine si l'on relève dans le VIIe Congrès mondial de l'Internationale (1935) un rappel inattendu du délégué communiste chinois Van Min, à l'intérieur d'un développement sur «le Front unique anti-impérialiste dans les pays coloniaux» : «Quant à la théorie des social-démocrates et des renégats, Roy et autres, sur la décolonisation, elle a fait entièrement banqueroute».

Employé au sens neutre de retrait des puissances coloniales, le vocable *Entkolonisierung* fut utilisé en Allemagne vers 1930 notamment sous la plume du Prof. Dr. Julius Bonn, spécialiste de l'Empire britannique. Celui-ci ayant émigré en Grande-Bretagne le traduisit en anglais sous la forme *Decolonization.* On le trouve sous sa signature dans l'*Encyclopaedia of Social Sciences* de 1932 (t. VII, p. 613). Cet universitaire prophétisait même dans son livre *Crumbling of Empire* (1939) qu'on allait assister non seulement à l'écroulement de l'Empire britannique mais à celui de tous les empires coloniaux : «*A decolonization movement is sweeping over the continents. An age of empire breaking is following an age of empire making*».

Beaucoup d'intellectuels allemands croyaient, il est vrai, après 1918 au *Déclin de l'Occident* annoncé par Oswald Spengler dans son livre fameux ; d'autres pensaient au «flot montant des peuples de couleur contre la suprématie du monde blanc» (Lothrop Stoddard), d'autres encore à la fin des empires coloniaux traditionnels sous l'effet du «réveil de l'Islam» et de la naissance du panafricanisme. Mais quelques années plus tard, avec la guerre d'Ethiopie, la naissance du nouvel Empire italien et la campagne de revendications coloniales du IIIe Reich, les pronostics s'inversaient ; l'Europe se crut un instant revenue au temps du partage de l'Afrique.

En fait la Seconde Guerre mondiale remit en cause le partage de la planète. De nouveaux empires apparurent : le Japon créa «la sphère de co-prospérité» ou «Grande Asie orientale». Les USA furent même soupçonnés de vouloir étendre leur domination non seulement sur des îles du Pacifique, mais sur des territoires continentaux. A la fin du conflit la reconquête par les Alliés des dominations coloniales italiennes et japonaises, le maintien de l'Empire britannique et l'extension territoriale de l'URSS confirmèrent le constat d'un nouvel âge des Empires, celui des trois Grands : USA, URSS et Commonwealth.

L'histoire d'un mouvement de l'Histoire

Cependant l'actualité de l'immédiat après-guerre projetait les images des premières indépendances de l'Asie, (Viêt-nam, Indonésie, Inde, Philippines). Les empires coloniaux européens traditionnels semblèrent cette fois réellement menacés de disparition. Mais les mouvements indépendantistes qui apparaissaient en Afrique et à Madagascar, en écho apparent à ceux de l'Asie, annonçaient-ils à terme la fin des empires ou une simple redistribution ?

Les commentateurs attentifs aux battements de la conjoncture hésitaient : certains parlaient de réveil des continents colonisés, d'autres voyaient dans les agitations anticoloniales l'ombre portée par la victoire de l'URSS et dénonçaient les ambitions du communisme international. De fait il devint difficile de distinguer par exemple entre les guerres d'indépendance et les guerres dites souvent révolutionnaires, lorsqu'elles étaient impulsées par des partis relevant au moins idéologiquement de l'Internationale communiste.

Etait-ce pour l'indépendance nationale seulement que se soulevaient en juillet 1948 les guérilleros birmans, alors que la souveraineté nationale venait d'être reconnue à la République de l'Union birmane en janvier 1948, ou s'agissait-il de la première rébellion communiste armée ? Comment pouvait-on juger au départ ce qui allait se révéler comme une longue guérilla de douze ans en Malaisie (1948-1960) entre des forces britanniques et des maquis communistes essentiellement composés de Chinois ? L'échec de la guerre révolutionnaire n'empêcha pas l'évolution progressive vers l'indépendance reconnue par Londres en août 1957, mais contestée par Moscou et Pékin.

Les indépendances arrachées ou octroyées n'allaient-elles pas aboutir à la constitution de nouvelles républiques d'obédience soviétique ? La tentative insurrectionnelle communiste de Madion (septembre-octobre 1948) visait à prendre le contrôle de la jeune République d'Indonésie, non à chasser définitivement la domination néerlandaise.

Mais fallait-il se priver du modèle soviétique ? Les colonisés avides de libération n'étaient pas les seuls à tourner leurs regards vers la lumière qui venait de l'Est européen. En France notamment, il était entendu par la majorité de l'intelligentsia qu'un seul Etat avait su résoudre le problème colonial : l'URSS, grâce à son système de Républiques socialistes multiraciales. Pendant des années, des experts et des hommes politiques, y compris les modérés - comme Edgar Faure qui passait pour un spécialiste du fait de sa connaissance de la langue russe - vantaient la popularité et la souplesse de la Fédération soviétique, «le développement stupéfiant des républiques asiatiques», «les progrès foudroyants de leur production industrielle» et de «leur agriculture modernisée». Chacun sait que l'Union française, qui devait en principe libéraliser l'Empire colonial, fut d'abord inspirée par le modèle soviétique et qu'on s'essayât même à en copier certaines formules constitutionnelles (ainsi du Soviet des nationalités qui aurait inspiré la première ébauche d'une Assemblée de l'Union française). Mais si les officiels de la IVe République chantaient les mérites de cette Union fraternelle «vaste cortège de peuples épars sur cinq continents», les populations colonisées accueillirent sans ménagement cette «Union forcée» qu'ils dénoncèrent, tels naguère les sujets de l'empire russe, comme «une prison des peuples», comme «une cage où personne ne voudrait entrer». L'Union française n'était pas un acte de foi, disaient-ils, mais «un credo que l'on récite dans un temple abandonné prêt à tomber en ruine».

Il n'en reste pas moins que depuis l'indépendance et la partition de l'Inde, depuis la victoire de la République d'Indonésie, le monde entier avait pris conscience que la révolte de l'Asie annonçait la fin de l'ère coloniale. La mondialisation de ce qui n'était pas encore appelé la décolonisation, mais la proche disparition de tous les empires coloniaux, était partout ressentie. Les deux Grands et la majorité des Etats représentés à l'ONU travaillaient simultanément depuis 1945 à développer la capacité des populations des «territoires non autonomes» à s'administrer eux-mêmes et celle des «peuples sous tutelle» à accéder à la liberté. Leurs efforts en vue de promouvoir le transfert de souveraineté totale des territoires des Indes néerlandaises à la République des Etats unis d'Indonésie furent couronnés de succès, de même que la constitution d'un Etat libyen. En 1952, l'Assemblée générale de l'ONU vota deux résolutions invitant les puissances coloniales à préparer les populations des territoires sous tutelle, puis des territoires non-autonomes à l'autonomie complète ou à l'indépendance. Cette année-là la nécessité d'une décolonisation générale était proclamée par les Nations Unies.

Il est donc naturel que le terme même de décolonisation soit réapparu à cette date, notamment en langue française, comme l'attestent les titres mêmes de plusieurs ouvrages, ainsi ceux d'Henri Labouret : *Colonisation, colonialisme, décolonisation* (Paris, 1952) et d'Arthur Wauters : *Le communisme et la décolonisation* (Bruxelles, 1952). Le mot passa pendant quelques années encore pour un néologisme (cf. Paul Mus : *Le destin de l'Union française*, 1954, dont le dernier chapitre traite de la décolonisation). En 1957, toute la classe politique en discutait, même si certains socialistes surchargeaient le terme de guillemets sceptiques ou désapprobateurs. Bientôt, à partir de 1960, l'ONU développa une doctrine internationale de la décolonisation contenue dans les déclarations de 1960 et 1962. C'est à ces textes que son «comité de décolonisation» fit désormais systématiquement référence.

Mais la question n'en restait pas moins posée et non résolue dans les années 1950 : s'agissait-il d'une vague de fond de l'histoire mondiale ou d'une série de capitulations des puissances coloniales occidentales face à l'expansionnisme communiste ? La guerre froide brouillait la vue des hommes politiques. Cependant, lors de la conférence de Bandung (avril 1955), 24 Etats indépendants, dont 19 asiatiques et 5 africains, manifestèrent l'émergence d'une troisième force neutraliste et anticolonialiste. Jetant l'anathème sur toutes les formes de domination coloniale, y compris sur ce que certains appelèrent «le néo-colonialisme russe», «nouvelle forme de colonialisme plus mortelle que l'ancienne», les délégués préconisaient la liberté pour tous les peuples dépendants. Bandung sonnait la diane pour tous les colonisés, révélant aux observateurs la prise de conscience du Tiers-monde (le terme apparut en 1956).

Pourtant ceux qui avaient interprété la période française de la guerre d'Indochine comme un combat contre l'offensive communiste dans le Sud-Est asiatique, s'efforcèrent de reprendre la même théorie pour expliquer l'insurrection algérienne et la nationalisation du canal de Suez. S'ils parvinrent à en convaincre une partie de l'opinion française et du corps des officiers, ils échouèrent à persuader les peuples français et algérien et les puissances étrangères. L'armée de libération nationale algérienne et le FLN menaient une guerre d'indépendance autonome : ni Moscou, ni Pékin ne songeaient même à la contrôler.

Le général de Gaulle face à un mouvement de décolonisation qu'il savait depuis longtemps inévitable tenta en 1958 la construction d'une communauté d'accueil inspirée du

Commonwealth. Selon le modèle britannique, le but à atteindre était de consentir au besoin à «perdre des colonies pour gagner des membres au Commonwealth». Mais comment faire vivre ensemble des Etats qui n'aspiraient en réalité qu'à l'indépendance totale et immédiate ? Tous les Etats de la Communauté exigèrent donc et obtinrent leur indépendance en 1960. Faisant de nécessité vertu, de Gaulle invita les Français à considérer «le mouvement irrésistible de décolonisation», c'est-à-dire «l'émancipation des peuples», comme conforme au génie de la France et à l'idéal de son œuvre colonisatrice. De son côté, le Premier ministre britannique Macmillan avait annoncé, dès le 8 février 1960, la décision de la Grande-Bretagne de céder au «vent du changement qui souffle sur le continent africain».

Dès lors que l'Afrique britannique s'était engagée sur la voie d'une accession par étapes aux indépendances, les dominations coloniales des Belges et des Portugais ne pouvaient subsister. Si le Parlement belge le comprit aussitôt, se résignant à reconnaître l'indépendance du Congo dès le 30 juin 1960, le Portugal rivé à l'idée de nations portugaises d'Afrique, selon la doctrine officielle du «luso-tropicalisme», tenta d'éviter le «naufrage des caravelles» par des années de combat épuisant. Il fallut la «révolution des œillets» (avril 1974) pour que le Portugal acceptât l'inévitable. L'indépendance de la Guinée-Bissau, proclamée en août 1973, ne fut reconnue par Lisbonne qu'en septembre 1974, celle du Mozambique en juin 1975 et celle de l'Angola en novembre 1975.

Mais une fois encore on put croire, vu l'aide non dissimulée de l'URSS et d'Etats communistes, et même l'intervention directe de forces armées cubaines en Angola, que la décolonisation de l'Afrique allait s'achever dans le ralliement au «socialisme scientifique». Ce n'était plus le neutralisme et le non-alignement qui pouvaient l'emporter disait-on à l'Ouest, mais le vainqueur de la guerre froide transportée dans les tropiques. «L'endiguement du communisme» poursuivi par les Etats-Unis au Viêt-nam et son échec, les progrès apparents du communisme (Angola, Ethiopie) au temps de «Brejnev l'Africain» n'empêchèrent pas toutefois la rupture du camp socialiste et les dénonciations chinoises du «social-impérialisme soviétique». L'heure parut venue en 1966 du tri-continentalisme à la fois anticolonialiste et anti-impérialiste ; or ce mythe s'écroula en moins d'une décennie.

Mais comment allait évoluer l'Union des républiques socialistes soviétiques ? Etait-il possible que, seule des grandes nations européennes, la Russie conservât sa domination sur les territoires où elle installait des colons et qu'elle considérait toujours *de facto* comme «ses colonies» ? Les auteurs communistes le pensèrent jusqu'au bout, arguant que c'était contre l'impérialisme et la domination de l'Occident que les peuples du Tiers-monde se dressaient, qu'ils fussent encore soumis à la domination coloniale ou semi-indépendants. Pourquoi, disaient-ils, les républiques soviétiques du Caucase ou d'Asie centrale auraient-elles rejeté la direction lointaine d'un pouvoir central qui travaillait à leur développement ! Mais les nationalistes ukrainiens ou kazakhs qui dénonçaient une persistante politique de russification, mais les nationalistes musulmans qui condamnaient une tenace politique de désislamisation, ne cachaient pas, à l'étranger au moins, leurs espérances : un jour viendrait où l'empire russo-soviétique s'effondrerait. *L'URSS survivra-t-elle en 1984 ?* demandait en 1967 le livre prophétique d'Andrei Amalrik. Il fallut attendre 1991 pour que le verdict de l'Histoire confirmât le juste diagnostic d'une courageuse poignée de dissidents et de nationalistes qui ne cessèrent de se répéter la formule : «Tout empire périra». Dès lors, sous nos yeux, la décolonisation entamée de l'empire soviétique fait resurgir le passé des nations et des peuples colonisés. Au terme d'un demi-siècle de luttes ou de transferts pacifiques la décolonisation paraît en voie d'achèvement.

Comment écrire cette histoire ?

L'heure est donc venue d'en écrire l'histoire. Comment et par qui ? A l'évidence des historiens européens et non européens, ex-colonisés et ex-colonisateurs, devront y associer leurs efforts, en renonçant à des polémiques ou à des justifications désormais sans objet. Peut-être sera-t-il plus opérant de ne pas écrire des histoires de la décolonisation en fonction du passé colonial, ou même selon une distribution géographique : il n'y a pas une décolonisation de l'Asie ou de l'Afrique, mais toute une série de décolonisations. On ne voit pas un modèle britannique, mais une série de politiques plus ou moins empiriques, que ce soit en Asie ou en Afrique. Le comparatisme permettra-t-il de dégager des méthodes ou des formulations voisines ? On veut l'espérer. Pour l'heure mériteraient d'être systématiquement relevés et comparés : 1) Les chemins et les moyens que les décolonisations utilisèrent, pacifiques ou armés (de la résistance passive non-violente aux guerres de libération en passant par les grèves politiques, la non-coopération, l'agitation idéologique, les jacqueries, la guerilla rurale, le terrorisme urbain, etc.) ; 2) Les formes qu'elles empruntèrent (évolution progressive vers le *self government* et le régime constitutionnel, passage immédiat ou non à la dictature d'un parti unique et de chefs charismatiques, etc.). Y aurait-il une décolonisation propre aux anciens Etats disposant d'une tradition de souveraineté ? Un autre qui serait le fait de territoires riches et urbanisés, dotés d'une bourgeoisie évoluée, et une décolonisation des régions pauvres parfois à peuplement tribal et à régime aristocratique, parfois soumises au système communautaire de villages surpeuplés ?

La durée très inégale des guerres de libération fait problème. Pourquoi les Pays-Bas abandonnèrent-ils leur fabuleux domaine des Indes néerlandaises après moins de vingt mois de combat et deux «opérations de police» à faibles effectifs ? Pourquoi les guerres assumées par un petit Etat comme le Portugal furent-elles les plus longues (Angola 14 ans, Mozambique 10 ans) ? Pourquoi la France s'acharna-t-elle pendant sept ans et huit mois en Indochine au prix de 91 000 morts dans les forces de l'Union française ? Pourquoi ne dit-on pas que les troupes britanniques furent engagées pendant de nombreuses années, en Palestine (1945-1947), en Malaisie (1948-1957), au Kenya (1952-1954), à Chypre (1955-1959), à Aden (1963-1967) ?

On pourrait multiplier à l'infini ce type de questionnement, s'interroger sur les causes des échecs de certains mouvements indépendantistes et les succès inattendus de partis improvisés. L'explication des grandes vagues de la décolonisation, de leur déferlement successif, n'a pas été fournie, sinon par des affirmations peu convaincantes (la décolonisation de l'Asie aurait entraîné celle de l'Afrique ?). Enfin un concept faux a submergé pendant des années les recherches sur la nature des décolonisations, celui de néo-colonialisme «stade suprême de l'impérialisme» selon N'Krumah. La décolonisation n'aurait été que l'abandon tactique par les impérialismes des formes trop ouvertement coloniales et le moyen de mettre en place des stratégies néo-colonialistes. Mais qui a démontré que les politiques d'aides au développement avaient «accru le pillage colonial» ? Des intellectuels de formation philosophique, non des économistes.

Faut-il s'interroger enfin sur les méthodes qui seraient les plus propres à cette histoire ? J'ai dit ailleurs mes réserves sur l'utilisation des témoignages oraux en matière de décolonisation. L'expérience prouve que les mémoires des responsables ou des militants varient parfois du tout au tout dans le temps et selon le questionnement des interviews successifs. Elles ne méritent pas plus de confiance que les Mémoires écrits des hommes politiques du temps qui tentent de faire accroire «Avoir toujours [eu] raison» (selon le titre du premier tome des *Mémoires* d'Edgar Faure).

Le recours aux autres sciences sociales, à l'anthropologie par exemple, paraît plus nécessaire pour le temps long de la colonisation que pour l'interlude des décolonisations. Mais il est des constats d'évidence qu'il faudra approfondir, par exemple le rôle des ethnies dans la vie politique africaine d'alors (celle des années 1950-1970) ou la force des surenchères tribales dans les partis. Chacun sait aussi l'importance que tinrent dans les décolonisations les *gentlemen* indiens du Parti du Congrès, les élites anglophones d'Afrique noire acculturées à l'empirisme britannique et les intelligentsias francisées du Maghreb et d'AOF. Mais qu'en fut-il au juste des hommes d'affaires, des avocats, des journalistes, des officiers ? Des chefs coutumiers d'Afrique noire, des travailleurs castés et, au Maghreb, des docteurs de la loi islamique ('*ulama*') et des chioukh de *zawiya* ?

L'historien de la décolonisation aurait-il aussi à confronter ses analyses avec celles des juristes spécialistes du nouveau droit international du développement, né en 1965 ? Pour ces juristes l'opposition Est-Ouest avait dès cette date fait place au conflit Nord-Sud, né de l'inégalité entre pays du Tiers-monde et pays industrialisés.

Or, pour certains d'entre eux au moins, le développement ne pouvait naître que d'une lutte menée en faveur de la libération totale des pays et des peuples du Tiers-monde. Leur raisonnement reposait sur des exemples nombreux empruntés aux formes de la décolonisation, de la coopération et de l'assistance technique. Mais le droit du développement, s'il met parfois en valeur les ruses des décolonisations octroyées, n'est guère plus qu'une formulation juridique de l'idéologie tiers-mondiste elle-même moribonde.

Quant aux analyses de mentalités décelables dans la période des décolonisations (le passage de l'orgueil impérial européen au sentiment de culpabilité de l'homme blanc ; l'affirmation orgueilleuse des décolonisés naguère humiliés et devenus montreurs de conduite), elles relèvent de la psychologie collective la plus classique.

Au total, l'histoire de la décolonisation ne paraît pas appeler une méthodologie spécifique. Elle mérite en revanche une étude critique, débarrassée des mythes révolutionnaires ou passéistes de l'époque des combats anticolonialistes.

Guerres et paix en notre siècle

Robert Frank

L'histoire du temps présent, on le sait, est une affaire ancienne. Les historiens qui la pratiquent aujourd'hui n'ont plus besoin de se justifier, mais lorsqu'ils ont à le faire, ils invoquent volontiers leurs ancêtres grecs, Hérodote, et surtout Thucydide à qui vont leur préférence [1]. Ce dernier, dont on se plaît à dire qu'il a érigé l'histoire en discipline scientifique, a précisément exercé son talent sur un événement qui venait de se dérouler sous ses yeux et auquel il avait participé. Il a même eu l'audace de ne pas en attendre la fin pour en commencer la description et l'analyse. Or cette antique histoire du temps présent a été l'histoire d'une guerre.

«Thucydide d'Athènes a raconté comment se déroula la guerre entre les Péloponnésiens et les Athéniens. Il s'était mis au travail dès les premiers symptômes de cette guerre ; et il avait prévu qu'elle prendrait de grandes proportions et une portée passant celle des précédentes. Il pouvait le conjecturer parce que les deux groupes étaient, en l'abordant, dans le plein épanouissement de toutes leurs forces ; et, d'autre part, il voyait le reste du monde grec se joindre à chaque camp, aussitôt ou en projet. Ce fut bien la plus grande crise qui émut la Grèce et une fraction du monde barbare : elle gagna, pour ainsi dire, la majeure partie de l'humanité» [2].

Au XXe siècle, comme en 404 avant J.-C., rien de tel qu'une guerre mondiale ou une guerre à l'échelle du monde connu pour créer le besoin *urgent* d'histoire du temps présent. Il faut un événement gigantesque qui plonge un grand nombre d'hommes, de cités, de nations dans la mêlée meurtrière, pour susciter des

---

1. Voir Catherine Darbo-Peschanski, «La politique de l'histoire : Thucydide historien du présent», *Annales, Economies, Sociétés, Civilisations*, mai-juin 1989, n° 3, pp. 653-676.

2. Thucydide, *La guerre du Péloponnèse*, Livre I, 1, texte établi et traduit par Jacqueline de Romilly, Paris, Les Belles Lettres, 1968. Il s'agit là des premières phrases de l'œuvre.

interrogations majeures d'ordre historique, c'est-à-dire une volonté pressante de comprendre le pourquoi et le comment de ces cataclysmes humains. La guerre de 1914-1918 avait dès les années vingt inspiré à chaud la recherche historique. Plus encore celle de 1939-1945, à l'origine en France de la création du Comité d'histoire de la Deuxième Guerre mondiale, dont l'Institut d'histoire du temps présent, fondé par François Bédarida en 1978, a pris le relais et assumé l'héritage. Comme la guerre du Péloponnèse, ce conflit, dépassant le cadre interétatique ou inter-cités, a *mutatis mutandis* posé dans des termes tragiques des questions essentielles sur l'homme et la démocratie, a remis en question des régimes politiques et a déchaîné des guerres civiles.

La guerre est certes source de légendes et de récits épiques ; mais elle est aussi la chose du monde la plus historisable, tant est grande la raison de la rendre aussitôt intelligible. Elle rentre sans difficulté aucune dans les données immédiates de la conscience historique. En cette matière, notre siècle est malheureusement un champ privilégié, miné par tant d'événements guerriers qui en scandent le rythme et le scindent en deux moitiés : d'abord les deux guerres mondiales, puis, après 1945, les guerres coloniales, les guerres d'Extrême-Orient, du Moyen-Orient et d'Afrique.

Et la paix ? Prisée des hommes, si positive à leurs yeux, elle se définit pourtant négativement : elle est l'absence de guerre. Longtemps, il a été moins aisé de la penser historiquement que la guerre. Comme la bonne santé, elle passe inaperçue, sauf lorsqu'on la perd ou qu'elle est menacée. Elle frappe les esprits et soulage les cœurs à l'instant où elle survient, où elle est conclue. Alors qu'une guerre longue est au fil des ans de plus en plus insupportable, une paix durable devient si naturelle qu'on risque de n'y plus penser. Il est vrai qu'elle n'a pas eu le temps de l'être en notre siècle, surtout avant 1945. Après cette date, en Europe, on la goûte sans doute mieux d'autant que les armes se mettent à tonner au loin. Jacques Prévert avait sa façon de la définir : «La vraie paix, c'est quand il y a la guerre ailleurs».

C'est la mort collective, ce sont les sacrifices et les actes exceptionnels qui fascinent, ainsi que les grandes ruptures et les bouleversements provoqués par les conflits. L'«histoire événementielle» a été une «histoire bataille», et elle est morte grâce à l'école des Annales. Pourtant, celle-ci, en introduisant le temps long et les permanences, en prenant en compte le structurel, n'a heureusement pas chassé la guerre de sa problématique. Voilà qui a probablement facilité le travail des historiens «post-annalistes». Ce sont encore des études sur les guerres qui leur a permis de favoriser «le retour de l'événement» dans l'historiographie, sans revenir pour autant à «l'événementiel». Les guerres du XXe siècle sont alors appréhendées sur un mode totalement différent, sous l'angle des «forces profondes», pour reprendre l'expression de Pierre Renouvin. Elles sont revisitées dans une perspective d'histoire globale à la lumière des permanences, à travers les tendances longues de l'économie et des mentalités, du politique et du géostratégique, de l'opinion et de la mémoire collective [3]. Replacées dans l'épaisseur de la durée, elles sont un poste d'observation privilégié pour l'historien qui se plaît à scruter les télescopages entre le temps long et le temps court. La guerre est un temps d'exception, qui n'a rien d'exceptionnel en notre siècle. Ce paradoxe facilite chez l'historien du temps présent la conscience d'une nécessité : celle de disséquer le temps de guerre, sinon comme un objet froid, du moins comme une période qui ne se réduit pas à une parenthèse. Il doit l'analyser dans sa continuité non seulement avec des conflits précédents, mais aussi avec des temps plus «ordinaires», ceux de l'amont et ceux de l'aval, ceux dont elle est tout imprégnée et ceux qu'elles marquent de son empreinte.

A l'inverse, «les» paix, qui ne sont pas des temps d'exception, ont quelque chose d'exceptionnel au XXe siècle. Apparaissant comme «ordinaires» mais rares, ces périodes n'ont pas nécessairement échappé à l'histoire «événementielle», à l'«histoire-crise» où seul le temps court est pris en compte. Et lorsqu'elles font l'objet d'une réflexion historique nouvelle, ce n'est pas pour ce qu'elles sont (des temps de paix), mais parce qu'elles sont des tranches d'histoire entre deux conflits. Toutes les disciplines historiques (politique, économique, sociale, culturelle, etc.) s'intéressent à la guerre en tant que telle, et pas seulement l'histoire militaire ou l'histoire des relations internationales. Pour la paix, rien n'est moins sûr, car elle a du mal à gagner son statut d'événement. En histoire globale, comme en histoire événementielle, il est plus facile de partir de l'histoire de la guerre pour faire celle de la paix, que l'inverse. En un certain sens, l'histoire savante ne fait que suivre la mémoire vécue. Le

---

3. Voir la mise au point historiographique et problématique de Jean-Pierre Azéma, «La guerre», dans René Rémond (dir.), *Pour une histoire politique*, Paris, Seuil, 1988, pp. 345-377.

vocabulaire courant établit des repères en fonction des conflits, surtout pour le premier XXe siècle : «avant» ou «après la guerre», la «Belle époque» (belle, parce que située avant la Grande Guerre), «l'entre-deux-guerres», «après la Libération».

S'il est nécessaire pour l'historien d'éviter toute démarche normative, si pour la paix, comme pour la guerre, il doit utiliser les mêmes instruments d'analyse, il lui faut appréhender historiquement la guerre et la paix au XXe siècle dans leurs rapports dialectiques. La célèbre formule de Clausewitz —la guerre est la continuation de la politique par d'autres moyens — favorise cette approche. Plusieurs types de périodisation permettent de la mettre en perspective.

Jean-Pierre Azéma a dit l'importance de la Seconde Guerre mondiale, véritable «matrice» de notre temps présent. Pour la France, le tournant est bien connu maintenant. Le traumatisme de la défaite de 1940 (après cette date, rien n'est plus comme avant), le «syndrome de Vichy» [4], la perte du rang [5], expliquent en partie jusqu'à nos jours, tout à la fois son incessante volonté de redressement, ses longs troubles de mémoire, et la position du pays dans le monde. Pour le monde, ce même conflit abolit un système international multiséculaire, fondé sur les équilibres ou les déséquilibres au sein d'un groupe de six à huit puissances dont la plupart étaient européennes ; en 1945 est créé un nouvel ordre géré par deux super-Géants, les Etats-Unis et l'URSS, où la terreur nucléaire fait bientôt fonction de garantie pour la paix du second XXe siècle [6].

Pourtant, la prise en compte d'une chronologie plus longue peut relativiser le tournant de la Seconde Guerre mondiale. A l'amont, on est bien obligé de souligner l'importance de la guerre de 1914-1918, qui a inauguré la réalité du déclin européen (mais non tout à fait sa perception), l'émergence de la puissance américaine et la naissance de la Russie soviétique. A l'aval, l'ordre mondial établi en 1945 commence de se dérégler à partir de 1974,

---

4. Henry Rousso, *Le syndrome de Vichy* , Paris, Seuil, 1986.

5. Voir René Girault et Robert Frank (dir.), *La puissance en Europe 1938-1940*, Paris, Publications de la Sorbonne, 1984 ; *La puissance française en question. 1945-1949*, Paris, Publications de la Sorbonne, 1988. Voir aussi : Josef Becker, Franz Knipping (dir.), *Power in Europe ? Great Britain, France, Italy and Germany in a Postwar World 1945-1949*, Berlin, W. de Gruyter, 1986 ; Ennio Di Nolfo (dir.), *Power in Europe ?*, II, *Great Britain, France, Germany and Italy and the Origins of the EEC 1952-1957*, Berlin, W. de Gruyter, 1992.

6. Voir le grand classique : Raymond Aron, *Paix et guerre entre les nations*, Paris, Calmann-Lévy, 1962.

autre date charnière. Les affrontements et les conflits locaux (la guerre froide, la Corée, les guerres coloniales, le Viêt-nam, les guerres du Moyen-Orient de 1948, 1956 et 1973) sont jusqu'à cette date relativement bien gérés par les deux superpuissances (au prix de plusieurs revers de l'une ou de l'autre, voire d'une défaite comme celle des Etats-Unis au Viêt-nam). Pendant la détente des années soixante, le «condominium» semble fonctionner à merveille. Mais après 1974, la situation et les conflits échappent désormais à la maîtrise des deux Grands : le Liban, l'affrontement Viêt-nam/Cambodge, la guerre Iran-Irak [7]. Le coup final est porté à l'ordre mondial de 1945, pendant «les années 1989», avec l'implosion du système soviétique survenue en pleine paix (alors que «les années 1917» avaient présidé à sa naissance au cœur de la Première Guerre mondiale).

Le présent est donc imprégné des guerres et des crises passées, mais, en même temps il leur donne un éclairage sans cesse nouveau au fur et à mesure qu'il développe son cours. Si on considère que 1989-1991 ferme la parenthèse ouverte en 1917 et si on prend en compte le cycle révolutionnaire, le XXe siècle apparaît comme un siècle court, celui du communisme. .Si au contraire on privilégie le cycle de la guerre et de la paix, le siècle est plutôt américain. La guerre de 1917-1918 donne aux Etats-Unis la prépondérance. Ils ne s'en servent pas vraiment pour équilibrer le monde pendant l'entre-deux-guerres, laissant ouverte une brèche dans laquelle Hitler s'est engouffré. Mais ils en jouent à plein, sans discontinuer à partir de 1941, pour vaincre ou endiguer tout ce qui à leurs yeux peut menacer l'ordre mondial : dans la guerre contre Hitler et ses alliés, dans la partie de bras de fer avec l'URSS pendant la guerre froide, dans la compétition de la coexistence pacifique, puis, après la «guerre fraîche» et l'effondrement du communisme, contre l'Irak de Saddam Hussein. Ce dernier conflit met en perspective la manière de faire la guerre des Etats-Unis : investir le temps qu'il faut pour tirer du potentiel économique une supériorité militaire telle (un rapport de forces de 5 à 1) que la victoire puisse être assurée au moindre coût en vies américaines. La seule fois depuis 1917 où cette méthode ne fut pas appliquée a été la guerre du Viêt-nam, avec les résultats que l'on sait.

D'une façon générale — l'historien Paul Kennedy l'a démontré, — l'ascension ou le déclin d'une puissance dépend en dernière analyse de l'économie, et l'essor ou la stagnation

7. Pierre Milza, *Le nouveau désordre mondial*, Paris, Flammarion, 1983.

économique finit par créer, avec parfois un décalage dans le temps, la montée ou la descente en puissance militaire [8]. Le siècle américain en est une bonne illustration : pour les Etats-Unis, le décalage entre l'économique et le militaire s'est bien résorbé, et la prépondérance, acquise dès 1900, s'est tranformée en hégémonie à partir de la Seconde Guerre mondiale. Celle-ci se trouve inscrite dans une période plus longue, en son centre, plein centre. Elle est bien, selon la belle expression de François Bédarida, la «véritable bissectrice du siècle» [9].

Le prisme américain permet d'inverser la problématique et de mettre en avant la paix, comme pour lui donner son statut d'événement. Les Etats-Unis font également usage de leur puissance économique au service de la détente internationale. Très tôt, il établissent l'équation entre prospérité du monde et paix mondiale. Ils entendent contribuer à la première pour imposer la seconde, au mieux de leurs intérêts. Leurs prêts à l'Europe, à travers les plans Dawes et Young pendant les années vingt, n'assurent pas longtemps l'équilibre escompté, la grande crise balayant tout ce bel échafaudage financier de la paix. Mais la leçon est retenue et appliquée avec efficacité après 1947 dans le cadre du plan Marshall. Celui-ci est assurément une arme économique contre le communisme et l'URSS, et il est un des ressorts de la guerre froide, ou plutôt de la «paix froide» pour reprendre l'expression de Jean Elleinstein [10]. L'économie peut ainsi apparaître comme une continuation de la politique par d'autres moyens que la guerre, et ce, dès avant le second, voire le premier conflit mondial.

D'autres exemples montrent comment certaines tendances nées avant 1914 ont été contrariées ou interrompues par les guerres du premier vingtième siècle pour renaître pendant les périodes de paix. Certes, la guerre a pu créer ou plutôt accélérer certains processus (progrès techniques et scientifiques, intervention de l'Etat dans l'économie, naissance d'un Etat «socialiste», puis élargissement du «camp socialiste» etc.). Mais elle peut aussi en ralentir d'autres. Economiquement et culturellement, les signes de renforcement des relations franco-allemandes apparaissent au début du siècle, pendant les années vingt, puis à partir de la fin des années quarante,

---

8. Paul Kennedy, *The Rise and Fall of the Great Powers. Economic Change and Military Conflict from 1500 to 2000*, New York, Random House, 1987.

9. François Bédarida, «Penser la Seconde Guerre mondiale», dans André Versaille (dir.), *Penser le XXe siècle*, Bruxelles, Complexe, 1990, p. 115.

10. Jean Elleinstein, *La paix froide. Les relations Etats-Unis-URSS depuis 1950*, Paris, Londreys, 1988.

pour devenir ce qu'elles sont aujourd'hui. Et ce, aux dépens des relations franco-britanniques. En temps de paix, la pente géo-économique et géo-culturelle est donc plutôt franco-allemande. En temps de guerre et d'avant-guerre mondiale, la pente, géopolitique, est au contraire plutôt franco-britannique. C'est la peur de l'Allemagne qui avait créé cette solidarité, et celle-ci décline lorsque prend fin l'époque du «danger allemand». Les deux guerres cassent un *trend* qui reprend de plus belle, et plus longtemps, pendant la longue paix d'après 1945. C'est bien avec l'ancien ennemi, et non avec l'ancien allié, que la France a construit l'Europe depuis 1950 [11]. De la même façon, existaient avant 1914, certaines des tendances lourdes qui animent l'Europe d'aujourd'hui. A l'ouest, dans les milieux dirigeants financiers, l'internationalisation du capital et la volonté de «partager les affaires» [12] étaient sur le point de l'emporter sur la volonté nationaliste de se disputer les marchés, lorsque la Grande Guerre a éclaté. D'où le faible poids de l'économie, quoi qu'en dise Lénine, dans l'ordre des causalités du déclenchement de la catastrophe. Ce mouvement d'internationalisation et d'européanisation économico-politique reprend son essor pendant les années vingt, décline pendant la grande crise et le second conflit mondial, et renaît de ses cendres par la suite. L'expression employée par le général de Gaulle pour désigner la période 1914-1945, «la guerre de Trente ans», paraîtrait justifiée : un brusque dérèglement et une longue et tragique parenthèse qui interrompt des processus en cours, mieux visibles aujourd'hui.

A l'est de l'Europe, au contraire, ce sont les passions nationales qui marquent l'avant-1914. Incomplètement apaisées par la paix de 1919-1920, refoulées par quarante ans de communisme après 1948, elles resurgissent dangereusement après la fin de la *pax sovietica* en 1989. La reprise du *trend* a mis plus de temps : soixante-dix ans au lieu de trente. En fait, l'époque des volontarismes politiques et des rêves d'«homme nouveau», inaugurée directement ou indirectement par la Première Guerre mondiale, a achevé son cycle en deux temps décalés : celui du volontarisme fasciste et crépusculaire rêvant de s'imposer au monde par la guerre de conquêtes, puis celui du volontarisme

---

11. Robert Frank, *La hantise du déclin. Le rang de la France en Europe, 1920-1960. Finances, défense et identité nationale* (à paraître).

12. L'expression est de René Girault, *Impérialismes et diplomatie européenne, 1871-1914*, Paris, Masson, 1981.

révolutionnaire des aurores nouvelles qui a duré plus longtemps. Il est cependant évident qu'il ne peut y avoir de retour complet à l'avant 1914. Les écarts entre les deux Europe, bien anciens, se creusent au cours du siècle. Les braises de Sarajevo ne sont pas radicalement différentes en 1992 et en 1914, mais l'effet de brasier ne peut pas être le même : à l'ouest de l'Europe, il n'y a plus de grande puissance (si ce n'est, et c'est beaucoup, l'Allemagne réunifiée), ou en tout cas il n'y a plus de système de rivalités pour transformer le feu en déflagration générale.

L'histoire de la *mémoire* des guerres apporte une autre perspective dans la périodisation. Ce sont les effets d'accumulation sélective, de sédimentation et d'érosion différentielle qui jouent, plus que la succession de séquences bien distinctes. La construction est plus synchronique que diachronique. L'histoire du pacifisme au XXe siècle peut évidemment se diviser en périodes, mais on est obligé de tenir compte de la façon dont les souvenirs des différentes guerres marquent diversement les générations successives qui vivent pourtant ensemble [13]. Dans les systèmes de représentations [14], les temps de guerre se télescopent, et les reflets du conflit précédent brouillent les perceptions de toutes sortes. Les militaires ne sont pas les seuls à être en retard d'une guerre. Les opinions publiques également, ainsi que les responsables politiques. Ceux-ci néanmoins savent parfois jouer de ces références idéologiques, sentimentales ou culturelles à la dernière guerre connue. Pétain, le fondateur du régime de Vichy, a pu compter sur son charisme de vainqueur de Verdun. «Etes-vous plus Français que lui ?», est le slogan d'affiche qui résume le mieux sa spécificité par rapport aux autres dirigeants de l'Europe occupée. Le stalinisme de guerre froide, et son pouvoir de fascination, ne saurait entièrement être compris, si on oublie de se référer à l'image charismatique de celui qui a réussi à apparaître comme le père de la victoire de 1945 [15]. Le syndrome de Munich a joué le rôle que l'on sait dans l'affaire de la guerre de Suez. De Gaulle lui-même a eu plus d'autorité pour abandonner l'Algérie, parce qu'il a été l'homme de 1940. On l'a vu, le présent éclaire le passé, il en est imprégné, mais troisième dimension, il s'en sert, il

---

13. Pour l'approche générationnelle, voir Jean-François Sirinelli (dir.), «Générations intellectuelles», dans Les *Cahiers de l'IHTP*, n° 6, 1987.

14. Voir en particulier Pierre Laborie, *L'opinion française sous Vichy*, Paris, Seuil, 1990.

15. Bronislaw Baczko, *Les imaginaires sociaux. Mémoires et espoirs collectifs*, Paris, Payot, 1984, pp. 165-183.

l'instrumentalise. En ce sens, la formule déjà citée du général de Gaulle, «la guerre de Trente ans», est un exemple de cette instrumentalisation du passé. Prononcée le 11 novembre 1945, seconde fête de l'armistice de 1918 depuis la Libération, elle a pour véritable objectif de mettre un terme aux divisions et aux déchirements franco-français du moment, en gommant la spécificité de la Seconde Guerre mondiale par rapport à la Première, en niant son aspect idéologique et moral, et en la réduisant au traditionnel et simple affrontement franco-allemand. Réduction qu'il s'était précisément refusé à faire lors de son troisième appel, celui du 22 juin 1940, quand sa préoccupation était moins d'ordre idéologique que géopolitique («Car cette guerre n'est pas une guerre franco-allemande qu'une bataille puisse décider. Cette guerre est une guerre mondiale.»). Voilà donc en 1945, le général pris en flagrant délit d'habileté.

L'intrusion de la mémoire de guerre dans le temps de paix peut être douloureuse. Les chercheurs de l'IHTP ont privilégié ce type d'approche, pour la Seconde Guerre mondiale et la guerre d'Algérie [16], de même, aux Etats-Unis, David L. Schalk pour la guerre du Viêt-nam. Selon le mot de ce dernier, l'historien du temps présent joue un rôle auprès de ses contemporains en exorcisant les maux de la mémoire d'une guerre récente et maudite, celui de la «faire passer du domaine de la politique à celui de l'histoire» [17].

Lorsque l'historien décortique ces structures de la mémoire, il «met en intrigue», au sens où Paul Ricœur l'entend, deux événements séparés dans le temps, l'événement remémoré et l'événement que constitue la remémoration du premier, donc deux temporalités, à laquelle il ajoute la sienne propre, celle qui donne le recul nécessaire. En mettant ces trois temps dans le moteur de l'histoire, il insère son travail dans un processus narratif. Faut-il en déduire, comme Ricœur, qu'«*il n'y a pas d'histoire du présent*, au sens strictement narratif du terme» [18] ? Tout dépend du sens que l'on donne au mot «présent». Si, lors de la fondation de l'IHTP, il a été préféré l'expression «temps présent», c'est que précisément le mot «temps» suggère la notion de durée. Voilà la différence

---

16. Henry Rousso, *op. cit.* ; IHTP, *La mémoire des Français. Quarante ans de commémoration de la Seconde Guerre mondiale*, Editions du CNRS, 1986 ; Jean-Pierre Rioux (dir.), *La guerre d'Algérie et les Français*, Paris, Fayard, 1988.

17. David L. Schalk, *War and the Ivory Tower. Algeria and Vietnam*, Oxford University Press, 1991.

18. Paul Ricœur, *Temps et récit* , t. 1, Paris, Seuil, 1983, p. 208.

essentielle avec l'actuel, l'actualité et l'immédiat. Dès lors, en inscrivant le présent dans le temps, l'historien le lit déjà «comme un passé» [19], créant par une opération intellectuelle audacieuse cette nécessaire distance qui rompt l'immédiateté. En mettant en intrigue «sa» guerre avec les conflits précédents, en jouant sur l'épaisseur de la durée, en conjecturant la portée du conflit, Thucydide n'avait-il pas déjà fait ce pari ? Peut-être conviendrait-il de le faire aussi pour les périodes de paix du vingtième siècle, et les analyser à la lumière des continuités qui existent entre elles. Les événements les plus récents, ceux de l'après 1989, nous invitent à avoir un autre regard sur l'ensemble de notre siècle, sur notre temps présent. L'historien devrait parfois penser à imiter Trygée, le personnage d'Aristophane qui, pendant cette même guerre du Péloponnèse, délivre la déesse de la Paix, de la caverne où l'a enfermée le dieu de la Guerre.

19. Michel Trebitsch, «L'histoire contemporaine : quelques notes sur une histoire énigmatique», dans *Périodes. La construction du temps historique*, Paris, EHSS et Histoire au présent, 1991, p. 142.

Démocraties, dictatures et régimes totalitaires en Europe des années vingt à nos jours

Pierre Milza

Les événements qui ont abouti récemment à l'implosion du bloc de l'Est et à la mort apparente du communisme offrent à l'historien du temps présent l'occasion inespérée — et peut-être fugitive — de dresser le bilan d'un affrontement dont la récurrence a structuré notre siècle. De ce long et douloureux combat, livré à l'échelle européenne et planétaire, la démocratie libérale est sortie victorieuse et paraît plus fermement établie qu'elle ne l'était au lendemain du premier conflit mondial. Ses principaux adversaires — dictatures traditionnelles repeintes ou non aux couleurs de la modernité fasciste, totalitarismes brun ou noir triomphant à la charnière des années trente et quarante, «démocraties populaires» relevant du modèle stalinien ou post-stalinien — ont au contraire quitté l'un après l'autre la scène de l'histoire. Singulière revanche pour ceux qui, refusant de souscrire aux prophéties catastrophistes, ont cru et ont écrit que la «dissymétrie» entre régimes monolithiques et régimes pluralistes ne jouait pas de manière aussi évidente qu'on pouvait le croire en faveur des premiers.

Certes, si la démocratie européenne a pu survivre aux assauts des dictatures c'est bien parce qu'à deux reprises elle a reçu un appui décisif de son homologue d'outre-Atlantique. Ni en 1939, ni au lendemain d'un conflit qui a eu pour effet de substituer aux ambitions impérialistes de l'Axe celles de l'URSS «révolutionnaire», l'Europe des vieilles nations libérales n'a été en mesure d'affronter victorieusement le camp totalitaire. Ceci doit être redit à un moment où, entreprenant à la lumière des événements récents une réécriture de l'histoire du XXe siècle, et parce qu'ils connaissent la suite du scénario, certains peuvent être tentés de réintroduire dans leur discours un messianisme qui ferait du triomphe du modèle démocratique l'aboutissement d'un cheminement inéluctable. Répétons-le, il s'en est fallu de peu que la démocratie ne disparaisse en Europe au tournant des années quarante, et il est clair que dans la façon dont s'est opéré son sauvetage la part de la contingence a été immense.

On ne doit pas davantage en conclure, comme le faisaient il y a peu de temps encore de beaux esprits appliqués à expliquer «comment meurent les démocraties», que toute l'histoire du XXe siècle s'explique, jusqu'à une date récente, par l'irrémédiable déclin de ces dernières. Ni la victoire du fascisme en 1922, ni celle de l'hitlérisme en 1933 ou du franquisme quelques années plus tard, ne sont les produits de la décadence, de la faiblesse des régimes en place ou de l'aboulie de leurs dirigeants. Elles découlent d'un rapport de forces qui, dans ces trois pays comme dans beaucoup d'autres, a joué en faveur des adversaires de la démocratie, les uns tournés vers des formules autoritaires classiques, les autres se partageant entre deux formes nouvelles d'organisation sociale visant à intégrer les masses et à forger un homme nouveau. La démocratie n'est pas morte ici d'une maladie de langueur. Ne pouvant s'appuyer ni sur une tradition façonnée de longue date, ni sur des structures sociologiques et partisanes comparables à celles qui ont fait son succès en Europe de l'Ouest, elle est tombée, avant d'avoir pu prendre racine, sous les assauts conjugués de ses ennemis de droite et de gauche.

Quant aux vieilles nations libérales qui ont paru devoir faire triompher leur modèle politique au lendemain du premier conflit mondial, s'il est vrai qu'elles ont été incapables de traiter les problèmes nouveaux nés de la guerre et de répondre aux aspirations des masses, elles n'ont pas succombé aux seuls effets de l'érosion interne. Après le grand ébranlement des années 1934-1938, elles ont commencé à se ressaisir, trop tard certes pour éviter le désastre de 1940. Simplement ce désastre n'est que le résultat indirect et différé de la crise qui a ébranlé les démocraties et provoqué leur éclipse temporaire. Ce sont, y compris en France, des organismes convalescents qui sont terrassés par la victoire de l'Axe, non ces corps putréfiés que décrivent complaisamment les prophètes de la droite extrême. En témoignent notamment le formidable sursaut britannique de l'année 1940 et l'exemple qu'il donne au monde des ressources dont sont encore porteurs les idéaux et les institutions de la démocratie libérale.

Des institutions et des idéaux qui vont se trouver affrontés après la guerre aux immenses défis de la reconstruction, de la décolonisation et de la pression communiste, sur fond de guerre froide et d'hégémonie des superpuissances. Relue aujourd'hui à la lumière des événements qui ont transformé le bloc de l'Est en une marquetterie de nations exsangues, en proie aux angoisses identitaires et à l'agitation des nationalités, l'histoire de la démocratie ouest-européenne prend une autre dimension. Là où toute une littérature poussée sur le terreau du conflit idéologique bipolaire avait mis l'accent sur la «décadence» de l'Europe libérale en regard du monolithe soviétique, sur son incapacité à tendre ses énergies, à assurer sa défense et à préserver ses valeurs, nous sommes enclins à insister davantage sur ce qui a permis aux démocraties européennes de franchir la zone des tempêtes et d'apparaître aujourd'hui comme un modèle attractif pour le reste du continent.

En se dotant d'institutions politiques mieux adaptées aux besoins de l'époque que celles de l'entre-deux-guerres, en obtenant par le biais de l'Etat-providence un minimum de consensus social, en élargissant sa base sociologique par une politique d'accroissement du pouvoir d'achat des masses et de démocratisation, en opposant aux idéologies et aux pratiques totalitaires des valeurs désormais partagées par une immense majorité de citoyens et en redonnant à celles-ci un pouvoir de contagion qu'elles avaient perdu au temps des guerres coloniales, la démocratie européenne a réussi — à l'abri il est vrai du parapluie nucléaire américain — à résoudre une partie des problèmes qui se posaient à elle durant les années trente et au lendemain du second conflit mondial. Elle n'est pas sans défaut. Elle conserve des adversaires qui n'avancent pas toujours à visage découvert. Mais, des grands courants idéologiques qui ont traversé le siècle, elle est le seul qui ait résisté au temps.

Si bien que, si une question se pose aujourd'hui aux historiens du temps présent, concernant la mort des régimes qui ont présidé au destin des peuples européens, c'est bien du côté des dictatures et des totalitarismes qu'il faut la chercher. Nombre de nos contemporains ont vécu depuis une vingtaine d'années sur l'idée qu'il y avait entre les démocraties et les Etats totalitaires une dissymétrie qui fonctionnait au profit des seconds. Les régimes libéraux étaient soumis aux impulsions d'une opinion publique dont la pente naturelle était de refuser tout effort et tout risque d'affrontement, donc d'accepter tacitement l'élimination ou la satellisation. Les dictatures pouvaient au contraire agir sans se soucier de l'acquiescement des masses ou bien, s'agissant des Etats totalitaires, disposaient des moyens nécessaires pour rallier celles-ci à leurs objectifs belliqueux. Dans un cas comme dans l'autre, elles étaient censées détenir ainsi un atout décisif sur leurs adversaires.

Comment, dans ces conditions, ont-elles pu disparaître de la scène historique ? S'agissant des régimes autoritaires classiques, imposés ou tolérés par la classe dirigeante traditionnelle à la suite d'un coup de force militaire, ou par radicalisation progressive des institutions existantes, la réponse est relativement simple. Fondant leur pouvoir sur une base sociologique exiguë et sur la répression (parfois féroce) des oppositions, ils n'ont pu s'établir (la Hongrie de Horthy ou l'Espagne de Franco) ou se maintenir pendant un certain temps (la Grèce des colonels) qu'avec le soutien de quelques grandes puissances : l'Italie et l'Allemagne entre les deux guerres, les Etats-Unis entre 1947 et le milieu des années 1970. Ce soutien ayant disparu en même temps que la puissance tutélaire, ou parce que cette dernière a changé de stratégie, ces régimes d'exception, instaurés dans la plupart des cas pour faire pièce à une menace révolutionnaire — réelle ou fantasmatique —, ont été balayés.

C'est ici qu'intervient la distinction qui a été faite pendant de longues années entre régimes «autoritaires» et régimes «totalitaires». L'ancienne ambassadrice de Ronald Reagan aux Nations-Unies, Mrs Jeane Kirkpatrick, lui avait donné il y a dix ans une formulation abrupte, essentiellement destinée à justifier le retour à la politique du «gros bâton» : «on sort de l'autoritarisme ; on ne sort pas du totalitarisme». Bien qu'assénée par un «faucon» notoire, cette sentence n'avait pas rencontré que des réactions hostiles de la part de nos intellectuels passés du marxisme pur et dur à la tentation «libérale». En témoigne toute une littérature politico-stratégique dont l'un des traits majeurs était de mettre l'accent sur la dissymétrie entre les démocraties et les régimes de dictature reposant sur un consensus de masse. Les premières, à moins d'un «sursaut» salutaire, étaient vouées à l'érosion interne et au mieux à la «finlandisation» : soit la reproduction du discours des années trente. Les autres avaient pour eux, outre la puissance militaire, l'atout qu'était supposé constituer, au moins en URSS, l'adhésion passive des masses au projet de la «Nomenclature». Dès lors, il ne pouvait y avoir de «ticket de retour» lorsqu'un pays tombait du côté des totalitarismes. Le précédent de l'Italie mussolinienne, et surtout celui de l'Allemagne hitlérienne, n'étaient-ils pas là pour confirmer cette thèse du point de non-retour ? Pour sortir du système autoritaire de masse, il ne pouvait y avoir d'autre issue que la défaite militaire.

La façon dont s'est accomplie la dislocation du régime communiste, en URSS comme dans les autres pays du bloc de l'Est, nous incline à faire une relecture de l'histoire des totalitarismes de l'entre-deux-guerres. Nous ne reviendrons pas ici sur la distinction fondamentale que nous faisons entre les régimes d'inspiration marxiste et les pouvoirs réactionnaires de masse qu'ont été le fascisme italien et son homologue nazi. L'usage que nous faisons dans nos travaux [1] du concept de totalitarisme ne relève nullement du modèle élaboré au temps de la guerre froide par Hannah Arendt [2] et surtout par Carl J. Friedrich et Zbigniew Brzezinski [3]. Nous considérons le totalitarisme non comme une doctrine, mais comme un ensemble de pratiques pouvant servir des philosophies, des cultures politiques et des objectifs radicalement différents, mais avec ces deux points communs et fondamentaux d'obtenir l'adhésion des masses à leur projet et de transformer l'individu en un «homme nouveau» modelé sur l'objectif idéologique que s'assigne le régime.

Cela étant dit, on a vu à quel point ce consensus de masse pouvait être artificiel, l'«homme nouveau» sans grande consistance, le régime lui-même vulnérable, une fois soulevée la chape de plomb qui pesait depuis des décennies sur la société civile. Le communisme serait-il dès lors assimilable à une simple dictature reposant sur une base partisane plus large et sur un système répressif plus terroriste que les régimes autoritaires classiques de l'entre-deux-guerres ? Et dans ces conditions, y aurait-il à ce niveau une authentique différence de nature avec le fascisme ? Je ne le

---

1. Cf. Pierre Milza, *Les fascismes*, Paris, Imprimerie Nationale, 1985 et, pour l'édition de poche, Paris, Seuil, 1991. Voir surtout l'avant-propos que nous consacrons, Serge Berstein et moi-même, à cette question dans notre *Dictionnaire du fascisme et du nazisme*, Bruxelles, Complexe, 1992. Sur un débat récent autour de la notion de totalitarisme, cf. Denis Peschanski, «Le concept de totalitarisme est-il opératoire en histoire ?», *Histoire politique et sciences sociales*, Bruxelles, Complexe, 1991.

2. Hannah Arendt, *The origins of Totalitarianism*, Harcourt, Brace and Co, New York, 1951. La troisième partie de ce classique a été traduite en français et publiée aux Editions du Seuil en 1972 sous le titre : *Le système totalitaire*.

3. Carl J. Friedrich et Zbigniew Brzezinski, *Totalitarian Dictatorship and Autocracy*, Harvard University Press, Cambridge (Massachusetts), 1956.

crois pas. Les différences, répétons-le, sont réelles et profondes, mais elles se situent ailleurs.

En faisant le constat inattendu de la mort du communisme, du moins en tant que système politique et social, l'historien du temps présent est conduit à rouvrir le dossier des fascismes et à se demander si, oui ou non, ceux-ci pouvaient disparaître autrement qu'emportés par la tourmente de la guerre. En proie à d'immenses tensions internes et poussées à une radicalisation croissante, les dictatures hitlérienne et mussolinienne avaient-elles une chance de se maintenir durablement, une fois disparu leur chef charismatique et hors du contexte de la «politique au bord du gouffre» menée par leurs dirigeants sur la scène internationale ? S'agissant de l'Italie, la réponse ne fait guère de doute. La «révolution culturelle» du fascisme à la veille du conflit n'est rien d'autre que la tentative désespérée du pouvoir pour freiner la décomposition du régime, ou du moins sa transformation en une classique dictature assurant une place dominante aux élites et aux magistères traditionnels. Quelque chose qui aurait ressemblé au franquisme de l'après-guerre et qui, comme lui et sans doute bien avant lui, compte tenu du caractère moins archaïque de la société italienne, aurait vraisemblablement abouti à la victoire de la démocratie.

Les choses sont assurément différentes en Allemagne où la mise en condition des masses, l'emprise sur la société civile, la militarisation de la nation et la fanatisation de la jeunesse ont été poussées plus vite et beaucoup plus loin que dans la péninsule. Il reste que tout cela s'inscrit, comme en Italie, dans un contexte international de tension voulue et entretenue et s'accompagne d'un discours guerrier qui exerce auprès des masses une fonction de mobilisation permanente. Hitler dès les premiers mois de la dictature, Mussolini à partir de 1937-1938 inscrivent leur projet totalitaire de restructuration du corps social, et par là même leur volonté de pérennisation du régime qu'ils ont instauré, dans un contexte de préparation de la guerre qui ne peut se concevoir, semble-t-il, que dans le court terme. Aussi fortes que soient en effet la mise en condition idéologique des populations et leur adhésion au programme impérialiste du pouvoir, le consensus recherché par les fascismes repose sur une tension interne qu'entretient la situation internationale et qui génère en même temps la détérioration de cette dernière, ainsi que sur des promesses de mieux être ou de compensations diverses. Tout ceci fait de la guerre programmée une condition, sans doute déterminante, de la survie des régimes fascistes en tant que tels.

Ceci est-il vrai seulement des régimes réactionnaires de masse ? L'installation du totalitarisme en URSS dans les années trente, puis sa radicalisation au temps de la guerre froide et sa pérennisation, sous une forme larvée, sous les successeurs de Staline, sont-ils concevables hors d'un contexte international qui légitime aux yeux des dirigeants du Kremlin, le maintien de la dictature, accepté au moins passivement par le corps social ? Ici, ce n'est pas au discours belliqueux qu'il revient de tendre les énergies, mais à l'obsession de la citadelle assiégée. Dans les deux cas, la guerre à venir — qu'elle soit offensive ou défensive — constitue la métaphore mobilisatrice de la nation. Que le danger s'éloigne, ou que la menace entretenue par le pouvoir s'avère illusoire, et les raisons qui ont poussé au raidissement totalitaire se font moins prégnantes auprès de sujets que l'on ne peut faire vivre indéfiniment dans une atmosphère d'état de siège. Pour sortir de l'impasse, il ne reste aux détenteurs du pouvoir qu'à engager leur pays dans l'aventure guerrière, comme l'ont fait Hitler et Mussolini, ou de tenter de l'installer durablement dans la détente au prix d'un relâchement de la discipline, comme s'est appliqué à le faire Gorbatchev. Avec les conséquences que l'on sait, dans l'un et l'autre cas, quant à la survie du totalitarisme.

Il en résulte, conclusion très provisoire en cette turbulente fin de siècle, que la démocratie libérale, si fortement décriée en temps de crise et si fréquemment affublée par ses adversaires des attributs de la «décadence», paraît — au prix d'un effort de rénovation, accompli le plus souvent il est vrai à chaud et dans la douleur — s'être mieux adaptée aux exigences du siècle que ses concurrentes autoritaires et totalitaires. Celles-ci n'ont eu leur chance de l'emporter qu'à la faveur de situations belligènes qu'elles avaient délibérément provoquées — c'est le cas de l'Allemagne, secondairement de son alliée latine — ou dont elles ont cherché à tirer profit, comme l'ont fait Staline entre 1939 et 1946 et à un moindre degré Brejnev durant les années de la «paix tiède». Que les uns et les autres aient échoué dans leurs entreprises ne doit pas faire renaître, répétons-le, un messianisme aveugle. Aujourd'hui triomphante, mais menacée une première fois de disparaître au tournant des années quarante, la démocratie ne saurait se prévaloir d'une quelconque prétention à l'immortalité. Ne voit-elle pas resurgir sur les ruines de l'Empire soviétique, comme au sein des sociétés qui se réclament de ses idéaux, de vieux démons supposés engloutis ?

Les deux grandes crises du XXe siècle

François Caron

La comparaison entre les deux «grandes crises du XXe siècle» fut un exercice d'école dès les lendemains de la «rupture de 1974». Elle fit l'objet d'un thème A du neuvième congrès international d'histoire économique, qui s'est tenu à Berne au mois d'août 1986. Le recueil des communications a été publié par l'Université des Sciences Economiques Karl Marx de Budapest sous la double responsabilité d'Ivan Berend et de Knut Borchardt [1]. L'ouvrage rassemble vingt trois communications, qui, toutes proposent une interprétation particulière des deux crises. Pour rendre compte de la diversité des interprétations, je citerai quatre interventions. Jean Bouvier, dans un texte intitulé «A propos du déclenchement des deux grandes crises du XXe siècle : le cas français», se rallie aux thèses régulationnistes. Il montre que le concept de régulation peut être utilisé comme principe «ordonnateur d'une approche en histoire globale» [2]. Il conclut : «les oppositions les plus visibles entre les deux crises relèvent de régulations de nature différente» : dans les années 1930, la régulation conservait un caractère concurrentiel alors que, dans les années 1970, elle était de caractère «monopoliste et administrée». Elle résultait de l'intervention de «macrodécideurs». Ch. P. Kindleberger proposait une analyse des deux crises fondée sur le concept de «*lender of last resort*», dont l'absence dans la crise des années 1930 avait eu des effets dévastateurs, alors que dans les années 1970 et 1980, plusieurs actions de sauvegarde entreprises au niveau national ou international avaient pu éviter le pire. P. Fraile et J. Hernandez Andreu concentraient leur attention sur les termes de l'échange et mettaient en évidence la similitude entre l'évolution des années

---

1. *The impact of the depression of the 1930's and its relevance for the contemporary world.*

2. *Op. cit.*, p. 141.

1920, défavorable aux producteurs de matière première et celle des années 1950 et 1960. Ils n'hésitaient pas à conclure : «*industrial growth in the most advanced economies moved in an opposite direction to the primary products terms of trade*» [3]. Raisonnant en termes d'économie réelle, M. A. Bernstein insitait sur l'importance des changements structurels intervenus au sein de l'économie productive américaine dans les années 1930 comme dans les années 1970, admettant dans les deux cas l'existence d'un chômage structurel de longue durée. A. Kleinknecht enfin, s'appuyant sur des données quantitatives descriptives des principales inventions et innovations, proposait un interprétation fondée sur l'analyse des cycles Kondratieff interprétés, à la lumière de l'oeuvre de Schumpeter et des travaux de l'équipe de Christopher Freeman, comme résultant de flux d'innovations successifs.

Or la conférence de Berne ne rend que très partiellement compte de la diversité des approches proposées par les économistes. Il faut, en fait, reconnaître avec M.A. Bernstein [4] que chacune des deux deux crises a provoqué chez les économistes aussi bien que chez les responsables un complet désarroi. Voici comment Robert Marjolin, dans un texte publié en 1981 [5] présente la «rupture de 1974» :

> *«Quelque part, à la fin des années soixante ou au début des années soixante-dix, la période d'après guerre s'est terminée, période dont les traits avaient commencé à s'affirmer en 1948 et qui avait été marquée par une croissance économique rapide, une grande stabilité des prix, un équilibre monétaire international indiscuté, une confiance illimitée dans l'avenir, la certitude que, quels que soient les accidents de parcours, nous possédions les recettes qui permettraient de surmonter rapidement les difficultés (...) Depuis lors nous vivons une époque dont il n'est pas nécessaire de dire qu'elle est différente : croissance ralentie, forte inflation, tensions monétaires constantes généralisées, sutout désordre des esprits, perte de confiance dans l'avenir et en soi-même (marquée par un fléchissement des investissements productifs) scepticisme à l'égard des efforts entrepris pour rétablir le climat de la période antérieure».*

---

3. *Op. cit.*, p. 362.
4. *Op. cit.*, p. 43 .
5. Robert Marjolin, «Le développement économique de l'Europe : la rupture de 1974 et ses prolongements dans l'avenir», *Revue Banque*, fév. 1981.

Ce texte rend bien compte du désarroi dans lequel les événements des années 1970 ont plongé les responsables, désarroi fondé sur l'incompréhension face à l'inattendu. Il faisait écho à celui ressenti dans les années 1930.

L'historien, face à ces incertitudes et à ces affrontements idéologico-scientifiques risque d'éprouver un sentiment de découragement, que seule la conviction, qui lui est propre, de la légitimité d'une approche en termes d'histoire globale lui fait un devoir de surmonter. Il doit savoir dépasser les contradictions entre les différentes écoles grâce à une description précise, accordant une large place à l'histoire factuelle, à celle du déroulement des processus et à un effort de compréhension de leur enchaînement causal. Il ne peut, pour y parvenir, que demander à chaque doctrine ce qu'elle peut apporter et rien d'autre. La convergence de ces approches différentes peut déboucher sur une vision cohérente et interactive de l'évolution des systèmes. Car la crise de 1929 et celle de 1974 ne peuvent se comprendre historiquement, que si elles sont interprétées en termes de passages d'un système à l'autre, d'une structure à l'autre.

Une telle approche doit permettre de surmonter l'obstacle de l'impossible comparaison. Car une rapide évocation des scénarios des deux crises, que l'on se place dans une perspective de court ou de long terme, aboutit à la conclusion qu'ils sont essentiellement différents l'un de l'autre sinon même opposés l'un à l'autre. La démarche pertinente n'est donc pas de comparer les deux crises mais de comprendre les enchaînements qui mènent de l'une à l'autre. Car l'économie de l'après Seconde Guerre mondiale est un produit de l'histoire économique de l'entre-deux-guerres. Une telle approche substitue à une vision cyclique de l'histoire économique une vision fondée sur la dynamique des structures et des systèmes techniques, qui en forment l'armature. Elle met en valeur le rôle des apprentissages plutôt que des ruptures, des processus de continuité plutôt que de discontinuité, tout en plaçant au cœur de l'analyse globale celle des changements structurels. Notre démarche se déroulera donc en deux temps : nous montrerons d'abord combien les deux scénarios de crises sont différents dans leur déroulement comme dans leur enchaînement. Nous chercherons ensuite à mettre en valeur les mutations qui expliquent les traits originaux de l'un et de l'autre, en limitant notre analyse à trois domaines : la sphère financière et monétaire, le commerce international, l'évolution des systèmes techniques. Nous laisserons de côté les aspects institutionnels, dont l'évocation dépasserait le cadre de notre intervention d'aujourd'hui.

L'impossible comparaison

Le scénario de la crise des années 1930 est trop connu pour qu'il soit nécessaire d'insister longuement sur ses principaux caractères. A partir de 1924 l'économie mondiale, qu'il s'agisse de la production ou des échanges commerciaux, avait connu un essor rapide, semblable à celui qui avait précédé la guerre de 1914. En termes réels l'effondrement de la production industrielle entamé dans le second semestre de 1929 se poursuivit jusqu'en 1932. La conséquence directe de cette situation fut la montée du chômage, qui atteignit partout son maximum au début des années 1930. La chute fut beaucoup moins marquée pour les produits primaires. La baisse brutale de la production a provoqué une contraction du commerce mondial beaucoup plus forte en valeur qu'en volume, en raison de l'effondrement des prix. De fait, la crise des années 1930 est dominée par l'ampleur de la chute des prix à l'échelon mondial : elle a un caractère essentiellement déflationniste. Son second caractère dominant est la diversité des évolutions nationales et des processus de sortie de crises. Les différences dans l'ampleur de la chute initiale (de 1929 à 1932) tiennent largement aux différences dans l'ampleur des crises financières internes : c'est ainsi que la crise du système bancaire américain a joué, à l'évidence, un rôle considérable, de même que celui du système bancaire de l'Europe centrale. En ce qui concerne la sortie de crise certains pays tels que le Japon, la Grande-Bretagne, la Suède connurent un redressement précoce grâce au redémarrage rapide des investissements. D'autres, tels que les Etats-Unis et les pays du Bloc Or, firent l'expérience d'une sortie tardive et limitée. Ces distorsions trouvent largement, mais non exclusivement, leur explication dans les choix des politiques monétaires et financières. Mais le trait le plus frappant de l'évolution économique des années 1930 fut que le redressement de la production jusqu'au niveau de 1929 ne s'accompagna pas d'un redressement équivalent des échanges commerciaux. Il se déroula dans un cadre dominé par le triomphe du nationalisme économique, tant commercial que monétaire, et le développement d'échanges bilatéraux. De plus, dans la plupart des pays étaient apparues des politiques économiques volontaristes, utilisant de manière plus ou moins pertinente des instruments monétaires, budgétaires, fiscaux et réglementaires, soit dans un cadre corporatiste et totalitaire, soit dans un cadre que l'on peut qualifier de dirigiste, et, dans certains cas de keynésien. A la veille de la guerre le redressement de l'économie mondiale aussi bien que de la plupart des économies nationales, et particulièrement de l'économie américaine n'était encore que très partiel.

Le scénario de la rupture de 1974 est lui aussi bien connu [6]. De 1965 à 1969 la croissance des économies occidentales avait été relativement satisfaisante, mais elle avait été accompagnée d'une hausse des prix de plus en plus forte. C'est alors que se mirent en place les «enchaînements stagflationnistes», fondés sur les anticipations inflationnistes des agents et dont la conséquence la plus claire fut l'érosion des profits dans la majorité des économies occidentales. Un ralentissement sensible de l'activité se produisit en 1970 - 1971 sans provoquer de ralentissement de l'inflation. La plupart des gouvernements adoptèrent alors des politiques expansionnistes, qui eurent des effets d'autant plus néfastes qu'elles étaient contemporaines de l'éclatement du système monétaire international. Les pays occidentaux connurent dix-huit mois de très forte expansion, hyper-inflationniste, marquée par une «flambée mondiale du prix des matières premières» [7]. Avec le même ensemble les responsables politiques adoptèrent à partir du dernier trimestre 1972 des politiques fortement restrictives. Le ralentissement qui en résulta fut «plus prononcé que ce que l'on attendait». Face au quadruplement du prix du pétrole, les mesures restrictives en cours d'application furent encore accentuées. Dès lors le quadruplement «a amplifié d'abord l'inflation puis la récession». Elle fut brutale : de juillet 1974 à avril 1975, la production industrielle de l'OCDE chuta de dix pour cent, le volume du commerce extérieur de treize pour cent. Le nombre des chômeurs atteignit quinze millions au deuxième semestre de 1975 soit 5,5 % de la population active. Malgré la prudence des politiques de relance, la reprise fut assez rapide, mais dans le moyen et long terme, malgré les bonnes performances des dernières années 1980, elle se situe à un niveau sensiblement

---

6. Cf. François Caron «L'économie des années 1970» dans Pierre Léon, *Histoire économique et sociale du monde*, Tome 6, 2e édition, Paris, A. Colin,1982.

7. Cf. OCDE, «Pour le plein emploi et la stabilité des prix», Juin 1977, p. 71.

inférieur à celui des années 1960. Les tendances fortement inflationnistes ne furent maîtrisées que dans la seconde partie des années 1980 et le chômage s'est maintenu et amplifié dans beaucoup de pays. Les chiffres suivants rendent bien compte de la situation au début des années 1980. Ils concernent les sept plus grands pays de l'OCDE :

Taux de chômage	1960-1967	1968-1973	1973-1981	1981
	2,8%	3,3%	5,3%	6,5%

Hausse des prix du PIB	1960-1968	1968-1973	1973-1979	1981
	2,9%	5,8%	9,1%	10,8%

La sortie de crise a été négociée de manière opposée à celle des années 1930 ; elle s'est faite dans une atmosphère de plus en plus libérale dans son inspiration et internationale dans son orientation, alors que dans les années 1930 elle avait eu un caractère franchement dirigiste et autarcique.

L'opposition entre les scénarios est révélatrice des modifications intervenues dans le fonctionnement et les structures de l'économie mondiale entre les années 1920 et les années 1970. Ces modifications sont très largement le résultat d'une évolution, qui puise ses racines dans l'expérience de la grande crise et de ses suites. L'histoire économique de l'entre-deux-guerres fut le laboratoire expérimental de l'économie mondiale de l'après-guerre. Nous voudrions fournir trois illustrations de ce propos : l'histoire monétaire et financière, l'histoire du commerce international, l'histoire du système technique.

Les structures financières

Le déroulement de la crise des années 1930 est rythmé par une série de chocs financiers, qui débouchent sur des décisions de politique économique, dont l'aboutissement final fut un «repli sur soi» général et une contraction des mouvements de capitaux sans précédent. L'historiographie s'organise autour de quatre thèmes très interdépendants les uns des autres.

Elle propose une analyse critique des modalités de la coopération économique internationale dans les années 1920, ou plutôt de l'absence, malgré les apparences, d'une coopération efficace. Cette faiblesse est particulièrement sensible dans le domaine des politiques de stabilisation, inséparables des politiques menées par les pays détenteurs d'or (les Etats-Unis et la France). Les modalités de la stabilisation monétaire furent doublement fautives : d'une part le choix d'un retour systématique à l'étalon-or a imposé des contraintes de politique économique, qui ont bloqué toute tentative sérieuse de redressement en Europe dès la fin des années 1920 et plus encore dans les premières années trente. Dans les années 1920 les deux pays détenteurs d'or (les Etats-Unis et la France) par crainte de l'inflation, stérilisèrent les flux d'or et firent retomber le poids de l'ajustement sur les pays débiteurs (la Grande-Bretagne et l'Allemagne particulièrement). Dans les premières années trente les gouvernements se sont laissés enfermer dans une logique déflationniste (particulièrement en Allemagne et aux Etats-Unis) dont les effets multiplicateurs furent dévastateurs.

La seconde faiblesse des politiques de stabilisation dans les années 1920 tient au caractère arbitraire du choix des niveaux de stabilisation. Dès lors la confiance dans la pérennité des parités choisies n'a jamais pu être véritablement établie. Elle était d'ailleurs d'autant moins assurée que, dès les années 1920, les choix des autorités monétaires tendaient à accorder la priorité aux finalités de politique intérieure. Cette méfiance explique largement l'intensité de la crise de 1931. On peut rappeler ici l'expression d'Heilperin : «La reconstruction monétaire était une pyramide incrustée d'or mais bâtie sur des sables mouvants».

L'apport principal de l'école monétariste à la compréhension de la crise a été l'analyse des effets de la politique monétaire américaine dans les années 1920 et les premières années 1930. La politique monétaire restrictive menée par la FED en 1928 et 1929 a joué un rôle majeur dans le déclenchement de la crise aux Etats-Unis. Son but était de briser la spéculation boursière. Son résultat fut de briser net l'expansion. Les taux furent réduits aussitôt après le krach de Wall Street. Ils furent relevés en octobre 1931, au moment où la reprise se dessinait. Il fallut attendre février 1932 pour que soit entreprise une politique d'*open market* de grande ampleur. Elle fut aussitôt stoppée en raison des retraits d'or qu'elle entraîna. On voit quelle était devenue l'étroitesse de la marge de manœuvre laissée par le système de l'étalon-or au gouvernement américain ! Le comportement des autorités américaines ne fournit d'ailleurs qu'une illustration parmi d'autres des errements de la politique monétaire à cette époque. A partir de la dévaluation de la livre en septembre 1931 triomphèrent peu à peu des politiques de «reflation», associées à des stratégies de repli sur soi.

L'interprétation classique de la crise par les mouvements de capitaux a conservé toute sa force explicative. On ne dira jamais assez l'importance de la chute des exportations américaines de capitaux vers l'Europe à partir du second semestre de 1928. Il reste à mieux comprendre les raisons de ce reflux. Cette expérience joua un rôle considérable dans la gestion ultérieure du système monétaire international, dans la mesure où elle posait clairement le problème des liquidités.

L'ampleur inattendue de la crise, enfin, est étroitement associée à la fragilité des structures bancaires, sous leur double aspect, intérieur et international. La gravité de la crise américaine est largement liée à la crise bancaire, dont on connaît bien les mécanismes de diffusion et les effets perturbateurs sur la production industrielle [8]. Les crises bancaires de l'Europe centrale, conséquences indirectes de la balkanisation de l'espace européen, ont joué un rôle considérable dans les événements du printemps et de l'été 1931. L'effet psychologique fut d'ailleurs ici plus important que l'effet financier direct sur l'équilibre des comptes britanniques. C'est pourquoi il convient de porter attention aux thèses de Kindleberger concernant le rôle du prêteur de dernier ressort : si quelques actions de ce type ont été entreprises dans un cadre national, il n'en alla pas de même au niveau international. Les prêts internationaux qui furent accordés au plus fort de la crise étaient à la fois insuffisants et subordonnés à des conditions trop restrictives [9]. Ce point de vue a pour intérêt principal d'insister sur l'importance du jeu des solidarités à l'intérieur du système financier en cas de crise. Mais l'on peut douter de la capacité des structures financières de l'époque à faire face à de tels besoins.

L'héritage était lourd à assumer. La réaction se produisit, il faut le rappeler, dès les années 1930. La dévaluation négociée du franc à l'été 1936 fut au point de départ d'un effort de reconstruction

---

8. Ben Bernanke «Non monetary effects of the financial crisis in the propagation of the great depression», *American Economic Review*, 73, juin 1983, pp. 257-276.

9. Ch. P. Kindleberger, *La grande crise mondiale*, Paris, Economica , 1988, p. 304.

d'un système monétaire cohérent, fondé sur des parités fixes, adaptées à la situation de chacun des pays. Ces accords ne sont qu'une première étape vers le développement d'une coopération internationale, qui au-delà de Bretton Woods devait revêtir des formes multiples. L'histoire des relations monétaires internationales depuis 1945 s'est construite comme une sorte de contre-épreuve de l'expérience de l'entre-deux-guerres. Le but fut de mettre en place un système permettant à la fois d'assurer la stabilité des taux et le développement des liquidités, de reconstituer en quelque sorte le modèle antérieur à la Première Guerre mondiale. L'entreprise fut incontestablement un succès, malgré la tension permanente entre les participants du système. Il serait ici hors de propos de retracer une nouvelle fois les étapes de la mise en route puis du déclin du système de Bretton Woods, d'ailleurs bien différent dans sa réalisation de ce qu'il avait été dans sa conception. Sa disparition au mois d'août 1971 était l'aboutissement naturel de la croissance multipolaire, dont il avait favorisé l'essor. Nous voudrions présenter trois observations, qui marquent bien l'importance, au cœur même de la crise des années 1970, qu'a pu conserver le souvenir des expériences des années 1920 et 1930.

Le problème des liquidités a été pendant toutes les années 1960 la préoccupation centrale des experts internationaux. La crainte d'une pénurie prit peu à peu un caractère obsessionnel. C'est elle qui justifie la création des DTS en 1969. En réalité l'essor des réserves monétaires internationales fut pour l'essentiel assuré par le développement des devises étrangères, dont une part non négligeable dès les années 1970 fut constituée par les euro-monnaies. Le tableau suivant illustre ce propos :

Situation des réserves internationales [10]
en milliards de DTS

	Or	DTS	Position au FMI	Devises	dont euro-dollars	Total
1967	39,4		5,7	29,3		74,4
1972	35,6	8,7	6,3	96,2	18	146,8
1977	35,5	8,1	18,1	200,7	46	262,4

10. D'après Victor Agry, *The Postwar International Money Analysis* , Londres, George Allen and Unwin, 1981, pp. 57 et 83.

D'une manière générale, les innovations financières qui commencèrent à se faire jour dans les années 1960 et s'épanouirent dans les années 1970, contrastent fortement avec le repli financier des années 1930. Beaucoup d'auteurs les rendirent responsables de l'inflation. De plus l'essor financier des années 1970 déboucha sur la crise mexicaine de 1982, qui servit de révélateur à une crise d'endettement plus générale. Il faut reconnaître que l'histoire des marchés financiers internationaux dans les années 1960 et 1970 reste à écrire. Elle ne pourra l'être qu'à l'aide des archives bancaires. Qu'il nous suffise de constater que l'opposition est complète entre l'expérience des années 1930 et celle des années 1970.

Les autorités monétaires avaient manifestement sous-estimé les difficultés liées à la fixité des taux de change dans un monde en mutation. Les autorités américaines rendirent les partenaires européens et japonais responsables de la crise de par leur refus d'accepter des niveaux de réévaluation raisonnables. Les négociations monétaires qui s'ouvrirent après le mois d'août 1971 marquent assez la profondeur des désaccords et la gravité des conflits d'intérêt en présence. La seule issue possible fut l'instauration des changes flottants. Certains économistes, tels que Jean Denizet, affirmèrent qu'ils étaient la cause principale de l'inflation. En revanche, Otmar Emminger, ancien président de la Deutsche Bundesbank, considérait en 1980 qu'ils expliquaient pour l'essentiel les performances finalement honorables de l'économie mondiale dans les années 1970 : «Alors, écrit-il, que beaucoup voyaient, dans l'adoption du flottement généralisé en 1973, un risque de paralysie, les mouvements de capitaux ont atteint des proportions très importantes». Ils n'ont en aucune manière, selon lui, engendré l'inflation. C'est au contraire l'inflation interne qui est la source de l'instablité externe des monnaies. Ils furent en tout cas une étape nécessaire vers l'adoption de systèmes de changes flexibles.

Le troisième héritage des années 1930 concerne les politiques économiques. Il est devenu courant aujourd'hui d'affirmer que la principale contradiction du système économique mis en place dans les années 1950 et 1960 fut celle qui oppose une vision de l'économie internationale fondée sur le libre échange et le libéralisme et une vision de la politique intérieure fortement interventionniste. Cette affirmation se trouve aussi bien sous la plume de l'historien hongrois Katalin Botos lors du congrès de Berne que sous celle d'Herman van der Wee dans son admirable *Histoire Economique Mondiale* [11], qui écrit : «A l'opposé de l'organisation libérale du commerce mondial se situait la politique de croissance keynésienne, néo-mercantiliste des gouvernements nationaux». Ces politiques, dont les origines et l'inspiration remontent aux années 1930 [12], contribuèrent largement, par le biais entre autres des «politiques de revenus» et des procédures de négociations collectives, à la stagflation des dernières années 1960. Cet aspect de l'évolution, qui ne sera pas abordé ici, renvoie à la discussion sur l'insuffisante flexiblité des systèmes, que nous avons évoqué ailleurs [13]. Il reste que les années 1970 et 1980 furent marquées par une révision déchirante des pratiques de politique économique interne, dont l'un des moments les plus caractéristiques fut sans doute, en France, le tournant de 1983. Admirable illustration du rôle des «contraintes externes».

Le commerce international et la croissance

Le contraste entre l'entre-deux-guerres et l'après-guerre est plus frappant encore dans le domaine des relations commerciales. Trois domaines de réflexion s'imposent : celui du protectionnisme et du libre échange, celui de l'essor quantitatif du commerce, celui enfin de son effet sur le développement de l'économie mondiale.

Il faut rappeler que les années 1920 ne furent pas marquées par une libéralisation significative des échanges. Bien des tarifs mis en place pendant la guerre ne furent pas abolis. La Grande-Bretagne elle-même se laissa entraîner sur cette voie. De plus les Etats-Unis revinrent vers des pratiques fortement protectionnistes. Je ne parviens pas à me convaincre personnellement de la pertinence de l'affirmation de la plupart de nos collègues américains selon laquelle le protectionnisme américain n'exerça pas une influence

11. Herman Van der Wee, *Histoire Economique Mondiale 1945-1990*, Louvain, Académia Ducoulot, 1990, p. 332.

12. Toute la littérature technocratique française des années 1950 et 1960 affirme clairement une référence keynésienne, signe alors de la modernité. Keynes, il faut le reconnaître, eut trop souvent bon dos. La référence à Keynes fut pour beaucoup d'abord une issue idéologique commode, permettant d'éviter de s'affirmer comme un franc partisan du système capitaliste, ce qui aurait été inconvenant.

13. François Caron, *Le résistible déclin des sociétés industrielles*, Paris, Perrin, 1985, p. 300.

fortement dépressive sur le commerce mondial à cette époque et par conséquent sur l'équilibre des relations économiques internationales. Je ne peux m'empêcher de souscrire à cette affirmation d'Heilperin :

> *«Si les Etats-Unis avaient ouvert plus largement leur marché intérieur aux produits étrangers, et si les opérations de prêt avaient été conçues plus largement compte tenu de la solidité économique des débouchés offerts aux investissements, la prédominance économique de l'Amérique dans l'économie mondiale aurait pu avoir des effets constructifs beaucoup plus considérables qu'elle n'en a eu au cours des années qui suivirent la guerre».*

Personne d'ailleurs ne met en doute l'effet désastreux du tarif «Hawley-Smoot» de 1930, aussi bien que de ceux des autres politiques protectionnistes et autarciques. Car le protectionnisme non tarifaire sévit dans les années 1930 de manière tout aussi dévastatrice que le protectionnisme proprement tarifaire, et pas seulement dans les pays totalitaires.

Ce fut pourtant pendant l'entre-deux-guerres, dans le cadre de la SDN en particulier, que l'idéologie libre-échangiste se développa. Elle s'appuya sur le renouveau de la pensée économique dans ce domaine, grâce principalement aux apports de l'école suédoise. Le moment essentiel de cette évolution fut la conférence de Genève de 1927, dont les travaux apportèrent une contribution décisive à la définition d'une politique mondiale de libéralisation. Le GATT en fut l'héritier. Le monde de l'après-guerre est donc tout à la fois l'inverse et le produit direct des courants économiques dominants de l'entre-deux-guerres.

On assiste certes depuis la rupture de 1974 à une résurgence du protectionnisme. Mais le mouvement n'a en aucune manière pris l'ampleur qu'il avait eu dans les années 1930. Il n'a pas remis en cause l'essentiel des mesures prises dans le cadre du *Kennedy Round* et des traités européens [14]. L'approfondissement de l'oeuvre du GATT devait nécessairement, il faut le reconnaître, rencontrer de graves difficultés lorsqu'il s'est agi de réglementer les barrières non-tarifaires, telles que les subventions ou les modes de passation des marchés. Il était certes plus facile de réduire les droits de douane que d'imposer à tous les pays des régles du jeu identiques

---

14. A propos du renouveau du protectionnisme dans les années 1970, cf. François David, *Relations économiques internationales*, Paris, STH, 1989.

dans tous les domaines de l'activité économique, c'est-à-dire une forme d'intégration. Il reste que les années 1970 n'ont pas connu une résurgence du protectionnisme aussi vigoureuse que celle des années 1930.

La libéralisation des échanges après la Seconde Guerre mondiale fut efficace. Un fort constraste oppose de ce point de vue le second après-guerre à l'entre-deux-guerres. Le ralentissement de la croissance en volume du commerce mondial s'était manifesté dès les années 1920. Il fut particulièrement prononcé dans la période de l'immédiat après guerre : de 1924 à 1929 le rythme de l'avant-guerre fut retrouvé. Ce ne fut qu'un feu de paille. Le trait le plus marquant des années 1920 fut la très forte augmentation de l'écart entre la croissance industrielle et la croissance du commerce en comparaison avec l'avant première guerre. Ces tendances s'accentuèrent dans les années 1930 : de 1929 à 1938 la production industrielle mondiale stagna et le commerce en volume baissa de douze pour cent. A un modèle de croissance fondé sur l'essor des échanges commerciaux se susbstitue un modèle à tendance autarcique. Par contre le trait dominant des années d'après-guerre fut bien la croissance nettement plus rapide du commerce mondial que de la production. Or ce trait, bien loin de disparaître dans les années 1970, s'accentua : durant cette décennie les pays industriels ont vu leur PNB progresser d'un peu plus de 3 % en moyenne par an et le volume de leurs échanges extérieurs de 6 à 7 %.

Dès lors le double processus de développement de la dépendance des différentes économies à l'égard du commerce international et d'interdépendance entre elles, qui avait dominé l'évolution des années 1950 et 1960 [15], bien loin de s'atténuer dans les années 1970, s'est lui aussi accentué [16]. Après avoir constaté l'intensification de ces interdépendances, qui accroissent à leurs yeux «les risques de désordres», A. Brender et V. Kessler concluaient en 1987 : «malgré le creusement des déséquilibres et les chocs imprimés par les variations des prix, les économies ne se sont pas repliées sur elles-mêmes. Elles ont su s'ajuster à ces

15. Cf. R.N. Cooper, *The economics of interdependance : Economic Policy in the Atlantic Community*, New York, Mac Graw Hill, 1968.

16. Cf. à ce propos l'article d'Anton Brender et Véronique Kessler publié en 1987 dans le numéro spécial de la revue *Economie Prospective Internationale* intitulé «Déséquilibres commerciaux et financiers en Europe et dans le monde».

turbulences en continuant à faire fonctionner et à adapter leurs relations économiques et financières réciproques».

Le commerce international fut bien dans les années 1950 et 1960 un «moteur de la croissance». Il a été l'instrument de la diffusion, dans le monde entier, d'un certain modèle de développement économique. Ce processus, a pris, il est vrai, un caractère de plus en plus fortement sélectif. L'émergence des nouveaux pays industriels s'inscrit dans cette perspective. Elle aboutit à un véritable «éclatement» du Tiers-monde [17]. Or le phénomène de différenciation s'est nettement accentué dans les années 1970. C'est que les opportunités offertes par l'essor des échanges n'étaient pas les mêmes pour tous. Mais l'expérience a également révélé la difficulté générale des transferts de technologie et de l'application des stratégies de développement : aux modèles simplificateurs des années 1950, il a fallu substituer des méthodes et des concepts tenant mieux compte des particularités de chaque civilisation et de chaque nation. Il faut également reconnaître que le gaspillage des ressources mondiales, lié à des politiques de développement erronées et ou mal adaptées aux conditions locales, constitue aujourd'hui encore l'un des obstacles principaux à la croissance mondiale. L'effondrement des régimes socialistes illustre de manière particulièrement spectaculaire le coût pour l'humanité tout entière des politiques inspirées par les utopies économiques qui avaient fleuri dans les années 1950. Les années 1970 furent dans ce domaine l'âge des illusions perdues.

Les incertitudes technologiques

L'histoire économique du XXe siècle est dominée par la succession de systèmes techniques, dont les logiques différentes modèlent les structures économiques et les styles de croissance. C'est à juste titre que A. Bernstein, lors du congrès de Berne, insistait, comme nous l'avons dit, sur l'importance des changements intervenus dans les structures productives américaines aussi bien dans les années 1930 que dans les années 1970. Pourtant, les deux expériences, celle de l'entre-deux-guerres et celle de l'après-guerre ne sont pas entièrement assimilables l'une à l'autre.

---

17 Cf. à ce propos : Bela Balassa, *The Newly Industrializing Countries in the World Economy*, Londres, Pergamon Press, 1981.

Aux Etats-Unis, la croissance industrielle fortement capitalistique des années 1920 était un résultat naturel du haut niveau atteint par les salaires après la guerre. Malgré la très forte croissance de la productivité du travail, les anticipations des investisseurs excédèrent largement les opportunités réelles offertes par l'application des nouveaux procédés de fabrication. La crise boursière et la politique monétaire de la FED ont amplifié la gravité du retournement conjoncturel qui devait en résulter. Mais ce n'est pas le fonctionnement du système technique lui même qui peut être mis en cause en ce qui concerne le déclenchement de la crise. Cependant tous les auteurs reconnaissent qu'aussi bien en Europe qu'aux Etats-Unis les modifications structurelles, bien loin de se ralentir se sont accélérées dans les années 1930, tandis que le nombre des innovations mises au point, a connu une forte ascension dans la seconde partie de cette décennie. Les filières techniques, qui devaient s'épanouir dans les années 1950 et 1960 et révéler alors leur capacité à engendrer des gains de productivité sans précédent dans l'histoire, furent mises au point à cette époque.

Plusieurs auteurs, dont le plus célèbre fut G. Mensch [18], ont affirmé que cette explosion innovatrice était un produit de la crise. Mensch lui même pensait que les Etats, face à la crise du système capitaliste, avaient consciemment favorisé l'émergence et le développement de ces technologies nouvelles. D'autres, tels que Kleinknecht, cité plus haut, ont cherché des liaisons plus subtiles, en reprenant la discussion sur les cycles Kondratieff, dans la perspective de la pensée schumpétérienne, concernant le rôle des innovations et des entrepreneurs innovateurs dans les mouvements à long terme de l'économie. Cette approche exige une clarification. La diffusion au sein du système technique de technologies nouvelles, qu'il s'agisse de produits ou de procédés, est à l'origine d'une double dynamique : celle qui associe entre elles les différentes composantes du système technique, dans un réseau d'interdépendance général, décrit aussi bien par Bertrand Gille que par Nathan Rosenberg, celle qui associe cette diffusion aux mouvements à long terme de l'investissement, de la production et de l'emploi. Plusieurs auteurs, ont annoncé, en s'appuyant sur une telle vision, l'apparition prochaine d'une phase ascendante d'un Kondratieff, du type de celle qui s'est dessinée à la fin du siècle dernier.

---

18. G. Mensch, *Stalemate in technology* , Cambridge Mass., Ballinger, 1979.

Ces prévisions sont marquées par une double incertitude : rien ne prouve, tout d'abord, le caractère cyclique, c'est-à-dire la périodicité régulière, de ces mouvements. De plus, si la validité générale du modèle, mettant en œuvre à partir de l'essor de techniques nouvelles, un jeu d'interactions économiques et technologiques est peu discutable, tout suggère que les relations, qui relient les différentes composantes du système, sont particulières. Chaque système technique, en un mot, posséde un ensemble de caractères originaux et engendre par conséquent une structure économique spécifique [19]. On peut tout à la fois affirmer la spécificité de chaque système et la généralité des régles et des mécanismes qui commandent le comportement des agents économiques. Une telle approche permet de mieux comprendre les difficultés rencontrées par la macroéconomie dans les années 1970.

Elle permet peut-être d'apporter une réponse partielle au problème posé par le ralentissement de la croissance de la productivité apparu dans les dernières années 1960 et qui a fortement marqué les années 1970. Elle peut s'analyser comme un résultat naturel de l'épuisement des réserves de main-d'œuvre à très faible productivité glissant vers des secteurs à productivité élevée. Elle peut aussi être interprétée comme une conséquence du ralentissement de la croissance elle-même. Il faut cependant rappeler que dans les années 1930 la croissance de la productivité s'était poursuivie à un taux semblable à celui des années 1920. Deux hypothèses générales peuvent dès lors être formulées : celle de l'épuisement des effets du «rattrapage» [20] par l'Europe et le Japon des niveaux américains du début des années 1950, qui expliquerait les forts taux de croissance des années 1950 et 1960 et celle de l'émergence d'un système technique d'une nature différente de celui qui avait dominé cette période. La crise des années 1970 serait donc bien, comme celle des années 1930, marquée par le passage d'une structure à l'autre. Une telle approche a l'immense avantage d'intégrer l'idée d'une certaine autonomie de l'histoire technique vis-à-vis de l'histoire économique, de rejeter en un mot le concept d'un «progrès technique» historiquement homogène dans ses composantes et uniforme dans ses effets.

---

19. Cf. François Caron, «Histoire économique et dynamique des structures», *L'Année Sociologique*, 1991, pp. 107-128.

20. Cf. K. Pavitt, «Technical Innovation and Industrial Development», *Futures*, décembre 1979 et février 1980.

Ces trois exemples, grossièrement illustrés, démontrent à la fois la nécessité d'une approche historique du temps présent et la difficulté de l'exercice. C'est ainsi que les travaux les plus récents consacrés à la comparaison des systèmes techniques et des processus de développement technologique insistent sur l'importance des processus cumulatifs [21]. C'est dire qu'ils accordent à la dimension historique un rôle de premier ordre. Il en va de même pour les autres domaines de l'histoire économique. Les modèles simplificateurs associés à l'adoption d'une vision cyclique de l'histoire ont en fait apporté plus de confusion que de clarté. L'histoire ne peut servir à la compréhension des phénomènes du temps présent que s'ils sont replacés dans une perspective dynamique : il s'agit, dans le cas qui nous intéresse ici, de décrire et d'expliquer les enchaînements et les processus d'apprentissage qui mènent d'une crise à l'autre, d'une structure à l'autre, et non de reconstituer artificiellement les mouvements séculairement pendulaires de l'histoire.

---

21. Cf. à ce propos : John Cantwell, *Technological Innovation and Multinational Corporations*, Londres, Basil Blackwell, 1989.

Le déclin britannique : passé et présent

François-Marie Crouzet

Pax britannica : cette expression est fréquente chez les auteurs anglais et américains pour caractériser le XIXe siècle, presqu'inconnue des autres (en France, fidèle à un manuel ancien, c'est pour le milieu du XVIIIe siècle que l'on parle de «prépondérance anglaise»). Elle implique, bien entendu, parallèle équivalence avec la *pax romana*, ce qui est loin d'être justifié ; en particulier, alors que Rome avait unifié le monde «civilisé» les pays avancés du XIXe siècle étaient en dehors de l'Empire britannique, dont la domination s'étendait principalement sur des régions sous-développées. Néanmoins, on peut, avec Paul Kennedy, rejeter «la notion que la domination britannique sur les affaires mondiales fut simplement une illusion du temps, un mythe de l'histoire», reconnaître que le concept de *pax britannica* contient «une part suffisante de vérité», même s'il y avait aussi une part d'illusions et de faux-semblants.

La Grande-Bretagne était la seule puissance vraiment mondiale du XIXe siècle, la seule «super-puissance», pour employer un terme récent. En ce sens qu'elle était la seule à pouvoir intervenir militairement dans le monde entier - mais de préférence sur mer ou près des côtes. Sa puissance contribua au maintien de la «longue paix», sans guerres générales, qui prévalut de 1815 à 1914, mais bien d'autres facteurs jouèrent pour désamorcer les crises ou localiser les conflits qui éclatèrent. Par ailleurs, la diplomatie de la canonnière permettait d'intimider aisément les Etats faibles, mais elle n'était pas utilisable contre les forts, si bien qu'en Europe (et en Amérique du Nord), les moyens d'action d'un pays qui possédait une formidable marine (assurant à bon marché la défense de l'île), mais une petite armée, étaient restreints et son influence sur l'histoire du continent au XIXe siècle fut modeste. Certes, elle sut empêcher la France de redevenir conquérante, mais, obnubilée par ce péril, elle se trompa d'ennemi et laissa grandir un rival potentiellement bien plus dangereux. Et quand, obsédée de sécurité, elle s'affola face à la nouvelle marine allemande, il était trop tard et la guerre fut la seule issue.

Quant à l'Empire britannique, il était le plus grand qui eût jamais existé : à son apogée, il s'étendait sur un quart des terres émergées et gouvernait un quart de l'humanité. Et il s'y ajoutait un vaste empire «informel», de pays dépendant économiquement (voire politiquement) de la Grande-Bretagne, en Amérique latine et ailleurs. Il est vrai qu'il comprenait beaucoup de déserts, de toundras, de jungles, que près des trois quart de ses habitants vivaient dans l'Inde, que l'on a sur-estimé les avantages économiques que l'«impérialisme» assurait à la métropole. Le livre récent de Davis et Huttenback confirme en somme la vieille thèse des radicaux, que l'Empire était un système d'*outdoor relief* (assistance publique) pour l'aristocratie britannique, en assurant à ses membres de lucratives sinécures, plus des dividendes substantiels pour certains investisseurs.

En vérité, le cœur de la puissance britannique était dans les régions industrielles enfumées, dans les «pays noirs» de Grande-Bretagne. La «première nation industrielle», «unique par le fait d'être première», était devenue l'économie dominante dans le monde du XIXe siècle ; P. Bairoch a même parlé d'«économie super-dominante». Vers 1860, avec 2 % de la population mondiale, la Grande-Bretagne détenait 40 à 45 % de la capacité industrielle «moderne» existant dans le monde ; elle faisait un quart du commerce international total, et 40 % de celui d'articles manufacturés. Même par rapport aux autres pays avancés (bien qu'elle n'eut pas détruit leur industrie, malgré la libéralisation des échanges), elle était un géant entouré de pygmées, et l'expression *workshop of the world* (l'usine du monde), tout en étant elle aussi excessive, renferme une part de vérité. D'ailleurs, l'économie du reste du monde tendait à se développer en complémentarité avec celle de la Grande-Bretagne, et la *City* de Londres était vraiment la capitale économique du monde. De plus sa supériorité était qualitative autant que quantitative : elle restait le centre dominant d'innovation technologique ; elle était le pays le plus riche, le plus industrialisé, le plus urbanisé, le créateur d'une société et d'une civilisation nouvelles, que l'on qualifiera d'industrielles. Société très inégalitaire, il est vrai, où l'opulence de la classe supérieure victorienne, le confort cossu de la partie la plus aisée des classes moyennes s'opposaient à la vie difficile de la majorité de la population et à la très dure pauvreté d'une forte minorité.

C'est dire qu'il faut nuancer la vision d'une Angleterre victorienne «triomphante» (comme a titré François Bédarida), sur-puissante, voire toute puissante, dominant le monde, débordante de richesse et de vitalité, qui a pénétré profondément l'imaginaire collectif des Britanniques, et même les analyses des historiens ; qui a aussi affecté la perception des événements ultérieurs par les uns et par les autres. Mais ces nuances ne changent pas grand'chose à la réalité du déclin et en particulier de la liquidation de l'Empire britannique.

Pour la plupart des Victoriens (et même des Edwardiens), la primauté de la Grande-Bretagne était naturelle et nécessaire, le fruit de la supériorité de la race anglo-saxonne sur les autres et de la volonté divine agissant en faveur du peuple élu — et elle serait quasi-éternelle. Certes, dès la fin du XIXe siècle, des esprits inquiets avaient été hantés par la crainte que l'Empire britannique connaisse le même destin que ceux de Rome ou de l'Espagne. Mais, en 1940 encore, dans une péroraison célèbre, Winston Churchill envisageait que l'Empire pourrait durer mille ans après sa «plus belle heure» (au même moment, Hitler escomptait la même durée pour le Troisième Reich...). Vingt ans plus tard, la décomposition était très avancée ; aujourd'hui l'«Empire» est réduit à quelques îlots, archipels et autres fragments, dont le seul important, Hong-Kong, cessera d'être britannique en 1997. Certes, la plupart des anciennes possessions de la Couronne sont volontairement restées au sein du *Commonwealth*, mais ce dernier est-il autre chose qu'une façade, une ombre, une fiction ? Il n'est une «communauté» ni économiquement, ni politiquement ; il conserve une valeur sentimentale, marquée par exemple par le message de Noël de la Reine «aux peuples du *Commonwealth*», et par les olympiades des «jeux du *Commonwealth*». Non sans regrets ni répugnance, les dirigeants britanniques ont finalement opté pour «l'Europe» ; mais la nostalgie impériale et les liens avec le *Commonwealth* avaient été un des facteurs qui empêchèrent la Grande-Bretagne de prendre hardiment la direction de la construction européenne après la Seconde Guerre et qui retardèrent son entrée dans la CEE.

Cette liquidation apparaît aujourd'hui inévitable ; le tour de force de gouverner des centaines de millions d'Indiens avec quelques milliers de fonctionnaires et quelques dizaines de milliers de militaires britanniques ne pouvait durer longtemps une fois que ces masses indiennes se furent éveillées. Et une fois que le «joyau de la couronne» impériale fut indépendant, à quoi bon s'accrocher à des possessions bien moins importantes ? D'ailleurs, la vague de décolonisation qui a déferlé après 1945 a emporté tous les empires — y compris en dernier lieu l'empire soviétique : «Tout Empire périra». La politique de décolonisation en général pacifique, de retraite en bon ordre, que les Britanniques ont pratiquée, à une vitesse qui s'est accélérée, dans les décennies qui suivirent 1945, a été admirée à juste titre (on peut seulement lui reprocher d'avoir laissé derrière elle nombre d'héritages empoisonnés). Certes, elle a blessé l'amour-propre de nombreux Britanniques, qui souffrent de ne plus voir de larges tâches rouges sur les planisphères ; elle a privé des *expatriates* des plaisirs de la vie coloniale. Mais la possession d'un Empire dispersé, fait de pays sous-développés, n'était pas un facteur de puissance et de richesse réelles pour la Grande-Bretagne ; après la Seconde Guerre mondiale, elle était même devenue un fardeau économique et financier ; et en 1941-42, la métropole avait été incapable de défendre contre les Japonais ses possessions d'Extrême-Orient ; la chute de Singapour fut pour l'Empire le glas funèbre.

Il n'en reste pas moins que la disparition de son Empire a fait perdre à la Grande-Bretagne son rang de puissance mondiale. Déjà dans l'entre-deux-guerres, elle n'était super-puissance que par tolérance ou défaut, grâce à l'isolationnisme américain, à la faiblesse de l'Allemagne et de l'URSS ; elle fut incapable de s'opposer efficacement aux agressions des dictatures, par manque de volonté, mais aussi par manque de moyens. En 1945, elle est un des trois Grands, qui décident du sort du monde, mais elle n'est que le plus petit d'entre eux et sa stature relative diminua rapidement ensuite. Avec réalisme, les Britanniques n'ont pas sombré dans des rêves gaulliens de «grandeur», ni dans la manie de chicane anti-américaine ; ils n'ont plus cherché qu'à être les brillants seconds — ou le premier satellite, si l'on préfère — des Etats-Unis, et ils y ont fort bien réussi, se trouvant ainsi à même d'exercer une certaine influence sur la politique américaine. Certes, on a annoncé maintes fois que la «relation spéciale» anglo-américaine n'existait plus, mais elle a chaque fois resurgi de ses cendres. Winston Churchill, pour le citer à nouveau, n'avait pas eu tort de souligner le fait capital que les Américains et les Britanniques parlaient la même langue. Mais, en plus, les seconds ont su cultiver habilement cet avantage comparatif et apparaître comme les alliés inconditionnels des Etats-Unis (et non pas des faux-frères, comme les Français). A ce titre, la Grande-Bretagne est un peu plus qu'une simple puissance régionale, sans qu'il faille surestimer l'importance réelle des récents exploits de ses forces armées aux Falklands et dans le Golfe ; ils ont démontré la haute qualité de ces forces (alors que, d'après les médias anglais, celles de la France se couvraient de ridicule) et provoqué un renouveau de jingoïsme, mais, en fonction des chiffres de population respectifs des Etats-Unis et de l'Angleterre, c'est 100 000 hommes et non 35 000 que la seconde aurait dû dépêcher contre Saddam.

On objectera que le déclin de la Grande-Bretagne n'est pas un phénomène isolé, qu'il fait partie du «déclin de l'Europe au XXe siècle», qu'il résulte aussi de facteurs externes, qui échappaient au contrôle des Britanniques ; néanmoins, dans leur cas, la chute a été particulièrement brutale, le renversement de fortune vraiment dramatique. La décadence de la France (c'est le mot propre, plutôt que déclin) a été plus progressive, plus lente, car plus précoce (c'est depuis la chute de l'empire napoléonien qu'elle a dû renoncer à la primauté) ; l'Allemagne n'a connu qu'une assez brève période de prépondérance de 1871 à 1914 (il vaut mieux ne pas parler des années 1940-44). En revanche, le déclin de la Grande-Bretagne a succédé à une longue «prépondérance» et il a frappé un pays qui était sorti vainqueur de deux guerres mondiales — et notamment de la seconde au prix d'énormes sacrifices —, qui n'avait pas connu la défaite et l'occupation, comme la France, l'Allemagne, l'Italie. De plus, les épreuves et les victoires de la Seconde Guerre mondiale avaient dissimulé aux Britanniques — à quelques exceptions près — les réalités du déclin, dont ils ne prirent conscience qu'au moment de Suez pour certains, et même dans les années soixante et soixante-dix pour beaucoup d'autres. Cette prise de conscience soudaine a donc été amère et pénible, créant une «fétide préoccupation du 'déclin'» (Robert Holland) ; l'ajustement à la position nouvelle a été lent , lenteur qui à son tour a été facteur de difficultés supplémentaires. Il est vrai que, dans le second après-guerre, la Grande-Bretagne avait encore une place à part après les Super-Grands, mais le relèvement rapide des vaincus et ses propres difficultés économiques la lui ont fait perdre, et son déclassement s'est accentué dans les années soixante-dix. Certes, comme de Gaulle pour la France, la forte personnalité de Margaret Thatcher a rendu momentanément de l'éclat à la diplomatie britannique, mais il n'en reste pas moins que la Grande-Bretagne n'est plus qu'une puissance secondaire (même pour la France, l'époque de «la gouvernante anglaise», selon l'excellente expression de François Bédarida, a pris fin avec la IVe République). En particulier sur le plan économique.

En l'an de grâce 1992, il n'y a plus qu'une super-puissance, mais il existe deux géants économiques, le Japon et l'Allemagne. Pourquoi l'Angleterre, qui est comparable à ces deux pays à beaucoup d'égards, quoique avec une population inférieure (surtout par rapport aux 124 millions de Japonais), n'a-t-elle pas conquis une position comparable ?

On arrive donc au problème du «déclin de l'économie britannique», qui a fait couler des flots d'encre et dont on pourrait dire qu'il reste une bouteille du même liquide, car les experts — et ceux qui ne le sont pas — ne s'entendent ni sur sa chronologie, ni sur sa dimension, ni — encore moins — sur ses causes et les remèdes qu'on pourrait lui appliquer (on ne peut plus rien contre l'autre aspect du déclin, la disparition de l'Empire britannique, mais les médecins prêts à soigner le «mal anglais» ont été et sont nombreux).

Bien entendu, il faut souligner d'emblée que ce déclin est purement relatif : le produit national britannique, tant global que par tête, en chiffres absolus, est plus élevé qu'il ne l'a jamais été ; même les taux de croissance, jugés médiocres (mais par rapport à ceux d'autres pays) des années 1950 et 60, étaient supérieurs aux meilleurs que l'Angleterre eut connus pour une période de durée comparable. Harold Macmillan n'avait nullement trompé les électeurs de 1959 en leur disant : «*You never had it so good*», et ses successeurs auraient été en droit de le répéter (sauf pour quelques années autour de 1980, quand il y eut recul du niveau de vie, en particulier pour la classe moyenne). Même les chômeurs d'aujourd'hui vivent mieux que ceux de l'entre-deux-guerres, sans parler des contemporains de Dickens.

Déclin relatif parce qu'un certain nombre de pays ont eu, sur une période longue, des taux de croissance nettement plus élevés que celui de l'Angleterre, si bien qu'ils ont dépassé cette dernière pour ce qui est du produit par tête, et même du produit global, pour les plus importants d'entre eux. Cela a commencé à la fin du XIXe siècle, quand le revenu par tête des Américains a dépassé celui des Britanniques, mais le déclassement de la Grande-Bretagne a été surtout le fait des quarante dernières années, durant lesquelles sa croissance a été nettement plus lente que celle de ses voisins d'Europe occidentale (et aussi des «nouveaux pays industriels» d'Extrême-Orient) ; en gros, 2 % par an pour le produit par tête, contre 4 ou 5 %.

En conséquence, en 1990, la Grande-Bretagne, ex-économie super-dominante, ne venait qu'au sixième rang dans le monde pour le produit global ; pour le produit par tête, en raison des chiffres élevés des émirats pétroliers et de petits Etats européens tels que la Suisse, l'Autriche, les pays scandinaves, elle est beaucoup plus mal placée, mais surtout elle est tombée derrière non seulement l'Allemagne, mais la France et l'Italie. On peut, certes, avoir des doutes sur la méthode qui calcule à leur coût le produit des services publics non-marchands (tels que l'immense épave improductive de l'Education nationale en France) et penser que les revenus des Français et des Italiens, avec leurs énormes et inefficients secteurs publics, sont surestimés. Mais il reste que le revenu par tête des Anglais est inférieur de 17 % à celui des Allemands (de l'Ouest).

Il est vrai que le plus mauvais moment semble passé ; il s'est placé dans les années 1970, quand la Grande-Bretagne apparaissait comme «l'homme malade de l'Europe», quand on parlait de «ces pauvres Anglais», chez qui les patrons étaient indolents, alors que les ouvriers étaient soit en grève, soit occupés à des *tea-breaks*, cependant que le gouvernement appelait le FMI au secours. L'auteur de ces lignes se demandait, dans un livre publié en 1979, si l'Angleterre (ainsi que la France) n'était pas un pays «en voie de *sous*-développement» (la même idée était exprimée indépendamment par P. Jenkins en 1978 et par V. Giscard d'Estaing).

Mais cette évolution dangereuse fut stoppée par les remèdes de cheval que le gouvernement Thatcher imposa au malade. Certes, le prix fut élevé en matière de chômage, d'une certaine désindustrialisation (en 1991, la Grande-Bretagne a produit 30 % moins d'automobiles que l'Espagne), d'une détérioration de certains équipements collectifs, de contraste entre le Sud-Est opulent et le Nord des vieilles régions industrielles déprimées. Mais Mrs. Thatcher a eu l'immense mérite de briser le pouvoir syndical, de privatiser une bonne partie du secteur nationalisé, de stimuler l'essor d'une «culture entrepreneurielle». Une hausse rapide de la productivité — à un taux de 8 % certaines années — a été réalisée ;

la production réelle par tête, calculée d'après la parité du pouvoir d'achat, qui avait à peine changé de 1950 à 1973, était en 1988 11 % supérieure à celle de 1973 (alors qu'elle avait stagné en France, tout en étant plus élevée). Une enquête de 1990 révélait que 28 des 50 entreprises européennes les plus efficientes (d'après les marges de profits et le rendement du capital) étaient britanniques, ce qui prouvait de remarquables progrès dans la gestion ; mais cette performance doit être nuancée, en tenant compte du petit nombre de ces entreprises britanniques modèles qui sont dans l'industrie proprement dite et d'une concentration plus forte que sur le continent. On parlait de «miracle anglais», on annonçait que l'Angleterre serait le Japon des années 1990 et les naturels retrouvaient leur arrogance traditionnelle vis-à-vis des continentaux.

Le rêve, il est vrai, ne dura pas ; des errements en matière financière et monétaire laissèrent renaître l'inflation (9,5 % en 1990) d'où un coup de frein brutal et une récession que la conjoncture générale prolonge. On dit que l'économie, après dégraissage et baisse de l'inflation, qui a permis l'entrée dans le SME, est *lean and fit*, en grande forme pour profiter pleinement de la reprise quand elle viendra. *We shall see*. Mais il est clair que l'appréhension et l'interprétation du déclin britannique n'ont pu que varier selon la date de l'observation : ainsi 1979, pendant «l'hiver du mécontentement» ; 1987, à l'apogée du règne de Mrs. Thatcher ; le 9 mars 1992 à 22 heures, quand les sondages «sortie des urnes» annoncèrent un *hung Parliament* et la nuit suivante, quand apparurent la victoire du conservatisme majorien et la liquidation pour longtemps du socialisme en Angleterre. Le présent éclaire le passé, mais sous des projecteurs différents et l'historien doit périodiquement remettre son ouvrage sur le métier.

Le déclin économique de la Grande-Bretagne n'a donc pas été aussi désastreux que beaucoup le croient ; il n'empêche pas la masse de la population britannique (mis à part des chômeurs, des noirs, des vieillards, des marginaux) d'avoir un niveau de vie fort satisfaisant. Mais il n'en est pas moins réel et il faut tenter une explication.

Rappelons d'abord que ses racines plongent loin dans le passé. C'est dès les années 1860 que l'on observe un ralentissement de la croissance britannique, lequel s'accentue durant la «Grande dépression» du dernier quart du XIXe siècle ; en même temps l'Angleterre perd le *leadership* technologique et elle prend du retard pour ce qui est des industries «nouvelles» — électricité, chimie organique, automobile, etc. ; c'est vers 1880 que les Etats-Unis deviennent première puissance industrielle, vers 1900 que l'Allemagne dépasse à son tour l'Angleterre. De ce premier déclin, on rend souvent responsables les hommes d'affaires de la fin de l'ère victorienne, qui se seraient endormis sur leurs lauriers et auraient légué de fâcheuses habitudes à leurs successeurs ; il est vrai que cette condamnation a été vigoureusement récusée par des auteurs récents et que le procès n'est pas tranché. De fait, l'affaiblissement de l'économie britannique avant 1914 ne doit pas être surestimé ; certes son industrie n'était plus la première du monde, mais elle restait première pour le commerce extérieur, les services (transports maritimes, assurance, courtage), la banque et les investissements à l'étranger, et en somme la puissance économique globale ; en particulier, on s'est demandé si l'Allemagne avait vraiment «rattrapé» l'Angleterre, et de toute façon la seconde fut très prospère pendant la «Belle Epoque».

En revanche, il n'est pas douteux que les deux guerres mondiales portèrent à la Grande-Bretagne des coups très sérieux. La première bouleversa l'économie mondiale d'une façon qui lui était fort défavorable, et elle ouvrit «la crise britannique» (André Siegfried), qui n'a pas cessé de se poursuivre depuis lors, sous des formes changeantes (elle avait débuté par la dépression des vieilles industries de base, charbon, sidérurgie, coton, etc., dont certaines ne semblent plus loin du dernier souffle). Certes, les années 1930 virent une reprise assez remarquable, mais la Seconde Guerre laissa la Grande-Bretagne exsangue, avec un équipement à bout de bord, de lourdes dettes, des réserves épuisées, une forte dépendance envers les Etats-Unis. Il est vrai que ses voisins du continent (et le Japon !) avaient encore plus souffert et que, durant les années d'après guerre, la situation de l'Angleterre était meilleure que la leur, nettement plus prospère. Néanmoins, quand ils se relevèrent, ce fut pour se lancer dans une croissance rapide et laisser les Britanniques à la traîne. Quelles que soient, par conséquent, les origines lointaines des difficultés de la Grande-Bretagne, si grave qu'ait été l'impact funeste des guerres mondiales, il est bon de concentrer l'analyse sur les quarante dernières années ; pourquoi l'économie britannique ne s'est-elle pas adaptée aux circonstances nouvelles, n'est-elle pas repartie du bon pied, comme d'autres ? L'histoire du temps présent ne peut ignorer les perspectives longues, mais elles ne dispensent pas de l'étude minutieuse de la période qui suit l'événement, pour elle fondateur, de la Seconde Guerre — en n'oubliant pas que longtemps encore après 1945 les expériences de l'entre-deux-guerres ont pesé sur les décisions (c'est évident pour la politique économique et sociale de la Grande-Bretagne).

On a dit, il est vrai, que le phénomène étonnant et qui exige explication, c'était qu'une petite île fut devenue économie dominante et tête d'un immense empire, et non pas son déclin relatif, qui était inévitable à partir du moment où des pays plus vastes, plus peuplés, mieux dotés en ressources se lançaient dans l'industrialisation. Mais si ce raisonnement est valable pour le dépassement de l'Angleterre par les Etats-Unis à la fin du XIXe siècle, il ne s'applique pas vis-à-vis de pays de dimensions et populations comparables (ou inférieures) à celles de l'Angleterre. Il en est de même pour les handicaps de l'*early start*, de l'industrialisation précoce, qui aurait légué à l'Angleterre un outillage désuet, alors que ses concurrents nouveaux démarraient à la fin du XIXe siècle avec le matériel le plus moderne ; le même phénomène se serait répété après 1945 au bénéfice des pays vaincus, dont les usines avaient été rasées ou démantelées. Mais dans les deux cas, rien n'empêchait les industriels anglais de se rééquiper eux aussi entièrement à neuf au bout d'un certain temps.

Pourtant, ils ne l'ont pas fait ; en 1950, la Grande-Bretagne était première en Europe sur le plan technologique, dix ou quinze ans plus tard, les pays du continent étaient nettement mieux équipés et leur productivité supérieure. C'est que la proportion d'investissement avait été plus basse en Angleterre que chez ses voisins. Une raison majeure avait été la politique économique des gouvernements successifs, politique dite de *stop-go*, qui avait périodiquement donné des coups de frein, destinés à remédier à des crises de la balance des paiements, mais qui avaient l'inconvénient de casser temporairement la croissance et donc de la ralentir dans le long terme. On a donc souvent dit que les dirigeants britanniques avaient sacrifié la croissance à la stabilité de la monnaie, l'industrie aux intérêts financiers de la *City* ; thèse valable, à condition qu'elle n'implique pas une apologie de l'inflation et des soi-disant relances inflationnistes (on peut penser que la livre sterling a été longtemps sur-évaluée et qu'elle aurait dû être dévaluée plus tôt, puis défendue à une parité réaliste). Le débat n'est d'ailleurs pas clos : pour certains, la «désindustrialisation» a été compensée par l'essor des services et notamment des services financiers, pour lesquels Londres est la première place d'Europe, loin devant Paris et Francfort ; pour d'autres, il s'agit d'une hypertrophie parasitaire, qui a créé une «économie de casino».

Bien entendu, il y avait un cercle vicieux : l'insuffisance des investissements entraînait une baisse de productivité relativement aux concurrents étrangers, ce qui empêchait l'expansion des exportations et provoquait celle des importations ; d'où des déficits périodiques de la balance des paiements, qui provoquaient un *stop* de la part du gouvernement, ce qui décourageait d'investir, et ainsi de suite. Cependant, la balance des paiements commerciaux courants était excédentaire et ce furent les investissements à l'étranger et surtout les dépenses militaires extérieures du gouvernement qui la déséquilibrèrent en années de crise. On trouve là (et aussi dans le rôle de monnaie de réserve que la livre conservait et qui la fragilisait) l'héritage coûteux du rôle mondial que la Grande-Bretagne persista à assumer longtemps après 1945, et en somme une confirmation des vues de Paul Kennedy sur les empires déclinants qui s'épuisent en dépenses militaires excessives. En plus, les Britanniques prirent au sérieux la menace soviétique et se préparèrent pour y résister plus sérieusement que la plupart de leurs alliés (et consacrèrent à des fins militaires plus du quart des dépenses de recherche et développement).

La répugnance à renoncer au statut de grande puissance a donc, dans une certaine mesure, contribué au déclin économique. Mais d'autres facteurs, socio-culturels, ont également joué. La thèse de Martin Wiener, qui attribue «le déclin de l'esprit industriel» à l'hostilité envers ce dernier des élites traditionnelles et des intellectuels britanniques, a eu plus de succès chez les non-spécialistes que dans les rangs des économistes et des historiens ; néanmoins, le prestige et l'attraction de la vie de propriétaire terrien, le système d'éducation des élites et les valeurs qui leur étaient inculquées ont probablement émoussé l'esprit d'entreprise et répandu l'amateurisme. Alan Sked a signalé en plus que la stabilité politique et sociale de l'Angleterre, les succès de sa politique extérieure et de ses armes (y compris sa position de vainqueur en 1945 et sa situation meilleure que celle des autres pays) ont entretenu l'auto-satisfaction, la suffisance, le sentiment de supériorité (ce qui ne préparait pas à une concurrence intense) et n'ont pas favorisé l'essor d'une «culture de croissance». Les

Américains expliquent volontiers les malheurs de l'Angleterre par son «système de classes» et il y a là aussi quelque chose : le prestige de la monarchie, de la noblesse et de tout ce qui y touche (de même que le culte récent de l'*heritage*) contribue à entretenir des attitudes passéistes.

Reste à mentionner ce que l'on a appelé «le mal anglais», c'est-à-dire une difficulté des agents économiques à s'adapter, à se reconvertir, et notamment un système de «relations industrielles» (c'est l'expression anglaise) qui empêche les progrès de la productivité ; manque d'ardeur au travail des ouvriers, «pratiques restrictives» imposées par les syndicats («celui qui pose les tuyaux d'eau froide ne pose pas les tuyaux d'eau chaude»), amateurisme et faible dynamisme de nombreux cadres et chefs d'entreprises. Mais cette maladie, qui a sévi notamment dans les années soixante et soixante-dix, semble largement guérie, comme on l'a suggéré plus haut. Et l'Angleterre n'est plus à la traîne pour le développement d'industries de haute technologie.

Il est possible que, grâce à la déréglementation, aux privatisations à grande échelle, à l'hostilité au corporatisme, à l'accueil chaleureux (contrastant avec les injures et imprécations prodiguées par les dirigeants français) qu'ont reçu savoir-faire et capitaux japonais, ce qui a fait de la Grande-Bretagne leur tête de pont en Europe, cette dernière soit bien placée pour la concurrence internationale dans les années qui viennent. Et elle continue à l'emporter pour la qualité de la vie. Une étudiante qui prépare sa maîtrise à Londres, tout en suivant des cours dans un *college* de l'Université, écrivait tout récemment à l'auteur de ces lignes qu'elle appréciait d'avoir eu la possibilité de connaître «la douceur de vivre en Angleterre».

La question allemande, hier et aujourd'hui

Etienne François

Proposées par un historien de l'Allemagne qui n'est pas à proprement parler spécialiste d'histoire du temps présent (puisque moderniste), mais à qui ces interrogations ne sont pas étrangères, et qui a la chance de résider actuellement à Berlin, cicatrice et chantier de l'Allemagne en gestation —, rédigées en un moment où plus rien ne subsiste de l'euphorie et des illusions consécutives à la chute du mur, et où le devant de la scène paraît dominé par la dureté, les déceptions, les incertitudes et les tâtonnements d'une transition irréversible, mais dont les perspectives d'avenir ne se dégagent pas encore avec clarté —, ces quelques remarques d'un «amateur immergé» ne sauraient prétendre faire le tour de la question ; impressions dépareillées, réflexions suggérées par l'actualité la plus immédiate, leur seule ambition est d'être contribution à la réflexion collective et au débat commun sur les enjeux et les données nouvelles de l'histoire du temps présent.

Si loin déjà qu'il paraisse aujourd'hui, tout doit continuer de partir du formidable bouleversement de l'automne 1989. Et d'abord pour en retrouver la dimension de surprise absolue et d'événement totalement inattendu. Car tout s'est depuis précipité à un rythme tel, qu'on en viendrait presque à oublier ce qui s'était passé deux ans seulement auparavant : la visite officielle d'Erich Honecker à Bonn et sa réception par les autorités fédérales (à commencer par le chancelier Kohl), point culminant du processus de reconnaissance internationale de la RDA interprété à l'époque par tous les observateurs (dont moi-même) comme l'expression du caractère irrévocable de la scission politique allemande. Non que la «question allemande» ait été alors considérée comme définitivement réglée : le président Richard von Weizsäcker aimait à répéter que «la question allemande resterait ouverte aussi longtemps que la porte de Brandebourg serait fermée», tandis que le projet d'implantation à Berlin (ouest) d'un grand «Musée Historique Allemand» visait précisément — pour faire contrepoids à la scission politique du présent — à préserver la mémoire d'une histoire allemande commune. Mais tous — par résignation, par réalisme ou par conviction — s'étaient faits à l'idée d'une dissociation durable (voire définitive) entre réalité politique et réalité nationale allemande, n'imaginant de schémas d'évolution dans le futur que sur la base de deux Etats allemands. En Allemagne de l'Ouest, la référence rituelle à la réunification était devenue si illusoire, que le parti chrétien-démocrate lui-même avait sérieusement envisagé (quelques mois seulement avant la chute du mur) de l'ôter de son programme, et après le 9 novembre 1989, le discours politique, en Allemagne comme à l'étranger, continua pour assez longtemps encore, de partir de l'existence de deux Etats allemands : le plan en dix points du chancelier Kohl (fin novembre 1989), élaboré à la hâte (et sans consultation avec les Alliés occidentaux) pour réagir à chaud à l'événement, n'envisageait la mise en place de structures confédérales qu'à moyen terme. Or vu d'aujourd'hui, ce plan, qui fit alors figure de proposition aventureuse, paraît au contraire excessivement prudent, comme en retrait sur l'événement.

La «surprise de 1989» (que le journal *Le Monde* comparait en son temps, à juste titre, avec celle de 1789) mérite qu'on s'y attarde. Pourquoi tout le monde a-t-il été pris de court — et pourquoi la tentation est-elle si forte aujourd'hui de relativiser sinon d'oublier la surprise (le cas extrême étant celui du publiciste germano-israélien Henrik Broder, faisant — par dérision provocatrice ? — de la chute de la RDA le chef-d'oeuvre de la police politique, la Stasi : parfaitement renseignée, grâce à l'efficacité de ses méthodes et l'omniprésence de son réseau d'informateurs, sur la faillite du régime, cette dernière aurait décidé de le saborder pour mieux assurer la survie et la reconversion de ses personnels, canalisant les grandes manifestations de l'automne 1989, organisant l'ouverture du mur, et préparant la transition par l'intermédiaire des agents qu'elle avait placés dans tous les groupes d'opposition...) ?

Ne pas oublier la surprise est un impératif salutaire pour tout historien (et pas seulement du temps présent) : car elle rappelle que dans l'histoire en train de se faire, rien n'est joué d'avance, et que même si notre travail d'historiens est de retrouver *a posteriori* la logique du déroulement des choses, la liberté, le hasard et l'imprévu sont constitutifs de l'événement en surgissement. Mais ne pas oublier la surprise est aussi salutaire dans la mesure où cela nous rappelle que le sens de l'événement échappe le plus souvent aux acteurs, et que les évolutions ultérieures ne répondent jamais aux intentions proclamées de ceux qui les suscitent (vérité d'évidence qu'on a honte à évoquer tant elle est banale, mais que son évidence même nous conduit souvent à escamoter).

Plus concrètement, cette surprise à retrouver devrait guider le regard à porter tant sur l'événement lui-même, que sur ses conséquences immédiates : comment s'est dans le détail déroulé le processus de prise de décision (si tant est d'ailleurs qu'il y ait eu véritable prise de décision) amenant Günther Schabowski à annoncer l'ouverture du mur de Berlin ? Quels en ont été les facteurs et les mécanismes ? Pourquoi a-t-il fallu que l'événement se produise à une date symboliquement aussi centrale de l'histoire allemande — même s'il semble bien que cette dimension ait échappé aux protagonistes (car le 9 novembre n'est pas seulement la date — bien oubliée — du coup d'Etat de Brumaire, mais également celle de la proclamation de la République en 1918, celle du putsch manqué de Hitler à Munich en 1923, et celle de la Nuit de cristal de 1938) ? Pourquoi, enfin, tous les plans échafaudés après novembre 1989 ont-ils été aussitôt périmés, à peine publiés ? Pourquoi la RDA a-t-elle implosé dans tous les domaines avec une telle rapidité, sans la moindre résistance, précipitant le rythme de l'évolution et obligeant (bien malgré elle) la RFA à l'absorber en moins d'un an, dans un climat de débandade et d'improvisation complète (car s'il y avait bien une hypothèse qui n'avait été jamais envisagée, et pour laquelle il n'y avait donc ni plan ni schéma d'évolution préparé, c'était celle-là) ?

Mais si la surprise est à retrouver dans son immédiateté irréductible, n'est-elle pas aussi le révélateur de notre cécité ? Car si l'on peut aujourd'hui mettre la rapidité de l'effondrement de la RDA sur le compte de sa fragilité interne, cette fragilité ne date assurément pas de l'automne 1989. Or aucun d'entre nous n'en avait pris la véritable mesure. Cette cécité ne renvoie pas seulement à l'opacité du présent pour les contemporains (eux aussi étaient loin de se douter que le régime fût à ce point fragile) ; elle renvoie également à nos propres insuffisances d'observateurs et d'analystes et doit donc nécessairement déboucher sur un examen (auto)critique des raisons pour lesquelles nous avons été dupes. Pourquoi avons-nous trop fait confiance aux apparences, sans nous rendre compte que la coquille était vide et que la désaffection intérieure à l'égard du régime était infiniment plus avancée que nous ne le soupçonnions ? Pourquoi avons-nous surestimé la stabilité interne du régime, les éléments d'approbation qu'il pouvait rencontrer dans la population ? Pourquoi avons-nous surestimé la représentativité politique et idéologique des Eglises et des mouvements de contestation interne (les églises protestantes d'Allemagne de l'Est sont presque aussi vides aujourd'hui que celles de l'Ouest, tandis que le «*Bündnis 90*» qui regroupe — avec les Verts — les mouvements contestataires de l'année 1989/1990 lutte pour sa survie) ? Pourquoi avons-nous sous-estimé la réalité policière et répressive d'un régime qui, nous le savons aujourd'hui, n'existait plus que par sa police, et qui employait avant sa chute 90 000 agents à temps plein (dont 15 000 officiers) et environ 200 000 «collaborateurs informels» (pour une population de 16 millions d'habitants) ? Pourquoi n'avons-nous pas perçu sa faillite économique et écologique, là même où elle était le plus patente (vétusté de l'outil industriel, faible productivité, dégradation de l'environnement dans les régions d'industrie chimique de Saxe, délabrement du capital immobilier, dépendance structurelle des crédits occidentaux - sans l'accord de crédit négocié par F.J. Strauss, la RDA aurait été en état de cessation de paiement en 1981) ?

Quelle a été dans cette cécité relative la part du soupçon persistant à l'égard de l'Etat national allemand (Mauriac et Andreotti n'étaient pas les seuls à se réjouir de l'existence de deux Etats allemands) ? Quelle a été la part du préjugé favorable à l'égard d'un Etat affirmant plus hautement que la RFA sa volonté de rupture avec le nazisme, et dont beaucoup ont continué d'espérer qu'il pût représenter, une fois débarrassé de ses traits autoritaires, une alternative socialiste et puritaine à une Allemagne occidentale trop capitaliste et trop opulente ? Quelle a été la part d'illusion d'une pratique historienne naïvement légitimiste acceptant sans recul critique suffisant les informations données par le régime lui-même ? Quelle a été — dans l'attention apportée aux éléments de stabilité du régime et à ses prétendues possibilités d'évolution interne —, la part du refus de jouer le jeu de ceux qui dénonçaient en termes stéréotypés (et pour des raisons idéologiques directement issues de la guerre froide) le caractère artificiel et totalitaire de la RDA ?

Dans la foulée — et à la lumière de ce que nous savons maintenant de l'évolution ultérieure — d'autres questions nous sont posées, qui devraient faire l'objet d'un examen attentif, car c'est toute l'histoire de la RDA — et plus précisément celle des rapports entre le régime et la population, à la manière de la grande enquête sur «Vichy et les Français» dirigée par François Bédarida et Jean-Pierre Azéma — qui est à réécrire : qu'en est-il donc des attitudes de la population à l'égard du régime ? Comment a-t-elle évolué ? Sur quels éléments (autres que policiers ou de résignation) a reposé l'existence d'un régime qui, même s'il s'est effondré comme un château de cartes, n'en a pas moins duré quarante ans (soit trois fois plus longtemps que le IIIe Reich) ? Comment s'est opéré le processus de désaffection intérieure ? A partir de quand et pour quelles raisons des secteurs importants de la population ont-ils cessé de croire en une possible évolution interne (d'où les mouvements de fuite panique de l'été 1989) ? A partir de quand et pour quelles raisons ont-ils cessé d'avoir peur de l'appareil répressif ? Quels ont été — dans leur complexité profonde et leur entrelac de raisons économiques et idéologiques, individuelles et collectives —, les motivations et les objectifs des vrais acteurs du changement — c'est-à-dire de la masse obscure et anonyme (pour parler comme Bertolt Brecht) représentée par les dizaines de milliers de «fugitifs» (*Übersiedler*) qui pendant l'été 1989 ont pris d'assaut les ambassades ouest-allemandes de Prague et de Varsovie, puis se sont rués à travers la frontière austro-hongroise ? A partir de quand le régime a-t-il commencé à douter de sa force et comment s'est passé le processus de sa dissolution interne ? Comment enfin expliquer ce paradoxe qu'un des régimes les plus policiers qui aient jamais existé, dont l'emprise sur la société n'avait cessé de se renforcer et qui avait réussi à pousser ses tentacules un peu partout, ait pu à la fois (pour reprendre le mot de Clemenceau sur Poincaré) tout savoir (les archives de la police politique le montrent d'évidence) et ne rien comprendre (si l'on en juge par la sclérose suicidaire des instances dirigeantes du parti et de l'Etat) ? Il y a là, on le voit, un énorme chantier en friche, dont il est certain qu'il occupera les historiens pendant des décennies, et où l'on ne pourra vraiment progresser qu'à condition que soient mis en commun la connaissance du terrain des historiens originaires de l'ex-RDA, et le recul des historiens occidentaux (et pas seulement allemands).

L'histoire de la RDA est à réécrire pour l'essentiel. Il n'en va pas de même de celle de la RFA, où le réexamen du passé à la lumière du présent — et des nouvelles sources de documentation mises à la disposition des historiens — devrait se limiter à quelques domaines plus restreints. Le premier a trait à la réévaluation à la hausse (contrairement à l'opinion de nombre d'intellectuels ouest-allemands) de la stabilité interne de la RFA, de son système économique et social, de sa culture politique, et de la profondeur de son enracinement occidental, libéral et démocratique — non seulement par comparaison avec la fragilité accrue de la RDA, mais aussi compte tenu de son aptitude à absorber sans contrecoups majeurs, et par simple extension de son système, les seize millions d'habitants des «cinq nouveaux *Länder*». Le second domaine a trait à l'histoire des relations extérieures de la RFA, et plus spécialement à l'histoire des rapports inter-allemands — ne serait-ce que pour tenir compte des données nouvelles que livreront les archives de l'ex-RDA et des autres Etats du Pacte de Varsovie, et je ne serais pas surpris que ce réexamen débouche sur une poursuite de la réévaluation positive (déjà largement avancée) de la personne du chancelier Adenauer et de sa politique, et, à l'inverse, sur un réexamen critique de l'*Ost-Politik*. Le troisième aspect a trait au réexamen et à l'histoire — bien plus difficile à écrire, car plus sensible — du sentiment national allemand. Qu'il ait été généralement sous-estimé (à commencer par les Allemands de l'Ouest eux-mêmes) ne fait maintenant plus de doute ; mais en même temps, il paraît évident que dans la revendication d'unité imposée (pour simplifier) aux Allemands de l'Ouest par les Allemands de l'Est, le sentiment national n'a joué qu'un rôle subordonné et n'a été le plus souvent que le chiffre d'aspirations autres. Et s'il est vrai que l'on assiste depuis lors à une «regermanisation» partielle de l'Allemagne, cette évolution me paraît avant tout indirecte, provoquée tant par l'énormité et l'urgence des problèmes intérieurs à résoudre, que par la réapparition dans nombre de pays voisins de sentiments de méfiance. Rien pour l'instant ne me paraît plaider en faveur d'un retour au *Sonderweg* allemand et d'une résurgence d'un sentiment national allemand de tradition ancienne. «Nation à contre-coeur» (pour reprendre l'excellente formule de l'historien Christian Meier), l'Allemagne d'après 1989 est une nation qui se construit pour l'essentiel dans la continuité, dans un contexte de conservatisme libéral aux fondements largement post-nationaux : la discrétion des médias allemands lors des jeux olympiques d'hiver (par comparaison avec le matraquage des médias français, et ceci alors même que l'Allemagne — grâce aux performances des sportifs formés par l'ex-RDA — décrochait le plus grand nombre de médailles !), les hésitations persistantes autour du choix de Berlin comme capitale (décision obtenue à l'arraché en juin 1991, lenteur d'un processus de transfert destiné à rester partiel), le refus systématique de toute forme de monumentalité et d'ostentation «nationale» dans les plans d'urbanisme de la future capitale, ou encore la révision à la baisse du projet de «musée historique allemand» — sont autant d'indices en faveur de cette hypothèse.

Resterait enfin à dire un mot des fascinants enjeux de mémoire dont nous sommes actuellement les témoins, et d'abord de l'expérience sans exemple de l'ouverture au public (depuis le 1er janvier) des dossiers individuels de la Stasi — décision arrachée par l'avant-garde contestataire de l'ex-RDA, votée par le dernier parlement de la RDA (le premier librement élu aussi), et reprise en compte (non sans réticences) par l'Allemagne de l'Ouest. Unique en son genre, et portée par une exigence éthico-politique extraordinairement élevée, cette expérience (qui fait contraste avec le rôle pitoyable joué par la justice dans le procès des gardes-frontière ou d'E. Mielke) peut, si elle atteint son objectif qui est de permettre aux victimes de se réapproprier leur histoire, et par là-même de permettre aux Allemands de l'Est de tirer au clair leur passé —, accélérer le processus de redémarrage politique des «cinq nouveaux *Länder*» et se révéler à terme très positive ; mais ses risques sont à la mesure de ses ambitions (ses adversaires parlent de présomption), qu'il s'agissent des effets pervers de la médiatisation marchande du scandale, ou de la mise au grand jour de l'étendue des compromissions obtenues par un régime dont la pratique systématique du chantage paraît bien avoir été le dernier appui.

Par-delà, se trouve posé tout le problème des rapports entre la mémoire des années 1949-1989, et celle des années 1933-1945, en des processus d'échange et de relativisation réciproques dont l'issue est tout aussi incertaine. Certes, dans l'immédiat, et pour plusieurs années encore, le débat autour de ce qu'on appelle de plus en plus la «seconde dictature allemande» va passer au premier plan des préoccupations, faisant passer au second plan le débat autour du nazisme, et donc d'un certain point de vue le relativisant tout en redonnant vie au thème de la continuité et de la similarité totalitaire (cf. les problèmes posés par la remise en état du mémorial de Buchenwald, avec le rappel de l'usage fait par les Soviétiques du camp après 1945, et le réexamen critique de sa récupération par la RDA en tant qu'instrument de légitimation politico-idéologique).

Mais d'un autre côté, on ne peut manquer de relever à quel point dans le regard porté sur l'après-guerre et le débat autour de l'héritage de la RDA, la période nazie continue de faire figure de référence absolue — qu'il s'agisse du jugement porté sur la «seconde dictature», ou des discussions autour des enjeux et des modalités de l'épuration ou de la manière d'assumer le passé récent. Si bien que, paradoxalement, les conséquences de 1989 ne sont pas seulement de distanciation à l'égard de 1933-1945, mais aussi de redécouverte et de mise en perspective : le grand événement littéraire du printemps 1992 n'est-il pas la publication par l'écrivain est-allemand Günter de Bruyn de son autobiographie berlinoise (*Zwischenbilanz*) tout entière centrée sur la période du nazisme et de la guerre, — un des témoignages le plus éclairants et les mieux écrits qu'il m'ait été donné de lire sur cette période ?

Prague et le retour de l'histoire

Karel Bartosek

Dans tous les pays ex-communistes, l'interprétation du passé récent provoque des vagues. Après tant d'années de mémoire amputée, il n'est pas étonnant que ce passé fasse, dans la recherche de nouvelles légitimités et identités, l'objet d'un débat passionnel qui concerne tous les courants politiques. Une nouvelle mémoire amputée ne risque-t-elle pas de s'imposer ? L'exemple des Tchèques, malades séculaires de leur histoire, offre quelques éléments de réponse.

Dans le premier numéro de *La Nouvelle Alternative*, j'ai publié un petit essai «Les historiens dans l'histoire». Il évoquait les destins d'historiens (surtout de l'histoire du temps présent), condamnés à vivre les dures existences d'«interdits de profession», travaillant comme manœuvres ; et pourtant insoumis, continuant à réfléchir et à écrire. Il rappelait la générosité de l'histoire du XXe siècle qui a offert au peuple tchèque une moisson d'expériences comme aucune contrée d'Europe n'en avait connue : monarchie libérale puis autoritaire, république démocratique parlementaire, occupation allemande et totalitarisme nazi, république parlementaire socialisante, régime communiste totalitaire, tentative de grande réforme du «socialisme réel», occupation soviétique, régime communiste autoritaire.

Cet essai se penchait aussi sur le poids de la discontinuité, lot presque quotidien de ce peuple, sur la mémoire amputée servant à opprimer et à humilier. L'interprétation de l'histoire récente a servi pendant des dizaines d'années à couvrir assassinats et persécutions politiques ; le pays a connu l'historien-procureur et l'historien-flic au service du Manipulateur.

Enfin je m'arrêtais sur la mémoire collective, en tant que composante de l'identité. Depuis deux siècles, les Tchèques ont été et sont à la recherche intense de leur identité. D'où les interrogations régulières, cycliques de ce peuple concernant «le sens de l'histoire», le «caractère national», la «question tchèque».

«Une recherche aussi longue et systématique de leur identité ne se terminera probablement pas de sitôt pour les Tchèques», risquai-je alors.

Fin 1989, les Tchèques retrouvent l'enchantement de la liberté. Désormais, ils peuvent interpréter librement leur passé et construire leur mémoire collective. Je vois souvent mes anciens compatriotes, même si mon retour définitif d'exilé n'a pas eu lieu pour l'instant. Depuis le 15 décembre 1989, j'ai passé à Prague des semaines et des semaines. En général dans les archives, une vraie mine d'or. Mais aussi en discutant avec les amis, historiens de nouveau «à plein temps», nouveaux gouvernants, écrivains ou «gens ordinaires». Ou encore en lisant les périodiques tchèques — auxquels on ne peut pas échapper, même à Paris : on y assiste à un grand remue-ménage, on s'y querelle à propos du passé récent, c'est beau, à première vue ...

Malgré tout le travail investi et toutes les précautions nécessaires, suis-je à même de saisir comment les Tchèques traitent le passé récent ? J'ai toujours peur, à distance, d'être trop critique.

La manipulation de l'histoire est loin d'être détrônée

Il est certes réjouissant que l'histoire ensevelie resurgisse. Il n'y a plus de tabous, les personnes et les événements «non-existants» ont désormais droit de cité. On parle sur la place publique des atrocités commises par les Tchèques envers les Allemands des Sudètes lors de leur «transfert» entre 1945 et 1947 ; on parle des gens déportés par l'Armée rouge en 1944-45, des victimes de la terreur d'après 1948 et de celles de l'invasion de 1968 ; on parle de la répression consécutive à 1968 ...

C'est probablement dans le domaine de la culture et du passé politique que la résurrection de la mémoire est la plus spectaculaire. L'histoire se peuple d'auteurs catholiques ou juifs et de représentants des courants libéraux, sociaux-démocrates ou ... trotskistes, de Bohême ou du monde.

Le nouveau président lui-même évoque à juste titre un «retour de l'Histoire». En fait, comme le note un article, nous assistons au retour de plusieurs passés/mémoires. Contentons-nous de citer une seule preuve, qui n'est pas exceptionnelle ; après une édition slovaque, les *Protocoles des Sages de Sion* — «bible» de l'antisémitisme —, sont publiés en tchèque, assortis d'une courte préface qui se veut «objective». Une enquête judiciaire poursuivant la propagande raciste est ouverte bien tardivement et elle piétine, car le «magistrat est débordé». La diffusion de l'ouvrage a donc largement le temps de se faire.

Il est compréhensible que, dans les bouleversements en cours, l'interprétation du passé récent, la curiosité s'expriment prioritairement par voie de presse. Celle-ci en effet peut et veut étancher rapidement la soif de connaître tout l'enseveli d'une mémoire amputée au cours de tant d'années. Elle fait surgir au grand jour des événements et des destins ignorés.

Une approche «journalistique», «événementielle», la course au «sensationnel», cela se voit partout dans notre monde. Mais à la sortie du régime autoritaire et totalitaire, après tant d'années de plomb, le poids de cette approche pèse beaucoup plus et se manifeste aussi par l'activité de ceux qui ont retourné leur veste et veulent gagner de nouveaux galons par un «radicalisme» affiché. Ils sont légion à ne pas respecter les règles déontologiques les plus élémentaires. De plus, les lois permettant de poursuivre les imposteurs sont insuffisantes sinon inexistantes. Dans ces conditions, on peut tout se permettre et on écrit n'importe quoi sur le passé d'un individu ou d'un groupe d'individus. C'est ainsi que le chef de l'Etat lui-même, Vaclav Havel, peut être traîné publiquement dans la boue, qu'il s'agisse de son passé d'opposant ou de son élection à la présidence de la République. L'histoire très récente peut être facilement décrite comme le résultat d'une conjuration du KGB, de la CIA et bien entendu du Mossad, et trouver un large écho.

Il serait intéressant de s'arrêter sur le vocabulaire utilisé dans cette approche «journalistique» qui manipule la vision du passé d'une autre façon que l'ancien régime. Ce vocabulaire trahit souvent la médiocrité de la connaissance historique et culturelle. Ainsi, le terme de génocide trouve-t-il des utilisations très bizarres : on aime, par exemple, à discourir sur le génocide du peuple tchèque,fomenté par les communistes (dans la Slovaquie voisine, on parle sans vergogne du génocide du peuple slovaque, tenté par les Tchèques ...).

L'approche politique instrumentale du passé

Par les temps qui courent, avec la naissance de nouvelles structures politiques, dans la grande ombre de l'ancien régime dont les fidèles n'ont pas encore désarmé, tout homme politique, tout courant qui se profile, doit nécessairement interpréter l'histoire récente. Ce besoin est beaucoup plus pressant et pesant que dans les périodes «normales».

La conjoncture politique, les besoins idéologiques des uns et des autres rythment la vision du temps présent, le choix des sujets, les «leçons» qu'il faut tirer du passé. L'histoire du temps présent est alors l'objet d'une approche instrumentale et utilitaire.

Dans leur majorité, les nouveaux députés ont jugé nécessaire de voter à l'Assemblée fédérale une motion déclarant l'«illégitimité» du régime communiste entre le 25 février 1948 et le 17 novembre 1989 : ces quarante années ne doivent représenter qu'une parenthèse criminelle dans l'histoire et dans l'évolution du pays. Ceux qui étaient opposés à cette motion ont argumenté en vain, rappelant entre autre comment, après 1968, le Comité central du Parti communiste de Tchécoslovaquie avait élaboré un document sur «les leçons à tirer de l'évolution de la crise», réglementant ainsi l'interprétation qu'il convenait de donner de l'histoire récente.

L'instrumental et l'utilitaire prévalent tout particulièrement — et cela semble logique — dans l'interprétation du phénomène que constitue le communisme. Les personnes le plus visées ne sont plus, souvent, les responsables politiques des malheurs infligés après 1968 mais les «communistes soixante-huitards» écartés, parfois emprisonnés pendant de longues années en tant qu'opposants démocratiques au «régime de normalisation» et revenus sur la scène politique. Ces derniers représentent de sérieux concurrents face aux «libéraux» et leur passé lointain peut offrir de nombreux arguments pour les compromettre.

Mais les opposants courageux au régime d'après 1968 (qui n'avaient jamais été communistes), sont aussi de plus en plus, sur la sellette. L'opportuniste ou le collaborateur qui a aidé ou soutenu l'ancien régime (directement ou indirectement par son silence), ressent le besoin de refouler ou de cacher son passé, parfois sa honte. Alors sur qui cracher ? Qui dégrader ? L'action des opposants n'aurait donc été que spectacle de frustrés, d'ambitieux, bien payés de surcroît de l'«étranger», action manipulée par la police secrète, etc. ?

La conjoncture politique et les débats acharnés en cours élargissent, dans les esprits, le champ du passé *récent* jusqu'à l'année 1918, dont les survivants peuvent se compter sur les doigts de la main. La République fédérative tchèque et slovaque est en train de se désintégrer. L'ancien concept de fédération est remis en cause et pas seulement par les indépendantistes slovaques. L'évolution institutionnelle de la Tchécoslovaquie semble s'orienter de plus en plus vers la constitution de deux «Etats-nations», l'un tchèque et l'autre slovaque. Et il n'est pas étonnant que le passé très présent remonte à 1918, date de la fondation de la République tchécoslovaque, où se sont liés ces deux peuples.

Nous pouvons observer cet élargissement du temps *présent* dans d'autres domaines aussi. Par exemple, dans les débats sur la «restitution» des biens aux nobles et à l'Eglise catholique. C'est dans le cadre de la réforme agraire, lancée dans la période de 1918 à 1920, qu'une partie de ces biens a été expropriée par la nouvelle République, cette réforme interrompue s'étant terminée après 1945. Où doivent donc s'arrêter les limites de la «restitution» des biens confisqués dans le passé ?

La mémoire officielle s'installe

Opposant, on peut longtemps rêver d'impartialité, prôner les sentiments les plus nobles ... La pratique gouvernementale, en revanche, est cruelle et le pragmatisme politicien s'impose malgré toutes les bonnes volontés. Dans les pays tchèques comme ailleurs, le nouveau pouvoir ne peut exister sans interpréter l'histoire récente au quotidien. Comme toujours, dans des circonstances semblables, il doit marquer d'abord une rupture avec l'ancien régime, prouver sa nouvelle «légitimité historique», délimiter sa tradition par les événements et personnalités choisis. Aurait-il pu faire l'économie des symboles, des rituels, des spectacles de commémoration ? Englober dans le présent toutes les traces de l'histoire qui persistent ?

On peut rêver ; mais force est de constater qu'une nouvelle mémoire officielle s'installe, qui ne brille pas toujours par sa subtilité historique.

Ainsi le nouveau pouvoir supprime-t-il les anciennes décorations et médailles distribuées par le pouvoir précédent pour en créer de nouvelles. Le rituel veut que les décorations soient attribuées d'abord et le plus souvent à titre posthume, *in memoriam* : le choix des décorés contribue à constituer une mémoire officielle à laquelle les historiens participent peu ! Beaucoup de noms oubliés, symbolisant un événement, sont de cette façon intégrés au patrimoine national : les héros non-communistes de la Résistance, les victimes de la répression communiste. Mais il se passe aussi des choses curieuses. Un ami m'a raconté que Vladislav Vancura, grande figure de la Résistance, exécuté par les nazis en 1942, a été proposé pour une nouvelle décoration. Ecrivain peu ordinaire, il ne pouvait incarner un véritable «grand héros» pour la propagande communiste, ayant en effet quitté le parti communiste de manière retentissante pour protester contre sa «bolchevisation». Or sa candidature n'aurait pas été retenue par le nouveau pouvoir en raison de ses sympathies communistes de jadis ...

D'autre part, le pays fête désormais sa Libération le 8 mai (et non le 9 comme précédemment), date à laquelle la guerre s'est réellement arrêtée sur le territoire de la Tchécoslovaquie et où Prague a été effectivement libérée ... par les chars soviétiques. D'ailleurs, le monument installé en 1945, symbolisant cette Libération — le «premier char» de l'Armée rouge arrivant à Prague à l'aube du 9 mai 1945 — a été peint en rose par deux fois (la seconde fois avec l'aide de plusieurs députés de l'Assemblée fédérale), avant d'être finalement enlevé.

Par ailleurs, le nouveau pouvoir façonne la mémoire du temps présent à travers sa législation. Les lois sur la «restitution» des biens confisqués après février 1948, sur les "réhabilitations" des personnes persécutées, sur l'«épuration» constituent une interprétation directe du passé récent et touchent à la vie et à l'activité de centaines de milliers de personnes. Les délibérations et les verdicts prononcés par les tribunaux contribuent également à l'interprétation de l'histoire qui nous concerne : qu'il s'agisse du processus de réhabilitation de personnes injustement emprisonnées ou des rares cas de procès intentés contre des dignitaires communistes.

Les historiens de demain qui analyseront la naissance d'une nouvelle mémoire officielle auront du pain sur la planche. Leurs études rendront certainement compte des changements de toponymie d'après 1989, car ceux-ci mettent bien en lumière la mémoire qui se met en place et les perturbations suscitées. De nombreuses rues, des places, divers lieux changent de nom comme ce fut le cas après 1918, après 1938-39, après mai 1945, après février 1948 et puis encore dans les années soixante. Des milliers de conseillers municipaux, démocratiquement élus, pratiquent l'histoire du temps présent au quotidien.

La discontinuité marque à nouveau le temps tchèque et la recherche d'une continuité semble ne pas être de tout repos, comme le prouve cette histoire : il était question qu'une importante avenue du sixième arrondissement de Prague portant le nom de Lénine prenne celui d'un grand personnage du pays : Edvard Benes, président de la République de Tchécoslovaquie de 1935 à 1948. Or, après un long débat, le Conseil municipal n'a pas jugé utile que l'avenue en question porte ce nom car Benes aurait facilité la prise du pouvoir par les communistes en 1948. L'avenue en question s'appelle donc *Evropska.* D'autres conseillers municipaux-historiens ont été plus indulgents : il y a quand même à Prague une rue Edvard Benes.

Et les historiens ?

L'historien, ce gérant supposé de «la mémoire savante», correctrice des manipulations conjoncturelles, volontaires ou accidentelles, semble avoir peu de poids sur toutes ces tourmentes.

N'oublions pas d'abord que l'historiographie véritable de l'histoire du temps présent renaît de ses cendres. C'est une branche des sciences sociales qui a été particulièrement dévastée sous le régime déchu, par les purges d'après 1968 et par l'asservissement à la propagande officielle. Une grande partie des historiens persécutés et réhabilités après 1989 a rejoint les institutions de recherche. Mais ils sont âgés et doivent se consacrer le plus souvent à des tâches d'organisation pour mettre en place de nouvelles structures [1].

On trouve certes de temps en temps dans la presse les contributions d'historiens qualifiés. Certains parmi eux sont sollicités pour écrire de nouveaux manuels et Frantisek Smahel, nouveau directeur de l'Institut d'histoire de l'Académie des sciences et médiéviste reconnu — spécialiste du mouvement hussite —, montre avec fierté le chapitre sur l'histoire de 1968 à 1989 qu'il a rédigé (il a eu le temps de mûrir sa réflexion sur cette période en

1. Voir à ce sujet K. Bartosek et L. Liptak, «Tchécoslovaquie : la recherche sur l'histoire du temps présent de 1938 à aujourd'hui», *Bulletin de l'IHTP*, 47, mars 1992.

conduisant des tramways dans les rues de Prague, pendant des années). Quelques livres sérieux ont paru (titres originaux ou rééditions), ce qui est souvent jugé miraculeux dans la décomposition presque totale de l'édition et de la diffusion, alors que les ouvrages qui se veulent scientifiques sont peu sollicités.

Pourtant, dans l'interprétation actuelle du temps présent, l'historien-spécialiste semble marginal, il semble peu sollicité et peu écouté, même s'il peut offrir son érudition sur la «question allemande» toujours brûlante, sur l'épuration, sur l'évolution des rapports entre les Tchèques et les Slovaques ou sur d'autres sujets encore.

A une époque où les nouveaux décideurs se prennent pour les spécialistes suprêmes de l'histoire récente, celui qui incarne la «mémoire savante» ne dispose que de peu de pouvoir. Pourtant, au moment où le vide identitaire commence à se combler, où le chauvinisme, le populisme et d'autres formes d'autoritarisme surgissent et s'offrent en guise de nouvelles identités, au moment où de surcroît, d'anciennes structures du pouvoir communiste continuent d'agir, une historiographie impartiale et rigoureuse, consciente des enjeux de cette période de transition, devrait être présente et entendue.

Un exemple parmi d'autres : certains courants politiques assez puissants tentent à l'heure actuelle — pour des raisons évidentes mentionnées plus haut — d'imposer à la mémoire collective une vision simpliste des événements de 1968 : il se serait uniquement agi alors, dit-on, d'une action des réformateurs communistes, démocrates peu sincères et en tout cas incapables de mettre en oeuvre une véritable réforme du régime. La grande révolte de la société civile non-communiste qui a déterminé la dynamique de ces événements, la grande «fête de l'histoire» que cette société a créée dans la semaine suivant le 21 août 1968, sont ainsi occultées. Pourtant, en tant que tradition, elles pourraient insuffler quelque fierté dans les âmes abattues de la communauté nationale.

A la longue, l'historien tchèque du temps présent doit toutefois s'imposer ; il possède en effet une chance inouïe et une arme redoutable dans le combat contre une nouvelle manipulation de l'histoire : les archives, aujourd'hui largement ouvertes. Pour analyser l'histoire de la guerre, de l'occupation, de la Résistance, toutes les sources sont disponibles, même les archives ultra-secrètes des services spéciaux, utilisées — comme ailleurs — pour le recrutement de leurs agents après 1945. Pour qui voudrait étudier le «printemps de Prague» et son écrasement en 1968 ainsi que la période allant de 1967 à 1971, une masse de documents est consultable, même les sources les plus confidentielles.

Cette ouverture joue et va jouer un rôle important dans la constitution de la mémoire collective. Les nombreux témoignages des acteurs seront remis à leur juste place et les mythes, anciens ou en train de se faire seront à la longue ébranlés. Ce processus a d'ailleurs commencé : dans les profondeurs des archives, les historiens ont enfin trouvé le manuscrit du célèbre ouvrage *Reportage écrit sous la potence* de Julius Fucik, diffusé à des millions d'exemplaires dans des dizaines de langues pour offrir en particulier à la jeunesse d'après la guerre un modèle de héros-Résistant communiste. Or Fucik a «parlé», sous la torture, peu il est vrai, mais quand même ; et il s'en est expliqué avant son exécution sur des petits feuillets. Après 1945, les dirigeants du PCT l'ont censuré et «adapté» pour les besoins de leur propagande. Frantisek Janacek, historien qui prépare l'édition du manuscrit, m'a parlé de la force et de la beauté de ce témoignage sous sa forme originale.

Et ce n'est qu'un début. Bientôt, le général Ludvik Svoboda, élu président de la République au printemps 1968, ne figurera plus dans les sondages parmi les «personnalités positives» de l'histoire du pays les plus citées mais comme un «traître à la patrie». Et qu'en sera-t-il d'un certain «*Aveu*» , si apprécié surtout en France, une fois restitué à sa juste place dans l'histoire des mystifications ?

En 1969, dans Prague occupée, j'ai commencé à écrire un livre intitulé *Les Tchèques malades de leur histoire*. Des fragments de cet ouvrage ont été publiés en juin de la même année dans deux livraisons de l'hebdomadaire *Doba (L'Epoque)*, juste avant son interdiction. Ils commençaient ainsi : «Nous vivons dans une double histoire, celle qui nous apparaît et celle qui est réellement advenue». Après une quarantaine de pages manuscrites consacrées à l'histoire apparente ou mythique, nourrie par «un ciel national bienveillant», et au «sens de l'histoire» tel qu'il est proposé au peuple, des années 1830 jusqu'à l'avènement du pouvoir communiste, ainsi qu'à l'héritage ambigu et contradictoire qu'il nous faut complètement assumer, le texte concluait : «Nous sommes malades de deux histoires, celle qui n'est qu'apparence et celle qui s'est véritablement déroulée. Nous réussirons peut-être un jour à limiter le pouvoir de la première pour qu'éclate la beauté et l'horreur du «sens» de la seconde».

En 1992, force est de constater que les Tchèques sont loin d'être guéris de leur histoire.

Comment repenser aujourd'hui le «temps présent» à l'«Est»

Alexander O. Tchoubarian

Le «temps présent» est un sujet important pour la méthodologie et la recherche historique concrète. Il s'agit en fait d'établir une corrélation entre l'histoire et l'actualité et de définir les méthodes à utiliser pour étudier notre passé récent.

Pour l'historiographie soviétique, pendant longtemps, cette question fut simple à résoudre : des schémas idéologiques et des intérêts conjoncturels offrant des points de repère et des arguments décisifs pour l'analyse historique et pour la reconstruction du passé.

Le processus se déroulait sur deux plans. Tout d'abord, la conscience de l'historien lui-même, sa mentalité et sa réflexion, marquées par des influences idéologiques opéraient une première censure. Se laissant guider par ses intérêts matériels, par sa position sociale (avancement, carrière, etc.), l'historien adaptait la recherche historique à la vision du jour. Par ailleurs, dans la societé totalitaire, le pouvoir avait mis en place un système de pression agissant sur le chercheur afin d'orienter ses concepts, sa conscience historique ainsi que les directions, les formes et les méthodes de son travail.

Ainsi l'historien devenait-il l'otage et le serviteur des idées contemporaines. L'actualité se transformait en instrument d'encadrement et à ses marges se développaient la science historique et les réflexions sur l'histoire.

La notion même de «temps présent» est assez vague et souple. Ses limites chronologiques, elles aussi, ne sont que conventionnelles. Pour les uns l'histoire du temps présent comprend la période de l'après Seconde Guerre mondiale. Les autres préfèrent un cadre encore plus resserré, pour eux, le temps présent n'embrasse que le passé très proche — les années soixante et même pour certains, les années soixante-dix et quatre-vingt.

L'établissement de limites chronologiques dépend de l'approche méthodologique de la notion de temps présent et de ses liens avec le passé.

De fait, toute notre histoire ne cesse de faire signe au présent, en le reliant au passé par la communauté des traditions et de l'expérience, par les tentatives d'analogies et par la répétition de certains processus et événements.

L'histoire contemporaine utilise toujours des notions empruntées aux époques antérieures. Démocratie et liberté, souveraineté du peuple et idées nationales, guerre ou paix, union ou séparatisme, crise ou essor, etc. — tous ces termes utilisés par l'histoire contemporaine sont tirés d'un passé plus ou moins lointain. Certes, ils se sont transformés, se sont enrichis d'un contenu nouveau mais en même temps ils nous ramènent au passé et nous inspirent le sentiment de l'universalité humaine et de la cohérence du temps. C'est en ce sens que l'histoire contemporaine est née du passé — le processus dont résulte une continuité et une succession. L'homme contemporain se sent intégré à l'histoire, une particule dans l'univers global, l'héritier du genre humain et de son histoire.

Mais l'histoire du temps présent corrige nos idées sur le passé, redresse son image à nos yeux. Il semble que la fin de tout processus ou de tout événement ne consacre pas seulement le passé dans sa continuité mais éclaire aussi d'une manière nouvelle le début de ce même processus. L'historien peut mieux comprendre, ou percevoir parfois différemment, les origines d'un processus, son commencement et son déroulement, s'il connaît son étape finale, ou même tout simplement une autre phase plus achevée de l'évolution. Ainsi la fin de la «guerre froide» nous a-t-elle permis d'évaluer autrement ses origines ; de nombreux aspects de sa genèse et de son évolution sont devenus plus compréhensibles quand nous avons été en mesure d'embrasser le tableau dans son ensemble, depuis son origine.

Le terme de «totalitarisme» n'avait jamais été utilisé pour décrire l'histoire de l'Union soviétique et du socialisme. On insistait sur l'unité et la force de la «communauté socialiste». Or tout se passe comme si sa chute si brusque nous avait ouvert les yeux sur des facteurs et des phénomènes auparavant invisibles. Sa faiblesse interne et sa fragilité nous sont brusquement devenues évidentes. Le caractère totalitaire du modèle soviétique de socialisme, l'hostilité qu'il suscitait de la part de millions de personnes sont apparus de façon frappante lors de son écroulement, qui mit en lumière des phénomènes auparavant imperceptibles.

L'histoire du temps présent peut aussi changer notre compréhension du passé, car l'ouverture des archives rend public des faits et des événements qui n'avaient jamais été accessibles auparavant. Une large part de l'histoire de l'Union soviétique a été falsifiée pendant une longue période. Qu'il s'agisse des événements des années vingt et trente, des prodromes de la Seconde Guerre mondiale ou de la guerre elle-même, auxquels on pourrait aujourd'hui ajouter de nombreuses pages qui nous étaient inconnues jusqu'ici.

On pourrait en dire autant à propos de périodes plus éloignées de l'histoire de la Russie. Des études plus fouillées de l'histoire des décembristes ont corrigé nos appréciations sur la révolte de la Place du Sénat de Saint-Pétersbourg en décembre 1825. En bref, l'histoire du temps présent peut ouvrir de nombreuses pages auparavant inconnues de l'histoire antérieure.

Or l'histoire du temps présent a une méthodologie, un domaine d'intérêt et des méthodes d'analyse propres.

En premier lieu, elle traite d'un ensemble tout à fait exceptionnel de sources et de documents. A côté des matériaux traditionnels, elle se nourrit aussi de l'histoire dite orale, qui gagne toujours en popularité. Dans de nombreux pays on effectue des enquêtes auprès d'hommes politiques, de diplomates, de gens ordinaires, afin de faire apparaître de nouveaux aspects, de nouvelles facettes des événements. Aujourd'hui par exemple, lorsqu'une nouvelle série d'enquêtes sur l'histoire de la «guerre froide» va être lancée, le recours à l'histoire orale devrait se révéler une méthode utile pour la compréhension des événements des années 1950-1970. Plus nous nous éloignons de l'époque étudiée, plus les témoignages des personnes de la génération précédente nous sont précieux. C'est pourquoi un vaste programme de recueil de témoignages est en préparation à l'Institut de l'histoire universelle de l'Académie des Sciences de la Russie.

En dehors de l'histoire orale, l'histoire du temps présent ne peut ignorer les journaux et les mémoires personnels. Ces témoignages écrits par des représentants de professions diverses sont des sources inappréciables et un auxiliaire indispensable pour les historiens qui traitent des événements politiques, des relations internationales, de l'histoire diplomatique et d'autres aspects du processus historique.

Le lien organique entre l'histoire et l'actualité est le trait caractéristique de ce champ historique. Souvent les processus étudiés par les historiens sont inachevés et cette situation crée des difficultés considérables pour les chercheurs qui ne peuvent pas embrasser la totalité du problème, du moins dans le long terme. Une étude sur le court terme empêche souvent de saisir la profondeur des processus, de comprendre la régularité de leur développement, de faire la différence entre l'essentiel et le contingent.

Les contemporains ont toujours du mal à prendre de la distance à l'égard d'un événement, ce qui accroît la subjectivité de la perception des faits par les historiens. L'étude de l'histoire contemporaine est ainsi parfois discréditée et de nombreux spécialistes ont le sentiment qu'il s'agit d'une «science fallacieuse et conjoncturelle». L'appréciation des événements change plus rapidement dans ce secteur que dans ceux qui touchent à l'Antiquité, au Moyen Age ou aux temps modernes. Aux yeux des naturalistes ou des représentants des disciplines classiques des sciences humaines, les spécialistes d'histoire contemporaine ne sont pas des scientifiques.

Ainsi un des problèmes fondamentaux de la recherche en histoire contemporaine est le perfectionnement des méthodes d'analyse scientifique des processus actuels. L'approche interdisciplinaire devient une condition *sine qua non* dans cette discipline historique dans laquelle il est nécessaire que les historiens s'associent aux politologues, aux sociologues, aux juristes et aux économistes. La rupture entre les historiens et les politologues a été très dommageable pour l'historiographie soviétique de ces dernières années. La méthodologie des sciences politiques fait défaut aux historiens et inversement aux politologues la vision historique des phénomènes.

Une nouvelle discipline apparaît ainsi nécessaire : une politologie historique, qui associerait les méthodes de deux sciences et élaborerait des instuments synthétiques d'analyse scientifique. Pour l'historiographie soviétique le problème est aggravé en raison de la spécificité de la formation universitaire, caractérisée par la rupture entre l'histoire et la politologie. L'introduction des méthodes politologiques dans la recherche historique devient inévitable. Mais la question se pose de façon plus générale : il convient d'associer les procédés des historiens et des juristes, des historiens et des sociologues, etc.

Cette pluridisciplinarité s'impose avant tout dans l'étude des problèmes de nationalités, dans l'analyse des problèmes internationaux et des processus socio-économiques. La situation actuelle en Russie nous pose des questions difficiles : quels sont les mécanismes à l'origine de la crise sociale, quels sont les conditions et les moyens pour en sortir ? C'est ici surtout que la synthèse des efforts d'un historien possédant une multitude de données issues d'expériences historiques, d'un politologue disposant d'une méthode d'analyse structurelle et d'un psychologue étudiant les mentalités collectives et individuelles, apparaît nécessaire. Elle devrait donner naissance à une nouvelle théorie des crises et des conflits permettant d'en comprendre les sources, les dynamiques et les aboutissements.

Une autre question importante est celle du rôle du progrès technique et des facteurs économiques dans le développement d'une société. Ici l'historien est lié aux économistes, aux spécialistes d'économétrie, de *business* et de *management*. L'histoire économique trouve ainsi un nouveau contenu grâce à la formation d'une nouvelle sous-discipline.

L'histoire contemporaine développe aujourd'hui l'étude du processus de la prise de décision. Pour l'historiographie soviétique c'est une branche interdisciplinaire totalement nouvelle. Dans le passé ce processus était extrêmement simplifié : chaque décision était prise au sommet du parti, les anciens secrétaires généraux ayant voix décisive. A chaque étape, la décision était biaisée et n'offrait aucune alternative. L'information transmise au Kremlin était présentée au départ d'une certaine manière, puis les dirigeants se prononçaient à son sujet à leur gré. Dorénavant les chercheurs vont devoir élaborer les bases scientifiques et démontrer les mécanismes politiques du processus de la prise de décision en prenant en considération la séparation des fonctions législative et exécutive, le rôle des parlements, et le système de contrepoids politique.

Les spécialistes d'histoire contemporaine de l'Académie des Sciences de la Russie commencent à peine à utiliser l'informatique et les méthodes quantitatives dans leur travail. Sans ces instruments, l'analyse des processus historiques contemporains est extrêmement difficile.

Ainsi les historiens russes doivent-ils élaborer une vision nouvelle de l'histoire contemporaine et en définir le contenu en tenant compte des résultats de la science historique mondiale.

Il est important de saisir la corrélation entre le passé et le futur, de montrer la dialectique de leur action réciproque, de révéler l'influence de l'histoire classique sur l'histoire contemporaine et *vice versa* celle de l'analyse moderne sur l'étude du siècle passé. Il est nécessaire de surmonter la domination de la conjoncture et de l'idéologie sur la science historique, de la libérer de l'oppression des intérêts des élites politiques, de changer l'image de cette science qui était considérée comme la servante de la politique et des politiciens.

La corrélation entre l'histoire contemporaine et la politique découle organiquement de leur nature respective. L'important est de ne pas franchir la frontière entre une simple corrélation et une dépendance idéologique. Pour cela la liberté absolue dans la recherche est indispensable ainsi que les évaluations et les recommandations des experts. Ce n'est qu'à cette condition que l'histoire contemporaine deviendra une discipline réellement scientifique disposant d'une méthodologie et de moyens d'analyse spécifiques.

III

Le regard des historiens d'autres périodes :

table ronde

Les historiens des «autres» périodes portent témoignage [1] *de l'intérêt suscité par l'histoire du temps présent hors des frontières qui bornent celle-ci. Les regards convergents ainsi portés et proposés réinscrivent l'histoire du temps présent au sein de la longue durée. Les méthodes et les questions sont en grande partie communes. La critique documentaire et celle du témoignage, la critique des représentations et de la mémoire, ou encore la critique même de la place et du rôle de l'historien attestent de cette communauté de langage et d'inquiétude.*

1. Les quatres textes de cette troisième étape, précédés d'une introduction de Krysztof Pomian, sont issus d'interventions orales faites lors de la première table ronde de la journée du 14 mai 1992. Ils répondent ainsi à l'ensemble des textes présentés dans le cadre des deux premières étapes «Réflexions sur une notion» et «Les grands enjeux de notre temps».

Krzysztof Pomian : remarques préliminaires

La question initialement posée lors de cette table ronde : «qu'attendent les historiens de l'histoire du temps présent ?» traduit une certaine difficulté — linguistique à tout le moins —, mais aussi une difficulté d'un autre ordre. Celle-ci porte sur la place de l'histoire du temps présent dans l'histoire tout court. Comme si les historiens n'étaient pas ceux qui s'occupent de l'histoire du temps présent. Derrière cette formule, il y a peut-être quelque chose de plus, une tradition à laquelle René Rémond a déjà fait allusion, mais qui mérite encore un bref moment de réflexion. Aujourd'hui il est tout à fait évident qu'entre l'histoire du temps présent et l'histoire des époques lointaines il n'y a pas de coupure. Parmi les cinq participants de cette table ronde, Michelle Perrot et moi-même siégeons au comité de rédaction de *Vingtième siècle. Revue d'histoire* et à ce titre participons à l'histoire du temps présent ; Jacques Le Goff a écrit un article dans le premier numéro de cette même revue ; quant à Nicole Loraux et Roger Chartier, leur sensibilité à l'histoire du temps présent s'est toujours manifestée dans leurs publications. Les liens intellectuels entre ces historiens, sont tout à fait manifestes. Mais il y a plus. En renouant toujours avec les remarques faites, notamment par Paul Ricœur et par René Rémond, je pense qu'on peut aujourd'hui parler littéralement d'une consubstantialité de l'histoire du temps présent à l'histoire tout court. Or une telle consubstantialité n'est nullement une nouveauté. C'est elle au contraire qui était la norme pendant la plus grande partie de l'histoire de l'histoire.

De cette consubstantialité témoigne d'abord, tout simplement, l'étymologie du mot «histoire». Que les antiquisants me pardonnent : je vais me référer, en barbare que je suis, à Isidore de Séville qui, dans l'article «Histoire» de ses *Etymologies*, a écrit que l'histoire se dit à partir de *historein* c'est-à-dire *voir, connaître.* Selon lui, l'histoire c'était la description des choses vues, à quoi il ajoutait que ce que les historiens ont vu, ils le décrivent sans mensonge. Effectivement, dans la pratique de notre discipline, dans toute son histoire — on pourrait évidement commencer par

Thucydide mais, toujours barbare, j'en resterai au début du Moyen Age —, l'histoire c'est principalement et en premier lieu l'histoire du temps présent, l'histoire des choses vues. Pour citer quelques noms parmi nombre d'autres, un Guibert de Nogent au XIIe siècle, un Jacques-Auguste De Thou (auteur de *L'histoire de mon propre temps*) au XVIe siècle, un Voltaire écrivant l'histoire du siècle de Louis XV, donc de l'époque qui est exactement son temps présent, ne faisaient pas autre chose.

Il est extrêmement intéressant pour un historien de l'histoire, mais aussi dans le cadre d'une réflexion épistémologique, de chercher quand apparaît la coupure, quand l'histoire du temps présent devient un domaine à part, un domaine qui devra lutter pour son statut. Il me semble, mais je n'en suis pas sûr, que cela se dessine un peu à partir de la révolution érudite du XVIIe siècle et s'institutionnalise au XIXe siècle (en France en particulier, car les cas nationaux sont extrêmement différents sous ce rapport, sous la Troisième République) dans une double dimension, à la fois épistémologique et politique.

L'histoire, affirme-t-on alors, se fait par l'intermédiaire de sources qu'on assimile facilement à des écrits. Autant dire qu'il n'est d'histoire que faite aux archives. Or, l'histoire du temps présent ne se fait pas aux archives parce qu'il y a la clause des cinquante ans (encore n'est-elle de cinquante ans qu'à partir de la fin du XIXe siècle : avant, les délais d'accès aux archives étaient beaucoup plus longs). Donc l'histoire, c'est ce qui se fait aux archives. Le reste — y compris donc toute l'histoire du temps présent — c'est de la politique, ou du journalisme qui n'est qu'une modalité de la politique. A cela une double raison. D'abord, c'est ce à quoi on a participé soi-même ou ce qu'on a vu soi-même, ce qui est épistémologiquement une situation complétement différente de la connaissance médiate de l'historien qui reconstruit le passé — aussi éloigné soit-il — par l'intermédiaire des sources. Et ce qui psychologiquement entraîne une attitude radicalement différente de celle qu'on est censé adopter face au passé lointain. Différente — car c'est là qu'intervient la Révolution française — elle ne se laisse pas séparer d'un engagement dans la politique. Tandis que l'historien des temps éloignés, du moins le croyait-on à l'époque, n'est pas si directement engagé. C'est cette coupure entre l'histoire universitaire et le temps présent qui me semble avoir été codifiée et institutionnalisée au cours de la deuxième moitié du XIXe siècle dans l'organisation même des études et dans des textes que nous avons tous lus comme l'*Introduction aux études historiques*, injustement décriée à plusieurs titres, et préservée jusqu'à nos jours.

Je pense qu'aujourd'hui, en grande partie sous l'influence de l'IHTP et de François Bédarida, cette façon de voir appartient définitivement au passé.

Nicole Loraux : le regard d'une historienne de l'Antiquité

A la question «qu'est-ce que, à titre d'historienne du passé, j'attends de l'histoire du temps présent ?» : je répondrai «beaucoup» — et pas seulement parce que, comme François Bédarida le rappelle volontiers, Thucydide est le premier historien du temps présent. De l'historien du temps présent, j'attends d'abord qu'il fasse comprendre par son travail, qu'il donne à voir, ce qui fait devenir historien. Ou plus précisément, que ce qui fait devenir historien c'est le présent et non je ne sais quel goût du passé, en tant que définitivement révolu. Bien sûr, après ce premier temps, les stratégies sont différentes. Celui qui choisit de devenir historien du présent se donne sans doute pour objectif de tenter d'ordonner quelque peu la complexité vécue de l'expérience, et il doit mettre à distance le proche et les affects qu'il suscite. Je dirais volontiers que, quand on ne se sent pas sûr de procéder suffisamment à cette mise à distance, on devient historien du passé, l'épaisseur du temps étant censée jouer ce rôle. Mais je crois que les questions posées, cela a déjà été dit à plusieurs reprises, restent posées depuis notre présent.

Comme, dans les articles qu'il a consacrés au métier d'historien [1], François Bédarida l'a écrit au sujet de ce rapport présent/passé dans lequel un historien, où qu'il se situe, ne peut pas ne pas se situer, je crois que le chemin du présent au passé, du moins pour une historienne de l'Antiquité, est plus fertile que celui qui va du passé vers le présent, parce que le passé ne donne à vrai dire aucune leçon, tandis que le présent relance sans fin l'interprétation. Prenons très brièvement un exemple : je travaille sur ce qu'on appelle la première amnistie de l'histoire occidentale (puisqu'il faut bien en

1. Et tout particulièrement dans «The Modern Historian's Dilemma : Conflicting Pressures from Science and Society», *Economic History Review*, 40, 3 (1987), pp. 335-348, notamment 342-343 (contre l'idée de «leçons» de l'histoire) et 346 (du présent vers le passé).

constituer une première), et donc sur ce qui se passe à Athènes en 403 avant notre ère, après la chute du régime oligarchique des Trente Tyrans, lorsque tous les citoyens, de quelque bord qu'ils aient été, prêtent serment de «ne pas rappeler les malheurs du passé». Je savais bien qu'en fait, le «rappel» en question désignait le recours à un procès, et que prêter le serment de ne pas rappeler les malheurs du passé, c'est prêter le serment de ne pas engager de procès sur ce qui s'est passé ; donc, que cette interdiction est avant tout une interdiction de procès. Mais, pour réagir à vif au présent, le présent que constitue le non-lieu du 13 avril 1992 en faveur de Touvier m'amène à revenir autrement sur cette interdiction. Bien sûr, il faut d'abord poser toutes les différences qui séparent la justice athénienne (dépourvue de ministère public, où les juges sont des jurés tranchant par exemple sur la plainte privée de l'homme Lysias contre Eratosthène) de la Cour d'Appel de Paris : l'écart doit être creusé. Cela dit, je crois tout de même que le problème est très précisément celui de la démocratie. Luisa Passerini disait — et je crois qu'elle a profondément raison — qu'il y a un problème spécifique de la démocratie vis-à-vis de sa mémoire. Pour ma part, parlant en termes grecs, je dirai que le problème est celui de la démocratie, dans sa difficulté d'assumer son *kratos*. *Kratos* (le fait qu'on l'a emporté sur son adversaire) est constitutif du nom du régime (*dèmo-kratia*), et c'est encore au *kratos* du peuple qu'on a affaire en 403, lorsque la démocratie l'a emporté sur l'oligarchie des Trente. Restait à assumer ce *kratos*, c'est-à-dire à admettre qu'une partie de la cité avait vaincu l'autre, ce qui revenait à accepter que cette victoire en soit une et à la gérer dans le temps. Or c'est la solution inverse qui a été adoptée : pour affirmer à tout prix l'unité de la cité, la réconciliation supposait l'effacement, donc l'oubli de la division. Ainsi, l'interdiction de rappeler le passé bloque tout de suite la mémoire : de fait elle concerne essentiellement les démocrates, puisque ce sont eux — et non les autres — qui ne pourront pas faire valoir leurs droits. C'est du moins ainsi que, jusqu'à présent, j'interprétais cet épisode. Mais le non-lieu concernant Touvier m'amène à revenir sur cette interprétation, et à m'interroger. Somme toute, s'interdire les procès revenait peut-être pour la démocratie restaurée à se donner le luxe et la force de s'identifier réellement à l'unité. Faut-il vraiment recourir à la justice pour sauver la mémoire ? Car il se pourrait que le temps de la mémoire joue terriblement contre une démocratie, plus fragile qu'un autre régime face au jeu des vengeances et des réglements de compte. Voilà les questions que le présent peut amener l'historienne du passé que je suis à se poser.

Donc, du présent vers le passé : bien sûr, l'historienne de l'Antiquité va «instrumentaliser» l'histoire du présent dans la mesure où elle va y chercher et y trouver de nouvelles questions. Ces nouvelles questions, il ne s'agit certes pas de les importer telles quelles sur le mode de la projection, mais de les utiliser à titre d'opérateur et pour ainsi dire de réactif. Dans le cas le plus spectaculaire, on obtiendrait — cela arrive parfois — un découpage totalement nouveau ou une nouvelle organisation de l'objet. Le plus souvent on peut montrer, en cherchant, non pas l'absence d'une question, que l'on interpréterait sur le mode du manque (il est vrai que c'est sur ce mode que Thucydide, lorsqu'il reconstitue le premier passé de la Grèce, raisonne [2] ,et ce type de raisonnement a donc de longue date ses lettres de noblesse), mais ce qui, à la place de cette question, peut être repéré. Cest ainsi que j'ai été amenée cette année à revenir sur la question de l'opinion ou de l'opinion publique, après la lecture du livre de Pierre Laborie. Ce que j'y lisais de fort, c'était que l'opinion était constituée à la fois par la diversité des réactions et des motivations et par la dominance d'un discours. J'ai essayé de poser la question de l'opinion à Athènes telle que par exemple — pour parler encore de lui —, l'œuvre de Thucydide permet d'en saisir quelques situations-clés. Si j'avais le temps de développer, on verrait qu'il y a chez l'historien l'usage du pluriel indéterminé, le «Ils» à la troisième personne du pluriel, qui ne peut renvoyer qu'à *hoi Athènaîoi* (les Athéniens) et que ce pluriel indéterminé doit à plus ou moins brève échéance s'incarner précisément dans une assemblée et une prise de décision. Ce n'est donc pas à proprement parler l'opinion au sens où nous en parlons, puisque c'est en dernier ressort dans le fonctionnement de la démocratie en assemblée que tout se résout. Si l'on cherche ce qui correspondrait le mieux à ce que nous appelons l'opinion, on trouve l'atomisation des opinions singulières, une par une, en situation de crise, comme par exemple dans ce fantastique passage du livre VIII [3] où Thucydide décrit ce qui précède un coup de force oligarchique et l'état de démoralisation dans lequel est le *dêmos* (le peuple), où l'on voit que de ce multiple résulte non pas une majorité (une majorité est toujours traduite en acte, par un vote), mais une cacophonie et de la passivité, et aussi quelque chose

2. Dans ce qu'on appelle l'«Archéologie» (I, 2-19) et notamment en I, 2, 1-2.
3. VIII, 66, 2-5.

comme une impossibilité de prendre en compte l'avenir, une pure réaction à l'actuel. Thucydide insiste beaucoup sur les situations où une opinion — ou, du moins, une masse qui n'est pas constituée en collectivité organisée — est étroitement dépendante des enjeux du présent, par opposition à la hauteur de vues et à la prévoyance de l'homme politique digne de ce nom, qui seul a prise sur l'avenir. Ce qui m'amène à marquer la différence avec ce que Laborie peut dire de l'opinion comme étant toujours prise de position sur l'avenir. Cette esquisse brossée à grands traits et à toute vitesse m'amène à poser la question : dans une démocratie directe faut-il dire qu'il n'y a pas de place pour l'opinion ? A coup sûr non, ce serait aller trop vite en besogne, mais il faut alors s'efforcer de distinguer entre une opinion active et structurée et cette «opinion» athénienne dans la passivité.

Ce que l'historien du présent peut apporter aux autres historiens, c'est encore, je crois, de faire apparaître certaines des opérations qui accompagnent les différentes définitions, pertinentes ou inacceptables, données de l'Histoire. On a beaucoup parlé de mémoire, mais on n'a pas encore parlé d'autres opérations que l'on dira psychiques, dans leur opérativité actuelle et très nocive. Par exemple tout ce qui, dans le travail de la mémoire et de l'histoire, relève du déni. Je crois que l'historien du temps présent, parce qu'il est confronté au négationnisme et à ce qu'on appelle indûment un révisionnisme, doit plus que les autres faire face à une très forte attaque contre l'histoire comme science. Un jour, à la fin d'une émission de radio où j'avais analysé un discours de Mme Stirbois sur la démocratie athénienne et les étrangers [4], une auditrice m'a dit : «mais Madame vous avez *votre* histoire, mais il y en a d'autres et tout se révise en histoire». Tout se révise ? A coup sûr, pas au sens où cette auditrice l'entendait, car, employé en ce sens, le mot signifie seulement que l'effacement et le déni peuvent servir à récrire l'histoire, au service d'une fin qui est précisément d'effacer et de nier. En tout cas, l'historien du temps présent est aux premières loges pour travailler sur ce qui se joue derrière ces courants et peut-être donc le mieux placé pour réfléchir sur ce qui se joue dans la volonté de nier, dans les pratiques de la falsification et dans toutes les contrefaçons de la pratique historienne. Sans doute y a-t-il toujours eu des faiseurs de contrefaçons parmi les «prétendants» ou

4. Voir Nicole Loraux, «La démocratie à l'épreuve de l'étranger (Athènes, Paris)», dans R.-P. Droit (éd.), *Les Grecs, les Romains et nous. L'Antiquité est-elle moderne ?*, Paris, 1991, pp. 164-188.

parmi les «rivaux» (au sens platonicien du terme) de l'historien, mais je crois que l'historien du présent est armé désormais pour montrer comment on fait des contrefaçons, ce qu'est une contrefaçon de démarche rigoureuse.

Pour conclure, si — comme François Bédarida a pu l'écrire [5] —, les années 1950 et 1960 ont été marquées par l'idée d'un antagonisme fondamental entre modernité et tradition ; si les années 1970 ont vu la fin de cette bataille (et la bataille entre l'idéologie du modernisme et celle de l'héritage), est-ce que les années 1980-90 seraient marquées par la production d'une histoire pour un temps d'incertitudes ? Je veux dire une histoire qui ne pense plus pouvoir saisir la totalité, ou du moins la totalité sur le mode harmonique, le mode de l'architecture, mais une histoire qui s'attacherait aux failles, au divers, à l'hétérogène dans une société, et non pas à *sa* mentalité mais à *ses* mentalités. Le sentiment qu'on ne peut pas se débarrasser du pluriel en le ramenant à l'unité, l'attention au multiple est donc un symptôme de l'histoire que nous faisons et dont les historiens du temps présent nous montrent la voie. Peut-être l'historien du temps présent est-il menacé par la masse des documents, par la pression des témoins et par la demande sociale. Mais je crois qu'il est plus à même de rendre justice à ce que, à la fin de *L'homme Moïse et la religion monothéiste,* Freud appelle «la grandiose diversité de la vie humaine», entendant par là qu'il n'est pas de causalité qui ne soit surdétermination. D'où la nécessité de renoncer aux explications totalisantes et de faire apparaître les logiques en conflit, les logiques partielles. Et par «logiques partielles», j'entends moins une micro-histoire attentive à reconstituer coûte que coûte une unité qu'une histoire sans illusions, mais non sans conviction.

Jacques Le Goff : le regard de l'historien médiéviste

En guise de préalable, je tiens à dire ma reconnaissance à François Bédarida qui a su faire de l'Institut d'histoire du temps présent, pour la communauté historienne tout entière, un lieu nécessaire de recherche et de réflexion.

Nous sommes tous conscients qu'entre l'historien des époques passées et l'historien du temps présent, il y a à la fois rupture et continuité et le problème est de voir comment ceci peut se

5. Article cité, p. 342.

combiner. D'autre part nous savons tous (mais on le savait déjà et c'est Benedetto Croce qui a en donné l'expression la plus frappante), que toute histoire est de l'histoire contemporaine. Quant à moi, depuis le temps où j'étais étudiant, j'ai trouvé dans le grand maître de ma pensée historique, Marc Bloch, la définition de la démarche fondamentale de l'historien : éclairer le présent par le passé, le passé par le présent. Nous avons maintenant des formules qui sont peut-être plus subtiles et plus précises, mais la démarche essentielle est là. C'est devenu, je crois, le trésor de chaque historien que nous sommes, quelles que soient nos orientations propres, qu'il faut penser l'histoire dans la longue durée, le temps présent fait partie de la longue durée. Je rappelle pourtant ici que la longue durée ne veut pas dire simplement une très longue chronologie mais désigne essentiellement un rythme particulier de l'histoire, le rythme lent des structures même si évidemment ce rythme ne peut être étudié et perçu que dans une chronologie assez longue. Ce que je demande alors, c'est encore plus que ce que demande Nicole Loraux, je demande presque tout. Parce que je me considère aussi comme historien du présent, historien d'un passé présent. Pierre Nora a dit mieux que quiconque combien nous ne pouvons pas faire autrement que de retrouver précisément du présent dans le passé, presque à chaque instant, à travers le symbolique. J'irai peut-être moins profond mais plus loin que lui en disant que sans cesse nous avons absolument besoin du présent pour comprendre notre passé. Car le passé n'est pas une chose morte. Le passé continue de vivre, le passé est là. Il y a donc deux démarches : d'une part, nous devons nous faire le contemporain du passé que nous étudions et donc nous faire l'historien du temps présent — du temps présent passé — mais en même temps, le passé lui, est encore là. Ce que nous demandons à l'historien du temps présent c'est de bien nous tendre le bout actuel de la chaîne dont nous tenons l'autre bout, à son commencement — parfois nous nous situons au milieu (ce qui est mon cas avec le Moyen Age et me met dans une situation inconfortable) mais le Moyen Age est souvent, en particulier pour les Occidentaux, le début de la chaîne — et le bout actuel de la chaîne n'en est souvent pas la fin.

C'est donc de m'aider et de me permettre de récrire *mon* passé, que je demande à l'historien du présent. En voici deux exemples. Le premier, que j'ai évoqué à Sciences Po il y a quelques temps, c'est celui de la guerre du Golfe. J'aurais essayé de montrer comment, en particulier à un médiéviste, elle repose deux problèmes. L'un, à l'évidence c'est le problème des rapports Islam-Chrétienté, et plus précisément celui des croisades. Là, au contraire de ce qu'a dit avec profondeur Paul Ricœur, nous n'avons pas des clôtures mais nous avons des ouvertures, car l'Islam est une réalité nouvelle qui date du Moyen Age, donc les rapports chrétiens-musulmans datent eux aussi du Moyen Age. Dès lors, le problème est de savoir si les croisades se sont terminées en 1291 par la prise de Saint-Jean-d'Acre ou bien si elles ont continué. On parle encore après le Moyen Age de l'esprit de croisade, il y a eu des tentatives de croisades, une idéologie de la croisade subsiste. Un très grand esprit — que nous apprécierons encore davantage à mesure que son œuvre, grâce aux soins de Pierre Nora, nous sera en entier révélée — Alphonse Dupront, avait bien compris que la croisade était un événement toujours continué et toujours présent. Une quesion se pose cependant : les rapports musulmans-chrétiens certes continuent, ils existent et se posent toujours, mais la croisade, constitue-t-elle une partie du dossier qu'il faut clore ou bien faut-il la rouvrir ; l'accès au pétrole n'est-il que la forme contemporaine de l'accès au Saint-Sépulcre ?

L'autre exemple, est celui du problème posé par la notion de «guerre juste». La réflexion sur la guerre n'a pas commencé au Moyen Age, les historiens de l'Antiquité s'en sont préoccupés, mais il me semble que c'est la Chrétienté d'une part, l'Islam de l'autre, qui ont posé les problèmes de la légitimité de la guerre en des termes qui sont presque ceux d'aujourd'hui. Là encore, sommes-nous toujours au Moyen Age ou le présent est-il vraiment nouveau par rapport au Moyen Age ?

Il est une seconde chose que je demande aux historiens du temps présent, c'est de me montrer (je reprends d'une certaine façon ce qu'a dit Nicole Loraux) *in vivo* la naissance de l'histoire, l'émergence de l'historien, et plus précisément la genèse de la démarche historique. Me montrer donc, à partir d'une situation particulièrement difficile — je suis tout à fait conscient de la difficulté d'être historien du temps présent —, la réaction historique au présent sous cette énorme pression que Pierre Nora, notamment, a bien rappelé : la pression de l'événement, l'agression des informations et des manipulations, l'ignorance de demain. Comment se construit le fait historique ? Comment s'élabore l'explication historique à chaud ? Vous nous présentez à sa naissance la démarche de l'historien. Pierre Nora y a fait allusion : on apprend un événement intervenu à 11 heures, dès 20 heures (et même parfois plus tôt) le journaliste est obligé déjà d'en faire quelque chose qui n'est plus le pur événement, s'ingéniant à le construire. Que fait l'historien, lui, sous cette pression ? Ne nous donne-t-il pas un exemple de ce qu'en réalité nous faisons tous et que nous devons tous faire ? Les documents sur lesquels nous travaillons, quand nous les lisons ce sont les événements qui nous sautent à la gorge, et nous sommes obligés, dès que nous les avons lus ou regardés, si ce ne sont pas des textes, de mettre en marche cette démarche de l'historien. Qu'est-ce que cela veut dire ? Qu'est-ce qui transforme la perception d'un document en monument, en fait historique ? Et qu'en faisons-nous ? Ici encore Pierre Nora a eu raison de rappeler le problème qui est tout à fait fondamental et qui n'est pas, me semble-t-il, limité à l'histoire du temps présent : quelle différence y a-t-il — question à laquelle il est difficile de répondre pour le temps présent mais aussi pour le passé —, entre l'historien et le journaliste ? Le chroniqueur, l'annaliste, sont-ils des historiens ? ou devons-nous réserver ce terme d'historien à un Thucydide ? et peut-on l'attribuer à un Froissart que l'on définit comme chroniqueur ?

Plus particulièrement, je souhaiterais que l'historien du temps présent montre aussi comment s'instaurent les silences de l'histoire. De quoi ne parle-t-on pas ? Car nous le savons très bien, mémoire et oubli, c'est la même chose, cela va ensemble, ce sont les deux faces d'une même démarche. Or, je pense que l'oubli s'instaure aussi tôt et aussi vite que la mémoire. Et ce qui lui donne justement tant de force, c'est d'avoir très rapidement un passé derrière lui. J'entendais René Rémond parler avec son habituelle intelligence des purgatoires de l'histoire. Je voudrais bien savoir comment on entre au purgatoire de l'histoire. Je le sais un peu, car cela ressemble peut-être à la façon dont, au Moyen Age, certains morts entraient au purgatoire des âmes, mais pour les faits historiques, je ne le sais pas ou très mal. Comment s'instaurent les procédés d'oubli ou d'indifférence ? Comment se constitue une indécision sur l'événement ? Et inversement comment se constitue le dossier qui sera livré aux historiens ? Un événement rebattu mais qui nous donne à réfléchir — l'assassinat de Kennedy, — qui s'est déroulé sous les yeux de millions de téléspectateurs et de spectateurs reste une énigme : comment s'est instaurée cette impuissance à l'expliquer ? C'est un problème pour l'historien, mais aussi, je crois, une lueur projetée sur la démarche de l'historien.

Je voudrais enfin que l'historien du présent fasse mieux la critique du témoin oculaire et du document visuel — Krzysztof Pomian en a dit un mot —, qu'il nous permette de mieux la faire. Nous aussi nous savons depuis Hérodote que le témoin qui dit «j'ai vu», le témoin oculaire, est en apparence un témoin privilégié. Mais nous savons beaucoup mieux par l'histoire du temps présent combien les témoins oculaires sont de très mauvais témoins et souvent même parmi les plus mauvais. Voir n'est pas une photographie pure et simple de la réalité mais déjà une interprétation, une manipulation du réel. Quant au document visuel, celui de la télévision, la présentation des événements de Roumanie nous a édifiés à son sujet. C'est donc ma seconde demande à l'historien du présent, et comme il m'a déjà beaucoup apporté, je terminerai en le remerciant de m'offrir en quelque sorte le laboratoire de l'histoire, une histoire expérimentale dont j'aurai dans mon propre domaine, dans mon passé toujours présent, sans cesse à me servir. Je vais continuer à être à son écoute et à son école.

Roger Chartier : *le regard de l'historien moderniste*

Chez l'historien moderniste, l'histoire du temps présent, du moins telle qu'il l'imagine, suscite un vilain sentiment : l'envie. Envie, d'abord, d'une recherche qui n'est pas une quête désespérée des âmes mortes, mais rencontre avec des êtres de chair et de sang qui sont les contemporains de celui qui en retrace les destinées. Envie aussi de ressources documentaires qui semblent inépuisables. Même si de sévères contraintes limitent la communication des archives publiques, l'abondance de la production écrite, sonore, visuelle, informatique, amassée par les sociétés contemporaines comme la possibilité pour l'historien du contemporain de produire lui-même son archive paraissent promettre une manne toujours renouvelée. Bien sûr, les historiens modernistes ont su éveiller les archives dormantes, constituer de grandes sources sérielles, puiser dans les fonds accumulés par les administrateurs, les clercs, les juges et les notaires, mais il leur apparaît souvent aujourd'hui que leurs interrogations les plus décisives demeureront à jamais sans solution documentaire. En se déplaçant de l'histoire des structures et des conjonctures vers celle des représentations et des pratiques (et, tout particulièrement, des pratiques sans discours et des représentations les plus ordinaires), l'histoire moderne a multiplié les questions qui, à la limite, sont sans réponse possible dans les sources disponibles. A tort ou à raison, l'historien du temps présent, par sa capacité à construire des observatoires ajustés à ses préoccupations, paraît au moderniste apte à s'affranchir des contraintes documentaires qui, classiquement, bornent l'investigation historique.

Envie, enfin, parce que l'historien du temps présent est contemporain de son objet et, de ce fait, partage avec ceux dont il fait l'histoire les mêmes catégories essentielles, les mêmes références fondamentales. Il est ainsi le seul à pouvoir surmonter la discontinuité fondamentale qui ordinairement sépare l'outillage intellectuel, affectif, psychique de l'historien et celui des hommes et des femmes dont il écrit l'histoire. Pour les historiens des temps révolus, la connaissance historique est toujours une difficile opération de traduction, toujours une tentative paradoxale : manifester sur le mode de l'équivalence un écart irréductible. Pour l'historien du temps présent, la distance semble infiniment moindre entre la compréhension qu'il peut avoir de lui-même et celle des acteurs historiques, humbles ou fameux, dont il reconstruit les manières de sentir et de penser.

Une fois l'envie exprimée —une envie que les historiens du contemporain, embarrassés par la surabondance des sources et inquiétés par la proximité immédiate qui les lie à leur objet, trouveront peut-être bien mal placée —, il faut dire les attentes et les dettes, non pas des modernistes, mais d'un moderniste parmi d'autres à l'égard de ce qu'est l'histoire du temps présent. En premier lieu, il me semble que cette histoire a inventé un grand thème, maintenant partagé par tous les historiens, quelle que soit leur période de prédilection : à savoir l'étude de la présence incorporée du passé dans le présent des sociétés, donc dans l'habitus social des classes, des groupes et des communautés qui les constituent. Les travaux nombreux consacrés aux modalités de construction, d'institutionnalisation et d'expression, de la, ou plutôt des mémoires contemporaines ont eu un effet décisif pour l'ouverture de recherches nouvelles qui, dans toutes les périodes historiques, tentent d'identifier, au-delà du seul discours historique, les formes multiples, possiblement conflictuelles, de remémoration et d'utilisation du passé.

L'histoire du temps présent, d'autre part, donne une acuité particulière à l'une des questions les plus difficiles posées à tous les historiens : celle de l'articulation entre la part volontaire et consciente de l'action des hommes et les contraintes méconnues qui l'enserrent et la bornent. Longtemps (et à tort, me semble-t-il) l'histoire du contemporain a été étroitement associée à un paradigme de la connaissance historique qui ne considère que la liberté des acteurs, la part réfléchie des conduites, l'offre d'idées, la sphère du politique. Mais les plus aigus des travaux des historiens du contemporain ne sont-ils pas ceux qui, refusant d'identifier l'histoire à cette mutilante philosophie du sujet et de la conscience, inscrivent les choix, les engagements, les décisions les plus volontaires dans les conditions qui les ont rendues pensables, donc possibles, et dans les déterminations qui les règlent et les commandent ? Loin de s'opposer terme à terme aux principes fondateurs des sciences sociales, l'histoire du temps présent, en ses meilleures réussites, constitue le lieu d'une réflexion essentielle sur les modalités et les mécanismes de l'incorporation du social par les individus qui appartiennent à une même formation ou configuration sociale.

Enfin, l'histoire du temps présent manifeste avec une pertinence spécifique la visée de vérité qui est au principe de tout travail historique. En ces dernières années, l'attention a été portée —et à juste titre — sur les parentés qui lient l'écriture de l'histoire et celle de la fiction. L'une et l'autre appartiennent à la classe des récits, et toute histoire, même la moins événementielle, même la plus structurale, construit ses entités, ses temporalités, ses causalités de même façon que le fait la narration de fiction. A partir d'un tel constat, tout à fait justifié, le risque existe de passer à un autre, qui dissout le statut de connaissance de l'histoire et l'assimile aux œuvres d'imagination. Or, l'histoire du temps présent, plus que toutes les autres, rappelle qu'entre fiction et histoire, il est une différence fondamentale, qui tient à l'ambition de l'histoire d'être un discours vrai, capable de dire ce qui fut réellement. Cette vocation propre de l'histoire, qui est à la fois récit et savoir, savoir par le récit, trouve une particulière importance lorsqu'elle se dresse contre les falsificateurs et faussaires en tous genres qui, en manipulant la connaissance du passé, espèrent déformer les mémoires. Ils sont de tous temps, comme l'ont souligné récemment les livres d'Anthony Grafton [6] et de Julio Caro Baroja [7]. Mais l'actualité française

6. *Forgers and Critics. Creativity and Duplicity in Western Scholarship*, Princeton University Press, 1990.

7. *Las falsificaciones de la Historia (en relacion con la de España)*, Barcelone, Seix Barral, 1992.

récente, marquée, entre autres, par l'affaire Touvier, suffit à montrer les enjeux civiques et éthiques tout à fait spécifiques qui investissent le travail de tri entre le faux et le vrai, le mensonge et la connaissance lorsqu'il concerne des réalités historiques encore vives.

Habitée par une impérieuse exigence de vérité, l'histoire du temps présent oblige tous les historiens à faire retour sur la question posée aussi bien par Paul Ricœur [8] que par Michel de Certeau [9] : à quelles conditions un discours historique peut-il être tenu pour «vrai», c'est-à-dire comme produisant, à l'aide des instruments et des catégories propres à une configuration de savoir déterminée, une connaissance adéquate de la réalité qu'il institue comme son objet ? La réponse est difficile et l'élaborer excèderait de beaucoup le dessein de cette brève intervention. Reconnaissons seulement que l'histoire du temps présent, du fait même des enjeux qui sont les siens, permet de reconnaître l'historicité fondamentale des conditions de production et de validation du savoir historique tout en arrimant solidement notre métier à l'exigence de connaissance vraie qui le fonde.

Michelle Perrot : le regard d'une historienne du XIXe siècle

Si l'historien de l'époque moderne est saisi d'envie par rapport à l'historien du temps présent, l'historien du XIXe siècle est, lui, saisi d'angoisse parce qu'il est à la fois le plus proche et le plus menacé, dans la mesure où le temps présent a largement remis en cause les hypothèses, ou les certitudes qui tissaient le siècle même qu'il étudiait. Maintenant que c'est une expérience close, on ne peut plus voir de la même manière l'histoire du mouvement ouvrier. De ce point de vue, il y a un rapport de proximité qui me paraît intéressant.

Au sens strict, c'est bien connu, le présent n'existe pas. Il n'y a guère que l'instantané photographique qui livre un instant dans sa fugacité. D'où le caractère irremplaçable de ce type d'image qui n'a aucun équivalent textuel. Le temps présent, lui, n'existe que par convention et ses limites se déplacent perpétuellement. En aval, il est borné par l'horizon indéfiniment reculé de l'«actualité». En

---

8. dans *Temps et Récit*, Paris, Seuil, 1983-85.
9. dans *L'écriture de l'histoire*, Paris, Gallimard, 1978.

amont, par ce qui constitue le point origine, l'événement fondateur pour la génération qui est, provisoirement, en scène. Le temps présent est une zone mouvante dans son assise qui ne cesse de bouger avec l'âge des historiens qui entrent sur le théâtre et dont le présent ne peut être identique à celui de leurs devanciers. Actuellement, le temps présent est une zone qui s'étend, qui ne cesse de s'étendre, entre la Seconde Guerre mondiale et aujourd'hui ; mais pour combien de temps ? Ne voit-on pas se dessiner en amont d'autres éléments fondateurs comme la guerre d'Algérie ou mai 1968 ? En aval est-ce-que l'écroulement du Mur de Berlin ne marque pas la fin de l'après-guerre et le début d'une autre ère, forcément indéfinissable ? Ainsi, l'historien du temps présent est aux prises avec une expérience qui, d'ailleurs, vaut pour toute l'histoire : l'épreuve du caractère contingent des chronologies. En définitive, si nos chronologies passées nous paraissent si assurées, c'est sans doute par paresse d'esprit.

En réalité, les historiens du temps présent font davantage l'histoire «contemporaine» que celle du temps présent. Ils traitent en particulier des événements liés à la Seconde Guerre mondiale, dont on n'a pas épuisé le sens. Parce que ces événements ont mis au monde, intellectuellement s'entend, ma génération, je me sens totalement concernée comme par une histoire de famille, dont on n'en finit pas de démêler les fils. Mais pourquoi l'a-t-on abordé si tard ? A la Sorbonne des années 1950, la frilosité de nos maîtres devant ce qui était alors un vrai «présent» était extrême. La notion de nécessaire «recul historique», l'idée que l'histoire doit être froide et que son exercice est incompatible avec la chaleur des passions, que le sujet doit être évacué de sa trame, ces conceptions régnaient et étaient, peu ou prou, largement partagées. Pierre Renouvin, Fernand Braudel, à un bien moindre degré il est vrai, Ernest Labrousse, disaient à peu près la même chose. La conjoncture politique jouait sans doute son rôle en l'occurrence. Ici se pose la question de ce que furent les universités pendant la guerre [10]. Qu'était la Sorbonne pendant la guerre ? Lorsqu'on voit la violence des discussions qui ont opposé Marc Bloch et Lucien Febvre, à propos de la parution des *Annales* pendant l'Occupation, alors qu'eux deux étaient parfaitement d'accord dans leur jugement sur le nazisme, on peut se demander ce qui se passait ailleurs et par conséquent si, dans les années 1950, n'a pas régné une certaine

10. Claude Singer, *Vichy, l'université et les Juifs. Les silences et la mémoire*, Paris, les Belles Lettres, 1992.

volonté d'apaisement et de consensus, qui aurait engendré, chez les universitaires, cette attitude prudente et silencieuse, cette difficulté à aborder l'histoire du temps présent. J'ai été de ce point de vue très interéssée par la communication de Michel Trebitsch qui montre la naissance de l'IHTP. Et comment ne pas saluer la volonté de réappropriation collective par les historiens universitaires de ce passé fondateur que, ainsi que l'a rappelé René Rémond, d'autres traquaient avant eux mais d'une autre manière et parfois sans eux. A cet égard, le livre d'Annette Wierviorka [11] est une très belle démonstration de la manière dont évolue la remémoration.

Alors, qu'attendre de l'histoire du temps présent en dehors de cela qui est essentiel pour la pensée, et qui nous provoque constamment ? J'ai été, pour ma part, toujours sensible à l'air du temps [12], mais peut-être plus sensible au présent qu'à son histoire, et sans doute pour les raisons que je viens d'évoquer précédemment. Comme beaucoup d'autres, j'y ai cherché plutôt des incitations, des questions, un regard renouvelé sur le passé qu'on ne cesse de réévaluer en fonction du présent. Parmi les grandes expériences contemporaines qui m'ont concernée en tant qu'historienne du XIXe siècle, en voici deux, de sens contraire. La liquidation de la classe ouvrière comme acteur social et politique, inimaginable il y a trente ans, modifie évidemment la vision que l'on pouvait avoir du mouvement ouvrier dans les années 1950. A l'opposé, la résurgence éclatante du mouvement des femmes dans les années 1970 a conduit à rendre visible «ce qui était caché depuis le commencement du monde» (pour paraphraser René Girard), et à s'interroger sur une dimension oubliée et pourtant essentielle de l'histoire : les rapports entre les femmes et les hommes. L'*Histoire des femmes en Occident*, qu'avec Georges Duby, j'ai dirigée, est née de là. J'ajouterais, au passage, qu'à cet égard, je trouve assez peu de choses chez les historiens du temps présent, et bien davantage chez les sociologues ou les anthropologues, comme si le retour en force du politique, ou l'ordre des urgences — s'occuper d'abord de ces événements inouïs — contribuaient une fois de plus à refouler cet aspect des choses.

Q'attendre, donc, de l'histoire du temps présent ? Je dirais d'abord le plaisir, le plaisir doux amer des souvenirs d'enfance,

---

11. *Déportation et Génocide entre la Mémoire et l'Oubli*, Paris, Plon, 1992.
12. Michelle Perrot, «L'air du temps», dans Pierre Nora (dir.), *Essais d'ego-histoire*, Paris, Gallimard, 1987.

auquel l'histoire du temps présent fournit à chaque instant des aliments. Dans le *Journal, 1940-1942* de Jacques Biélinky [13], je retrouve le murmure des queues parisiennes, les hantises alimentaires, le froid terrible des hivers de guerre (et il y eut des étés si brûlants) ; mais je découvre aussi l'insouciance de mon enfance qui ne savait rien...

En second lieu, une archéologie, une quête active, ardente, des sources sous toutes leurs formes, orales certes — et l'apport de l'IHTP est à cet égard immense — écrites aussi. Il est captivant de voir comment l'écroulement du Mur de Berlin, pour reprendre cette formule symbolique, fait apparaître des gisements de sources cachées en Russie, en Allemagne de l'Est, etc. Tension mémoriale, lutte pour le savoir recouvrant des luttes de pouvoir se conjuguent sous nos yeux. Quelle leçon pour l'historien que ce conflit autour de l'archive, conflit qui a toujours existé, mais qui se déroule devant nous comme dans un chantier à ciel ouvert.

Troisième attente : un travail sur la mémoire, spécifique dans le temps présent. On travaille avec des témoins dont on voit changer la remémoration, se modifier leur propre regard sur leur passé. On travaille devant des témoins dont le regard est peut-être un poids autant qu'une lumière. Il ne faut pas confondre le silence et l'oubli. L'enquête de la télévision (la télévision est historienne souvent et sur ce point, je rejoins les remarques faites par Pierre Nora), sur la résistance en Haute-Savoie, diffusée en mai 1992 par la Sept sur le canal de FR3, montre tous les problèmes que peut faire surgir l'appel à témoins. Et puis pourquoi parle-t-on de ce dont on parle ? Quelle est la généalogie du souvenir ?

Autre attente encore vis-à-vis du temps présent : le désir d'une analyse qui tente d'aller assez loin dans les profondeurs des groupes et des êtres et qui, justement, incorpore la subjectivité jadis maudite, avec la tentation, parfois, d'en user comme d'une psychanalyse. Mais ne faisons-nous pas un peu notre psychanalyse avec l'histoire du temps présent ?

Et puis, une attention particulière à l'image. L'image de toute nature, mais notamment les documents télévisuels qui ne doivent plus être évacués du champ de la recherche, ce présent dans le présent que nous savons si peu analyser. De manière générale, l'historien éprouve beaucoup de difficultés avec les images. Dans ce domaine, l'historien du temps présent peut apporter beaucoup,

---

13. Jacques Bielinky, *Journal 1940-1942. Un journaliste juif à Paris sous l'occupation*, présenté par Renée Poznanski, Paris, Le Cerf, 1992.

parce qu'il voit, il assiste en direct à la production des images, à leur fabrication, au commentaire sur elles, à leurs effets. Le présent est un laboratoire de l'image, et son étude vivante est de ce point de vue irremplaçable. C'est aussi une contribution à l'histoire si difficile des représentations, à laquelle tout historien est confronté. La surmédiatisation de notre époque lui confère une particulière pertinence pour ce type de réflexion. Elle pose avec acuité la question du «réel», dont nous comprenons mieux que dans d'autres périodes plus lointaines — et plus illusoires — qu'il est littéralement hors d'atteinte, sans cesse recouvert par ses représentations, au point que le grand philosophe américain, Richard Rorty, disait récemment que nous ne pouvons connaître qu'elles. A ce grand, à cet incontournable problème, les historiens du temps présent peuvent apporter beaucoup sans être pour autant accablés. Parce que j'ai aussi envie de leur dire : ce que vous faites est très bien et ne nous écoutez pas trop ! Mais il est vrai qu'il y a dans l'étude du présent une exigence de vérité à laquelle nous sommes d'autant plus sensibles que nous sommes ici à la fois historiens et citoyens, directement concernés, même si nous ne sommes pas «engagés».

Pour finir, je me permettrai de suggérer aux historiens du temps présent, pourtant déjà submergés de tâches, de ne pas s'inscrire dans une division du travail qui vouerait la politique aux historiens, la société aux sociologues, le symbolique aux ethnologues, la psychologie sociale aux spécialistes de cette discipline, etc. Car si le travail pluridisciplinaire est partout indispensable, si l'idée d'une «histoire totale» fait partie des illusions d'une époque historiographique qui fut aussi ambitieuse que candide — et grande — il me semble pourtant qu'un regard proprement historien sur le social et la temporalité dans leur ensemble demeure essentiel et que ce serait un appauvrissement d'y renoncer.

DEUXIEME PARTIE

FAIRE L'HISTOIRE DU TEMPS PRESENT

I

Champs de recherche : renouvellement et innovation

Les particularités du temps présent et de ses enjeux ont-elles donné naissance à des champs de recherche inédits ou, du moins, ont-elles suscité une manière inédite d'investir des champs déjà connus ? C'est toute la question qui se pose maintenant à chacune des spécialités envisagées : le politique, le religieux, la justice, les techniques, les sciences, l'entreprise et le quotidien.

La proximité ou parfois la contemporanétié de l'historien vis-à-vis de ses objets d'enquête, de ses témoignages et de ses témoins, ont été longtemps source de retenue, voire d'interdit. Aujourd'hui, par l'ouverture — même fragile et périlleuse — au temps présent, chacun des domaines envisagés est devenu à part entière, un lieu d'innovation.

Le retour du politique

Jean-François Sirinelli

Le renouveau de l'histoire politique est un fait avéré [1]. Ce serait, du reste, un beau sujet d'histoire... culturelle que de reconstituer les étapes de cette reviviscence [2]. A condition, bien sûr, de ne pas s'en tenir à de simples faire-part de renaissance et d'éviter deux travers : les communiqués de victoire et les proclamations de percée historiographique décisive. L'allure martiale et l'autosatisfaction n'ont jamais été des attitudes scientifiques convaincantes. Bien plus, elles dissimuleraient ce qu'une telle *Reconquista* [3] a encore d'incomplet et de fragile et en feraient une simple Restauration, là où une véritable Renaissance est souhaitable, dans le sens plein du terme : moins un retour des Emigrés que la mise en place d'une discipline rajeunie. Et conquérante sans être impérialiste : le temps n'est plus où les grands secteurs historiographiques ne concevaient leurs expansions respectives qu'au détriment des autres, des sortes de Yalta tacites fixant régulièrement, et pour une ou deux décennies, les rapports de forces et les zones de partage.

Dans les limites imparties, on laissera de côté l'inventaire des formes concrètes que revêt ce renouveau de l'histoire politique, qui s'opère à la fois à travers «une approche différente d'objets depuis

---

1. René Rémond a analysé ce renouveau à plusieurs reprises, notamment dans «Une histoire présente», en introduction de *Pour une histoire politique*, sous sa direction, Paris, Le Seuil, 1988, pp. 11-32, et dans «Le retour du politique», dans *Questions à l'histoire des temps présents*, journée d'études du Centre d'histoire de l'Europe du vingtième siècle, sous la responsabilité d'Agnès Chauveau et Philippe Tétart, Bruxelles, Editions Complexe, 1992, pp. 55-64.

2. Etapes déjà anciennes, en fait : ainsi, dès 1974, Jacques Julliard pouvait recenser, dans un article balancé, plusieurs symptômes de l'inflexion amorcée (cf. «La politique», dans *Faire de l'histoire*, sous la direction de Pierre Nora et Jacques Le Goff, t. 2, Paris, Gallimard, 1974, pp. 229-250).

3. Pascal Balmand, «Le renouveau de l'histoire politique», dans *Les écoles historiques*, de Guy Bourdé et Hervé Martin, en collaboration avec Pascal Balmand, Paris, Le Seuil, éd. de 1990, chap. 14, p. 364.

longtemps analysés (et par) une construction de nouveaux objets» [4]. Ainsi amputé, le bref rappel qui précédait pourrait paraître, somme toute, banal. Il était pourtant nécessaire pour notre propos car un tel renouveau a commencé à devenir pleinement discernable — même si, répétons-le, les pilotis en étaient plantés depuis plusieurs décennies — en une époque où s'éployait, parallèlement, l'histoire du temps présent. Et c'est précisément le constat de cette concomitance [5] qui nous intéresse ici. Est-elle fortuite et doit-on conclure à une simple coïncidence chronologique ? La réponse est complexe car il est plusieurs façons d'envisager l'étude des rapports entre histoire politique et histoire du temps présent. On s'en tiendra dans les pages qui suivent à deux de ces aspects : d'une part, en constatant que renouveau de l'histoire politique et rapide essor de l'histoire du temps présent attestent, de fait, des rapports étroits et de longue date entre ces deux histoires ; d'autre part, en remarquant que si de tels liens forts existent, il convient pourtant d'en rechercher d'éventuelles limites.

Des affinités et un passé commun

L'époque — pas si lointaine — n'est plus où l'historien concevait sa pratique uniquement comme une sorte de retour de cendres d'un passé, quand celui-ci était totalement aboli. Il est maintenant admis qu'est également objet d'histoire cet entre-deux, à échelle humaine par les phénomènes de contemporanéité et les réverbérations de mémoire, entre passé aboli et temps immédiat. Pour la plupart des historiens, l'affaire semble entendue : Clio est déontologiquement habilitée et méthodologiquement armée pour prendre le pouls de l'histoire proche. Et si certaines réticences demeurent, leur formulation relève davantage d'un rejet quasi instinctif que d'un dossier d'instruction réellement étayé. On connaît, par exemple, le jugement sévère de Pierre Goubert dans son *Initiation à l'histoire de la France* : «Quant à cette large part du XXe siècle que j'ai vécue, je la ressens surtout à travers mes souvenirs, mes réactions vives et

---

4. *Histoire politique et sciences sociales*, sous la direction de Denis Peschanski, Michael Pollak et Henry Rousso, Bruxelles, Editions Complexe, 1991, p. 28 (cf. notamment le texte de présentation de cet ouvrage, pp. 13-36, qui inventorie et analyse ces objets nouveaux ou renouvelés).

5. Constat, par exemple, formulé explicitement par Jean-Pierre Rioux dans «Peut-on faire une histoire du temps présent ?», *Historical reflections - Réflexions historiques*, 1991, vol. 17, n°3, note 4, p. 302.

mes dures analyses ; jamais il ne me serait venu à l'idée d'en écrire l'histoire, même brièvement, et j'avoue mal comprendre comment d'autres ont osé, sinon par vanité, par intérêt ou par goût de la facilité» [6]. Certes, le dossier de la partie civile est présenté par un homme de forte conviction et de ferme pensée, mais la défense est devenue aisée au fil des ans, et l'histoire du temps présent peut, sans rougir, répondre aux sommations venues d'outre-1789.

Cela étant, et sans qu'il y ait contradiction avec ce qui précéde, l'étude de l'histoire proche, avant même sa reconnaissance institutionnelle et au miroir de la corporation, avait été déjà pratiquée de longue date par certains historiens, et notamment en histoire politique. Dans ce domaine, en effet, politologues aussi bien qu'historiens n'ont jamais réellement hésité à aborder aux rivages de la période qui leur était contemporaine. Quand André Siegfried brosse en 1913 son *Tableau politique de la France de l'Ouest*, il conduit son analyse jusqu'aux élections de 1910. Et quand Charles Seignobos publie en 1921-1922 les tomes VI à IX de l'*Histoire de France contemporaine depuis la Révolution jusqu'à la Paix de 1919*, dernier tronçon de l'*Histoire de France* dirigée par Ernest Lavisse, ces volumes, dont la publication était initialement programmée entre 1907 et 1909 [7], vont, à travers le tome IX, et comme l'indique explicitement le titre de la série, jusqu'en 1919 et au Traité de Versailles [8]. Et le même Seignobos, au fil des premières décennies du siècle, commente pour la presse française et étrangère les résultats des élections [9] et, en toile de fond, le monde qui l'entoure [10].

Au lendemain d'une autre guerre, c'est encore à de l'histoire proche que s'attelle François Goguel, qui publie en 1946 *La*

---

6. Pierre Goubert, *Initiation à l'histoire de la France*, Paris, Tallandier, 1984, pp. 9-10.

7. Cf. Pierre Nora, «L' *Histoire de France* de Lavisse. Pietas erga patriam», Pierre Nora (dir.), *Les Lieux de mémoire*, t. II, *La Nation*, vol. 1, Paris, Gallimard, 1986, p. 344.

8. Ce tome IX, publié en 1922, et qui comprend également la «conclusion générale» d'Ernest Lavisse, est intitulé «La Grande Guerre». Il a été rédigé par Henry Bidou, A. Gauvain et Charles Seignobos.

9. Certains de ses articles ont été réunis dans un ouvrage au titre significatif, *Etudes de politique et d'histoire*, Paris, PUF, 1934.

10. Avec parfois, quand il passe de l'exploration du passé immédiat à une projection vers le futur proche, des analyses bientôt démenties par l'histoire : ainsi quand il écrit, dans le *New York Herald* du 24 avril 1927, «quelqu'un peut-il garantir dix années d'existence aux dictatures en Espagne, en Italie, ou même en Russie?» et qu'il conclut : «la dictature appartient au passé, non à l'avenir» (*op. cit.*, p. 386).

politique des partis sous la IIIe République. Histoire quasi immédiate, en fait, puisque le livre s'arrête en 1939 et qu'il a été en partie rédigé en captivité à l'Oflag XD, à partir de janvier 1942. Et moins d'une décennie plus tard, René Rémond, publiant *La droite en France*, faisait lui aussi, dans les dernières pages du livre, l'histoire de son temps : l'ouvrage, commencé en 1951 [11] et publié en 1954, évoquait la formation du gouvernement Pinay en mars 1952, l'épilogue étant intitulé «De Vichy à M. Pinay». Dans le même esprit, René Rémond préconisait en 1957 de développer l'histoire de la fin de la Troisième République, histoire jusque-là «délaissée» [12] : le champ à explorer relevait du temps présent — deux décennies à peine s'étaient écoulées depuis le Front populaire — et les sujets inventoriés étaient très largement politiques.

Ce voisinage déjà ancien entre l'histoire du politique et l'intérêt scientifique porté au temps très proche explique sans doute, au moins pour partie, que l'acculturation dans le milieu universitaire français d'une telle histoire du temps proche se soit largement faite par l'histoire politique. Car, à bien y regarder, le programme de recherches sur la fin de la Troisième République tracé en 1957 par René Rémond fut largement mené à bien, sans tapage mais avec une efficacité certaine, dès les années 1970, le décalage s'expliquant par la durée de préparation des anciennes thèses de doctorat d'Etat. Ces recherches, commencées pour la plupart vers le milieu des années 1960, portaient donc sur un objet chronologiquement proche : une thèse sur le parti radical ou sur les anciens combattants dans l'entre-deux-guerres correspond bien, en distance par rapport à l'objet, à des études qui seraient engagées en cette année 1992 sur des partis politiques de l'après-guerre ou sur le contingent durant la guerre d'Algérie.

Bien des thèses préparées au fil des deux premières décennies de la Ve République faisaient donc déjà, à leur manière, de l'histoire du temps présent. A une remarque près : une telle disposition ne touchait alors que l'histoire politique. Les grandes thèses d'Etat dirigées à la même époque, dans le domaine des relations internationales, par Jean-Baptiste Duroselle exploraient plutôt, avec la fécondité que l'on sait, la période de 1870 à 1914 et éclairaient

---

11. Cf. la préface des *Droites en France*, Paris, Aubier-Montaigne, 1982, p. 9.

12. René Rémond, «Plaidoyer pour une histoire délaissée. La fin de la IIIe République», *Revue française de science politique*, vol. VII, 2, avril-juin 1957, pp. 253-270.

notamment la question des origines de la Première Guerre mondiale. Et dans le secteur de l'histoire économique, la plupart des thèses soutenues alors avaient un centre de gravité encore largement placé au sein du XIXe siècle.

Certes, les phénomènes de relève et de relais de générations ont, depuis, en partie comblé ce décalage entre segments chronologiques d'investigation des différentes branches de l'école française d'histoire contemporaine, et l'écart entre ces branches a eu tendance globalement à se réduire. Une approche différentielle de l'histoire du temps présent est donc moins pertinente aujourd'hui, cette histoire étant maintenant largement pratiquée en dehors du domaine du politique et s'étant, de ce fait, «banalisée», signe indirect de sa consécration. Il n'empêche ! Tout ce qui précède confirme bien que l'histoire politique a été un levain pour l'histoire du temps présent, à laquelle la liaient, on l'a vu, des affinités et un passé commun. Et, dans sa phase de décollage institutionnel, la seconde a bénéficié de la solidité retrouvée de la première [13]. Pour reprendre la question posée initialement, concomitance ici n'a pas été simple coïncidence.

De ces forts liens initiaux découle, du reste, une forte polarité exercée par l'histoire politique au sein de l'histoire du temps présent actuellement pratiquée. Force est, en effet, de constater que la «banalisation» évoquée plus haut n'empêche pas qu'existent des phénomènes d'attraction au profit de cette histoire politique : bien des recherches commencées à la périphérie du politique, en histoire économique ou dans le domaine des relations internationales, se sont ainsi recentrées, au moins pour partie, autour du politique, par

---

13. La réciproque n'étant pas totalement vraie ! On aurait tort, en effet, de conclure de ce qui précède que le renouvellement de l'histoire politique s'est uniquement opéré dans le domaine de l'histoire du temps présent, ou même dans celui de la seule histoire contemporaine. La publication en 1987 des deux premiers volumes de l'*Histoire de France* de Hachette était, par exemple, significative, par sa teneur et par ses titres mêmes, d'un mouvement qui touchait d'autres «périodes» de l'histoire : *L'Etat royal. De Louis XI à Henri IV*, *Le Moyen Age. De Hugues Capet à Jeanne d'Arc*. Publication doublement significative, à considérer aussi le nom des deux auteurs de ces volumes : Emmanuel Le Roy Ladurie et Georges Duby. Plus largement, on observera que le temps n'est plus où un rapport sur l'historiographie française concluait que la politique «a pratiquement disparu des travaux relatifs au Moyen Age» (Jean Glénisson, dans *La recherche historique en France de 1940 à 1965*, Paris, Editions du CNRS, 1965, p. XXXVI). L'importance des travaux de Philippe Contamine et de Bernard Guenée, notamment, est venue infirmer le diagnostic. Et l'on pourrait développer la même analyse pour l'histoire ancienne ou l'histoire moderne.

le biais notamment de l'étude de la prise de décision ou par l'intérêt porté à la mémoire et, plus largement, à la culture politique.

Un couple à problèmes ?

Le couple histoire politique — histoire du temps présent, pour être solide et fécond, présente-t-il pourtant des limites ? La question doit être posée car certaines des directions que doit, nous semble-t-il, explorer l'histoire politique si elle entend poursuivre son *aggiornamento* semblent, en première anlayse, parfois difficiles à mettre en oeuvre dans le domaine du temps présent.

Cette histoire politique, en effet, ne pourra confirmer en appel sa brillante reviviscence que si, d'une part, elle explore davantage la veine historiographique des cultures politiques et si, d'autre part, elle est hybridée à l'histoire socio-culturelle, pour intégrer dans son champ d'investigation l'étude des «représentations». Or, sur ces deux plans, la proximité chronologique est peut-être un obstacle majeur.

Le problème, en tout cas, demande examen. Précisons-en les données. La culture politique est probablement le domaine où les percées souhaitables seront les plus fécondes [14]. Il existe, en effet, à la charnière du politique et du culturel, une large zone de contact et d'osmose, que l'on peut légitimement qualifier de culture politique. Les valeurs et les croyances d'une société, notamment, sont en copropriété entre la politique et la culture, et celles qui soudent plus particulièrement une famille politique et lui confèrent son identité constituent sa culture politique propre. Cette culture politique est le produit d'une alchimie complexe. Les grandes idéologies n'en forment qu'une des composantes et s'y amagalment aussi, nourrissant et explicitant tout à la fois ces croyances et valeurs, une mémoire spécifique, composée de dates clés, de personnages édifiants et éventuellement de textes canoniques, un vocabulaire propre et, souvent, une sociabilité particulière, ritualisée ou pas : en d'autres termes, la culture politique est à la fois une sorte de code et un ensemble de référents, formalisés au sein d'un parti ou plus

14. Dès 1988, par exemple, Serge Berstein insistait sur l'importance de l'étude des cultures politiques (cf. «Les partis», dans *Pour une histoire politique*, réf. cit., notamment pp. 80-82). Et déjà en 1985, il avait exploré cette veine dans certains passages d'*Edouard Herriot ou la République en personne*, Paris, Presses de la FNSP.

largement diffus au sein d'une famille ou d'une tradition politique [15].

A partir d'une telle définition, l'analyse, on le voit, doit se déployer sur plusieurs décennies. Moins, en fait, pour des raisons de recul déontologique — qui n'est plus de saison, on l'a vu, depuis la consécration épistémologique de l'histoire du temps présent [16] — que pour cause de mise en perspective. Les phénomènes culturels — entendus ici au sens large, et en y incluant les cultures politiques — sont à combustion plus lente que ceux plus spécifiquement politiques. Ils nécessitent donc, pour être saisis dans leur ampleur et restitués dans leur richesse, une perspective multidécennale. Peut-on, dès lors, saisir avec autant de profit scientifique les cultures politiques contemporaines ? La chose est probablement plus délicate. Ces cultures sont des précipités complexes, où les apports idéologiques sont amalgamés à bien d'autres ingrédients : elles n'atteignent leur point d'équilibre et d'épanouissement qu'à un moment donné. D'autre part, ce sont des composés en évolution constante. Il est donc nécessaire, aussi bien pour saisir cette période d'épanouissement que pour rendre compte de l'évolution en amont et en aval de cette période, de redonner un peu d'épaisseur chronologique — plusieurs décennies — aux phénomènes étudiés. Un premier exemple est là pour rappeler cette nécessité. Les discours successifs du RPR, depuis décembre 1976, en matière économique et sociale, prônant un «travaillisme» à la française puis paraissant, dans les années 1980, prêter une oreille favorable à l'ultralibéralisme, auraient conduit un historien soucieux d'analyser cet élément important des cultures politiques qu'est la vision des rapports entre l'Etat et la sphère socio-économique, mais peu attentif à une mise en perspective de la question, à formuler, à quelques années de distance, des conclusions opposées. Avec un préjudice scientifique d'autant plus grave que, d'une part, il s'agit là d'une question essentielle pour l'identification politique du gaullisme, et que, d'autre part, précisément, replacée sur le demi-siècle d'existence du gaullisme

15. Cette définition est celle que je propose, avec Eric Vigne, dans le tome II - *Cultures* - de l'*Histoire des droites en France*, publiée sous ma direction aux Editions Gallimard, les 3 volumes y sont parus fin 1992.

16. Cf. Jean-François Sirinelli, «Idéologie, temps et histoire», dans *Questions à l'histoire immédiate*, *op. cit.*, pp. 79-97.

historique, il est possible, par-delà les avatars du discours, de dégager une tendance lourde en la matière [17].

Autre exemple éclairant, est-il réellement possible, faute d'un recul suffisant, de définir actuellement la culture politique -telle qu'elle a été définie plus haut- de l'électorat du Front National ? Cet électorat, en tant qu'ensemble statistiquement significatif, n'existe que depuis 1983-1984, soit moins d'une décennie. Autant il est scientifiquement possible de faire l'histoire de l'enracinement du Front National [18], d'en analyser la sociologie [19] et de replacer ce courant en perspective [20], autant l'étude de la culture politique de cet électorat semble pour l'instant aléatoire, car celle-ci, tiraillée entre le «Le Pen prolétariat» et certains arrondissements ou quartiers résidentiels des grandes villes, sans compter, maintenant, une implantation parfois rurale, n'est ni homogène ni stabilisée [21]. Alors que, contre-exemple, sur une période large de plusieurs décennies, l'analyse de la culture politique d'un parti se révèle une démarche méthodologiquement viable et scientifiquement précieuse [22].

La nécessité de placer l'histoire des cultures politiques dans l'épaisseur chronologique de plusieurs décennies est sensible également dans un tout autre domaine, celui de la mémoire. Dans la constitution et la transmission de ces cultures politiques, en effet, le passé revisité à travers la mémoire savante ou rejailli à travers la mémoire collective et ses prismes déformants est une composante fondamentale. Or, ce poids du passé est mouvant et c'est ce mouvement même, notamment, qui intéresse l'historien. La portée des travaux d'Henry Rousso, par exemple, provient de ce que l'image rétinienne de Vichy y est mise en perspective sur plus de

17. Pour la période qui précède l'époque du RPR, cf. Marc Sadoun, Jean-François Sirinelli et Robert Vandenbussche, *La politique sociale du général de Gaulle*, Lille, Centre d'Histoire de la Région du Nord et de l'Europe du Nord-Ouest, 1990.

18. Guy Birenbaum, *Le Front National en politique*, Paris, Balland, 1992.

19. Nonna Mayer et Pascal Perrineau, *Le Front National à découvert*, Paris, Presses de la FNSP, 1989.

20. Cf. Pierre Milza, «Le Front National : droite extrême ou national-populisme ?» dans l'*Histoire des droites en France*, *op. cit.*

21. Tout au moins pour ce qui concerne la culture politique des électeurs et des sympathisants ; car, pour les cadres du mouvement, les travaux de Guy Birenbaum sont éclairants (cf. le dernier chapitre, «Des valeurs et des hommes», de l'ouvrage cité à la note 18, fondé sur une enquête menée auprès des délégués du FN au Congrès de Nice en 1990).

22. Cf. le livre récent de Marc Lazar, *Maisons rouges. Les partis communistes français et italien de la Libération à nos jours*, Paris, Aubier, 1992.

quatre décennies et qu'est permise, de ce fait, l'analyse d'une mémoire vivante et en même temps fluctuante.

Il apparaît bien, au bout du compte, que l'histoire politique, contrairement à une vision mutilante qui n'en faisait qu'une histoire relevant du «temps court» au sens braudélien, comprend aussi des objets rythmés par d'autres respirations : ainsi, nous semble-t-il, l'étude des cultures politiques relève plutôt d'un «temps» intermédiaire, multidécennal. Le développement d'une histoire des cultures politiques, outre son intérêt intrinsèque, aurait donc, on le voit, l'avantage de matérialiser cette insertion de l'histoire politique dans les différentes durées qui ont tant enrichi d'autres branches de l'histoire [23].

Est-ce à dire que, paradoxalement, une histoire politique ainsi régénérée ne pourrait être applicable à l'histoire du temps présent, qui, mince pellicule de temps, ne se prêterait pas à ces déclinaisons à rythmes variables ? Ce serait oublier que l'histoire du temps présent, dans l'esprit de ses pionniers, n'a jamais été conçue comme simple pellicule de temps immédiat. A l'initiative notamment de François Bédarida, ce sont toujours, en fait, quatre ou cinq décennies au moins qui ont été prises en compte. Certes, le legs du Comité d'histoire de la Deuxième Guerre mondiale dessinait déjà un cadre chronologique élargi vers les années 1940. Mais à ces raisons de circonstances s'ajoutait, dès l'origine, une réflexion sur la notion de temps présent [24] qui incluait la zone de mémoire des contemporains et redonnait *de facto* épaisseur chronologique à l'analyse. Certes, les obstacles recensés plus haut demeurent et les objections possibles sont réelles, rendant l'histoire des cultures politiques du temps présent délicate à mettre en oeuvre. L'acception donnée à la notion de temps présent et cette épaisseur chronologique qui la sous-tend redonnent pourtant à l'historien une marge de manoeuvre dans ce domaine.

---

23. On mesure encore mieux, du reste, avec un tel constat, le caractère novateur de *La droite en France* de René Rémond : dès 1954, ce dernier y faisait de l'histoire politique insérée dans des durées à géométrie variable. La réaction des *Annales* à ce livre n'en est que plus surprenante : «curieux livre» pour Robert Mandrou, et «livre rapide», dans un compte rendu qui ne l'était pas moins puisqu'il comportait exactement quinze lignes (*Annales ESC*, tome X, octobre-décembre 1955, pp. 606-607). Tout comme est surprenant le caractère longtemps isolé - tout au moins sur ce plan — d'une telle percée novatrice : ce souci d'étudier la politique dans la longue durée ne se retrouva guère ailleurs, des décennies durant, sauf dans quelques recherches individuelles comme celle de Paul Bois, par exemple.

24. Cf. le séminaire tenu par François Bédarida, entre 1979 et 1985, sur cette notion de «temps présent».

En va-t-il de même pour une autre approche, susceptible elle aussi d'enrichir l'histoire politique mais dont le champ d'investigation, dilaté sur bien davantage que cinq ou six décennies, paraît interdire la pratique en histoire du temps présent ? Cette approche est celle communément baptisée histoire des représentations ou, mais le terme est d'usage beaucoup plus plastique et donc scientifiquement plus flou, des «mentalités». Une telle approche, assurément, peut être précieuse en histoire politique, car si les croyances et les valeurs d'une communauté donnée relèvent pour partie de la culture politique, qu'elles soient nourries par elle ou que celle-ci contribue à expliciter et à formaliser certaines d'entre elles — car les rapports ne sont pas univoques —, elles découlent aussi, pour partie, d'un domaine plus enfoui, celui précisément des représentations collectives et des «mentalités».

Pièce maîtresse d'une anthropologie historique nourrie par l'observation de sociétés chronologiquement éloignées de la nôtre, l'histoire de ces «mentalités» et représentations semblait porter en elle-même, presque par essence, une inaptitude à rendre compte de notre histoire depuis 1789, réputée suffisamment proche pour que paraisse sans fondement le déploiement de l'anthropologie. Or, l'oeuvre de Maurice Agulhon l'a démontré avec brio, l'histoire des mentalités n'est pas seulement destinée à éclairer des sociétés marquées par «la politique d'avant l'âge de la politique» (Eric Hobsbawn). Avec cette oeuvre, en effet, le XIXe siècle français est entré de plain pied dans le rayon d'action de l'anthropologie historique [25] et l'acculturation de «la République» au «village» a été étudiée avec des outils forgés notamment au feu de cette anthropologie.

Cela étant, une telle démarche est-elle envisageable pour le vingtième siècle et, en son sein, pour les quatre ou cinq décennies les plus proches ? Cette question est essentielle et appelle assurément d'amples débats. On notera simplement ici, en contribution à ces débats futurs, que la notion de «représentations» renvoie à celle de «structures mentales», mais suggère aussi un socle de structures plus enfouies. Dans la première acception, une démarche en histoire proche est possible. Il existe, du reste, des travaux qui ont pris le parti d'étudier les représentations sur le court terme : ainsi les recherches pionnières de Pierre Laborie sur

25. Cf. Jean-François Sirinelli, «Histoire des mentalités et histoire contemporaine : une greffe réussie», *Vingtième siècle. Revue d'histoire*, 29, janvier-mars 1991, pp. 99-100.

l'opinion française dans les années 1930 et à l'époque de Vichy [26]. Dans ces recherches, Pierre Laborie entend, explicitement, se placer «dans le présent de l'événement, au moment où ce dernier est vécu et perçu», même si les représentations «résultent également de croisements de temporalités de nature diverse» [27].

L'approche par les «représentations» [28] est-elle également possible, dans ces décennies relevant de l'histoire du temps présent, pour ce qui concerne la seconde acception, celle du forage vers des structures plus enfouies ? La réponse, bien sûr, demanderait un inventaire et une analyse plus approfondie. Observons déjà qu'à défaut de permettre une étude de ces représentations sur le long terme, l'histoire politique du temps présent, en raison de la densité de ses «événements» — quatre régimes, dont deux disparus de mort violente et un troisième parti dans les wagons de l'occupant en 1944, une guerre mondiale, deux guerres coloniales —, donne à observer le jaillissement de ces structures enfouies. Comme l'a noté René Rémond à propos de la défaite française de mai-juin 1940, «la conjonction d'un événement dramatique et de l'effet de surprise libère des sentiments élémentaires et laisse le champ libre à la remontée du fond des âges de réactions instinctives et ataviques enfouies sous les comportements façonnés par l'éducation et inculqués par la culture politique» [29].

Si l'histoire du temps présent conserve, notamment en matière de rapport à l'archive, une certaine spécificité, elle est bien, on l'a vu, un secteur où l'objet politique, maintenant relégitimé, peut être soumis à une approche globale et un site à partir duquel de fructueux forages vers des structures davantage enfouies peuvent être pratiqués. Et si l'on considère que l'embellie que connaît

---

26. Pierre Laborie, *L'opinion publique et les représentations de la crise d'identité nationale, 1936-1944*, Toulouse, 1988, 330 p. dact., et *L'Opinion française sous Vichy*, Paris, Le Seuil, 1990.

27. Cf. Pierre Laborie, «Histoire politique et histoire des représentations mentales», in *Histoire politique et sciences sociales*, *op. cit.*, pp. 155-169, citations pp. 164-165. Cf. dans le même livre, et en écho à la contribution de Pierre Laborie, le passionnant article-débat de Nicole Loraux, «Questions antiques sur l'opinion. En guise de réponse à Pierre Laborie», pp. 171-187.

28. Dans l'*Histoire des droites en France,* nous proposons, avec Eric Vigne, sur un registre il est vrai différent, une approche par les «sensibilités», (cf. les Introductions aux tomes I et III de cette *Histoire*).

29. René Rémond, «L'opinion française des années 1930 aux années 1940. Poids de l'événement, permanence des mentalités», dans *Vichy et les Français*, sous la direction de Jean-Pierre Azéma et François Bédarida, avec la collaboration de Denis Peschanski et Henry Rousso, Paris, Fayard, 1992, pp. 481-492, citation p. 484.

l'histoire politique n'est pas un simple déjeuner de soleil, ces deux histoires ne sont donc qu'au début d'un long parcours commun.

Du côté du religieux

Etienne Fouilloux

Existe-t-il, en France, un champ de recherche qu'on pourrait appeler histoire religieuse du temps présent ? La question est passible de deux réponses différentes, voire opposées. Empiriquement, on repère aisément la vitalité d'une telle histoire. Depuis *Destin du catholicisme français (1926-1956)* d'Adrien Dansette, paru en 1957, jusqu'à la toute nouvelle *Histoire religieuse de la France* des Editions du Seuil, en passant par l'*Histoire du catholicisme en France* d'André Latreille et de René Rémond (1962), l'*Histoire des catholiques en France* dirigée par François Lebrun (1980) ou l'*Histoire religieuse de la France contemporaine* de Gérard Cholvy et d'Yves-Marie Hilaire (1988), tous les manuels qui jalonnent l'historiographie récente couvrent le temps présent. Ils le font à leurs risques et périls, puisque ce sont des synthèses trop souvent dépourvues d'analyses antérieures.

Second test positif : celui des grand chantiers collectifs ouverts par le Groupement de recherche n°2 du CNRS, Histoire religieuse moderne et contemporaine. Le *Dictionnaire du monde religieux dans la France contemporaine* inclut des personnalités dont l'essentiel de l'activité se situe avant 1962, ouverture du second concile du Vatican (quatre volumes parus). Les *Matériaux pour l'histoire religieuse du peuple français*, qui exploitent et développent le fonds du chanoine Boulard, intègrent ses dernières enquêtes, celles du début des années 1960 (deux volumes parus). Quant au travail sur les mouvements de jeunesse, il s'attache par priorité au recueil de la mémoire des témoins depuis l'entre-deux-guerres, sans pour autant négliger les fondations du XIXe siècle [1].

Un inventaire chronologique et thématique plus précis fait cependant apparaître bien des lacunes. Depuis le livre pionnier

1. Gérard Cholvy, Bernard Comte, Vincent Féroldi (dir.), *Jeunesses chrétiennes au XXe siècle*, Paris, Editions ouvrières, 1991.

d'Aline Coutrot sur *Sept* (1961), les années 1930 ont suscité nombre d'études solides. Mais appartiennent-elles vraiment à l'histoire du temps présent ? La Seconde Guerre mondiale, en ce domaine comme en d'autres, a nourri une masse de travaux considérable de laquelle émerge la série des colloques lyonnais, l'oeuvre de Renée Bédarida ou la thèse de Bernard Comte sur Uriage. L'Institut d'Histoire du Temps Présent en a pris sa part ; c'est encore lui qui a voulu inclure l'élément religieux dans son approche de quelques-uns des épisodes majeurs de notre histoire nationale depuis 1945 : mendésisme ou guerre d'Algérie notamment [2]. Après quoi c'est le vide, à peine comblé pour ce qui concerne la crise du printemps 1968.

Et ce premier lot de références ne touche, pour l'essentiel, que l'attitude des croyants dans la cité lors des soubresauts de l'histoire proche. Sur la vie religieuse proprement dite, on en reste aux balbutiements : tout ce qui façonne les comportements ou la culture des fidèles, à commencer par les théologies et les spiritualités, n'a guère été abordé, si ce n'est latéralement, par le biais des relations interconfessionnelles [3]. Un seul secteur de la vitalité religieuse française a fait l'objet d'un investissement historique important : celui de la Mission ouvrière. Longtemps après le livre pionnier d'Emile Poulat, *Naissance des prêtres-ouvriers* (1965), Debès, Leprieur, ou Wattebled ont repris le flambeau [4]. Mais la plupart de leurs recherches s'arrêtent en 1954, avec l'interdiction du travail sacerdotal en usine. Déjà, la fin du pontificat de Pie XII est *terra incognita.* Vingt ans après sa conception, la thèse de Philippe Levillain sur Vatican II demeure un monument isolé, si l'on excepte le colloque de 1986, à l'Ecole française de Rome, consacré au même sujet [5]. Quant au temps de l'après concile, qui a vu se succéder une brève euphorie et une crise profonde, jusqu'au redressement aujourd'hui annoncé plus que

2. François Bédarida, Etienne Fouilloux (dir.), «La guerre d'Algérie et les chrétiens», *Les Cahiers de l'IHTP*, 8, 1988.

3. Etienne Fouilloux, *Les catholiques et l'unité chrétienne du XIXe au XXe siècle*, Paris, Le Centurion, 1982.

4. Respectivement, *Naissance de l'Action catholique ouvrière*, Paris, Editions ouvrières, 1982 ; *Quand Rome condamne. Dominicains et prêtres-ouvriers*, Paris, Plon/Cerf, 1989 ; *Stratégies catholiques en monde ouvrier dans la France d'après-guerre*, Paris, Editions ouvrières, 1990.

5. *La mécanique politique de Vatican II*, Paris, Beauchesne, 1975 ; *Le deuxième concile du Vatican (1959-1965)*, Ecole française de Rome, 1989.

prouvé, il n'a même pas été défriché. Sur cette histoire de la dernière décennie, qu'on recommence à baptiser immédiate [6], tout reste à faire.

Bien que ce rapide bilan historiographique ne permette pas de pavoiser, il autorise à dire que les historiens du religieux ne se désintéressent pas complètement du temps présent. Mais construisent-ils pour autant une histoire religieuse du temps présent ? Si l'on entend par là un champ bien défini, avec ses méthodes et ses structures de recherche, la réponse est à n'en pas douter négative. A notre connaissance, il n'existe qu'une tentative en ce sens, celle de René Rémond qui concerne l'ensemble du XXe siècle [7]. Il suffit d'ailleurs de feuilleter les rares essais de réflexion sur l'histoire du temps présent : le religieux y brille par son absence [8]. Tous les travaux évoqués précédemment vont de l'avant sans trop se préoccuper d'introduire une coupure entre contemporain et présent, ni *a fortiori* d'en justifier l'utilité. Mais cette coupure s'impose-t-elle ?

L'histoire du temps présent se définit d'abord par l'étroite implication des épisodes étudiés dans notre actualité, qu'il s'agisse d'une implication directe, de proximité, ou d'une implication indirecte, par effet de mémoire. Cette double implication est renforcée par l'accélération des évolutions et par l'accumulation des crises majeures qui donnent au temps présent un rythme haletant inconnu auparavant, sauf exception du type Révolution française : deux guerres mondiales, une révolution sociale et son effondrement, deux marasmes économiques, l'apogée et la mort des Empires en moins de quatre-vingts ans ! Le religieux échapperait-il à cette implication et à cette bousculade des événements ? Pas le moins du monde. Aux bouleversements mentionnés, il peut ajouter le traumatisme de la condamnation de l'Action française ou celui des suites de Vatican II, pour se limiter au catholicisme. Quant aux résonances de ces événements, elles sont tellement fortes qu'elles joueraient plutôt contre l'élaboration d'une histoire à prétention scientifique : comment traiter sereinement de péripéties qui sont restées des enjeux brûlants ?

---

6. Groupe de recherche en histoire immédiate, Cahier n°1, Toulouse, 1991.

7. «L'histoire religieuse de la France au XXe siècle», *Vingtième siècle. Revue d'histoire*, 1, 1988, pp. 94-107 ; voir aussi le premier numéro de la *Revue*, «Religions in French Society», New York, Printemps 1991.

8. *Penser le XXe siècle*, Bruxelles, Editions Complexe, 1990.

L'histoire du temps présent se définit, plus modestement, par les sources qu'elle met en oeuvre : négativement, avec l'interdiction d'accéder à certains fonds, publics ou privés, du fait des règles en vigueur ; positivement, avec le privilège de pouvoir disposer de la mémoire des acteurs et des témoins. D'où une remontée dans le temps qui n'excède guère les années 1930, et qui se réduira progressivement. Le chercheur en histoire religieuse éprouve à cet égard les mêmes difficultés que ses collègues sans en avoir toujours les compensations. Si le Conseil oecuménique des Eglises (fondé entre 1938 et 1948) ouvre libéralement ses fonds, le Saint-Siège n'en autorise la consultation que jusqu'en 1922 (mort de Benoît XV). Et l'Association des archivistes de l'Eglise de France préconise un alignement national sur cette date. Quant aux témoins, plus ils ont eu de responsabilités et moins ils souhaitent en parler, tant le secret demeure l'une des clés du gouvernement de l'Eglise. «Certaines questions exigent prudence et réserve. Quand bien même tout le monde parlerait, l'Eglise croit encore à la vertu de son propre silence. Il ne faut pas s'attendre à la voir changer d'attitude sur ce point», disait Mgr Villot à la presse en janvier 1956. Certes, nous n'en sommes plus là aujourd'hui, mais une telle attitude protectrice a quand même laissé des traces [9]. La rétention de l'information constitue une difficulté spécifique expliquant bien des lacunes. Comment lancer en effet un jeune chercheur sur un sujet qu'il ne pourra traiter faute de documentation ? Saluons, en revanche, les initiatives allant dans le sens d'une plus grande transparence qui ont marqué récemment l'actualité ; centenaire de *La Croix*, débats de 1954 ou affaire Touvier [10]. L'historien du temps présent ne peut que souhaiter leur multiplication, d'autant que ses curiosités sont le plus souvent modestes, sinon anodines.

Mais il ne peut imputer toutes ses insuffisances à la frilosité des institutions ecclésiastiques en matière d'accès aux sources. Elles tiennent aussi et surtout, en dernière analyse, à des raisons proprement intellectuelles. La principale nous paraît être l'occupation partielle du terrain par des disciplines voisines et au complexe que nourrit l'histoire du temps présent à leur endroit.

---

9. Antoine Wenger, *Le Cardinal Villot (1905-1979)*, Paris, Desclée de Brouwer, 1989, p. 28.

10. Outre *Quand Rome condamne*, cité ; Emile Poulat, René Rémond (dir.), *Cent ans d'histoire de* La Croix *1883-1983*, Paris, Le Centurion, 1988 ; *Paul Touvier et l'Eglise*, Paris, Fayard, 1992.

L'influence de la science politique n'est pas déterminante, car elle s'est cantonnée longtemps dans les rapports entre «forces religieuses et attitudes politiques», pour reprendre le titre fondateur du colloque de Strasbourg (1963-1965). Il en est résulté notamment une série d'études de plus en plus sophistiquées, scrutin après scrutin, sur le vote catholique, mais aussi sur le vote protestant, voire sur le vote juif. La piste, pourtant ancienne, des clivages religieux sous-jacents n'a guère été reprise avant la thèse récente de Jean-Marie Donégani [11].

En fait, c'est l'existence d'une sociologie des religions active et puissante qui pèse sur l'histoire religieuse du temps présent au point de l'empêcher de se constituer en champ autonome. Si la sociographie pastorale du chanoine Boulard cherche naturellement dans l'histoire, proche ou lointaine, la clé des cartes de pratique des années 1950-1960, le Groupe de sociologie des religions, qui se recommande lui aussi de Gabriel Le Bras, n'a pas tardé à trouver son identité dans un retour aux fondateurs de la discipline : Durkheim, Meyerson, Troeltsch, Wach ou Weber. Il en hérite un souci de modélisation, voire de théorisation, qui gêne ou qui fascine les historiens. Dans la première hypothèse, ils éprouvent un mouvement de recul devant des constructions qu'ils ne jugent pas assez fondées empiriquement. Dans la seconde, ils transposent à leurs propres travaux des concepts élaborés ailleurs, sans toujours les critiquer ni prendre la peine de forger leurs propres outils : sécularisation par exemple. La tentation est d'autant plus forte que certains sociologues, et non des moindres, sont également historiens : l'emprise du modèle intransigeant proposé par Emile Poulat demeure forte ; en sociologie comme en histoire d'ailleurs, on ne saurait l'ignorer. Car la sociologie des religions, devenue science sociale des religions, compte dans le paysage scientifique français. Moins peut-être pour le catholicisme que pour les minorités religieuses dont les principaux spécialistes sont des sociologues ; Jean Baubérot, Jean Séguy ou Jean-Paul Willaime sur le protestantisme ; Doris Bensimon, Freddy Raphaël ou Dominique Schnapper sur le judaïsme.

Deux exemples permettront toutefois de préciser les différences. A bien des égards, le livre de Danièle Hervieu-Léger, *Vers un nouveau christianisme ?*, pourrait être le manuel d'histoire

11. *La liberté de choisir. Pluralisme religieux et pluralisme politique dans le catholicisme français contemporain*, Institut d'études politiques de Paris, 1991.

religieuse du temps présent qui fait encore défaut [12]. De même, la thèse d'Yves Lambert sur le village de Limerzel, publiée sous le titre *Dieu change en Bretagne* [13], pourrait en être la monographie type. Et pourtant, ils ne satisfont pas pleinement l'historien. Le premier, de façon caractéristique, suppose tout le descriptif connu et s'attache donc aux grands problèmes, traités transversalement : clergé, sécularisation, nouveaux mouvements religieux. Le second décrit par le menu, de manière vivante et sensible, la mutation d'une chrétienté, mais sans toujours accorder assez d'importance à l'environnement national ou ecclésial. Nous situerions volontiers la démarche habituelle de l'historien à mi-altitude, entre Danièle Hervieu-Léger et Yves Lambert.

On pressent donc en creux, dans ces travaux remarquables, la place vacante d'une histoire religieuse du temps présent. La solution n'est certainement pas un simple partage chronologique, pourtant courant dans la pratique actuelle ; au sociologue l'immédiat et à l'historien l'antérieur, de part et d'autre d'une coupure qui pourrait être 1965, fin du concile Vatican II. Elle n'est pas non plus dans une concurrence stérile. Sociologues et historiens doivent continuer de travailler ensemble et de s'enrichir mutuellement par leurs approches différentes [14]. Mais l'histoire, dans cet échange, doit faire preuve de plus de dynamisme et d'inventivité. Concrètement, il lui faut convaincre les détenteurs d'archives de l'utilité, voire de la nécessité, d'un travail conduit selon les règles du métier, qui vaut cent fois mieux que toutes les approches délibérément subjectives : sans documentation inédite, la recherche devient fragile, sinon impossible.

Intellectuellement, l'historien doit faire la preuve de l'intérêt d'une approche où le temps, son matériau de base, joue le rôle essentiel : à notre sens, l'histoire religieuse du temps présent ne peut qu'être une histoire du changement religieux dans la mesure où celui-ci est un ingrédient notoire de notre passé proche. D'où l'intérêt d'un examen approfondi de l'épisode Vatican II qui se situe au coeur d'une telle problématique. Ce changement, il convient de

---

12. *Introduction à la sociologie du christianisme occidental*, avec la collaboration de Françoise Champion, Paris, Cerf, 1986.

13. *La religion à Limerzel de 1900 à nos jours*, Paris, Cerf, 1985.

14. *Historiens et sociologues aujourd'hui*, journées d'études annuelles de la Société Française de Sociologie, Paris, Editions du CNRS, 1984-1986 (le point de comparaison choisi fut celui des phénomènes religieux).

le mesurer sans l'absolutiser, tout comme le sociologue ne devrait pas absolutiser les permanences structurelles qu'il valorise logiquement. Mesurer le changement, c'est bien sûr et dans un même mouvement, établir une chronologie fiable et la périodiser. Nous ne pouvons en rester à des découpages fournis par la confession dominante (en France...) ou par l'histoire générale : la Seconde Guerre mondiale, Vatican II. Une histoire religieuse du temps présent digne de ce nom devrait intégrer dans ses grilles trois séries de préoccupations au moins. Renforcer avec l'histoire tout court des liens sans lesquels elle ne serait plus qu'une chapelle pour initiés, ou un champ clos pour affrontements internes. Pratiquer un comparatisme résolu entre dénominations, confessions et religions, au plan national comme au plan international : de lui dépend notamment l'objectivation de situations mal perçues comme particulières. Partir du religieux lui-même, c'est-à-dire des contenus de foi et de leur réfraction parmi les fidèles (ou les «infidèles»), plutôt que de leurs effets périphériques jusque là privilégiés.

Justice, histoire et sciences sociales

Denis Peschanski

La justice ne fait pas recette. Même si on l'entend *largo sensu*, du droit à la prison, en intégrant l'ensemble des composantes du système pénal, de la police à la gendarmerie, du ministère public aux juridictions d'instruction, de la législation pénale aux organismes d'application des décisions, elle reste, en France et sur la France, un parent pauvre de la réflexion. Juristes et politistes, sociologues et historiens s'accordent, d'une part, sur cet important déficit de connaissances, d'autre part, sur la crise que traversent leurs disciplines depuis deux décennies.

Déficit de connaissances

Gérard Soulier constate ainsi en 1985 que la science politique a tendance à négliger les problèmes de droit, de droits et de libertés publiques. L'ensemble du dispositif répressif, police, justice et système pénitentiaire, ne suscite que peu de travaux, et n'occupe qu'une place dérisoire dans les constructions théoriques contemporaines, alors même qu'il devrait être à l'évidence un passage obligé de toute réflexion sur l'État [1]. Le sociologue René Lévy dresse le même constat pour la police : peu d'institutions étatiques ont été aussi mythifiées et aussi peu étudiées. Ses propres travaux sur la police judiciaire très contemporaine, le projet de recherches qu'il développe depuis avec Xavier Rousseaux sur le long terme, ou les travaux historiques de Jean-Marc Berlière sur le tournant du siècle dernier permettent de nuancer le constat, mais sans le remettre en cause. La lacune est d'autant plus grave qu'une

1. Gérard Soulier, «Les institutions judiciaires et répressives», in Madeleine Grawitz et Jean Leca (dir.), *Traité de science politique*, t.2, Les régimes politiques contemporains, PUF, 1985, pp 510-552.

toute petite partie des affaires traitées par la police débouche au Parquet, ce qui fait dire à René Lévy que «le véritable centre de gravité de la procédure pénale, c'est la police» [2]. En histoire, le diagnostic est plus sévère encore. Prenons l'exemple de la France des années 1940. La production est pourtant massive sur cette matrice du temps présent que constitue la dernière guerre, mais si la politique de répression et de persécution de l'État français (déjà plus que celle de l'occupant allemand) a suscité de nombreux ouvrages ou articles, ils sont rares en revanche qui abordent de manière centrale l'histoire des pratiques judiciaires et pénales en tant que telles, l'évolution du droit et, plus généralement, celle des relations entre justice, prison, pouvoir et société [3]. Il a fallu attendre 1993 pour que nous disposions d'une mesure précise de l'activité de la justice pénale, et, par exemple, de l'explosion de l'activité du Parquet, au point que le décrochage de 1940 à 1942 n'a pas de précédent depuis le début de la série statistique en 1830, et que la croissance pourtant très rapide depuis les années 1960 n'est pas comparable ; les carences de l'historien se sont là combinées aux réticences du sociologue à prendre en compte les crises et leur exceptionnalité, si dérangeantes dans des *trends* de longue durée [4].

---

2. René Lévy, *Du suspect au coupable: le travail de police judiciaire*, Genève, Médecine et hygiène ; Paris, Méridiens Klincksieck, 1987 ; Jean-Marc Berlière, *L'Institution policière en France sous la Troisième République (1875-1914)*, thèse nouveau régime, Université de Bourgogne, Dijon, 1991 et de nombreux travaux publiés sur la police fin XIXe-début XXe ; le projet de René Lévy et Xavier Rousseaux est présenté dans le numéro de juillet 1992 (n° 16) du *Bulletin de l'International Association for the History of Crime and Criminal Justice*, supplément à MSH informations. L'Institut des hautes Études de la Sécurité intérieure (ministère de l'Intérieur) et l'Institut d'Histoire du Temps Présent (IHTP-CNRS) ont lancé en 1993 un projet à cinq ans sur «Polices, État et société en France 1930-1960».

3. Cf Pierre Pédron, *La Prison sous Vichy*, Éditions Ouvrières, 1993 ; et pour l'entre-deux-guerres Christian Carlier, avec la colaboration de Béatrice Koeppel et de Pierre-Jean Delhomme, *L'administration pénitentiaire et son personnel dans la France de l'entre-deux-guerre*, vol. 1 ; *L'impossible réforme*, ministère de la Justice, Direction de l'AP, Service des études et de l'organisation, collection «Archives pénitentiaires» n°9, 1989 ; *Les Cahiers de l'IHTP* publieront à la fin 1993 le second volume consacré à l'immédiat avant-deuxième guerre.

4. Bruno Aubusson de Cavarlay, Marie-Sylvie Huré et Maris-Lys Pottier, «La Justice pénale en France. Résultats statistiques (1934-1954)», *Les Cahiers de l'IHTP*, 23, mars 1993, collection «Justice, répression, persécution». Ce cahier a été réalisé par trois chercheurs du CESDIP (CNRS) dans le cadre d'un programme de recherches que Denis Peschanski et Henry Rousso ont lancé à l'IHTP en 1991 en liaison avec le ministère de la Justice (Conseil de la recherche). Dans le n° 23 de ces *Cahiers*, juin 1993, Jean-Claude Farcy et Henry Rousso présentent une très grosse bibliographie sur «Justice, répression et persécution en France du milieu

Diagnostics de crise

Dans tous les cas le diagnostic va au-delà du constat d'un déficit de connaissances, jusqu'à parler de «crise». Si l'on peut quelquefois s'interroger sur l'emploi récurrent du terme, dans les sciences sociales ou ailleurs, tant les périodes de «non crise» deviennent l'exception, il est clair que des interrogations fondamentales, et peut-être fondatrices, sont posées dans plusieurs champs depuis deux décennies au moins. Chez les juristes et les sociologues du droit tout tourne autour de la *norme*, et de son corollaire épistémologique la clôture du droit. Qu'il s'agisse de l'élaboration originelle du code ou de son évolution, de son adaptation au gré de la pratique judiciaire et jurisprudentielle, «la norme juridique n'est pas, contrairement à ce que l'illusion juridique peut donner à croire, le produit d'une génération spontanée, soustrait à toute emprise d'une rationalité politique» et sociale. La science du droit, montre Jacques Chevallier, ne peut se limiter à l'étude des normes posées, en négligeant les processus sociaux et politiques de production et d'application du droit, ou les «valeurs sous-jacentes à l'ordre juridique qui déterminent la légitimité de la norme juridique» [5]. Il en est ainsi dans le Code pénal, et le système d'incriminations, que chaque société avec sa spécificité, et à tel moment de son développement, a généré. Le déterminisme n'est pas à l'ordre du jour, mais la mise hors histoire ne devrait pas l'être non plus où la construction normative répondrait à la défense d'un

---

des années 1930 au début des années 1950». Le même Jean-Claude Farcy a réalisé une vaste recension bibliographique, dans le cadre d'une convention de recherche avec le ministère de la Justice, qui a donné lieu à deux gros volumes (et plus de 30 000 références), intitulés *Deux siècles d'histoire de la Justice (1789-1989). Éléments de bibliographie*, 2 t., 1076p, dactyl. Voir également René Lévy et Xavier Rousseaux, «États, justice pénale et histoire : bilan et perspectives», *Droit et Société*, 1992, 20, 1-29.

5. Jacques Chevallier, «Sciences du droit et science du politique ; de l'opposition à la complémentarité», in J. Chevallier et alii, *Droit et politique*, CURAPP, PUF, 1993, pp 251-261. Dans le même et passionnant volume du CURAPP, Bastien François montre comment le travail continu d'enrichissement et d'actualisation du code à partir de l'expérience singulière du droit, est aussi travail d'abstraction et de juridicité, et par-là de généralité, permettant de perpétuer la clôture du droit (Bastien François, «Du juridictionnel au juridique. Travail juridique, construction jurisprudentielle du droit et montée en généralité», *ibid.*, pp 201-216)

ordre, d'une morale a-temporelle [6].

La clôture du droit apparaît donc à beaucoup comme le coeur de la crise, le lieu du conflit majeur. La contrebattre c'est dès lors sortir de l'impasse. L'enjeu est bien fondamental, puisqu'il engage la définition même des disciplines. Si l'on suit Jacques Chevallier, la «science du droit» appelle un point de vue critique et réflexif sur la norme, tandis que la «dogmatique juridique» a vocation à l'analyse interne de la production juridique. Mais si la distinction est déjà ancienne, il s'agit également de ne pas s'arrêter à la seule rationalité juridique pour comprendre les conditions d'émergence et de fonctionnement de la norme. En outre les sociologues du droit se plaisent à souligner la polysémie du concept de «norme», certes règles posées comme obligatoires dans un groupe ou une société, mais aussi valeurs dominantes d'un groupe social ou, en statistique, moyenne ou valeur modale d'une variable. Et leur discipline se reconstruit depuis quelque temps sur cette polysémie, comme sur celle du concept associé de «déviance». Au refus de «l'illusion juridique» s'associe donc un déplacement des objets de recherches, tant il est vrai que l'attention s'est longtemps portée sur le crime et le criminel dans une approche très substantialiste.

L'histoire présente un double intérêt, écrivent René Lévy et Philippe Robert ; elle permet de relativiser l'objet en le décrivant, facilitant ainsi la résistance à la substantialisation du crime et de la déviance ; elle le met en contexte, en pensant le pénal dans une formation sociale donnée, et donc dans ses relations avec les autres éléments de ladite formation ayant chacun son rythme propre d'évolution [7]. Elle apparaît d'autant plus comme une issue que les modèles théoriques ne semblent plus fonctionner ; il est certain que si, par nature, la théorie et la conceptualisation ne sont pas au coeur de la démarche historienne, elles le sont moins encore dans les travaux sur le XXe siècle.

Inversement, l'histoire se cherche, et cherche des concepts et paradigmes de remplacement. Face à des objets qui se dérobent, les historiens verraient bien dans les systèmes normatifs une solution à ce qu'on appelle là aussi «crise». C'est le sens de l'appel qu'ont

---

6. Cf. Pierre Lascoumes, Pierrette Poncela et Pierre Lenoël, *Au nom de l'ordre. Une histoire politique du code pénal*, Hachette, 1989.

7. Cf. René Lévy et Philippe Robert, «Le sociologue et l'histoire pénale», *Annales ESC*, 2, 1984, pp 400-422. Sur la norme et la norme et la déviance, Philippe Robert et Claude Faugeron, *La Justice et son public. Les représentations sociales du système pénal*, Masson, m+h, 1978, collection «Déviance et société».

lancé les *Annales* au printemps 1988 dans un éditorial intitulé «Histoire et sciences sociales. Un tournant critique ?». «L'histoire — y lit-on — qui avait établi une bonne part de son dynamisme sur une ambition fédératrice, n'est évidemment pas épargnée par (la) crise générale des sciences sociales». Et de là à lancer une réflexion sur la multiplication des objets de recherches, et, explicitement, sur les alliances nouvelles à forger entre disciplines. En préface du numéro spécial qui l'année suivante présente les résultats d'un séminaire de recherche sur le sujet, on affiche les ambitions : «Dessiner le champ d'une confrontation fructueuse des investigations en cours, cristalliser les nouveaux questionnements et les nouvelles manières de faire que des chantiers nombreux et dispersés voient se définir, établir les bases renouvelées sur lesquelles fonder le métier d'historien et le dialogue avec les sciences sociales». Il s'agit donc de redéfinir les projets, les pratiques, les frontières et les alliances [8]. Dans ce cadre, le droit et les juristes ont semblé des partenaires privilégiés, même si au coeur des débats a immédiatement resurgi la question de la clôture du droit.

Il est symptomatique qu'en parallèle, des historiens du temps présent aient suivi le même itinéraire intellectuel, dans un premier temps en mettant leur «démarche historienne à l'épreuve des sciences sociales», puis en lançant avec des sociologues et des juristes un groupe de recherches sur la justice en France des années 1930 aux années 1950 [9]. Ce dernier choix n'est pas un hasard, et signale les difficultés spécifiques que rencontre l'historien du temps présent. Si l'événement est au coeur de toute démarche historienne, que dire quand la contingence, les accélérations de l'histoire sont si prégnantes, et, donc, les moments de crise, de bouleversements, de rupture sont privilégiés. L'obsession de la chronologie amène souvent à s'interroger sur une période avant de poser un problème. Le déficit théorique est incontestable, comme le retard pris sur les autres historiens, alors même que la période couverte appelle naturellement au dialogue avec les sociologues, les politistes ou, dans une certaine mesure, les juristes.

Dans ce contexte sinon de crise, du moins d'interrogations

---

8. *Annales ESC*, 2, mars-avril 1988 et 6, novembre-décembre 1989.

9. Plusieurs de ces dialogues ont été réunis dans un volume publié aux éditions Complexe en 1991 sous le titre *Histoire politique et sciences sociales*, sous la direction de Denis Peschanski, Michael Pollak et Henry Rousso. Sur le programme de recherches, cf *supra*.

partagées, l'appel privilégié au droit est donc certainement à rapporter à la recherche d'un appareil conceptuel fort, alors même, avons-nous vu, que le droit est lui-même questionné dans le même temps de l'intérieur. La juridicisation des sciences sociales est à l'ordre du jour ; peut-être pourrait-on ajouter un autre facteur d'explication, en l'occurrence une juridicisation de la société française, dont on trouve la trace dans la montée en puissance du conseil constitutionnel, et, en amont du processus de production des normes juridiques, du conseil d'État, ou encore l'intervention croissante des juges d'instruction dans le politique [10].

Pour et vers une redistribution des cartes

On comprend que la recomposition est nécessaire, et la pluridisciplinarité indispensable. Pourtant l'héritage est lourd, et les obstacles nombreux. Il en est ainsi de l'opposition traditionnelle entre science politique et science du droit. Pierre Favre a montré combien la première naissance de la science politique, au tournant du siècle dernier, s'est faite — ou plus exactement a tenté de se faire — contre le droit, comme en témoigne la polémique entre Boutmy et Bufnoir, ce dernier, professeur de droit, affirmant qu'il appartenait aux juristes d'enseigner une discipline qui relevait strictement du droit [11]. C'est encore par opposition au droit que la science politique s'affirme finalement au lendemain de la Seconde Guerre mondiale. A considérer avec Jacques Chevallier les domaines de recherches (la réalité politique contre la norme), les méthodes (inductive partant de l'observation du réel dans un cas, et déductive partant de la norme dans l'autre), les stratégies intellectuelles (des liens privilégiés de la première avec la sociologie et, ajouterons-nous, avec l'histoire) ou institutionnelles (des lieux d'enseignement et de recherches spécifiques), il est clair que la rupture avec le droit est au fondement de la science politique [12].

Quant à l'histoire du temps présent, elle est, on l'a vu, très

---

10. Bastien François relève ainsi qu'un transfert de légitimité s'opère au bénéfice des juristes, dans «Justice constitutionnelle et démocratie constitutionnelle. Critique du discours constitutionnaliste européen», *Droit et politique*, *op. cit.*, pp 53-64.

11. Pierre Favre, *Naissance de la science politique en France 1870-1914*, Fayard, 1989, p 87.

12. Jacques Chevallier, art. cit., p 256.

réticente devant tout ce qui peut renvoyer à des modèles nomologiques — l'événement dans sa singularité est roi. Par là elle est peu encline, *a priori*, au dialogue avec la science du droit ou la sociologie. En outre, au moins en France mais pas seulement, elle a grandi à l'ombre de la science politique, où quelques-uns des axes privilégiés, comme les études électorales, n'étaient pas susceptibles de favoriser, en histoire, une réflexion autonome particulièrement dynamique et novatrice. Cette alliance privilégiée limite encore toute convergence avec le monde du droit. On ajoutera quelques contraintes institutionnelles, qui sont autant de symptômes et de facteurs aggravants, comme l'absence de toute formation juridique dans le cursus historien, ou, à l'inverse, les limites chronologiques fixées à l'histoire du droit et à son enseignement, qui le plus souvent ignore le dernier siècle.

S'il est vital d'agir sur ces contraintes, il est clair que l'heure est à la recomposition dans les sciences sociales et humaines, à la perméabilité et à la flexibilité. Jacques Chevallier appelle de ses voeux un rapprochement entre science politique et science du droit : «De même que le droit ne saurait être envisagé en faisant abstraction des enjeux politiques sous-jacents, le politique ne saurait être étudié sans prise en compte des effets d'objectivation produits par le droit», tant il est vrai que le politique se présente aussi sous la forme d'un ordre, aboutissement d'un processus d'institutionnalisation et d'objectivation auquel le droit participe au premier chef. La sociologie et l'histoire se retrouvent aussi sur ce terrain, et les réflexions croisées de Jacques Commaille et de Pierre Lascoumes sur la norme soulignent que le décryptage de la production juridique doit associer analyse technique des mécanismes internes et prise en compte de son inscription dans l'histoire sociale et politique [13]. La réhabilitation de la diachronie ne peut que favoriser les échanges avec l'histoire du temps présent, qui, de son côté, a tout à gagner à rompre avec ses traditions monogamiques, voire ses plaisirs solitaires.

Il est certain que la rénovation de l'histoire politique du très contemporain qui passe depuis quelques années par une réflexion plus pointue sur le couple État et société — le degré d'emprise du

---

13. Cf Jacques Commaille et François Chazel (dir.), *Normes juridiques et régulation sociale*, LGDJ, 1991, collection «Droit et société» ; P. Lascoumes, «Normes juridiques et mise en oeuvre des politiques publiques», *L'année sociologique*, 1990, 40, pp 42-71 ; ainsi que l'ouvrage signé en collaboration sur l'histoire du Code pénal (cité *supra*).

premier sur la seconde ou le degré d'autonomie de la seconde —, sur la culture politique ou sur l'événement et sa représentation ne peut que favoriser ces nouveaux échanges [14]. Ils rejoignent les orientations suivies cette dernière décennie en sociologie du juridique, où l'objectif (l'objet) est déplacé du crime et du criminel vers les différentes formes du contrôle social, à savoir, certes, les appareils répressifs et judiciaires, mais également toutes les instances de régulation. L'étude de la norme et de son effectivité y conduit nécessairement. «Au bout du compte, précisent Philippe Robert et Claude Faugeron, les appareils spécialisés de contrôle social ne tiennent qu'une place limitée dans l'effectivité des processus de contrôle. Néanmoins, ils tendent à servir de régulateur indirect de l'ensemble du contrôle social, dans la mesure où ce sont leurs produits qui alimentent le discours sur le crime et le criminel, c'est-à-dire la production idéologique qui pèse en permanence sur les représentations et attitudes, donc indirectement sur les conduites du contrôle social non spécialisé. C'est ainsi que se boucle le processus global de contrôle social, c'est-à-dire l'effectivité de la norme». On mesure, dans cette perspective, l'importance cruciale d'une étude des représentations collectives. Et l'on est frappé à chaque étape du raisonnement, par la proximité avec les réflexions, postérieures, des historiens du temps présent [15].

Pourtant les études sur le système pénal sont déjà très engagées et toujours pluridisciplinaires pour les périodes immédiatement antérieures, dans la suite du débat sur les prisons suscité par les travaux de Foucault [16]. Elles sont balbutiantes sur le temps présent,

---

14. Les couples État/société et événement/événement-représenté sont deux axes structurants des recherches menées au sein de l'IHTP ; sur les représentations mentales je pense en particulier aux travaux de Pierre Laborie, et sur la culture politique à ceux de Serge Berstein.

15. Philippe Robert, Claude Faugeron, *La justice et son public..., op.cit.*, p. 28. On citera encore leurs réflexions sur le postulat du consensus qui préside à l'étude de l'opinion publique, alors même que des réponses homologues renvoient le plus souvent à des «structures d'attitudes» différentes. On retrouve des préoccupations très proches dans l'étude que fait Pierre Laborie de *L'Opinion des Français sous Vichy* (Seuil, 1991), quand il prend soin de parler de «systèmes de représentation». Au carrefour des réflexions sur la norme et le contrôle social, on signalera l'article de Danièle Lochak sur «La doctrine sous Vichy ou les mésaventures du positivisme» (in *Les Usages du droit*, CURAPP, PUF, 1989, pp. 252-285), qui démonte le processus de banalisation et de légitimation du droit antisémite sous Vichy ; cette réflexion explique au premier chef la sensibilisation nouvelle au droit de quelques historiens de la période.

16. Pour le XIXe siècle, Michelle Perrot (dir.), *L'impossible prison. Recherches sur le système pénitentiaire au XIXe siècle. Débat avec Michel Foucault*, Seuil, 1980 ; Jacques G Petit, *Histoire des galères, bagnes et prisons.*

mais les enjeux sont d'importance, puisqu'ils touchent à l'objet d'étude proprement dit comme au dispositif intellectuel et institutionnel.

XIIIe-XXe siècles. Introduction à l'histoire pénale de la France, Toulouse, Privat, 1991 ; Robert Badinter, *La prison républicaine*, Paris, Fayard, 1992. On citera encore la thèse de référence de Jacques G. Petit sur *Ces peines obscures. La prison pénale en France (1780-1875)*, Paris, Fayard, 1990, et l'ouvrage qu'il a dirigé sur *La Prison, le bagne et l'histoire*, (Genève, Médecine et hygiène ; Paris, Libr. des Méridiens, 1984, [collection «Déviance et société»]). Dans ce dernier ouvrage, Michaël Ignatieff écrit que le seul sujet valable de l'histoire des prisons, le sujet-clef «n'est pas ce qui se passe derrière les murs, mais c'est la relation historique entre les deux côtés du mur». Il en appelle aussi à ne pas renoncer aux questions théoriques, qui manquent grandement après Foucault. Dans ce sens, signalons les réflexions de Claude Faugeron et Jean-Michel Le Boulaire sur la fonction de la prison en France, qui posent les linéaments d'une théorie de l'enfermement carcéral ; ils ne s'arrêtent pas à constater le décalage entre les discours sur la prison et la réalité carcérale, mais repèrent dans quelle mesure ces discours participent à la légitimation de cette réalité ; «Prisons, peines de prison et ordre public», *Revue française de sociologie*, XXXIII, 1992, pp. 3-32.

Histoire des techniques et temps présent : une double difficulté

Alain Beltran

Se pencher sur l'histoire des techniques dans le cadre du «temps présent» suppose d'abord de prendre conscience de difficultés de deux ordres. D'une part, l'histoire des techniques cherche encore ses marques dans notre pays. D'autre part, les handicaps propres aux recherches très contemporaines prennent un relief particulier dans le cas des techniques d'aujourd'hui. Si ces deux points quelque peu négatifs doivent rester en mémoire, il n'en reste pas moins que l'histoire des techniques possède des qualités propres qui en font une clé essentielle de la compréhension du monde actuel.

«Technique : un de ces nombreux mots dont l'histoire n'est pas faite» (Lucien Febvre, 1935)

Il est amusant de constater le nombre de textes français consacrés à l'histoire des techniques qui utilisent à un moment ou à un autre la citation pessimiste de Lucien Febvre. En près de soixante ans, il semblerait que la situation n'a pas évolué: la discipline se chercherait toujours. Pourtant, des oeuvres maîtresses existent et sont largement citées à l'étranger. Bertrand Gille et Maurice Daumas [1] ont dirigé deux ouvrages différents mais qui

1. Bertrand Gille (dir.) *Histoire des Techniques*, Paris, Gallimard, 1978 (Coll. : «La Pléiade») et Maurice Daumas (dir.), *Histoire générale des Techniques*, 5 volumes, Paris, Presses Universitaires de France. Parmi les ouvrages français généraux, il faut citer également François Russo, *Introduction à l'histoire des techniques*, Paris, A. Blanchard, 1986 ; Jacques Perrin, *Comment naissent les techniques*, Paris, Publisud, 1988 ; Daniel Furia et Pierre-Charles Serre, *Techniques et Sociétés*, Paris, A. Colin, 1970 ; enfin, un ouvrage stimulant

permettent déjà de rejeter l'idée d'un vide quasi-absolu. Les lieux de recherche sont multiples, du Conservatoire national des arts et métiers à l'Université, de l'Ecole des hautes études en sciences sociales au Centre national de la recherche scientifique [2]. La diversité des approches se manifeste par un certain éclatement des lieux d'étude auxquels il faudrait ajouter les initiatives locales, les musées, les associations d'ingénieurs, etc. Malgré tout, un spécialiste n'hésitait pas à écrire en 1990 : «les techniques sont la seule catégorie de faits sociaux dont l'étude soit entachée d'illégitimité a priori» [3] ! Et, de fait, on constate depuis des années un discours récurrent sur la difficulté de l'approche technicienne à se voir reconnue parmi les multiples facettes de la science historique.

Certaines explications de ce «blocage» remontent aux origines, somme toute récentes, de la discipline. L'histoire des techniques eut du mal à obtenir son autonomie par rapport à l'histoire des sciences qui, en France, est traditionnellement dominée par l'approche philosophique. De même, de l'autre côté de l'Atlantique, la grande revue américaine d'histoire des techniques *Technology and Culture* (1958) est apparue à la suite d'une scission d'avec la puissante Société d'histoire des sciences. Ce périodique et la Société pour l'histoire des techniques (SHOT) jouent un rôle fédérateur. Le même phénomène ne s'est pas produit dans notre pays. En France, on observe une certaine dispersion des publications [4] qui reflète la diversité des lieux et des chercheurs concernés par l'histoire des techniques. La discipline se cherche sur bien des points et le caractère épistémologique de nombreux articles ne trompe pas : la définition du champ propre à l'histoire des techniques n'est pas

---

nourri de littérature anglo-saxonne : François Caron, *Le résistible déclin des sociétés industrielles*, Paris, Perrin, 1985.

2. Voir une liste assez complète dans la dernière *newsletter* de la SHOT (Society for the History of Technology), 55, mars 1992, pp. 4-5, sous la plume d'Alexandre Herléa. Il existe un DEA d'histoire des techniques commun au CNAM, à l'EHESS et à l'Université de Paris-IV. La Cité de la Villette possède un très actif Centre de recherche en histoire des sciences et des techniques, actuellement dirigé par Dominique Pestre. L'Institut d'histoire moderne et contemporaine (CNRS) a lancé une grande enquête sur les brevets.

3. François Sigaut, *Histoire des techniques et compréhension de l'innovation*, *Actes et Communications* (INRA), 6, septembre 1991, p. 78.

4. En premier lieu, on peut citer la publication du Centre de recherche sur la culture technique (dirigé par Jocelyn de Noblet) *Culture Technique* ainsi que des revues d'archéologie industrielle, d'autres spécialisées dans une technique (électricité, chemins de fer, aluminium, mines et métallurgie) ou bien encore à caractère européen (*History and Technology*).

aisée. Des mots comme technique ou technologie ne sont pas synonymes et la revue *Technology and History* s'est fait l'écho de ces débats [5]. En outre, la périodisation en histoire des techniques s'avère originale et ne recoupe pas les découpages classiques de l'histoire politique ou même de l'histoire économique. Des notions complexes comme celles de systèmes techniques, de filières, d'innovations sont à utiliser avec discernement.

Mais, sans aucun doute, le débat majeur qui a transcendé l'histoire des techniques pendant des dizaines d'années a été celui qui a opposé les partisans d'une approche internaliste à ceux qui prônaient une démarche externaliste. Dans le premier cas, on reprochait aux seconds de ne pas intégrer — ou même d'être incapables de comprendre — ce qui se passait à l'intérieur de la «boîte noire». Les «externalistes» de leur côté expliquaient que faire une chronologie des grandes inventions et classer les données obtenues restait insuffisant. Il fallait montrer les multiples interactions entre science et technique, entre technique et société [6]. Outre qu'une synthèse entre les deux approches soit possible et même souhaitable, on constate désormais que les démarches externalistes l'emportent. De 1959 à 1968, dans la revue américaine *Technology and Culture*, seulement 41 % des articles adoptaient cette option contre 68% dans les années 1980 [7].

En France, le mouvement est identique. Bruno Jacomy, par exemple, écrit : «l'histoire des techniques, telle que je tente de l'approcher ici, est *culturelle*. Elle fait apparaître les liens qui, depuis les silex taillés par les premiers hommes jusqu'aux plus récents outils, souvent immatériels, que la société actuelle met entre nos mains, unissent les techniques aux pratiques sociales, les savoir-faire aux arts, les innovations aux modes de vie, etc [8]». Alain Beltran et Pascal Griset renchérissent : «l'environnement économique, la pression sociale, la volonté politique (c'est-à-dire dans bien des domaines la place grandissante de l'Etat), les habitudes culturelles, l'organisation de la Science et de la Technique (et des rapports entre les deux), la géographie, etc., ont

---

5. Voir par exemple Jean-Jacques Salomon, «What is technology? The issue of its origins and definitions», *History and Technology*, 1984, pp. 113-156.

6. Que ce soit aux Etats-Unis ou en France, le sigle «STS» (Science, Technique, Société) utilisé dans de nombreux centres de recherche montre le souci d'élargir les problématiques.

7. John M. Staudenmaier, «Recent trends in the History of Technology», *The American Historical Review*, 3, juin 1990, p. 716.

8. Bruno Jacomy, *Une histoire des techniques*, Paris, le Seuil, 1990, p. 10.

agi directement sur les recherches techniques et expliquent échecs et succès» [9]. La preuve la plus éclatante de ces phénomènes complexes d'interaction entre une société et ses options techniques a été donnée par le célèbre ouvrage de Thomas P. Hughes sur les réseaux d'énergie électrique en Allemagne, en Grande-Bretagne et aux Etats-Unis [10]. Il est d'ailleurs à noter que Hughes montre un exemple finalement assez rare d'histoire comparée dans le domaine des techniques. Les notions de transfert de technologie se prêteraient pourtant parfaitement à ce type d'étude. Il n'en reste pas moins que, face au foisonnement des équipes ou aux multiples débats d'Outre-Atlantique, force est de constater la relative timidité des Français dans le domaine de l'histoire des techniques. Les intellectuels de notre pays sont peut-être peu enclins à se pencher sur certaines questions matérielles.

La complexité du «présent» dans le domaine des techniques

Outre la difficulté à cerner le sujet, s'additionnent pour l'historien du temps présent les obstacles inhérents à l'approche scientifique d'événements très contemporains et à la compréhension des techniques d'aujourd'hui. Il n'est guère nécessaire d'insister sur les embûches d'une histoire presque immédiate : faible recul, débats très présents, témoins prêts à défendre leur action passée, «concurrence» des sociologues ou des politologues... La masse des données et des sources d'information décourage plus qu'elle n'aide. Et, sans doute plus que pour d'autres périodes, l'historien a du mal à se dégager de ses convictions ou de ses a priori tacites ou explicites. Mais, à ces caractéristiques qui ne sont pas propres à l'historien des techniques, s'ajoutent l'extrême complexité des phénomènes étudiés et la vitesse des mutations. Les technologies employées au quotidien ou celles qui vont transformer les années à venir exigent un certain investissement en temps pour que l'historien maîtrise au moins les concepts fondamentaux des phénomènes qu'il étudie. En conséquence, il devient délicat de se pencher en même temps sur l'énergie nucléaire, l'informatique, les biotechnologies ou les nouveaux

---

9. Alain Beltran et Pascal Griset, *Histoire des techniques aux XIXe et XXe siècles*, Paris, A. Colin , 1990, p. 3 (Coll. «Cursus»).

10. Thomas P. Hughes, *Networks of power, Electrification in Western Society*, John Hopkins University Press, Baltimore, seconde édition, 1988.

matériaux. Des choix s'imposent et des collaborations sont indispensables. Enfin, c'est une banalité de dire que les phénomènes d'invention, de développement et d'innovation s'accélèrent. Les «générations» d'ordinateurs se succèdent en moins de dix ans et les télécommunications sont en perpétuelle «révolution» [11]. Cette particularité donne à l'histoire des techniques un relief bien particulier par rapport aux pulsations d'autres approches. D'où la nécessité de confronter les temps de réponse de la science et de la société par rapport à ceux de la technique dans ce très complexe dialogue à trois. Il faut distinguer les phases d'invention et d'innovation, les durées nécessaires pour qu'une technique soit assimilée par les différents groupes sociaux ou pays [12].

Le temps présent change encore d'autres paramètres. Certains sont liés à la mise au point de techniques à impact planétaire. L'énergie nucléaire reste l'exemple le plus connu et la question de la maîtrise sociale des techniques se pose tout particulièrement dans son cas. Mais d'autres activités comme la chimie influent directement sur la préservation d'un environnement auquel les populations sont de plus en plus sensibles. Le développement de certaines techniques va dépendre des réactions de l'opinion publique, d'une acceptation globale qui suppose peut-être d'autres processus de décision donnant lieu à une information élargie. D'autre part, la distinction science/technique ne se pose plus dans les termes encore valables au début du siècle. Ainsi, le développement de la «*Big Science*» suppose la mobilisation de moyens énormes, l'intervention des pouvoirs publics, des buts originaux. L'articulation avec la technique et la demande sociale se pose alors en d'autres termes. Enjeux stratégiques, systèmes nationaux, filières techniques, contextes socio-économiques conduisent à une grande prudence dans toute généralisation et empêchent de se servir d'anciens modèles d'explication.

---

11. Voir parmi les publications les plus récentes: Patrice Flichy, *Une histoire de la communication moderne/ Espace public et vie privée*, Paris, La Découverte, 1991 ; Pascal Griset, *Les révolutions de la communication*, Paris, Hachette, 1991 ; Patrice Carré, *Du tam-tam au satellite*, Paris, Presses-Pocket, 1991.

12. A titre d'exemple, Alain Beltran et Patrice Carré, *La Fée et la Servante. La société française face à l'électricité (XIXe-XXe siècle)*, Paris, Belin, 1991.

L'histoire des techniques aujourd'hui : interdisciplinarité et demande sociale

Malgré les handicaps évoqués et une situation encore précaire, nous pensons que l'histoire contemporaine des techniques possède un réel avenir. Les technologies actuelles sont d'abord l'image du siècle. Un livre d'histoire symbolisera le XIXe siècle par une locomotive à vapeur et le XXe siècle par un TGV [13], un satellite ou un ordinateur. Ces exemples restent chargés de valeurs positives même si des craintes se font jour envers quelques technologies de pointe (nucléaire, manipulations génétiques). Etudier l'essor des techniques est indispensable pour comprendre notre temps. Que l'on songe seulement à l'impact des technologies militaires américaines depuis la bombe A qui mit à genoux le Japon jusqu'au défi de la «guerre des étoiles» que l'ex-URSS ne put relever. Dans une période où les idéologies semblent marquer le pas, la victoire technologique devient hautement symbolique. Et certains «vaincus» (Japon, Allemagne) y trouvent leur revanche.

Autre atout, l'histoire des techniques — hors d'une approche trop strictement internaliste — se prête à merveille (et même exige) une approche pluri- et interdisciplinaire. Par exemple, aborder aujourd'hui les technologies de l'information impose le «détour» par l'économique et le social, le culturel et le politique. Parmi ces approches multiples, le regard économique a déjà été privilégié, peut-être trop, au point que Philippe Braunstein y voit un danger car «l'histoire des techniques s'est soit refermée sur elle-même, soit dissoute au contact de l'économique» [14]. L'approche politique est indispensable surtout dans la France des grands programmes d'équipement (le téléphone et le nucléaire civil sont ici caractéristiques). L'apport des sociologues [15] et des psychologues reste incontournable et peut déboucher sur des concepts réellement opératoires.

En définitive, au-delà de voeux pieux, il importera de multiplier les thèmes et les lieux de rencontre pour éviter à l'histoire des

---

13. Alain Beltran et Jean-François Picard réalisent à ce titre, dans le cadre de l'Institut d'histoire du temps présent, une étude sur la genèse du train à grande vitesse en France (TGV) qui se situe à la charnière de l'histoire des techniques et de l'histoire d'entreprise.

14. Philippe Braunstein, article «techniques» dans André Burguière (dir.), *Dictionnaire des sciences historiques*, Paris, Presses Universitaires de France, 1986, p. 650.

15. Citons parmi les spécialistes reconnus Michel Callon et Bruno Latour.

techniques toute tendance au repli. Il faut placer les questions techniques au coeur des problématiques historiques et non s'en servir en dernier recours en tombant souvent dans un déterminisme stérile. La force et l'intérêt de l'histoire des techniques est de privilégier les structures et de proposer de multiples dimensions complémentaires. Et la faible reconnaissance de la discipline sera d'autant plus aisément vaincue que les sciences humaines répondront à toutes les formes de demande sociale. Or cette dernière fait partie des «atouts» de l'historien du temps présent, sans cesse interpellé par l'actualité. Les interrogations du public non-historien confronté tous les jours aux défis techniques viennent stimuler certains travaux et entamer un dialogue d'un nouveau genre. L'opinion, les décideurs publics ou privés, les scientifiques et ingénieurs se tournent de plus en plus souvent vers les historiens soit pour mieux comprendre, soit pour obtenir la perspective indispensable à la décision, soit pour appréhender leur rôle dans la société. Le véritable essor de l'histoire des techniques viendra peut-être de ces interrogations extérieures.

L'histoire des sciences

Jean-François Picard

Le programme de recherche pour le cinquantenaire du CNRS (1989) a permis à l'histoire du temps présent, sinon d'ouvrir un nouveau chantier, au moins d'envisager une perspective délaissée jusqu'ici par l'historiographie française, celle d'une histoire politique des sciences. Curieusement ce sont des Américains qui ont parcouru les premiers un champ d'investigation resté jusqu'alors le fief d'une histoire des sciences classique, au demeurant peu concernée par le XXe siècle. La première étude sérieuse sur la France scientifique d'après la Seconde Guerre mondiale est due à un professeur de Princeton, Robert Gilpin, et remonte aux années soixante. A lire Gilpin [1] on voit comment ce que l'on commence à appeler en 1939, lorsque naît le CNRS, une «politique de la science» constitue un chapitre essentiel de l'histoire de notre pays ; le titre original de l'ouvrage est d'ailleurs significatif : *France in the Age of the Scientific State.* Aux côtés d'histoires sociales, économiques, politiques, celle des sciences peut justement prétendre au statut que confère l'omniprésence du fait scientifique dans nos sociétés. Peut-on encore distinguer science «et» politique dans un monde où la bombe d'Hiroshima a montré à quel point la science «est» devenue politique ?

Si la recherche sur la recherche s'était surtout intéressée à l'épistémologie ou à la sociologie de la science, en fait à son fonctionnement interne et à la vie des laboratoires, elle opérait souvent dans une sorte d'univers abstrait de la connaissance universellement partagée. A l'inverse, il apparaît qu'une histoire des politiques de la science sera par définition «nationale». Elle racontera le choix de grands programmes scientifiques initiés et financés par des industriels ou des gouvernants, c'est-à-dire en fait par des Etats qui agissent au pire par volonté d'agresser leurs

---

1. Robert Gilpin, *La Science et l'Etat en France*, Paris, Gallimard, 1970.

voisins, au mieux par souci d'augmenter leur palmarès en prix Nobel. Evidemment, de la découverte de la radio-activité par Becquerel (Nobel 1903) à celle de la radio-activité artificielle par les Joliot (Nobel 1935), une épistémologie, l'étude du rôle des écoles, la «qualité de la physique française» permettent de comprendre une succession d'événements scientifiques. Mais une telle approche ne nous en dit guère sur d'autres enjeux et notamment sur le pourquoi et le comment d'un processus qui aboutit au Commissariat à l'énergie atomique (1945). Osera-t-on avancer que toute recherche recèle souvent plus de «finalisation» qu'une prime analyse ne le laisserait croire ? Il existe évidemment une recherche désintéressée. Mais la barrière, si elle existe, paraît de plus en plus mince entre la science pure et la recherche appliquée, un phénomène qui se vérifie au fur et à mesure que le coût de l'activité scientifique croît. Frédéric Joliot était non seulement un expérimentateur de génie, mais également un homme conscient des implications de ses recherches. Ainsi, ayant mis en évidence en 1939 la possibilité d'une fission du noyau de l'atome d'uranium dans un laboratoire financé par le CNRS, il oscille entre la proclamation dans la presse scientifique de l'extraordinaire nouvelle qui assurera la prééminence de la science française «et/ou» comme disent les sociologues, la prise de brevets (secrets car nous sommes en guerre !) destinée à protéger les utilisations civiles et militaires de sa découverte [2].

Par cet exemple, on voit comment l'histoire des sciences doit être aussi organisationnelle. Non seulement au travers des grandes institutions universitaires ou académiques, mais aussi, et surtout dans le cas de l'histoire du temps présent, en faisant celle des grands organismes scientifiques créés dans ce pays depuis près d'un demi-siècle. L'histoire du CNRS a été initiée par un souci de commémoration. Elle résulte d'un programme lancé par son directeur de l'époque, Pierre Papon, soucieux de saluer l'une des grandes réalisations de la Troisième République finissante. Sa réalisation initialement confiée à l'Institut d'histoire du temps présent (Michael Pollak) fut ensuite reprise par le Département des sciences humaines et sociales du CNRS où venait d'être nommé le professeur Antoine Prost. En 1986, Antoine Prost consacrait à ce projet l'un de ses séminaires de l'Université de Paris I, tandis qu'un comité de pilotage s'installait, successivement présidé par deux

2. Spencer Weart, *Scientists in Power*, Harvard, Harvard University Press, 1979.

physiciens : Jean-Claude Lehmann, puis Pierre Lehmann [3]. L'ambition était de réaliser une étude de l'«institution CNRS» s'inscrivant dans l'histoire globale, politique, économique et scientifique, de la France d'aujourd'hui. Pouvait-on rapprocher la mise en place du CNRS de la naissance d'une politique de la science ? Le problème évoqué *in limine* surgissait et l'importance qu'il fallait lui accorder nourrissait quelques discussions serrées, mais instructives, entre historiens et scientifiques. Il semblait que l'organisation de la recherche française s'était bâtie sur une distinction particulière entre la science pure d'un côté et la recherche appliquée de l'autre. Le distinguo étant si fort à l'époque qu'il s'était incarné de manière institutionnelle entre un CNRS consacré au soutien de la science pure sous l'impulsion du physicien Jean Perrin et du physiologiste Henri Laugier, tandis qu'un CNRSA — «A» pour «appliqué» — avait son propre directeur, le doyen de la Faculté des sciences de Lyon, Henri Longchambon, entreprenant dans des conditions difficiles la mobilisation scientifique du pays.

Cependant on vient d'évoquer ce fait que la pertinence d'une distinction entre les deux formes de recherches est infondée dans le cas d'une société industrielle telle qu'on la voit fonctionner aujourd'hui. Dès lors comment expliquer la création de ce CNRS double ? La réponse nous semblait spécifique de ce que l'on pourrait appeler un cas français. Nous risquions l'hypothèse qu'il fallait voir là les restes d'un héritage remontant à la fin du XIXe siècle, précisément des alentours de la seconde révolution industrielle, période qui avait vu naître de nouvelles industries scientifiques : l'électricité et la chimie. Contrairement à ses concurrents, l'Allemagne, la Grande-Bretagne ou les Etats-Unis voire un petit pays comme la Suisse, qui réalisaient de nouvelles fondations et de grands laboratoires industriels, la France avait alors raté le mariage de la science et de l'industrie. Une université d'Etat, fief d'une science pure, «honneur de l'esprit humain» selon le mathématicien H. K. Jacobi souvent cité par Perrin, y avait affirmé son hostilité à tout utilitarisme scientifique, et donc fuit le contact avec l'industrie. Cette dernière de son côté s'était révélée plus soucieuse de s'assurer les rentes du protectionnisme douanier de la IIIe République que de conquérir de nouveaux marchés grâce à ses capacités d'innovation.

---

3. Il s'agit en l'occurrence d'une simple homonymie, ces deux physiciens n'ayant aucun lien de parenté (*note des éditeurs*).

Pour parler économique, la création du CNRS apparait donc comme le geste d'une politique contra-cyclique, inscrit dans la vague dirigiste de la fin des années trente — qui se poursuivra jusqu'au lendemain de la guerre [4] — destiné à rapprocher enfin Université et Industrie. C'est le «colbertisme scientifique» décrit par Pierre Papon [5]. En même temps, ce néo-colbertisme crée de nouveaux organismes scientifiques. On parlera plus tard d'«agences d'objectifs» pour bien marquer que les deniers publics seront consacrés à une recherche profitable à toute la société. Ce sont l'Institut national d'hygiène (l'ancêtre de l'INSERM) créé en 1941 dans la perspective d'une politique nationale de santé (suivi de l'Institut national d'études démographiques à la Libération), l'ORSTOM en 1942 qui se destinera aux recherches coloniales, le CNET pour les télécommunications en 1944, le Commissariat à l'énergie atomique en 1945, l'ONERA pour l'aéronautique et l'INRA du côté de l'agronomie en 1946, etc. Tandis que les grandes branches de l'industrie se dotent d'organismes de type fédératif, «IFP» pour le pétrole, «IRSID» pour la sidérurgie (1943), de nouvelles grandes entreprises publiques (SNCF, EDF, Charbonnages) installent leurs services de recherche-développement.

Ce colbertisme-scientifique s'applique à l'ensemble de la recherche. Motivées par les besoins de la guerre, les vertus de l'organisation touchent la science fondamentale. Outre le coût croissant d'une science de plus en plus «lourde» — et l'on doit rappeler que les grands observatoires et les premiers accélérateurs de particules remontent à l'entre-deux-guerres — la république des savants découvre l'extraordinaire efficacité de programmes comme le *Manhattan Project* qui embrigade une brochette de Nobel pour réaliser la bombe atomique. L'évolution de la science fondamentale est illustrée par l'installation dans le CNRS de la Libération de nouvelles disciplines : la génétique, l'économétrie et même la sociologie fortement organisée en Amérique pendant la guerre pour les besoins du recrutement militaire. En 1945, sous l'impulsion de Joliot, éphémère directeur du CNRS, un Comité national est découpé en commissions sectorielles *par objectifs* et non divisé en autant de sections qu'il existe de disciplines. Pour diverses raisons, le CNRS abandonnera ensuite sa vocation nationale

4. Richard F. Kuisel, *Le capitalisme et l'Etat dans la France moderne*, Paris, Gallimard, 1984.

5. Pierre Papon, *Le pouvoir et la science en France*, Paris, Centurion, 1978.

à organiser une politique de la science. Mais le besoin demeure qui se réincarne quinze ans plus tard sous forme d'un nouvel organisme. La Délégation générale à la recherche scientifique et technique (1959) sera de fait un véritable ministère de la recherche chargé d'ériger les fondements de la politique d'indépendance nationale chère au général de Gaulle, soutenant des grands programmes pour l'espace (CNES), l'énergie (surgénérateur et bombe H), l'informatique (Plan calcul), etc.

Restait évidemment à ne pas négliger l'essentiel et à ne pas tomber dans le travers inverse de celui évoqué ci-dessus : à faire qu'à trop se pencher sur l'organisation de la recherche on néglige de parler de science. En fait, la question revenait pour l'historien à s'interroger sur la place du CNRS dans un certain nombre de grandes disciplines. Bref, pouvait-on créditer l'organisme de quelques avancées significatives inscrites dans l'histoire des sciences ? Répondre à cette question impliquait une recherche collective faisant intervenir des spécialistes, historiens des sciences ou scientifiques, aptes à évaluer le rôle tenu par le CNRS dans leurs domaines. Le séminaire de Paris I remplit le rôle d'un lieu de rencontre, faisant se rencontrer chimistes et archéologues ; pendant trois ans, il permettait de recueillir des témoignages ; ceux du physicien et ancien ministre Pierre Aigrain, de Pierre Piganiol (DGRST), de Robert Chabbal, mais aussi d'administrateurs de la cité scientifique comme l'ancien secrétaire général du CNRS, Charles Gabriel, ou de la DGRST, Raymond Poignant.

A côté de la mémoire des acteurs, une autre condition pour réaliser ce programme était de disposer d'archives. Il existe heureusement un gros fonds déposé aux Archives nationales — trois kilomètres linéaires, paraît-il, stockés au Centre des archives contemporaines (CAC) de Fontainebleau — incluant un versement coté *AN 80-284* (deux cent soixante six liasses) en provenance des «services centraux» et concernant les origines et les débuts du CNRS. Il a constitué l'essentiel du matériau dépouillé avec les archives de la DGRST/CCRST conservés au ministère de la Recherche (Ghislaine Bidault). A ce propos, la mise en place récente de missions d'archives scientifiques dans différents établissements publics ou administrations doit être signalée. C'est le cas au CNRS où la mission dirigée par Odile Welfélé continue de jouer un rôle essentiel, publiant des inventaires de fonds destinés à guider les chercheurs. Enfin, outre l'utilisation d'archives classiques, une série d'entretiens (70) fut réalisée auprès de grands témoins de l'histoire du CNRS ; leurs transcriptions informatisées a été versée aux Archives de l'établissement.

Le département des sciences humaines du CNRS (Jacques Lautman) prit alors l'initiative d'une publication destinée aux travaux suscités par ce programme historique. Dix *Cahiers pour l'histoire du CNRS* sont sortis. La série est consacrée à une réflexion sur les origines de la politique de la science et à son fonctionnement [6], mais elle a aussi permis de couvrir les principaux domaines de la science par des travaux originaux [7].

Le programme du cinquantenaire du CNRS eut son aboutissement dans un colloque international organisé à Paris (23-24 octobre 1989) sous le patronage du ministre de la Recherche. Les débats animés par les professeurs Charles Gillispie (Université de Princeton), Harry Paul (Université de Floride), Antoine Prost (Université de Paris I), Dominique Pestre (CNRS) et Helga Nowotny (Université de Vienne) ont été publiés (*Cahiers* 1989/6). Remarquons pour terminer que certaines des discussions qui eurent lieu sont à l'origine du lancement de nouveaux programmes de recherche. On en signalera un, lancé en 1990 par l'auteur de ces lignes dans la perspective d'une coopération INSERM-CNRS, pour une «Histoire de la recherche bio-médicale en France de 1941 à nos jours».

---

6. Jean-Pierre Alix, Christophe Bonneuil, Jean-Christophe Bourquin, Christophe Charle, Michel Cornet, Gérard Darmon, Alain Drouard, Jacqueline Eidelman, Gérald Gaillard, Evelyne et Jean Gran-Eymerich, Jacques Lautman, Marie-France Ludmann, Michel Morange, Anne-Marie Moulin, Jean-François Picard, Xavier Polanco, Elizabeth Pradoura, Antoine Prost, Pierre Radvanyi, Yves Roussel, William H. Schneider, Doris T. Zallen, *Cahiers pour l'histoire du CNRS*, Editions du CNRS, 1988-1990.

7. Martine Bungener et Marie-Eve Joel, *L'essor de l'économétrie au CNRS* (1989/4) ; Micheline Charpentier-Morize, *La contribution des «laboratoires malpropres» du CNRS à la recherche chimique en France de 1939 à 1973* ; Jean Gayon et Richard Burian, *Genetics after WWII, the Laboratories at Gif* (1990/7) ; Jean-Claude Chevalier *La linguistique au CNRS 1939-1949* (1990/9) ; Jean-Paul Gaudillière, *Chimie biologique ou biologie moléculaire ? La biochimie au CNRS dans les années soixante* (1990/7) ; Dominique Pestre, *Louis Néel, le magnétisme et Grenoble* (1990/8) ; Girolamo Ramunni, *La non-construction du premier calculateur électronique au CNRS* (1989/4), etc.

Faire de l'histoire en entreprise

Michèle Ruffat

Prendre les entreprises comme objet d'histoire reste une démarche relativement neuve en France, bien que les travaux des pionniers que furent Jean Bouvier et Bertrand Gille datent déjà d'une vingtaine d'années. Malgré la faveur qu'elle rencontre depuis peu dans les milieux économiques et la lente constitution d'un corpus de travaux universitaires solides qui portent sur de prestigieuses entreprises publiques et privées [1], la place de l'histoire d'entreprise dans le champ historique n'est pas acquise, ni sa pratique exempte d'ambiguïtés.

Une histoire du temps présent

C'est sa relation à son objet vivant qui fonde son appartenance au champ de l'histoire du temps présent, beaucoup plus que la référence à un bornage chronologique précis. En effet, de nombreuses entreprises françaises ont des racines qui plongent dans le XIXe siècle et remontent, par le jeu des rachats, des fusions ou des stratégies familiales, aux débuts de l'industrialisation, voire à l'Ancien Régime [2]. Leur histoire s'inscrit donc dans la longue durée et ne relève pas exclusivement de l'histoire contemporaine au sens étymologique du terme.

Histoire du temps présent, une histoire d'entreprise l'est tout d'abord parce qu'elle est le fruit d'une rencontre entre un chercheur ou une équipe de chercheurs et une organisation en

1. Voir le tableau que dresse Jean-Pierre Daviet de la recherche française dans ce domaine : «Anciens et nouveaux visages de la *business history*» in *L'usine et le bureau, Itinéraires sociaux et professionnels dans l'entreprise, XIXe et XXe siècles*, Yves Lequin et Sylvie Vandecasteele (dir.), PUL, 1990.

2. C'est le cas des trois thèses d'Etat consacrées à l'histoire de Saint Gobain.

perpétuel devenir, tendue vers sa survie et tenue de s'inventer un avenir. Théoriquement, l'écriture d'une histoire de l'entreprise «de l'extérieur» est possible. Ne voit-on pas paraître des biographies de personnages contemporains dont le sujet a ignoré jusqu'à l'existence du travail en cours avant d'en découvrir le résultat en librairie ? Souvent, la masse des informations qui peut être collectée de l'extérieur étonne les responsables. Un tel parti viderait cependant le projet de sa substance scientifique. Hormis le fait que le procédé n'est guère utilisé en biographie, qu'à des fins polémiques, une des raisons de l'intérêt des chercheurs pour ce type de travaux est précisément l'ouverture d'archives jusqu'alors inaccessibles et la possibilité d'en constituer de nouvelles en lançant une campagne d'entretiens auprès du personnel de l'entreprise, en activité ou non. La participation active des acteurs passés et présents est donc cruciale pour la réussite du projet. La décision de communiquer ou non des sources et des archives souvent conservées au gré des initiatives personnelles, de faciliter les contacts avec les témoins, de confier des souvenirs relève du libre arbitre de chacun, au gré de la confiance accordée au chercheur et de l'intérêt que suscite son travail. Que l'entreprise dans son épaisseur humaine reste relativement passive devant le projet ou décide au contraire de coopérer à divers échelons de la hiérarchie, le sort de l'expérience s'en verra profondément modifié.

Ce qui fait aussi de l'histoire d'entreprise, typiquement, une province de l'histoire du temps présent [3], c'est qu'elle est, dans la plupart des cas, une réponse à une demande émanant de la société civile, en l'occurence d'un agent économique, qui n'exerce d'ailleurs pas forcément des fonctions de direction, mais parfois d'exécution [4]. La première «grande époque» de l'histoire d'entreprise, qui a produit des avancées méthodologiques et des modèles inégalés, s'est déroulée dans un climat d'indifférence réciproque totale. Si de rares entreprises toléraient les incursions des chercheurs dans leurs archives, c'était par méconnaissance

3. Inscrite dès les origines dans le projet de l'IHTP. Cf. François Bédarida, «Vers l'avenir» in *Histoire et temps présent*, (Journées d'études des correspondants départementaux, 28-29 novembre 1980), Paris, CNRS, 1980, p. 18.

4. Les ouvrages dont le comité d'établissement du site de Châtillon-sous-Bagneux de l'Aérospatiale et le comité d'établissement d'Alsthom ont pris l'initiative ont fait appel respectivement à Paul Smith et à Jean Domenichino, spécialistes d'histoire sociale.

complète de l'intérêt de celles-ci pour l'histoire économique. Dans la mesure où l'historien cantonnait ses travaux à des périodes reculées et où sa problématique paraissait s'inscrire dans des schémas intellectuels étrangers à la vie de l'entreprise, il ne gênait cependant pas vraiment. L'entreprise pouvait rester passive par rapport à son projet dans la mesure où les enjeux pour elle étaient minces, sinon inexistants. Le chercheur, quant à lui, ne demandait rien d'autre que l'accès aux archives avec un minimum d'ingérence et le droit de faire son métier en poursuivant ses fins propres. De leur côté, les dirigeants pouvaient entreprendre, notamment à l'occasion d'anniversaires, de publier à compte d'auteur des relations de la saga de l'entreprise, où le rôle des hommes tenait la vedette, et dont la fonction était de conforter son prestige à l'extérieur, la confiance et l'esprit maison à l'intérieur.

Il en va tout autrement quand la décision de confier l'écriture de cette histoire à un intervenant extérieur et à un universitaire est prise à l'intérieur de l'entreprise. Si celle-ci vient à la rencontre de l'historien en exprimant un besoin de recours à ses méthodes, c'est que le statut de l'histoire est en train de changer en son sein. En découvrant que la cohésion interne, la mobilisation autour d'un projet, l'adhésion à des valeurs communes font partie des conditions de sa survie, elle s'interroge sur son identité, et se tourne vers ses origines pour guider sa recherche du sens de l'action collective [5]. Elle devient alors, pour l'historien, un partenaire actif, déterminé, passionné parfois. Cette modification de leurs rapports n'est pas sans conséquences.

Devant désormais travailler en pleine lumière, le chercheur devra d'abord dissiper quelques malentendus. Car l'histoire précède l'historien dans l'entreprise. Tous, du planton au PDG, en ont une représentation. D'une certaine façon, l'arrivée du professionnel correspond à un dessaisissement par les acteurs de leur propre histoire, à laquelle ils voient accorder un degré nouveau de reconnaissance et de visibilité, mais qui cesse de leur appartenir exclusivement. Ce qui était conduite individuelle de sauvegarde des hauts faits d'une carrière ou passion solitaire de collectionneur se trouve certes validé et valorisé par la démarche du chercheur, mais aussi «récupéré» et privé en partie de son autonomie. La coopération des forces vives de l'entreprise ne sera donc obtenue qu'au prix d'un effort pédagogique initial. Le chercheur se verra

---

5. Cf. Alain Beltran et Michèle Ruffat (dir.), *Histoire et culture d'entreprise*, Paris, Editions d'Organisation, 1991.

souvent en position d'avoir à s'expliquer à la fois sur les finalités du projet et sur les méthodes de la recherche historique, et de devoir répondre à une curiosité qui a pour objet, avant toute chose, les conditions d'exercice de son métier. Le travail en commun ne peut en effet démarrer qu'à partir de la reconnaissance, par les acteurs de l'entreprise, du professionnalisme d'une activité considérée *a priori* comme exotique et étrangère à sa dynamique propre. Car la démonstration que le chercheur doit faire, c'est celle de l'existence d'un lien possible entre le vécu du personnel dans l'entreprise et le travail qu'il entreprend. C'est à ce prix qu'il parviendra à transformer en un vrai projet scientifique ce qui n'est au départ qu'une curiosité, une attente confuse, voire sceptique.

Une phase initiale de repérage et d'exploitation, au moins sommaire, des sources externes est indispensable pour établir la légitimité de l'intervenant extérieur et la diversité de ses apports à la constitution de la mémoire de l'entreprise. Elle a aussi pour effet de relativiser la notion de secret et de combattre le réflexe de fermeture. Découvrant que le chercheur n'est pas aussi dépendant de ses archives qu'elle ne l'imaginait de prime abord, et que la presse professionnelle, source majeure, et ses partenaires eux-mêmes, administrations, syndicats, fournisseurs, clients, anciens collaborateurs, voire banquiers et assureurs, ont eux aussi conservé des traces de son passé, l'entreprise est d'autant plus incitée à étayer sa propre version des événements sur des documents fiables.

L'histoire d'entreprise d'aujourd'hui a donc des atouts qui lui sont propres : il est naturel que dans la mesure où des enjeux véritables — y compris financiers — existent pour elle, où c'est son histoire toute entière qu'il s'agit de retracer y compris les péripéties les plus récentes, la participation active de ses membres est à la fois une chance et un risque pour le chercheur.

Chance d'avoir accès à des archives plus abondantes et plus variées : dans la plupart des cas, les archives ont souvent été constituées au petit bonheur la chance et, dans l'entreprise comme ailleurs, dans un tout autre but que la sauvegarde des traces de son passé. Des initiatives individuelles de conservation ou de destruction des documents ont été prises souvent indépendamment les unes des autres, au hasard des évaluations personnelles, sans plan d'ensemble concerté. La tâche initiale du chercheur sera donc de reconstituer le réseau des gardiens de la mémoire collective et de les gagner à son projet, en obtenant le versement de ces fragments d'archives au trésor commun. Dans un second temps, la confiance aidant, une campagne d'entretiens viendra utilement compléter le corpus ainsi constitué. De la pluralité des contributions dépend en effet la possibilité de croiser les sources, qu'elles soient écrites ou orales. De la capacité de l'historien à les obtenir, indépendamment de toute action incitative de la direction, qui peut rencontrer assez vite ses limites, dépend assez largement la qualité et l'originalité des sources dont il pourra disposer.

Risques inhérents à toute histoire du temps présent, qui tiennent à la difficulté de percevoir dans le passé le plus récent les tendances lourdes, aux écueils et aux hasards des rapports interpersonnels, à la fascination possible pour les acteurs, aux dangers de l'auto-censure, aux conflits sur les interprétations. Les parades sont connues, sinon à toute épreuve.

La démarche qui consiste à s'adresser à un professionnel vaut contrat : celui de respecter ses méthodes et les impératifs de son métier. Quand le dialogue se noue entre une organisation et une institution de recherche, les chances d'une relation équilibrée sont à leur optimum. La constitution d'équipes de recherche est aussi de nature à réduire ces risques, par la confrontation des points de vue, des expériences et la singularité du chemin particulier que chacun se fraie à travers les archives et les témoignages.

Contemporaine, l'histoire d'entreprise l'est aussi par bien des séductions de l'historiographie de notre temps. A travers elle se profile, sous l'angle microéconomique, le mirage de l'histoire globale : histoire économique, certes, mais aussi histoire sociale dans un pays qui redécouvre les relations sociales au niveau de l'entreprise [6], histoire culturelle, à la mesure du poids des traditions nationales dans le devenir des activités économiques [7], histoire politique enfin, tant l'intervention de l'Etat est de règle dans notre univers. «Le Prince et le marchand : un dialogue perpétuel» [8], c'est bien ainsi que les choses se passent. Inscrire la trame de son histoire dans la longue durée, c'est aussi la chance d'observer l'incidence des événements politiques et sociaux sur son devenir. Quel effet ont eu, par exemple, sur les comportements

6. Cf. Jean Roche, «Le regain de la négociation d'entreprise» dans *Notes de conjoncture sociale*, 17 sept. 1990.

7. Dans la sphère financière par exemple, Alain Plessis relève «une sorte d'allergie de la société vis-à-vis des phénomènes bancaires» dans «Histoire bancaire : le deuxième souffle», *Le Journal des Caisses d'épargne*, 3, mai-juin 1990.

8. Titre d'un article de Jean Favier, in «Le culte de l'entreprise», *Autrement*, 100, sept. 1988.

en matière d'assurance ou d'épargne, les guerres et les révolutions ? L'entreprise est un prisme qui donne à voir aussi, de façon parfois inattendue, les retombées concrètes, ou ce qu'on appelle aujourd'hui les effets externes de telle mesure économique ou de telle loi nouvelle. Le microcosme de l'entreprise est un extraordinaire révélateur des conditions de vie et de l'évolution de l'environnement économique et social.

Séduction aussi que l'accès à des archives qui appartiennent à une histoire très proche, qui peuvent s'ouvrir par la seule volonté de qui les détient et souhaite les voir exploitées. Risques potentiels de les voir expurgées ? C'est là que le patient travail de recoupement et de croisement des sources, qui fait tout l'attrait de ce que Jean Bouvier appelait «la lente confection d'un puzzle», doit faire ses preuves.

Faut-il pour autant tout dire ? L'historien n'a pas pour objectif le recueil d'un fatras d'anecdotes, fussent-elles délectables. Il n'a pas à endosser la toge du juge, du procureur, à dresser des autels ou à jouer les caméléons d'un ouvrage à l'autre. Il tente d'organiser le foisonnement du réel en un discours intelligible, de proposer une interprétation cohérente des choix, des conduites, des stratégies. Il lui suffit, une fois dressé l'état des lieux, d'apporter sa pierre à l'état de la recherche et d'espérer des recherches ultérieures la réponse aux questions en suspens. Des pistes innovantes peuvent apparaître, comme celle du champ potentiel de l'histoire d'entreprise, plus largement qualifiée dans les pays anglo-saxons de *business history*, si on l'élargit à «ce nouvel objet : les organisations» [9].

Une histoire classique

Sur l'entreprise, le chercheur entreprend de faire de l'histoire. Par conséquent, il commence, classiquement, par établir un état de la recherche sur l'histoire de cette entreprise et sur son secteur d'activité, il procède à un repérage des sources internes et externes en évaluant les archives existantes et leur degré d'accessibilité. Il établit une bibliographie des ouvrages de référence et dresse une chronologie qui révèle les temps forts de la vie de l'entreprise : fusions, nationalisations et/ou privatisations pour les plus

9. Voir sous ce titre l'article de Patrick Fridenson dans *Annales, Economies, Sociétés, Civilisations*, 6, nov. déc. 1989.

importantes d'entre elles, tournants de la règlementation qui ont pu modifier les conditions d'exercice de leur métier et modifier le champ de leurs activités, crises de diverses natures, liste des responsables qui se sont succédés à sa tête et durée de leur mandat. Cet état des lieux, qui permet de faire le point sur les relations de l'entreprise avec son histoire et sur le statut de l'histoire dans l'entreprise est une phase essentielle, qui correspond à une étude de faisabilité d'une histoire scientifique, reposant sur une exploration des ressources matérielles et humaines qu'il sera possible de mobiliser, et dont les conclusions ne sont d'ailleurs pas forcément positives.

Il a recours, classiquement là aussi, à l'approche comparative pour expliquer et pour comprendre. Elle est pour l'historien du temps présent le recours indispensable pour pallier l'absence de recul et éviter le risque de se perdre dans l'enchevêtrement des faits et des discours [10]. Ce n'est qu'en comparant le devenir de l'entreprise qu'il étudie à celui de ses concurrents français et étrangers et en la replaçant dans l'histoire de sa branche qu'il parviendra à saisir sa singularité.

L'importance des interactions entre le chercheur et les acteurs de l'univers singulier dont il écrit l'histoire l'expose à tous les vents, à tous les risques, à toutes les promesses aussi de l'histoire du temps présent. Mais en s'attachant à cet objet, il a conscience de faire pleinement son métier. Car travailler sur l'histoire d'une entreprise, c'est résoudre une énigme historique : pourquoi cette entreprise particulière a-t-elle duré ? Pourquoi a-t-elle survécu à son fondateur ? Quels choix, quelles stratégies lui ont permis de persévérer dans son être ? Comment a-t-elle résolu ses problèmes d'intégration interne et d'adaptation externe ? Pour répondre à ces questions, il n'a pas trop de toutes les ressources de son métier : «Il n'y a pas de recherche appliquée, disait Pasteur, il n'y a que des applications de la science» [11].

---

10. Jean Halpérin, *Les assurances en Suisse et dans le monde, leur rôle dans l'évolution économique et sociale*, Neuchâtel, la Baconnière, 1946.

11. Cité par Jean-François Picard et E. Pradoura, «La longue marche vers le CNRS» in *Cahiers pour l'histoire du CNRS*, 1, 1988.

Le quotidien

Dominique Veillon

Point d'ancrage de l'Histoire, la restitution du passé dans sa vérité la plus approchée permet l'étude des faits chronologiques précis comme le déroulement des guerres, les crises secouant l'Etat ou encore la prise de décisions politiques majeures, qui ponctuent le temps des civilisations. Mais le passé ne peut se résumer uniquement à cela. L'histoire englobe l'étude des mentalités, voire de la vie quotidienne — qui, il faut bien l'avouer, intéresse peu les historiens contemporains [1]. Elle donne un sens au temps écoulé, le reconstruit sous tous ses aspects. Cette entreprise n'est pas facile. Tout se passe comme si l'événement en raison de sa valeur et de son poids, ou comme si les à-côtés exceptionnels d'une vie ou d'un personnage étaient seuls capables d'être historisés mais pas la monotonie répétitive d'une existence terre à terre. A cela, les justifications ne manquent pas.

Coincé entre le journaliste dont une partie de la mission est de rendre compte de l'histoire au présent sous forme de chroniques journalières, le romancier qui enracine son récit dans le contexte d'une actualité plus vraie que nature, le sociologue ou l'ethnologue, habilités à porter un regard spécifique sur les comportements de leurs contemporains, l'historien ne se sent pas toujours à l'aise. A plus forte raison s'il entend dépasser l'addition de banales monographies individuelles. C'est qu'il n'est pas facile de reconstituer la manière dont des gens sans importance ont vécu, de s'attacher à faire revivre leurs occupations, leurs préoccupations, ou leurs centres d'intérêt, sans tomber dans le piège d'une collation «d'histoires» individuelles. Dans un domaine aussi mouvant, le

1. Hormis quelques brillantes exceptions dont : Antoine Prost et Gérard Vincent (dir.), *Histoire de la vie privée de la Première guerre mondiale à nos jours*, Tome V, Paris, Le Seuil, 1987. Voir en particulier Antoine Prost, «Frontières et espaces du privé», pp. 13-153.

chercheur oscille entre plusieurs attitudes. Parfois, il a l'impression que le quotidien en tant qu'objet d'étude lui échappe parce que ravalé au rang d'une succession d'anecdotes et qu'il n'a rien à gagner à défricher ce champ. Parfois au contraire, il se sent dépassé par certains modèles théoriques qu'il voudrait faire siens pour mieux décrire son objet. Plus la période est proche, plus la société paraît complexe, instable, requérant peut-être une grille d'analyse exemplaire, un outil qui échappe à la sagacité d'un chercheur non formé à des disciplines telles que la sociologie. Pour étudier les faits sociaux, celle-ci a mis au point des enquêtes qui exigent une méthode et un vocabulaire appropriés ; elle met à jour des données répétitives permettant des tableaux comparatifs. Le travail, le logement, la vie privée, les relations familiales, les habitudes vestimentaires ou alimentaires, tous ces éléments qui forment la trame du quotidien sont sytématiquement dépouillés, classifiés, quantifiés, fournissant ainsi une accumulation d'observations de base. L'ethnologie dont le but est de mettre en évidence les relations découlant de la vie en société s'intéresse à des problèmes de vie quotidienne en étudiant des domaines particuliers comme les changements de société liés à l'industrialisation et aux transformations techniques. Dans ces conditions, on peut s'interroger : le quotidien a-t-il sa place dans l'histoire contemporaine ?

Face à cette interpellation, la marge de manoeuvre de l'historien est étroite. Il doit s'adapter pour essayer de faire ressurgir tous ces menus faits qui font la chair de la vie mais qui sont difficiles à traquer, parce que souvent évincés, peu apparents ou au contraire noyés dans un flot continu d'informations. En effet, l'historien se trouve devant une masse de documents difficiles à traiter où, à côté d'archives écrites traditionnelles, coexistent des archives sonores et audiovisuelles plus «nouvelles» comme la photographie, le cinéma, la radio ou plus près de nous, la télévision. Il doit donc appréhender des phénomènes multiples et complexes pour les croiser avant de leur restituer une dimension historique, sans jamais perdre de vue que la chronologie demeure pour lui un instrument de référence primordiale. Mais le quotidien peut-il se mesurer à l'aune précise de dates alors que le temps plat et sans scansion fait partie de ses critères d'existence ?

Les cinquante dernières années sont rythmées par des phases où il est plus facile qu'à d'autres moments, de repérer la trame d'une histoire de la vie quotidienne. Ainsi la France pendant la Seconde

Guerre mondiale offre un champ d'investigation inestimable en raison du caractère exceptionnel de ces années et du tout qu'elles forment. Etant donné que cette période troublée est étroitement imbriquée dans les événements, et que ceux-ci entraînent des conséquences directes au jour le jour, elle devient un lieu d'observation du quotidien. Plus tard, durant les Trente Glorieuses, parce que la croissance et la consommation s'imposent comme des faits de société qui dictent des changements de comportements radicaux, les années soixante sont, elles aussi, un champ de recherche pour une histoire du quotidien. Au temps court que balise la guerre, correspond une existence dominée par la grisaille de la pénurie : au temps long et indéterminé d'une période d'abondance, une vie que caractérise la course au mieux-être.

Le quotidien des années de guerre

Entre 1939-1945, les années de restrictions constituent une parenthèse exemplaire, entraînant des bouleversements imprévisibles qui modifient profondément les mentalités. Il y a un avant et un après-guerre, perceptible non seulement dans la chronologie mais aussi dans les esprits, chacun exprimant à sa façon le choc consécutif à la défaite et mesurant le changement qui en a résulté dans son existence de tous les jours. D'où une constatation : le chercheur qui se penche sur la société française entre 1939 et 1945 ne peut manquer d'être frappé par l'importance du quotidien dans les souvenirs de ceux qui ont vécu une période dense en événements politiques et militaires [2] ; un quotidien dont on perçoit aussi la prégnance à travers la gestion de la vie courante par ceux qui en étaient directement responsables. Ainsi pour le seul chapitre de l'économie domestique, l'intervention de l'Etat confine, selon les termes même d'un observateur contemporain, à une «légiférite aiguë» [3] (lois, décrets sont aisément répérables à travers le *Journal Officiel*). Jamais la sphère de la vie privée n'a été aussi encadrée et ne s'est autant rétrécie qu'à cette époque ! Au point

2. Edmond Dubois, *Paris sans Lumière,* Payot, Lausanne, 1946 ; Charles Rist, *Une saison gâtée : journal de la guerre et de l'occupation, 1939-1945,* Paris, Fayard, 1983.

3. «Pour l'administration, tout Français est un cobaye sur lequel on tente les expériences les plus diverses, les plus curieuses, les plus sataniques. La façon de légiférer de nos bureaux appartient à ce dernier genre», *Service quotidien d'informations économiques*, 9 avril 1942.

qu'il semble difficile aujourd'hui d'étudier le traumatisme de 1939-1945 sans prendre en compte la quotidienneté du temps de guerre.

C'est un aspect nouveau de l'historiographie. Jusqu'à présent, on s'est surtout attaché à décrire des faits chronologiques, ou des phénomènes spécifiques comme les mouvements de résistance et la collaboration, ou à expliquer la politique économique. On s'est interrogé sur l'encadrement de la propagande par le gouvernement, ou encore sur la rupture/continuité que pouvait représenter Vichy. Récemment, avec l'étude de l'opinion publique [4], des pratiques culturelles [5], puis celle des Français sous Vichy [6], on a abordé un autre champ.

Pour appréhender la monotonie du quotidien, l'historien utilise plusieurs outils dont la confrontation s'avère essentielle : les témoignages oraux et les archives écrites qui chacun à leur façon rendent compte de l'éphémère immédiat et du répétitif. Mais le quotidien ne peut acquérir de statut historique qu'au prix d'un effort de restitution et de conceptualisation. L'on songe ici à la nécessité qu'il y a de dépouiller des archives comme les enquêtes économiques, les rapports des préfets sur l'opinion de la population à propos du ravitaillement, ou des documents privés comme la correspondance. Mais aussi, à celle de décrypter et d'analyser les témoignages écrits ou oraux, les carnets de bord où sont consignés au jour le jour les menus faits, la presse, la photographie. Coups de projecteurs de l'actualité, ce sont des révélateurs de mentalité à un moment donné, daté. Les uns apportent un éclairage essentiel, les autres sont du domaine de la mémoire et de la reconstruction, d'autres enfin, de la reconstitution.

Pour de nombreux Français de l'époque, le récit [7] commence au printemps quarante avec l'exode qui jette sur les routes un flot humain s'écoulant du nord vers le sud du pays. Outre que cette fuite charrie son lot de misères individuelles, elle bouleverse les repères traditionnels. Tel apprend à ses dépens qu'une paire de chaussures de marche vaut mieux qu'une voiture que l'on est obligé d'abandonner en route, faute d'essence. Tel autre qu'un verre d'eau

4. Pierre Laborie, *L'opinion sous Vichy,* Paris, Le Seuil, 1990.

5. Jean-Pierre Rioux, (dir.), *La vie culturelle sous Vichy,* Bruxelles, Editions Complexe.

6. Jean-Pierre Azéma, François Bédarida (dir.), *Vichy et les Français,* Paris, Fayard, 1992.

7. Cf. Berthe Auroy, «Journal de guerre d'une institutrice», octobre 1939-1945 (manuscrit photocopié incomplet) ; JeanVidalenc, *L'exode de mai-juin 1940,* Paris, PUF, 1957 ; Nicole Ollier, *Sur les routes de l'an 40,* Paris, Laffont, 1970.

n'a pas de prix ! Ainsi l'échelle des valeurs se modifie au gré des circonstances, entraînant des révisions constantes dans l'existence de tous les jours.

A un moment où le pays se délite, où les cadres de vie habituels craquent, apparaissent nombre de structures contraignantes. La défaite entraîne la partition de la France en plusieurs zones — dont une zone dite «libre» (ou zone sud) et une autre où les Allemands sont les maîtres — avec comme conséquence immédiate l'instauration d'un contrôle strict sur la libre circulation des personnes, (voire même d'un couvre-feu lorsque l'occupant l'impose). Au-delà d'un problème réel de transport, où interviennent le manque de véhicules ou d'essence, il n'est plus question de se déplacer librement à l'intérieur du pays sans un laissez-passer. La ligne de démarcation est assimilable à une véritable frontière dont chacun peut mesurer l'importance à travers les longues attentes dans les points obligés de passage. Le courrier est soumis à censure et des cartes interzones «préimprimées», où il suffit de remplir quelques cases vides, réduisent la faculté d'échanger. Premier degré dans une mise au pas qui restreint singulièrement la possibilité d'action de chacun.

Simultanément, l'espace de liberté est encore réduit lorsque le gouvernement décrète dès septembre 1940, la mise en place de tickets de rationnement pour des produits courants. L'existence d'une carte d'alimentation dans un pays jusqu'ici qualifié de «pays de cocagne» est mal vécue par une population qui se sent lésée, atteinte dans un domaine traditionnellement réservé aux maîtresses de maison. Le fait de ne plus acheter librement des denrées telles que le beurre ou le pain est ressenti comme une intrusion insupportable venant d'un Etat autoritaire. Le comble est atteint en janvier 1941 avec la pénurie vestimentaire qui entraîne la réglementation des achats et la création d'une carte de chaussures ou de vêtements. Initiative mal comprise par une grande partie de la population qui n'hésite pas à s'en plaindre au Maréchal [8]. Et ce ne sont pas les nombreux reportages photos sur la haute couture qui font oublier la pénurie ambiante, les semelles de bois, les pardessus rapiécés, les robes ou les pantalons en fibranne.

A cause des lois et des décrets qui en réglementent les aspects, la vie quotidienne familiale se trouve modifiée. Désormais, chaque individu est classé selon son âge, sa catégorie socio-professionnelle, qui lui ouvrent des droits. Une grande majorité de la population n'a

---

8. Correspondance générale, F12 10477 et suiv.

d'autre alternative que de se soumettre à ces tracasseries, en essayant tant bien que mal de se débrouiller avec les moyens du bord, tandis qu'une minorité, grâce à ses relations, à son argent, à son appartenance sociale, réussit à tourner la législation, et en arrive à ne pas être concernée.

Car si la pénurie [9] devient au fil des mois un dénominateur commun entre toutes les classes sociales, la façon de la gérer introduit une distinction essentielle qui n'échappe pas à l'historien. On ne vit pas de la même façon «sa» pénurie suivant que l'on habite en ville ou à la campagne, suivant que l'on est ouvrier ou commerçant, avant ou après la disparition de la zone dite «libre» en novembre 1942. Des pratiques comme le troc que l'on croyait disparues depuis des générations, refont surface et renouent avec la nuit des temps. Tel échange un pneu de bicyclette contre de la viande et du beurre, tel autre de l'essence contre du sucre, etc. Des marchés parallèles fleurissent où certains se complaisent dans des trafics douteux. Il y a un fossé entre le père de famille, citadin qui tente d'améliorer l'ordinaire des siens avec des produits achetés à la campagne chez un fermier «compréhensif», et le petit truand qui bâtit sa fortune sur des stocks accumulés et gérés avec habileté. Le premier obéit à des réflexes de survie, qui profitent au paysan — lequel, soit dit en passant, prend sa revanche sur la ville. Le second s'apparente à un trafiquant de marché noir qui, bravant les lois, s'enrichit impunément sans être inquiété.

Ni résistants ni collaborateurs pour la plupart, la grande masse des Français a connu les aléas d'une existence quotidienne dont la réalité se mêle au mythe des souvenirs, ce qui rend son étude difficile. D'où la nécessité de dépasser la mémoire familiale ou collective — qui souvent s'apparente à l'épopée anecdotique — si l'on veut atteindre une autre dimension et arriver à l'étude des Français sous Vichy.

Le quotidien des années soixante

La situation est à l'opposé lorsque l'on se penche sur les années soixante. Le vécu ne revêt pas la même exemplarité que durant la guerre. Les souvenirs n'ont pas l'intensité dramatique d'une période exceptionnelle et sont marqués du sceau de la banalité. On se

9. Cf. l'enquête sur «Le temps des restrictions», menée actuellement par l'IHTP.

trouve plongé dans un monde de prospérité, où la croissance et la modernité sont les maîtres mots et où les années passant, l'accumulation des biens matériels procure une aisance sans cesse croissante. La crise de 1968 est aussi la crise d'une société souffrant d'un trop-plein de bien-être matériel.

La proximité chronologique et l'étendue du champ à couvrir compliquent la lecture, au jour le jour, de ces années. Les documents sont multiples et abondants, parfois peu accessibles lorsqu'il s'agit d'archives ; cependant, pour des faits courants, les statistiques économiques, les sondages d'opinion, la presse hebdomadaire, les journaux féminins, la publicité, offrent à l'historien des repères indispensables dans l'univers du «quotidien» des années soixante. Ils permettent de dater précisément la consommation de masse d'un bien matériel (le réfrigérateur) [10], ou tel phénomène à la mode (les blousons noirs).

Le terme «quotidien» s'est élargi, il recouvre des éléments plus divers. Outre le logement, le travail, la vie familiale qui en font partie intégrante, il englobe des aspects nouvellement apparus comme les loisirs et le temps libre qui appartiennent désormais à la notion du quotidien. De même, l'espace de la vie privée dont chaque individu était jusqu'à présent le seul maître. Les magazines féminins offrent à leurs lectrices des enquêtes de faits de société, des «histoires vraies» qui agissent comme un révélateur et qui transgressent les habitudes de repli sur soi. Le corps, la vie sexuelle longtemps tabous se démythifient. On ose aborder des sujets jusque là soigneusement laissés de côté tel l'avortement [11], cependant que la publicité contribue à la réhabilitation du corps. «Se sentir bien dans sa peau» devient un objectif majeur. Tous ces thèmes sont autant de champs de recherche nouveaux.

Pour le temps présent, l'historien est davantage habitué à travailler sur un objet délimité comme l'est une histoire d'entreprise, celle de l'électricité [12], ou des assurances [13]. Moins facile à cerner, l'étude du quotidien proche peut être abordée par le biais de reportages divers, et d'enquêtes de société. En 1965 [14], la

10. Le Salon des arts ménagers de mars 1960 présente cet appareil comme un classique désormais indispensable, *Marie-Claire*, mars 1960.

11. Cf. l'enquête présentée par *Marie-Claire*, octobre 1961.

12. Alain Beltran, Patrice A. Carré, *La fée et la servante*, Paris, Belin, 1991.

13. Michèle Ruffat, *L'UAP et l'Histoire de l'assurance*, Paris, Maison des Sciences de l'Homme, Ed. Jean-Claude Lattès, 1990.

14. Jacqueline Eichart, Monique Dupont, Geneviève Husson, Guy Knoché (dir.), *Quinze jours en France*, La Documentation Française, 1965. Les pricipales

Documentation Française a rendu compte de l'existence quotidienne des Français à travers une sorte de tour du pays qui met en scène des familles de milieux divers. Elle s'est interrogée par exemple sur ce qu'il y a de commun entre la vie d'un industriel qui dirige une usine de textiles dans le Nord, celle d'un technicien qui travaille au centre atomique de Marcoule, ou d'un exploitant agricole en Beauce. Entre un mineur du nord et un contremaître chez Usinor à Dunkerque. A priori rien ne les rapproche, si ce n'est que, derrière ces réalités, se cachent des signes extérieurs permettant de repérer les jalons d'une évolution comparable. Prenons l'exemple du logement [15]. L'industriel habite une villa spacieuse, le technicien, un appartement neuf pourvu de tout le confort moderne, l'agriculteur une ferme ancienne mais bien aménagée. Les habitations du mineur ou de l'ouvrier sidérurgiste sont elles aussi, mieux conçues et désormais dotées d'un minimum de confort moderne ; la salle d'eau n'est plus tout à fait un objet de luxe inaccessible et tend à se généraliser. A des différences de standing ou d'équipements près, chacun a désormais accès à des conditions de logement qui autrefois étaient l'apanage de la seule bourgeoisie, comme en témoigne la salle de bain.

De même, l'automobile, la télévision deviennent des symboles du mieux-vivre au quotidien. Grâce à quoi le rural n'est plus tout à fait prisonnier de son lieu de vie, le technicien accède aux mêmes vacances que l'industriel, l'ouvrier a droit aux mêmes sources d'informations audiovisuelles que le cadre, etc. On note un rapprochement entre les styles de vie qui s'uniformisent sous des influences venues d'Amérique. On est davantage réceptif à l'innovation. Les appareils ménagers font désormais partie du paysage journalier du plus grand nombre. En témoigne la publicité relevée dans les journaux féminins, essentiellement orientée vers l'aménagement de la maison, et grâce à laquelle, on perçoit bien la diffusion des innovations et leur cheminement. Le slogan «Moulinex libère la femme» semble excessif. Cependant, l'équipement des cuisines a amené dès 1962 une rupture fondamentale dans les pratiques quotidiennes vécues autant par les citadines que les rurales.

---

conclusions de l'enquête ont paru en 1967 dans le supplément publié par le journal *Times*.

15. Cf. le reportage photographique de *Quinze jours en France*, *op cit.*

Accentuant un phénomène dont Antoine Prost [16] a rendu compte pour l'entre-deux-guerres, la jeunesse apparaît désormais comme une entité qui tend à estomper les différences entre les classes sociales. Pour la première fois, les jeunes deviennent des interlocuteurs à part entière et ont droit à la parole. Un style «jeune» se répand et se popularise avec la création, dès l'automne 1959, d'une émission spécifique, sur Europe 1 : «Salut les copains», destinée aux moins de 25 ans [17]. La radio, la presse, propulsent la jeunesse sur le devant de la scène quotidienne.

Il en va de même de la mode dont les changements sont une source d'enseignement. Jusqu'ici réservé à quelques privilégiées, le «système de la mode» est remis en cause. La mode n'est plus l'apanage exclusif de la haute couture, elle naît aussi de la rue. Le conformisme qui voulait que le choix des vêtements se fasse en fonction d'une destination précise : sport, après-midi, sortie le soir, commence à être abandonné. «Ni trop habillé, ni trop sport, avec ce choix ville-travail, vous serez parfaite du matin au soir» proclame la page mode de *Marie-Claire* en octobre 1962. Désormais, la même tenue peut être portée toute la journée, seuls comptent les accessoires : foulards, sacs à mains, bijoux, qui permettent d'infinies variations et qui offrent surtout à toutes la possibilité d'avoir une tenue adaptée selon les circonstances. Signe tangible de l'émancipation féminine, les femmes sont nombreuses à adopter le port du pantalon et pour la première fois, en 1965, on produit plus de pantalons féminins que de jupes [18]. Cette transformation vestimentaire constitue en fait une véritable révolution des mentalités.

Si les médiévistes et les modernistes se sont les premiers penchés sur la civilisation matérielle, l'histoire contemporaine est peut-être en train de combler le retard qu'elle avait accumulé. L'historien du temps présent ne peut complètement oublier qu'il est aussi la mémoire de son époque et que celle-ci est inséparable du quotidien dont elle constitue l'un des maillons. En quête du passé immédiat, il doit prendre en compte — à la manière de ses collègues archéologues — les traces donnant forme au vécu, où l'éphémère se mêle au répétitif, où la banalité d'humbles faits se révèle une source de richesses à exploiter.

---

16. Antoine Prost, «Jeunesse et société dans la France de l'entre-deux-guerres», *Vingtième Siècle. Revue d'histoire*, 13, janvier-mars 1987, pp. 35-43.
17. Le magazine *Salut les copains* paraîtra, quant à lui, dès juillet 1962.
18. Antoine Prost, *Histoire de la vie privée... op cit.*, p. 138.

II

Histoire et sciences sociales

Les sciences sociales ont déjà près d'un siècle d'existence. C'est donc une longue période du passé des sociétés qui a été scrutée tant par les sociologues que par les historiens. Les relations entre la sociologie contemporaine et l'histoire du temps présent peuvent ainsi se lire à travers l'itinéraire d'une concurrence et d'un chassé-croisé, cependant qu'une délimitation entre les méthodes a permis de mettre à jour la revendication d'une véritable histoire sociale du présent.

L'historien et ses concurrents : le tournant épistémologique des années soixante aux années quatre-vingt

Michael Pollak

Si on analyse l'évolution récente de l'histoire, en tant que discipline, vis-à-vis de ce qu'il est convenu d'appeler la «demande sociale» ou la «sollicitation sociale» et si on la compare à celle de deux autres sciences sociales, la science économique et la sociologie, on est amené à poser plusieurs questions.

Le problème de la corrélation entre demande sociale et histoire constitue-t-il un phénomène relativement spécifique et daté ?

Eriger l'interrelation de l'histoire et de la demande sociale en objet d'étude et de réflexion fait apparaître, des années soixante aux années quatre-vingt, une différence considérable d'attente tant du point de vue des chercheurs que de celui des consommateurs et des clients de l'histoire.

En effet, dans les années soixante, la politique de la recherche et les discours qui en découlaient plaçaient, d'une manière qui ne s'était jamais vue auparavant, de très grands espoirs dans la capacité des sciences sociales à clarifier et rationaliser les problèmes. Ces sciences, relativement jeunes et dont la reconnaissance universitaire en France ne remonte qu'à la fin des années cinquante, se voyaient alors fortement sollicitées par les pouvoirs publics et l'ensemble des décideurs. Il suffit pour s'en convaincre de consulter les textes exposant la politique officielle de la recherche en sciences sociales durant la décennie 1960 et jusqu'au début des années soixante-dix. Alors que des crédits importants étaient débloqués en leur faveur, l'histoire quant à elle était largement absente des préoccupations des décideurs et du discours officiel. Elle jouissait en revanche d'une position universitaire dominante (à cette époque la sociologie ne disposait en France que de quatre chaires universitaires alors que l'histoire en comptait entre 70 et 100). Il s'agissait donc d'une discipline forte et reconnue au sein de l'institution universitaire et chez les intellectuels, mais négligée par une politique officielle qui ne semblait attendre d'elle aucune contribution sur le plan pratique. Les historiens eux-mêmes n'intervenaient pour ainsi dire pas dans le débat ni dans l'élaboration de la politique de recherche. Tout se passait donc comme si la position respectée et indiscutée de l'histoire dans le milieu universitaire la dispensait de se mettre en valeur face aux responsables administratifs et aux pourvoyeurs de fonds.

Or dans les années quatre-vingt, les rapports de force ont changé de manière très significative. Si l'histoire, tout en gardant une position forte au sein de l'Université, a perdu quantitativement du terrain dans le monde académique et de la recherche par rapport aux sciences sociales plus «modernes» (son rapport numérique à la sociologie qui était de 25 à 1 dans les années soixante est passé à 2 à 1 dans les années quatre-vingt), et donc si elle a reculé d'un point de vue relatif, on observe en revanche un changement notable du discours tenu par ces deux disciplines lorsqu'elles s'adressent à l'extérieur. La sociologie a perdu de son optimisme et l'on y affiche quelque scepticisme à l'endroit de la demande sociale [1]. D'où chez les sociologues un comportement plutôt défensif en réponse aux sollicitations dont ils sont l'objet de la part des milieux politiques et économiques. Au contraire, en ce qui concerne l'histoire, de nouveaux horizons semblent s'ouvrir à la communauté des historiens à qui l'on reconnaît des capacités inédites de rayonnement et d'intervention dans la société. Il y a là une sorte de renversement des rôles : comme si plus se dessinait la crise dans l'environnement économique et social, plus les disciplines

1. Cf. par exemple dans le «rapport Godelier» la partie consacrée à la sociologie et rédigée par Jean-Claude Passeron.

«modernes» telles que la sociologie et la science économique perdaient de leur assurance et de leur confiance en leur capacité opératoire et plus l'histoire gagnait socialement en force d'attraction et se présentait comme le symbole d'un refuge ou d'un recours.

Les transformations de l'histoire en tant que discipline des années soixante aux années quatre-vingt

Apparemment l'histoire ne semble pas avoir été victime d'une crise de ses paradigmes comme d'autres sciences sociales. A la périphérie de l'entreprise historique, on peut cependant déceler une remise en question historiographique. Certains domaines négligés auparavant sont investis par les historiens. Ainsi l'histoire ouvrière — souvent militante à l'origine — , au lieu de se cantonner dans l'étude des organisations syndicales et politiques, met l'accent sur l'existence ouvrière, le statut et les comportements des «dominés», sur la vie quotidienne. On s'est tourné également vers l'étude des menus phénomènes de la société au jour le jour, vers celle des minorités (parmi elles un groupe constituant la majorité quantitative de la population : les femmes). On assiste parallèlement à une re-formulation des problématiques. Ajoutons que dans de nombreux domaines, les recherches et les productions historiques ne sont plus le fait des seuls historiens professionnels : ainsi on a vu se développer des études à caractère historique chez les architectes ou les sociologues, ce qui a contribué à élargir les méthodologies de la production d'histoire au sens large.

Au-delà de l'éclatement thématique, un autre phénomène a contribué à transformer la discipline historique : le recours à d'autres sources que les sources écrites — des sources assez hétérogènes et souvent indirectes. Tout le monde en effet n'utilise pas l'écriture au même degré et bien peu de sujets de l'histoire conservent des documents et des archives, que ce soit à titre professionnel ou personnel. Par ailleurs, bien des phénomènes sociaux, auxquels on ne prêtait guère d'attention jadis et qui sont devenus objets d'étude, ne génèrent pas d'archives écrites. Aussi le fait de se référer à des sources par définition sélectives, incomplètes et peu susceptibles d'être soumises à examen critique a-t-il introduit dans le débat historiographique des dimensions inédites et des controverses. Il a pu même s'ensuivre chez quelques historiens une certaine insécurité intellectuelle, comparable à celle qu'ont connue les sociologues et les économistes en matière de méthodologie. D'ailleurs les sources orales ne sont pas seules en cause. Si l'on prend le cas de Philippe Ariès dans son *Histoire de la famille sous l'Ancien Régime*, on constate que pour étayer sa démonstration il utilise davantage les tableaux et gravures que les sources écrites. De tout côté donc s'est posé le problème crucial de l'interprétation des sources indirectes.

Ainsi, l'élargissement des thèmes et des objets de l'histoire ainsi que de ses méthodes a considérablement déplacé l'objectif que lui avait assigné Ranke, à savoir de reconstruire la réalité telle qu'elle a véritablement existé. En fait il ne s'agit plus de reconstruire la réalité, mais les modes de sélectivité à travers lesquels cette réalité est approchée, au niveau du groupe comme à celui de l'individu (et plus seulement au niveau de l'Etat ou du territoire national). Il s'agit encore d'analyser comment l'histoire, non point réelle mais perçue, a fonctionné, autrement dit comment les perceptions multiples et diverses du passé ont un effet de retour sur la réalité.

Un déplacement important du discours historique en a résulté. Il a été admis de manière de plus en plus explicite qu'en s'intéressant à la perception du passé, on considérait le discours sur le discours plutôt qu'on ne travaillait à reconstituer la réalité, l'histoire des périodes longues se transformant alors en une sorte d'archéologie conceptuelle traitant des changements de signification des phénomènes et du vocabulaire davantage que de leur réalité. Dans ces conditions il ne s'agit plus de savoir si les hommes apprennent quelque chose grâce à l'histoire, mais comment l'histoire fonctionne, en tant que représentation et expérience intégrée du passé, à différents niveaux de la réalité (individu, entreprise, parti politique, Etat ou société). On peut comparer cette importante mutation de l'histoire à celle traversée parallèlement par la sociologie, devenue une science du social et non plus une science de la société.

Pourquoi la science économique et la sociologie perdent-elles de leur crédibilité et de leur force opératoire ?

Si les lois en sciences sociales, ou les généralisations théoriques qu'elles produisent, sont toujours hypothétiques — tout le monde s'accorde sur ce point —, il en est de même de leur efficacité opératoire. Car le propre des abstractions théoriques c'est de ne jamais pouvoir indiquer de manière exhaustive les conditions de leur validité scientifique et, à plus forte raison, tout changement de ces conditions n'est souvent perçu qu'*a posteriori*. Il existe donc un décalage entre la réalité et la construction théorique (qui, de ce fait, devient inopérante). Prenons par exemple le cas d'une théorie sur les échanges commerciaux qui ne tiendrait pas compte de toutes les éventualités de changements tarifaires ou de mesures protectionnistes : la théorie devient obsolète à partir du moment où ces données changent. Autre cas de figure : le choix d'un site industriel, fondé sur l'accès possible à des marchés et sur une politique salariale avantageuse ; s'il n'est pas tenu compte de facteurs tels que la législation sur l'environnement, il est évident que la théorie initiale ne sera plus opératoire et devra être reformulée.

Ces changements dans les relations entre les conditions sociales de validité et d'efficacité et les abstractions théoriques produites par les sciences sociales ont eu pour effet dans les années 1960, d'une part, la faillite des grands paradigmes, d'autre part, un retour réflexif des disciplines sur elles-mêmes ainsi qu'un intérêt accru pour leur propre histoire. L'ampleur de ces deux réactions et l'intensité du sentiment de crise ont varié cependant selon les objets d'investigation. Ainsi une théorie sur les structures du langage est susceptible d'une plus grande longévité qu'une théorie relative à la structure des familles, domaine où intervient la législation. Un autre facteur, c'est le degré d'institutionnalisation et donc la force d'inertie d'une discipline, qui semble mettre davantage à l'abri de l'introspection et de l'autocritique. Tel est le cas en particulier de certaines théories économiques, qui ont beau avoir démontré leur relative inefficacité opératoire, mais n'en continuent pas moins, grâce à leur force institutionnelle et à leur emprise sur la bureaucratie, à avoir du prestige et peuvent s'offrir le luxe de ne pas se remettre en question.

La sociologie, pour sa part, a été davantage affectée par un double mouvement d'historicisation et de remise en question intellectuelle. Il n'y a là rien d'étonnant, car c'est elle qui avait été le plus sollicitée tout au long des années soixante. Autrefois, l'histoire d'une discipline scientifique servait le plus souvent à fonder la primauté d'une conception, en légitimant celle-ci de préférence à une autre. Ainsi, en faisant taire les conflits internes et en s'installant dans une position d'hégémonie, le structuro-fonctionnalisme de Talcott Parsons avait enlevé aux sociologues le souci de leur propre histoire. C'est donc au moment où les sociologues dans leur ensemble ont commencé à traverser une sérieuse crise d'identité et où se sont développés les conflits entre écoles concurrentes qu'est intervenu le recours à l'histoire. Loin que ce dernier se limite à une quête «légitimatrice», sa démarche s'est faite de plus en plus scientifique, débouchant sur une mise en lumière des mécanismes de production et de sélection d'alternatives scientifiques. Au lieu de se cantonner dans le champ de l'histoire intellectuelle traditionnelle (qui consiste à privilégier l'étude des textes des pères fondateurs), on s'est attaché à montrer comment les rapports de force entre écoles différentes s'expliquent par leur institutionnalisation et par les alliances entre sociologues et détenteurs ou agents du pouvoir. Cela apparaît aussi évident lorsqu'on examine les échanges intellectuels internationaux. Comme l'ont montré une série d'études historiques, l'influence à l'étranger d'une oeuvre ou d'une école de pensée dépend moins du rayonnement de cette oeuvre dans son contexte d'origine que des modes de son introduction dans un nouveau contexte culturel.

Toutefois, il faut reconnaître que l'historicisation de la discipline sociologique n'a guère contribué à éclairer certains enjeux des débats théoriques et méthodologiques, si bien que l'espoir d'une clarification conduisant à une restauration de l'assurance intellectuelle perdue a été finalement déçu. En définitive, cet appel à l'histoire a plutôt légitimé la fragmentation et l'éclatement de la discipline (ceci n'est d'ailleurs pas spécifique à la sociologie française). On doit noter aussi que dans ce processus de différenciation certains facteurs externes ont contribué à ce que des sociologues se mettent à travailler comme des historiens : abandonnant les méthodes quantitatives empiriques trop coûteuses pour des budgets en stagnation, ils en sont revenus par exemple à des modes d'investigation qualitatifs, à l'étude de documents d'archives et à des entretiens, comme l'a expliqué Luc Boltanski dans un ouvrage récent [2]. Il faut également tenir compte d'un autre facteur en ce domaine : le refus croissant des «sujets» à se laisser traiter comme objets d'étude, ce qui rend difficile sinon inapplicable l'emploi des méthodes antérieurement en vogue.

Pourquoi l'histoire en est-elle venue à être davantage sollicitée et quelles en sont les implications ?

Dans la mesure où les sciences sociales se sont trouvées en crise à partir des années soixante-dix, ceux qui y avaient eu recours — les «politiques» en particulier — sont allés chercher d'autres instruments de savoir, à vrai dire moins comme éléments de substitution que comme moyens de concourir à l'interprétation de la société et donc à la maîtrise de la réalité. De là une sollicitation diffuse de l'histoire qui n'a pas été sans affecter la démarche historienne et sans déplacer son objet même. A un moment où des disciplines à visées théoriques ne semblaient plus fournir de réponses valables pour les choix stratégiques à effectuer, on s'est tourné vers l'histoire, en attendant d'elle un discours explicatif et même en espérant qu'elle aiderait à trouver des solutions.

Un tel changement d'optique a reflété avant tout un phénomène culturel dans lequel le concept clef est celui d'identité : qu'il s'agisse d'une entreprise, d'un individu, ou d'une collectivité, on ne se tourne point vers une meilleure connaissance du contexte dans lequel on doit agir, on se tourne d'abord vers une meilleure connaissance de soi-même. Exemple révélateur : l'évolution récente des grandes écoles commerciales et des *business schools*. Dominée pendant des décennies par l'apprentissage des stratégies à élaborer en fonction du contexte et des marchés, la formation qu'on y donnait était très fortement inspirée par la théorie des jeux et par des techniques de gestion universellement applicables de façon à optimiser les choix

2. *L'Amour et la justice comme compétence. Trois essais de sociologie de l'action*, Paris, Métailié, 1990.

opérés. Or, en l'espace de quelques années, ces écoles où se forment les cadres supérieurs, ont cherché à intégrer un objectif nouveau : le souci de «l'identité de firme» (*corporate identity*). Ici l'accent mis sur le style de la firme fait appel au passé comme facteur explicatif beaucoup plus qu'à des comportements dictés tactiquement par le contexte. C'est l'image sociale qui façonne dans une certaine mesure les attitudes des partenaires économiques, concurrents ou consommateurs. Dès lors la recherche des stratégies d'avenir doit s'appuyer sur l'histoire passée. Plutôt que de déployer directement des stratégies agressives de marché, disposer de la mémoire de la firme, analyser ses liens anciens ou actuels avec l'environnement social, revaloriser la connaissance du passé, tout cela apparaît opératoire non seulement pour consolider des positions, mais pour préparer des redéploiements ultérieurs.

Dans ce contexte, l'histoire s'est retrouvée bénéficiaire en tant que discipline, mais on a pu alors se demander, comme cela avait été le cas pour d'autres disciplines auxquelles on avait recouru précédemment, quels effets indirects le tournant pris allait entraîner sur la production historique, sur les règles du jeu scientifique et sur la carrière des historiens. Ceux-ci allaient-ils être mis en demeure de produire des discours à caractère quasi prophétique comme les économistes et les sociologues quelques années plus tôt ? La pression sociale accrue allait-elle les amener à adopter un autre mode d'expression que l'écriture et à s'adapter aux techniques des medias et de l'audio-visuel ? Et le changement n'allait-il pas avoir des incidences sur le discours historique même ?

Sans même parler des effets liés à la production pour le grand public, l'historien risquait d'être l'objet de beaucoup de sollicitations aussi précises qu'impératives, venues de groupes ou d'institutions. Ce qui allait donner lieu souvent à l'institutionnalisation de nouveaux «sous-champs» bien ciblés et «pointus» qui, chacun, revendiquaient leur spécificité, parfois au milieu de luttes et de conflits au nom d'enjeux de légitimation. On a donc assisté à un double mouvement. D'un côté vers le grand public, avec une tendance à maintenir une histoire générale et pluraliste. De l'autre côté en direction d'un public plus ciblé, susceptible de transformer l'«*Histoire*» en «*histoires*». Dans ce dernier cas pourquoi ne pas envisager aussi des chronologies différenciées selon les thèmes abordés et par conséquent un éclatement de l'histoire ?

En même temps l'évolution que l'on vient de décrire n'était pas sans incidences à l'intérieur de la profession historique. A la différence de l'économie et de la sociologie, où la plupart des économistes et plus d'un tiers des sociologues exerçaient une activité professionnelle en dehors du monde de l'Université et du CNRS (même si leur position restait proche de la recherche et de l'étude), en histoire le système académique continuait d'absorber l'immense majorité des diplômés. Or on connaît bien (grâce à l'acquis de la sociologie de la science qui les a étudiées, documents à l'appui) les règles internes de recrutement et de consécration dans la communauté scientifique, en ce qui concerne le passage d'une génération à l'autre, avec une période d'apprentissage très longue pour ceux qui entrent dans la profession, avec des formes de dépendance souvent fortement personnalisées et des rites de passage marquants et multiples, destinés à traduire l'acceptation de l'*ethos* de groupe et l'adhésion à certaines règles et conceptions dominantes.

Mais dans le contexte des années soixante-dix où la crise entraînait la fermeture des débouchés et imposait une attente de plus en plus longue avant l'entrée dans l'institution, un certain nombre d'historiens ne se sentaient plus prêts à se plier aussi docilement que naguère aux règles établies. Du même coup la double sollicitation sociale mentionnée plus haut (grand public/public ciblé) n'a pas été sans conséquences. Dans une certaine mesure et auprès de quelques-uns, le travail à l'extérieur du monde universitaire a pu sembler offrir des perspectives plus dynamiques, gage d'une existence plus variée et plus colorée. Dans les stratégies de carrière il s'en est suivi une relative implantation sociale ailleurs que dans l'enseignement et la recherche, une modification de l'image de l'historien et même de la représentation qu'il se fait de lui-même.

En conclusion, on peut s'interroger pour savoir dans quelle mesure l'évolution de la discipline historique depuis le milieu des années quatre-vingt et à l'aube des années quatre-vingt-dix prolonge ou non les mutations que nous avons brièvement analysées. Tout d'abord on constate que le mouvement de différenciation et de fragmentation s'est accentué à l'intérieur comme à l'extérieur des champs historiques professionnels — ceux de l'Université et du CNRS — d'autant qu'en même temps, dans la plupart des autres sciences sociales, s'est confirmé et accentué le souci d'introduire une dimension historique dans l'objet d'étude. D'où un certain décloisonnement intellectuel.

D'autre part, face à la sollicitation sociale, l'histoire en tant que discipline universitaire a gardé sa position de force institutionnelle, continuant d'exercer un contrôle interne au moins aussi rigoureux que par le passé. Si bien qu'elle a maintenu son unité sociale et intellectuelle de corps (au risque parfois de faire barrage à des initiatives innovatrices ou expérimentales). C'est pourquoi les historiens français, tout en exerçant une profession à multiples visages, maintiennent une conscience très forte de leur identité et de la spécificité de leur métier. Cela se manifeste clairement lors de leurs rencontres avec des non-historiens — au premier chef les praticiens des autres sciences sociales — auxquels ils n'hésitent pas à faire sentir la distance qui les sépare sur le plan professionnel.

Autre signe : le mouvement de la *public history* (c'est-à-dire de «l'histoire appliquée»), tel qu'il s'est développé aux Etats-Unis à partir du milieu des années soixante-dix, n'a pas eu en France le même impact qu'en Amérique, où il était né de manière plutôt pragmatique comme moyen de remédier à la difficulté éprouvée par les jeunes historiens de trouver un emploi. La nouveauté consistait à utiliser le savoir historique à des fins pratiques, en vue notamment d'apporter une contribution à la prise de décision, de manière informée et opératoire chez les décideurs publics ou privés [3]. En France, l'intérêt porté à l'«histoire appliquée», s'il est loin d'avoir atteint la même extension, a tout de même exercé une action diffuse, apportant par là sa marque propre à la réflexion sur la fonction sociale de l'historien.

Sur ce terrain du rôle de l'historien dans la société, l'exemple le plus récent et le plus frappant est celui de la commission

3. Cf. les séminaires consacrés par François Bédarida à «l'histoire appliquée» et aux «usages sociaux» de l'histoire. Cf. également François Bédarida, «The modern historian's dilemma : conflicting pressures from science and society», *Economic History Review*, XL, 3, 1987, pp. 335-348.

d'historiens constituée à l'initiative du cardinal Decourtray à propos de l'«affaire Touvier». Initiative remarquable de l'archevêque de Lyon qui, pour faire la lumière sur un enjeu de caractère national, a jugé bon de nommer une commission de spécialistes, auxquels il ouvrait les archives ecclésiastiques, et à l'expertise desquels il s'en remettait afin de clarifier une histoire embrouillée, longue d'un demi siècle, au moyen d'un rapport qui serait rendu public. Après un patient et rigoureux travail, scientifiquement mené, au fil de plus de deux années, la commission a produit un rapport nourri qui a immédiatement fait autorité et recueilli une audience considérable (plus de 10 000 exemplaires ont été vendus en l'espace de quelques semaines). L'entreprise était aussi hardie que délicate, car passible à tout moment d'incidents de parcours divers. Au total le résultat, tout en confortant le prestige de la discipline et en instrumentalisant celle-ci, a offert une excellente illustration de l'harmonie pouvant exister entre une démarche historique pleinement scientifique et la demande sociale.

Sociologie et histoire du temps présent

Alain Touraine

A la question des rapports entre la sociologie et l'histoire dans l'étude des sociétés contemporaines complexes, deux réponses peuvent être apportées.

La première insiste sur l'unité de la science sociale. Ce qu'on nomme sociologie ou histoire sont autant des ensembles professionnels que des démarches intellectuelles et on peut penser qu'une concurrence ouverte peut réduire très efficacement le poids des traditions, voire même des corporatismes. On est souvent tenté d'inviter historiens, géographes, sociologues et politologues à se mettre au travail sur les mêmes phénomènes et les mêmes documents avant de discuter de leurs différences et de la spécificité de chacune de leur discipline. Poussée jusqu'à ses conséquences pratiques, cette remarque conduirait à rapprocher le plus possible la formation aux diverses sciences sociales avec l'idée que rien ne les distingue vraiment sinon le type de sociétés auxquelles historiens, ethnologues et sociologues s'intéressent en général, sociétés passées à traditions écrites, sociétés présentes à traditions orales et sociétés présentes à traditions écrites. On pourrait même pousser cette démarche plus loin et chercher à intégrer dans la même formation et dans l'examen des mêmes problèmes des «littéraires», des philosophes et des spécialistes de la science sociale, faisant de tous le plus possible des «khagneux», c'est-à-dire des chercheurs ayant reçu une formation multi-disciplinaire en sciences sociales et humaines. L'expérience de l'Institut d'histoire du temps présent montre en plus que ces convergences sont plus faciles à réaliser qu'on ne le pense et que le corporatisme est moins dangereux qu'on ne le craignait. La faiblesse de cette position est qu'elle peut conduire à se satisfaire d'une unification des disciplines par leur objet plus que par leur démarche. Il est vrai qu'un historien, un politologue et un sociologue peuvent utiliser les mêmes sondages, mais tous sont également menacés par le triomphe d'une sociographie ou d'une historiographie incapables d'analyse et d'interprétation. Il faut cependant reconnaître plus nettement encore ses avantages et même sa nécessité comme moyen de dépasser l'esprit de corps et la référence à des notions chargées de préjugés comme l'esprit historique ou le point de vue sociologique.

La seconde réponse, au contraire, insiste sur la différence d'approche entre l'histoire et la sociologie (et peut-être l'ensemble des sciences sociales quand elles s'appliquent aux sociétés contemporaines complexes). Elle doit même partir d'une affirmation plus radicale. Nous sommes encore marqués par une longue tradition historique dans laquelle s'est placée très consciemment la sociologie, d'Auguste Comte à Parsons en passant par Marx ou Durkheim, mais nous sommes conscients de son épuisement et de son éclatement. On ne peut plus penser aujourd'hui que la modernisation n'est que le mouvement même de la modernité ou le progrès de la raison, et donc que l'histoire pourrait se résumer à ce progrès et aux obstacles qu'il rencontre. L'idée même d'une modernité générale qui prendrait en économie la forme du marché ou de la production industrielle, en politique celle de la société nationale ou de la démocratie, et dans le domaine culturel, celle de la sécularisation et du rationalisme ou, dans celui de la gestion, celle de la bureaucratie au sens wébérien, apparaît des plus contestables. Nous sommes très loin des philosophes des Lumières ou du progrès et nous avons vivement conscience, en cette fin de siècle, de la montée des nationalismes ou du retour des religions comme de la part croissante des mécanismes non rationnels dans la formation des demandes des consommateurs sur le marché ou des individus dans la conduite de leur vie personnelle et interpersonnelle. Comment pourrions-nous oublier que la nation n'est plus liée à la raison, comme elle l'était au temps de la Révolution française et des indépendances américaines ? Notre société est éclatée entre des stratégies de changement et l'obsession de l'identité, entre la consommation de masse et les hiérarchies sociales, entre des systèmes politiques souvent ouverts et une concentration des centres de décision au niveau national et international. Si l'objet étudié n'a pas d'unité apparente, comment y en aurait-il une entre toutes les démarches qui cherchent à le comprendre ? L'image d'une société post-moderne, qui ne s'est pas répandue sans raison, appelle un savoir éclaté plutôt qu'unifié pour comprendre une société où système et acteur, signe et sens, ne se correspondent plus.

Au-delà de ces analyses extrêmes, le monde contemporain apparaît divisé entre deux ordres de faits dont les rapports sont de plus en plus indirects : d'un côté, celui des systèmes, on saisit des ensembles qui sont parfois des marchés, parfois des appareils de production scientifique ou industrielle ou encore de gestion politique ou administrative. Ces ensembles semblent évoluer selon des modalités étrangères aux intentions et à la confiance des acteurs, en se diversifiant ou se complexifiant, en s'adaptant à un environnement changeant ou en s'enfermant dans une logique bureaucratique. Ces systèmes n'exigent pas une forte socialisation de ceux qui participent à leur vie, mais plutôt un pragmatisme instrumental, un esprit d'innovation et de calcul. Monde froid que ne réchauffe pas la demande marchande qui peut être analysée elle aussi en dehors de la conscience des consommateurs. La politique, elle-même, apparaît parfois comme une entreprise avec son service de publicité. Dans les sciences sociales, s'étendent les domaines auxquels s'applique l'idée de choix rationnel.

En face de ce monde objectivé, où la pensée critique cherche et trouve depuis longtemps des situations de pouvoir, nous assistons à un retour massif de la subjectivité de l'acteur, depuis ses formes les plus légères, c'est-à-dire les tâtonnements par lesquels l'acteur, bien interprété par Goffman, bricole ses relations avec les autres, élabore des catégories d'analyse et d'action, se fabrique des masques, jusqu'aux formes les plus lourdes, de la recherche de l'identité nationale ou autre à la conviction religieuse et aux mouvements révolutionnaires. Entre ces deux univers, presque aucun pont. Les notions d'institution et de socialisation qui jouaient un rôle central dans la sociologie classique se sont vidées d'une grande partie de leur contenu. La notion de classe, parce qu'elle désignait la correspondance d'une position économique et d'une action sociale et politique, a pratiquement disparu de la sociologie. Le monde des objets et celui des sujets sont presque étrangers l'un à l'autre, et une recherche de type économique ou stratégique se sépare presque complètement d'une recherche sociologique que Serge Moscovici a convaincue aisément de rétablir ses liens avec la psychologie.

Cette rupture est profonde et elle oppose à l'intérieur de la société les tenants d'un déterminisme souvent rigide à ceux qui travaillent à une sociologie de la liberté de l'acteur, qu'ils adoptent une approche interactionniste ou qu'ils analysent des mouvements sociaux.

Mais comment penser que cette rupture puisse être totale et que notre société soit vraiment post-moderne, c'est-à-dire que système et acteurs y soient complètement dissociés, comme si l'équipage n'était plus sur le navire qui serait lui-même gouverné par des systèmes experts ? Une société a d'abord une réalité matérielle, territoriale et technique. Le rôle propre de l'historien, c'est de se placer dans cette zone centrale de recouvrement entre l'objectivité de systèmes qui fonctionnent comme des machines, des organismes ou des ordinateurs, et la subjectivité d'acteurs qui cherchent leur liberté ou leur identité plus que leur intégration et leur mobilité sociale. Il faut que constamment l'attention soit ramenée à des objets concrets, historico-géographiques, à un pays, une région, une ville, une entreprise, mais sans jamais prétendre que cet ensemble concret explique le comportement de ceux qui participent à son activité et sans admettre non plus la totale disjonction du système et des acteurs. Rappel au concret et déchirement de plus en plus complet de l'idée de société et donc de la correspondance entre les normes et les motivations, ce double mouvement de flux et de reflux impose la complémentarité de diverses approches ; l'historien rappelle à la globalité des ensembles concrets ; l'économiste et ses alliés étudient les systèmes ; le sociologue court du côté de l'acteur. Et entre les trois sommets de ce triangle se développent des champs de recherche de plus en plus actifs. Ce qu'on nomme science politique combine sociologie et histoire, tandis que les pensées de type marxiste ont cherché depuis longtemps à combiner économie et histoire et que la rencontre de la sociologie et de l'économie suscite le développement d'une économie sociale qui est aussi une sociologie économique et qu'on a longtemps identifiée à la sociologie elle-même, mais qui s'en est aujourd'hui largement séparée. Il est toujours dangereux de partager des empires imaginaires et de répartir les territoires entre les disciplines, mais plus dangereux encore de croire naïvement à l'unité conceptuelle des ensembles observables. C'est bien du décalage entre les rôles et les acteurs, entre ce qu'on appelle le *Self*, c'est-à-dire les rôles objectivés par les pratiques sociales et souvent construits par les centres de pouvoir, et ce qu'il faut appeler le «Sujet», c'est-à-dire la volonté de l'individu d'être un acteur, qu'il faut partir, en rejetant comme naïves ou mensongères les représentations de notre société comme un ensemble d'associations volontaires où chacun adhèrerait aux valeurs et aux intérêts des institutions auxquelles il appartient.

Le rôle de l'historien des sociétés contemporaines n'est pas seulement de rappeler la présence du passé dans le présent, car le sociologue d'aujourd'hui est bien gardé contre l'erreur d'oublier le rôle de la mémoire, de la langue et de l'identification culturelle dans les comportements. Il est moins encore de trouver derrière les conduites politiques ou les événements des ensembles de longue durée car l'économiste est mieux armé que lui pour analyser ceux-ci. Il est l'homme de l'entre-deux, des correspondances, mais aussi des décalages et des malentendus. Il est celui dont la présence impose la rencontre de spécialistes qui tendent à s'éloigner les uns des autres comme la logique des systèmes s'éloigne de celle des acteurs.

C'est dans cet esprit que je dois replacer l'idée que j'avais exprimée au début du travail de l'IHTP : que l'historien devait s'intéresser surtout aux faits politiques et plus précisément encore à l'action de l'Etat dans les sociétés contemporaines. Il ne s'agissait pas de dessiner le pré carré où devait être enfermé l'historien, ni de donner un quelconque privilège à un type de faits, mais de reconnaître que le domaine intermédiaire entre celui des systèmes et celui des acteurs est bien celui des interventions volontaristes sur la réalité sociale, donc celui des pouvoirs et avant tout celui de l'Etat qui n'est pas un acteur comme les autres puisque le propre d'un système politique est d'être une médiation entre la pluralité des acteurs et l'unité de la loi ou de la décision.

L'action politique, entendue au sens le plus large, à laquelle participent les entreprises, les syndicats, les experts, les agences de publicité ou de propagande et même les media, consiste à rendre compatibles, et parfois un peu plus, les conduites des acteurs et les normes du système social. Autant il faut se méfier du privilège trop facilement accordé pendant longtemps à l'action politique — mais les historiens français ont appris depuis longtemps à s'en méfier — autant il faut reconnaître que cette action volontaire sur la société est le lieu par excellence des relations entre les choses et les êtres humains, entre le pouvoir, l'argent et la technique, d'une part, les projets, les traditions et les relations sociales, de l'autre.

Une fois définies les positions relatives des sciences sociales, il faut revenir à la suggestion faite au début. Autant il faut définir nettement la démarche de chaque discipline, autant il est nécessaire que chaque spécialiste soit formé à toutes les disciplines à la fois, dans les limites au moins de la spécialisation nécessaire. Je souhaite que nos études supérieures consacrent le deuxième cycle à l'apprentissage d'une discipline de ces exigences et de ces méthodes, mais que ce cycle soit encadré par un premier cycle très multidisciplinaire et par un troisième cycle où les chercheurs utiliseraient les démarches des diverses sciences sociales pour analyser un objet précis de manière à éviter d'être aveugles sur les limites de leur propre discipline et les biais qu'elles introduisent forcément dans l'analyse de phénomènes sociaux qui peuvent être étudiés de plusieurs points de vue.

Mais je veux conclure, au-delà de cet appel au dialogue, en rappelant, en tant que sociologue, que les faits que nous analysons sont des faits historiques, ce qui n'est pas le cas de toutes les sciences humaines. Il existe des sciences naturelles de l'Homme, comme la linguistique, l'anthropologie structurale ou, dans une très large mesure, la psychologie. En revanche, l'histoire, la sociologie et l'économie politique dont je viens d'évoquer les rapports étudient non une nature humaine ou des lois naturelles mais des rapports sociaux, des conduites collectives, des institutions et des lois aussi, car la réflexion sur le droit appartient entièrement à l'ensemble des sciences sociales qu'il faut clairement distinguer des sciences humaines.

Ce qui distingue la sociologie de l'histoire est beaucoup moins important que ce qui les unit : l'idée que les hommes font leur histoire, se transforment en changeant leur rapport au monde, mais aussi l'interrogation commune : comment cette vision historiciste se combine-t-elle avec l'idée, plus vivante aujourd'hui que jamais, du droit naturel, des droits de l'homme, c'est-à-dire du sujet humain qui, parce qu'il est créateur, n'appartient pas seulement au monde de la création, donc de la société ? La société crée la personne humaine, mais la personne humaine crée la société, individuellement et collectivement. Ce n'est pas l'historien qui est plus sensible au déterminisme et le sociologue à la liberté ou vice versa ; les deux ensemble nagent dans les eaux mêlées du déterminisme et de la liberté comme dans celles de l'ordre et du changement. Ils ont cédé ensemble aux tentations du déterminisme et des étranges images architecturales de la société où les fondations semblaient déterminer les étages et le toit. Ils ont ensemble rejeté ce positivisme appuyé sur un déterminisme aussi brutal qu'arbitraire et retrouvé, à travers l'histoire culturelle comme à travers la sociologie des acteurs et des mouvements sociaux, les chemins de la liberté au moment où s'écroulaient les certitudes historiques, celles des économies libérales comme celles des régimes totalitaires. Aujourd'hui où l'avenir s'invente plus qu'il ne se révèle, où les choix sont extrêmes et où l'histoire est moins achevée que jamais, l'histoire et la sociologie ont une nouvelle vie commune devant elles, reprenant ainsi l'ancienne alliance passée entre Marc Bloch et Lucien Febvre avec les élèves de Durkheim.

Travaillons non pas face à face mais côte à côte à trouver partout, jusque dans les lieux les plus clos et les mieux gardés, les signes de la liberté créatrice.

Histoire du temps présent et sociologie : réponse à Alain Touraine

Patrick Fridenson

Nous nous sommes mis d'accord, Alain Touraine et moi, pour que la présente contribution s'inscrive dans un dialogue. C'est un dialogue entre deux universitaires (de surcroît membres de la même institution) tous deux chercheurs sur le temps présent, dans lequel s'expriment à la fois les pratiques de chacune de nos deux disciplines — la sociologie et l'histoire —, nos regards sur l'évolution actuelle des autres sciences sociales et nos sensibilités personnelles.

Dans cette perspective, j'évoquerai d'abord les substantiels points d'accord qui apparaissent entre nos analyses, puis je discuterai les vues qu'Alain Touraine exprime tant sur la place de l'histoire dans le concert des sciences sociales que sur les alliances que l'histoire peut nouer avec d'autres disciplines voisines.

1. De substantiels points d'accord

Il est important, il est nécessaire de souligner, comme le fait Alain Touraine, qu'aujourd'hui la vision des sciences sociales en général, de l'histoire en particulier, comme disciplines d'étude et de récit des cheminements du progrès et de la raison parmi les hommes ne fait plus recette. C'est, au-delà, un salutaire rappel à l'ordre contre la tentation récurrente chez les historiens de présenter les évolutions étudiées comme inévitables, de sous-estimer l'ampleur des choix que les individus et les collectivités ont la possibilité de faire, voire de retomber dans une conception téléologique de l'histoire. Le déroulement implacable du XXe siècle administre chaque jour la démonstration que les interprétations inspirées du seul héritage des Lumières ne suffisent plus. Il est également indispensable, à un moment où les sociétés post-communistes se cherchent un avenir, de combattre, comme le fait Alain Touraine, les théories de la modernisation rationnelle. Elles ne répondent pas à la complexité du temps présent, et surtout elles ne sont en réalité qu'un nouvel avatar de la critiquable domination du thème du progrès dans l'orientation des recherches en sciences sociales.

Il est tout aussi convaincant de souligner, avec Alain Touraine la «part croissante des mécanismes non rationnels». On le suit tout à fait lorsqu'il indique que les organisations et les marchés «semblent évoluer selon des modalités étrangères aux intentions et à la confiance des acteurs» ou lorsqu'il insiste sur la place d'immémorial (la langue, la culture, etc...). Mais tout de suite l'historien se demande s'il n'y a pas lieu d'en tirer argument pour retoucher ce qu'Alain Touraine appelle le retour de l'acteur, et d'autres, le retour du politique. Ces «mécanismes non rationnels» ne jouent-ils pas un rôle dans l'établissement des liens entre les individus, ne bornent-ils pas leurs pratiques et leurs horizons ? Aujourd'hui rien n'est plus difficile pour un chercheur en sciences sociales que de cerner une intention, et on sait désormais qu'il existe bien d'autres stratégies que les stratégies délibérées. Il me semble donc qu'on ne peut se contenter d'affirmer le retour des acteurs. Le plus difficile reste à faire : donner toute l'épaisseur souhaitable à la compréhension des choix des acteurs, et dans le même mouvement évaluer leurs routines.

L'accord est aussi évident avec Alain Touraine pour le rejet du déterminisme et, parallèlement, de la conception architecturale des sciences sociales : on aura reconnu là les conceptions qui depuis le milieu du XIXe siècle, présentaient le monde social comme un édifice aux étages successifs (l'économique, le social, le politique ou le mental). Le corollaire de cette position est, naturellement, de revaloriser comme objets d'étude les institutions et les lois, et de suggérer aux historiens en général, à l'Institut d'Histoire du Temps Présent au premier chef, d'accorder une priorité au travail d'enquête sur l'Etat. Comme historien j'ai tendance à nuancer le propos d'Alain Touraine. A la place d'institutions, j'emploierais plus volontiers le terme d'organisations, par volonté de mettre l'accent, en leur sein, sur l'articulation entre représentations subjectives et structures objectives, sur les interactions entre les personnes et entre les groupes. Je puise, bien sûr, cette idée des organisations dans la sociologie et la psychologie. Au-delà des lois, j'élargirais le propos à l'ensemble des régulations qui sont à l'oeuvre dans une société, domaine sur lequel la sociologie a récemment braqué les projecteurs [1], en ajoutant que les

1. Jean-Daniel Reynaud, *Les règles du jeu*, Paris, A. Colin, 1989.

historiens ont porté un intérêt particulier aux mille manières dont les acteurs interprètent ces régulations ou maintiennent par rapport à elles des marges d'autonomie. Sur l'Etat (et les autres collectivités territoriales), qu'Alain Touraine se rassure ! Les historiens du temps présent, et notamment les Français, ont déjà avancé dans ce sens, et il s'agit aujourd'hui d'un chantier en pleine effervescence [2].

Enfin l'accord avec Alain Touraine est aussi aisé lorsqu'il déduit de tout ce qui précède l'idée que la formation des chercheurs des différentes sciences sociales ne saurait être mono-disciplinaire. Je me permets d'insister sur cet accord de fond, parce que la spécialisation croissante en histoire (comme dans les autres sciences sociales), ainsi que les contraintes accrues de l'initiation aux sciences auxiliaires de l'histoire peuvent conforter chez les historiens la tendance au repli sur la discipline — tendance que l'on observe déjà ailleurs. Dès leur formation à la recherche, les historiens du temps présent doivent donc être au contact d'autres sciences sociales. En revanche je ne crois pas, à la différence d'Alain Touraine, à la pertinence d'une formule de premier cycle multidisciplinaire pour l'ensemble des étudiants en sciences sociales. A l'entrée de l'enseignement supérieur il ne faut certes ni exclusivité ni exclusives, mais la nécessaire ouverture sur les autres sciences sociales doit être étayée par la formation dans une dominante forte. Le temps des apprentissages doit être aussi celui de la définition par l'étudiant d'un projet intellectuel cohérent.

2. La place de l'histoire parmi les sciences sociales

Sur ce chapitre, il y a davantage de matière à débat avec Alain Touraine.

Celui-ci donne de l'historien une définition par la position : «Il est l'homme de l'entre-deux, des correspondances mais aussi des décalages et des malentendus», et il en va de même pour l'histoire : à elle le rappel à «la globalité des ensembles concrets», «l'économiste et ses alliés» se chargeant des «systèmes» et le sociologue de «l'acteur». Je ne veux pas faire preuve d'une ambition démesurée ni tomber dans le piège qu'il dénonce avec raison, celui d'un «territoire de l'historien» qui n'aurait pas de bornes et donc, à la limite, n'existerait pas. Mais pour autant dans l'image que cette analyse dessine de l'histoire je ne

---

2. Cf. Michel Margairaz, *L'État, les finances et l'économie. Histoire d'une reconversion 1932-1952*, Paris, Imprimerie Nationale, 1991.

reconnais ni l'espace ni les orientations les plus neuves de ma discipline.

A cet égard, il faut bien évoquer les travaux récents des historiens italiens puis espagnols autour de la micro-histoire, puis le débat de plus d'un an qui s'est déroulé à Paris entre historiens et autres chercheurs en sciences sociales pour déboucher sur le numéro spécial de novembre-décembre 1989 des *Annales ESC* intitulé «Histoire et sciences sociales : un tournant critique». Les uns et les autres incitent à une autre lecture des évolutions en cours dans la discipline.

Si par «globalité des ensembles concrets» on entend la reconnaissance par les historiens, et en particulier ceux du temps présent, que l'histoire globale est aujourd'hui, et au moins pour un temps, hors de leur portée, on ne peut que souscrire à cette auto-limitation, toute de prudence et de modestie. En revanche, si cette formule assigne à l'historien une simple fonction de soudure entre les acquis des disciplines plus «dures» et d'addition d'une dimension concrète, l'historien ne saurait s'en satisfaire. La majorité des historiens ont, me semble-t-il, abandonné la conception de leur activité qui se fixait sur la pure description d'individus et de groupes installés dans des espaces particuliers. Les plaisirs de l'observation de la variété et de la flexibilité des comportements et des discours ont leurs limites. A défaut des grands modèles explicatifs qui en histoire aussi étaient opératoires dans les années 1960 et 1970, beaucoup d'historiens sont repartis à la recherche de régularités. Ils se sont même mis à déchiffrer les exceptions aux normes et aux règles comme des voies d'accès à ces régularités. Dans ces conditions, la distance avec la sociologie n'est pas si grande qu'il y paraît.

Au delà de ce premier débat, il y en a un autre. L'histoire me paraît moins orientée vers la saisie des hiérarchies et des collectifs, et davantage intéressée par les processus de changements : comment, voire pourquoi, les pratiques, les structures, les représentations peuvent se modifier ou être transformées. Ce qu'il est convenu d'appeler le retour de l'événement ou le retour du politique ne constitue à mon sens qu'une présentation partielle, et peut-être superficielle, d'enjeux autrement plus profonds que l'histoire prend désormais davantage en compte. Je veux parler de l'histoire des apprentissages et de la constitution de savoirs par les individus et les organisations, de l'histoire des phases de mutations, et en contrepartie de l'effritement des organisations les mieux établies. Je pense aussi à l'histoire des prises de décision entendues comme des ajustements dynamiques entre des ressources, des informations, des cultures et des projets. Je songe encore à tout l'essor d'une histoire des représentations individuelles et collectives conçue comme une histoire culturelle du monde social. Elle passe par la reconnaissance de l'autonomie des pratiques culturelles à la fois par rapport au monde social et au monde politique. Elle rend compte des choix politiques et des différenciations culturelles grâce à des critères tels que le sexe, la génération, les solidarités de groupe, le capital éducatif.

Cependant une telle histoire axée sur la construction des changements peut courir le risque de se limiter à la sphère des idées claires et volontaires émises par les acteurs. Tous les historiens devraient donc faire leur profit de l'avertissement d'Alain Touraine sur les «mécanismes non rationnels» que j'ai relevés plus haut. Les dépendances réciproques entre les individus, les modes de circulation des idées, les contraintes collectives et leur fragilisation par la contestation, voire la violence, sont désormais pour les historiens des thèmes moteurs car ils colorent et spécifient les actions volontaires. En d'autres termes, c'est le devoir de l'histoire et des autres sciences sociales de marquer la limite de l'intervention volontariste une fois qu'elles ont mis à la porte le fatalisme du déterminisme. Ne retombons pas dans l'illusion inverse, ni même dans l'étude de la pure relation entre acteur et système qui laisse souvent de côté les processus de transformation ou de crise pour se polariser sur l'analyse des marges de liberté à l'intérieur du système.

3. Amitiés et alliances

Alain Touraine conclut sa contribution sur un appel à ressusciter le couple histoire-sociologie dans le monde de la recherche française. Cet appel a de nombreux mérites. Il souligne en creux le danger de durcissement disciplinaire qui guette aujourd'hui l'histoire comme les autres disciplines de sciences sociales[3]. Par exemple, il n'y a pas longtemps qu'une partie des historiens français des relations internationales ont sévèrement critiqué le projet de créer un Institut franco-allemand de sciences à Berlin (ce projet a été réalisé à partir de la fin de 1992) et qu'ils ont, au contraire, appelé de leurs voeux un centre distinct pour l'histoire. Il ne faut pas confondre identité et isolement. De même, l'appel d'Alain Touraine prend acte,

---

3. Michel Lallement, *Transformation des sociétés, développement*, supplément au *Rapport de conjoncture 1992* du Comité National de la Recherche Scientifique, Paris, CNRS, 1993, pp. 4-6.

implicitement, du vieillissement de l'approche historienne élaborée dans les années 1960 qui s'appuie sur une alliance privilégiée avec l'anthropologie et la démographie. Il suggère qu'elle a maintenant produit l'essentiel de ce qu'elle avait à donner, et que les temps sont mûrs pour un renouvellement.

A cet appel ma réaction n'est pas immédiate. Personnellement je ne suis suspect ni d'indifférence ni d'hostilité à la sociologie, bien au contraire, et j'ai de longue date travaillé en commun avec des chercheurs appartenant à différents courants de la sociologie. Qui plus est, en dépit des doutes que les sociologues ne cessent d'exprimer sur leur propre discipline, la sociologie est maintenant diversifiée en spécialités très variées qui toutes peuvent attirer l'attention des historiens. Par conséquent, entre histoire du temps présent et sociologie(s), l'amitié va de soi. Mais l'alliance ? Je m'interroge dans deux directions.

Le problème de l'histoire — et singulièrement de l'histoire du temps présent — est-il bien de nouer de nouvelles alliances ? N'est-il pas de décaper d'anciens objets de recherche (par exemple la question urbaine, la population, les politiques sociales, le recours à la guerre) et, d'autre part, d'inventer de nouveaux objets de recherche en confrontant pour les uns et les autres les problématiques et les méthodes qui s'avéreront les plus fécondes ?

A supposer cette première question résolue, un compagnonnage privilégié de l'histoire et de la sociologie répondrait-il à la variété des besoins actuels des historiens ? L'ébranlement des certitudes qui touche la recherche historique depuis le début des années 1980 retentit sur ses relations avec les autres sciences sociales. Aux côtés des disciplines déjà citées, d'autres nourrissent la réflexion des historiens : la linguistique, la science politique, le droit, les sciences de l'art, l'économie, plus rarement la géographie, la gestion ou la psychanalyse. Pour tous ceux qui refusent la rétraction disciplinaire, il y a à la fois abondance de biens (et d'alliances possibles) et éclatement des préoccupations de l'histoire.

J'ai donc tendance à penser qu'il y a besoin d'un temps de décantation. Pour que s'affirment les priorités des thèmes de recherche à renouveler ou à saisir, et pour que les collaborations qui se proposent prennent la mesure du renouveau dont, derrière les apparences de continuité et de superbe, l'histoire est aujourd'hui le théâtre.

Pour une histoire sociale du temps présent

Antoine Prost

L'histoire sociale s'est définie par opposition à l'histoire événementielle comme une histoire sociologique. Autant dire, une sorte de sociologie rétrospective. Si cette définition est correcte, la place que tient l'histoire sociale dans l'analyse des temps «historiques» est prise, dans celle du temps «présent», par la sociologie. Il n'y aurait pas d'histoire sociale du temps présent, ou plutôt, elle se confondrait avec sa sociologie.

A cette question, il n'est de réponse que dans une élucidation de l'histoire sociale elle-même.

1. Ce qu'on appelle l'histoire sociale n'est pas une discipline scientifique autonome. On ne peut identifier des objets d'étude ou des méthodes constitutives de l'histoire sociale en tant que telle. C'est une construction sociale datée. Michelet ne disait pas faire de l'histoire sociale, mais simplement de l'histoire. L'histoire sociale apparaît dans l'entre-deux-guerres, avec les *Annales*, dans un contexte qui est aussi celui d'une lutte pour la structuration du champ de l'histoire universitaire. Par opposition à une histoire des événements politiques, elle se veut une histoire des sociétés et *La Société féodale* de Marc Bloch pourrait en être le manifeste. Elle veut articuler de façon cohérente et logique les différents ordres de phénomènes que l'histoire traditionnelle étudiait séparément, comme des objets soigneusement rangés dans les tiroirs d'une commode. Avide de retrouver les grandes constantes et les déterminations durables, cette histoire privilégie l'explication logique et discrédite la simple narration.

L'opposition était difficile à tenir. Si l'histoire sociale a occupé pendant quelques décennies une place privilégiée, c'est parce qu'elle a permis à ceux qui la pratiquaient de surmonter précisément l'opposition entre l'histoire des *Annales* et l'histoire traditionnelle.

L'histoire sociale doit en fait davantage à Ernest Labrousse qu'aux *Annales*. Le paradigme labroussien est marxiste. Il admet non seulement comme ordre d'exposition, mais d'explication, la triade : économie, société, politique et il privilégie le département comme cadre où l'articulation de ces trois niveaux du réel peut être analysée (Georges Dupeux). Dans un autre développement, inspiré par l'esprit du temps, celui du Front Populaire et de la Libération, où la classe ouvrière semble porter le destin de toute la société, l'histoire sociale se confond presque avec celle de la classe ouvrière (Michelle Perrot, Rolande Trempé, Yves Lequin). Dans un cas comme dans l'autre, l'événement se trouve réhabilité et réintroduit dans la trame explicative parce qu'il est le fait d'un acteur collectif. Mais les historiens des *Annales* ne sont pas dupes : l'un d'entre eux dira ainsi de la thèse de Soboul sur les sans-culottes que c'est «la dernière thèse d'histoire événementielle de la Révolution française».

2. Cette histoire sociale s'est désagrégée sous l'effet de plusieurs facteurs qui mériteraient chacun une analyse propre.

Elle comportait d'abord une faiblesse intrinsèque et constitutive : elle négligeait de s'interroger sur la construction même de l'objet étudié. Les groupes sociaux étaient donnés comme déjà là, déjà constitués : il y avait les ouvriers, les paysans, les bourgeois et la question de la légitimité de ce découpage n'était pas posée. Or les autres sciences sociales, en se développant, remirent en question ces axiomes fondamentaux.

L'étude sociologique de la mobilité sociale oblige les historiens à s'interroger sur les groupes intermédiaires et sur les sous-groupes. Les frontières des classes sociales sont mouvantes, et leurs déplacements mêmes objet d'étude. A l'intérieur de ce qui devenait un groupe social, et non plus une classe, apparaissaient des subdivisions qui remettaient en question l'unité même du groupe, comme on le voit bien dans la thèse de Christophe Charle.

L'influence de Foucault introduit de nouveaux soupçons et débusque d'une autre manière le positivisme naïf. Si les buts avoués d'une institution masquent ses buts réels, il n'est plus possible de prendre au premier degré le discours des acteurs sociaux, même collectifs. On voit alors, les événements de 1968 aidant, un Jacques Rancière, dans *La nuit des prolétaires,* décrypter derrière la parole ouvrière une aspiration à une reconnaissance et à une légitimité bourgeoises. Cette entreprise de démystification complète et renforce, de l'intérieur, la dissolution progressive des groupes sociaux qu'amorçait, de l'extérieur, la sociologie.

Le contexte politique et idéologique se transforme. 1968 ébranle la vulgate marxiste. La désintégration du socialisme à l'est, la délégitimation du parti communiste en France, les interrogations sur la réalité même de la classe ouvrière, pendantes en fait dès le début des années soixante : autant d'événements qui discréditent le paradigme labroussien. Les étudiants de 1992 n'accepteraient plus un cours comme celui professé par ce maître dans les années cinquante sur les révolutions du XIXe siècle en France.

L'ethnologie et la linguistique, enfin, proposent de nouveaux objets d'étude, sociaux eux aussi, mais en un autre sens : des productions symboliques, chansons, emblèmes, rituels ; la langue comme cadre préexistant qui délimite les discours possibles.

Et voici qu'intervient un retournement majeur : au lieu d'être donnés, de l'extérieur, par un ensemble de conditions économiques et/ou techniques, (conditions de travail, niveaux de fortune, etc.), les groupes sociaux apparaissent comme construits par les représentations collectives de l'époque. On le voit avec l'oeuvre d'Alain Corbin, ou avec Jean-Louis Robert : en poussant à l'extrême sa thèse, on serait amené à dire que les ouvriers parisiens de la Grande guerre sont définis non par les structures économiques et sociales, mais par les discours que les militants tiennent sur la classe ouvrière, discours entièrement pénétrés de jugements de valeur tant sur les adversaires de classe que sur les prolétaires eux-mêmes. D'une certaine façon, au début était l'éthique. Ou encore, l'histoire sociale devient l'histoire des représentations sociales.

Assurément, pour être éclairante, une histoire des représentations sociales doit s'interroger sur l'écart entre les représentations et le réel. En ce sens, toute histoire sociale n'est pas disparue. Mais ce ne peut plus être cette histoire naïvement positiviste d'une société évidente à elle-même jusque dans ses conflits. C'est pourquoi la formation doctorale que nous animons à Paris I, Alain Corbin, Jean-Louis Robert et moi, s'intitule «histoire sociale et culturelle».

L'histoire culturelle, entendue comme histoire des représentations sociales, est inséparable de l'histoire sociale.

3. Qu'apporte cette histoire sociale à celle du temps présent ? Il y a deux façons de répondre à cette question. Alain Touraine qui a demandé depuis longtemps qu'on la pose, articule sa réponse à partir des spécificités de notre temps présent, de ce temps-présent-ci qui est le nôtre. J'aurais tendance à orienter ma réponse dans un sens plus général : en donnant pour seule caractéristique au temps présent d'être précisément présent, d'être le dernier en date, celui dont, par définition, l'historien ne connaît pas encore le lendemain. Alain Touraine réfléchit à partir des particularités sociologiques de l'époque actuelle ; j'aimerais compléter son interrogation par une question plus épistémologique.

Les historiens s'efforcent d'écrire l'histoire comme s'ils n'en connaissaient pas la suite : au soir du 10 mai 1940, les Français ne savent pas encore que l'armistice entrera en vigueur le 25 juin. Faire de cette date le début de la débâcle, c'est substituer à la perception contemporaine une construction historienne et le risque existe d'induire ainsi, dans l'explication, des biais qui la ruinent. Il n'empêche : c'est bien ainsi que les historiens procèdent. L'événement historique ne prend sa dimension que par les changements qu'il suscite. Et l'histoire sociale n'est pas, de ce point de vue, une histoire différente : les traits que l'on dit caractéristiques d'une société ou d'un groupe social donnés, en un temps donné, ne sont tels que parce qu'ils diffèrent non seulement de ceux qui caractérisaient l'état antérieur, mais aussi l'état postérieur. De ce fait le temps présent comporte toujours des points obscurs, qui ne s'éclaireront que plus tard. L'histoire du temps présent est donc nécessairement une histoire incomplète, inachevée et l'histoire sociale n'échappe pas à la règle.

Elle me paraît cependant porteuse d'une interrogation plus féconde et plus éclairante que d'autres en tant qu'elle s'intéresse à l'écart entre les représentations sociales et les réalités que celles-ci prétendent cerner. En règle générale en effet, les représentations évoluent moins vite que les réalités : on utilise, pour décrire le présent, des concepts, des schémas, des images dont on a hérité. Toute représentation sociale est pour une part mémoire. En s'interrogeant naïvement, au premier degré, sur les changements sociaux, par exemple sur les mutations de la famille ou de la classe ouvrière, on met en forme de façon élaborée, claire et scientifique, un discours que notre société tient déjà sur elle même de façon confuse et approximative, mais on ne dit rien que, d'une certaine manière, nos contemporains ne sachent déjà.

Que l'on s'interroge, en revanche, sur les représentations mêmes que ces discours communs ou savants proposent, et l'on verra apparaître leur inadéquation partielle. Il est clair, par exemple, que des termes comme «cohabitation juvénile» ou «mariage informel» ne désignent pas de façon pertinente et adéquate la réalité qu'ils tentent de nommer. «Cohabitation juvénile» en fait une étape de jeunesse, alors qu'il s'agit d'un style de relation aussi bien «adulte», et «mariage informel» est une expression contradictoire, puisque l'essence du mariage est précisément d'avoir été formalisé. Le nouveau, l'original de notre temps présent se manifeste dans l'inadéquation même des représentations héritées du passé qui sont seules à notre disposition pour les dire.

Ainsi le propre d'une histoire du temps présent, et d'une histoire indissociablement sociale et culturelle du temps présent plus encore que d'une histoire politique ou économique, ou d'une histoire des productions culturelles (théâtre, cinéma, revues etc.) est d'être une histoire bancale, boiteuse, incomplète, inachevée. La bonne manière de faire cette histoire n'est pas de tenter de remédier à cet inachèvement, ou de le masquer en rétablissant, par quelque artifice, de trop séduisantes continuités qui feraient sortir logiquement le présent du passé. C'est d'assumer cet inachèvement même, de le travailler pour faire ressortir, de l'inadéquation des représentations aux réalités sociales qu'elles prétendent dire, la nouveauté même de celles-ci.

III

La «demande sociale» et l'engagement de l'historien :

table ronde

Les historiens du temps présent, moins que les autres, ne sauraient se soustraire aux attentes de la société. Celle-ci est à la fois leur objet d'étude et le lieu dans lequel ils vivent et prennent parti [1]. *Les médias, l'enseignement, les lieux d'engagement spirituel ou politique, la justice parfois, se chargent de rappeler aux praticiens de l'histoire présente qu'ils peuvent être sollicités comme «experts» — de plus en plus —, comme conseillers ou comme éveilleurs.*

---

1. Les six textes présentés dans cette dernière étape sont tous issus d'interventions orales lors de la table ronde qui clôturait les débats de la journée avant la conclusion générale de François Bédarida. Ils répondent ainsi à l'ensemble des études qui présentent les avancées de l'histoire du temps présent au sein des différents domaines de recherche.

François Bloch-Lainé : la décision

Lorsque, tout à l'origine, François Bédarida m'a parlé de l'IHTP en formation, je m'y suis vivement intéressé en tant que témoin ou décideur, après avoir éprouvé une sorte d'infirmité parmi les gens de mon espèce, un manque, une faiblesse, que la pratique de l'histoire immédiate, par de véritables historiens, permet de réduire.

Il y a deux séries de besoins, qui sont aussi des devoirs, pour ceux qui exercent soudain des responsabilités et qui, après les avoir exercées, ont à rendre des comptes et à transmettre. Dans un premier temps, il leur faut connaître le plus exactement possible ce qui s'est fait avant eux là où ils se trouvent placés, afin d'agir à leur tour plus pertinemment. Dans un second temps, ils ont à faire bénéficier leurs successeurs de leurs expériences, sous les mêmes garanties. A ces deux fins, il leur faut rencontrer et connaître des historiens.

Il nous aurait été bien utile, du milieu des années quarante au milieu des années cinquante, de tirer plus clairement la leçon des années vingt et trente, du temps qui a précédé la terrible parenthèse qui fut, pour nous, comme un écran opaque, entre l'avant et l'après. Les brutalités — y compris les brutalités verbales — avaient brouillé les pistes. Les économistes, qui ne nous avaient pas appris grand chose lorsque nous étions leurs élèves, ne s'étaient pas encore ralliés au keynésianisme et se montraient aussi incertains que nous sur les faits. Et les sociologues n'avaient pas encore beaucoup de prétentions dans notre champ d'action.

Arrivant aux affaires après la Libération, il nous eût fallu, entre des archives brutes ou des mémoires partisanes et nos préoccupations d'actualité, l'intervention d'interprètes, ayant l'œil frais et une méthode sûre, en vue d'éclairer notre zèle, en nous informant plus objectivement, plus scientifiquement que nous ne l'étions, sur les mérites et les torts de ceux auxquels nous succédions, dans une France languissante, puis meurtrie. Nous n'avions à notre disposition que de mauvais souvenirs, alimentant une critique sommaire.

Certes, il n'est pas contre-indiqué, pour le progrès de la société, que les acteurs nouveaux ne s'embarrassent pas trop de respect et de fidélité à l'égard de leurs prédécesseurs, qu'ils se montrent même assez ingrats, qu'ils pensent inventer pour faire face à des situations neuves, en simplifiant les jugements portés sur le passé plus ou moins proche, en ne se sentant pas liés par des préceptes antérieurs pour procéder à de vigoureux changements. Encore faut-il qu'ils le fassent à bon escient, en tirant de justes leçons des faits accomplis, la veille ou l'avant veille.

On a souvent dit que si les gouvernants, les dirigeants avaient une culture historique trop parfaite, trop raffinée, ils seraient en quelque sorte paralysés au moment d'entreprendre ; qu'une certaine inconscience de l'héritage est nécessaire à l'élan de la marche en avant. Mais il ne faudrait pas pousser trop loin l'apologie des œillères pour l'obtention des victoires à la course, en négligeant la vision complète qui évite les erreurs de parcours et les faux pas ; dont cette vision particulière qui dépend de la qualité du rétroviseur.

Jusqu'à ce que l'heureux bilan des «Trente Glorieuses» ait fait considérer comme globalement positive la politique suivie depuis la Libération, nous aurions gagné à comprendre mieux et plus vite ce que nous avions vécu ou seulement vu quand nous étions étudiants. Pour ma part, je n'ai fait d'utiles découvertes relatives aux années trente qu'assez longtemps après m'être posé (ou, pire, ne pas m'être posé) des questions. Je l'ai fait avec Jean Bouvier et quelques autres historiens du temps présent qui se sont consacrés à l'économie.

En quoi dépend-il des décideurs en place, à toute époque, que des historiens qualifiés leur procurent, en temps opportun, ainsi qu'à l'ensemble du public concerné, des informations objectives et précises sur les événements dont ils assurent la suite ?

Il y a d'abord l'ouverture des archives dont l'accès tardif ou difficile peut décourager les chercheurs. Des précautions sont assurément légitimes pour ne pas gêner par des indiscrétions prématurées des négociations ou des combats qui se poursuivent ; elles le sont pour cette raison-là, plus que pour mettre des survivants à l'abri de justes critiques. Ce problème est actuellement débattu auprès du ministère de l'Economie et des Finances ; l'ancien acteur que je suis pousse ses cadets, dans la commission où on lui a fait l'honneur de siéger, à donner satisfaction aux requêtes d'historiens raisonnables [1].

1. penser à faire une note d'éditeur

Les dits-cadets peuvent faire plus encore en passant commande de travaux aux dits-historiens — à eux-mêmes ou aux «thésards» qu'ils dirigent — en vue de rétrospectives qui peuvent leur être très utiles.

En ce sens, me semble-t-il, le développement et le comportement des services d'études plus ou moins récemment créés auprès des ministères économiques sont prometteurs. Il faut les encourager vivement, à des fins qui ne sont pas de simple érudition.

Il s'agit pour les hommes qui sont aux commandes — ainsi que pour les journalistes sérieux — d'obtenir pour leur propre gouverne, le filtrage opéré par des tiers compétents, des interprétations du passé, données par d'autres personnes que celles qui ont à s'auto-justifier ou par des observateurs partisans, prédéterminés. Les historiens du temps présent doivent être de plus en plus appelés à s'interposer ainsi, pour dire ce qui est vrai — ou le plus vraisemblable — sur hier au bénéfice d'aujourd'hui et de demain.

Je suis persuadé qu'il est de l'intérêt bien compris de la politique et de l'administration de stimuler, encourager ces historiens à rendre vite instructifs des actes, des tendances qui n'appartiennent pas encore vraiment au passé. Cela est particulièrement recommandable en matière économique et financière. Pour reprendre l'expression de Jean Bouvier, l'histoire immédiate, si elle n'est racontée que par les acteurs ou leurs supporters, est forcément plus «chaude» que «froide». Il faut donc qu'elle soit précocement refroidie par des techniciens. Je ne noterai ici que ce qui me paraît dépendre du comportement des décideurs eux-mêmes, des ex-décideurs ou des témoins survivants.

Quand, après avoir opéré des relèves dans les services publics ou dans les entreprises, on en vient soi-même à passer la main, je pense qu'on est soumis à des obligations qui s'ajoutent aux précédentes.

Parmi les artisans de la décision, les anciens ont vis-à-vis de leurs cadets un devoir de transmettre qui ne consiste pas seulement à leur laisser des dossiers à l'état brut ; et c'est un devoir qu'ils ne peuvent pas accomplir seuls, de même que pour laisser de bons testaments on a besoin de bons notaires. Les partants, avant de partir ou une fois partis, doivent se souvenir que, quand ils étaient eux-mêmes débutants, leurs prédécesseurs vivants n'étaient pas, à leurs yeux, les éclaireurs les plus lucides, parce qu'ils n'étaient pas les plus objectifs, pour des raisons naturelles. De toute manière, les témoignages de référence ne sauraient être limités aux acteurs encore présents, malgré l'allongement de la vie humaine qui les rend plus nombreux sur la place.

La bonne transmission nécessite des médiateurs. Sans doute, la première chose à faire, qui peut être unilatérale, consiste, pour chaque *de cujus*, à verser au fonds commun, quelle qu'ait été sa part personnelle à des décisions importantes, ce qu'il a de papiers et de souvenirs. Mais il doit s'appliquer le plus possible à aller au-delà de cela.

En cours ou en fin de parcours, nous avons, deux manières de transmettre notre expérience : enseigner et raconter. A mon avis, la qualité de l'une et de l'autre appelle une procédure contradictoire, associant un praticien et un clerc. Les leçons *ex-cathedra* ou les témoignages solitaires (les «mémoires» traditionnels) présentent le même défaut, celui des monologues. Je laisse de côté, ici, aujourd'hui la partie de cette opinion qui s'applique à l'enseignement, en notant seulement mon regret de l'insuffisante «transformation» de «l'essai» que constituait, lors de l'invention de l'année préparatoire à Sciences-Po, le tandem formé par un universitaire et un haut fonctionnaire. J'espère qu'il y a des conférences, des séminaires fonctionnant aujourd'hui grâce à de tels couplages ; j'en souhaiterais beaucoup.

Mais j'appuie surtout l'idée que les acteurs, pour raconter avant de disparaître, ne doivent pas opérer sans réplique.

Malgré ses inconvénients, il y a l'interview sérieuse de l'acteur par l'historien. Il y a, malgré d'autres difficultés, les actes soignés de colloques où acteurs et historiens échangent leurs vues sur des périodes, des actions, des politiques déterminées ou sur des personnages disparus. Il y a — et il devrait, je crois, y avoir plus souvent — des récits à deux voix, à double exposé, à double commentaire, le facteur fondamental étant la confrontation de matières puisées à des sources différentes par des contributeurs non confondus.

L'IHTP, grâce à son fondateur, assure de tels échanges depuis sa création, en même temps que quelques autres centres de recherches, plus ou moins liés à lui. J'ai, personnellement, très confiance dans les développements et les effets bénéfiques d'une telle lancée. Ma plaidoirie, à l'occasion de cet éloge, s'adresse surtout à mes semblables, présents ou à venir, pour qu'ils secondent davantage ce à quoi François Bédarida a consacré une carrière exemplaire.

Pierre Colin : *l'engagement spirituel*

Je ne formulerai qu'une seule question, traitée en deux temps, qui est celle-ci : comment peuvent se concilier, s'harmoniser, se vivifier mutuellement le travail de l'historien, avec tout ce qu'il comporte d'engagement intellectuel, et l'affirmation du croyant, avec tout ce que celle-ci suppose d'engagement spirituel ? A cette question, je ne puis apporter une réponse directe, sous forme de témoignage, puisque je ne suis pas moi-même historien. Mais je puis dire ce que m'a inspiré la fréquentation d'historiens dont j'apprécie la compétence et dont je pressens qu'ils sont engagés spirituellement de façon à la fois discrète et très profonde.

Prêtre catholique, j'ai enseigné toute ma vie la philosophie. C'est donc à titre de prêtre que j'évoquerai les attentes à l'égard de l'histoire de cette société religieuse particulière qu'est l'Eglise catholique.

Or la question n'est pas simple. Le christianisme est fondé sur une révélation historique et sur la transmission de la foi dans les générations successives. Il est donc intrinsèquement lié, sinon à l'histoire, du moins à la tradition et à la mémoire. Mais qu'en est-il des rapports que le catholicisme entretient avec la science historique ? La méfiance, le soupçon, n'ont pas manqué. En France, au début de ce siècle, la crise moderniste a précisément consisté en un conflit entre la théologie catholique officielle d'une part et d'autre part les ébranlements de tous ordres provoqués par la naissance et le développement d'une science historique des origines chrétiennes. La crise moderniste a mis en scène de façon spectaculaire la résistance des théologiens catholiques à admettre le regard de l'historien sur les grands textes de la tradition biblique et chrétienne.

Sans entrer dans le détail de cette histoire, que je ne pouvais passer sous silence, on peut dire que, depuis le début de ce siècle, l'exégèse historico-critique s'est développée, et que des liens se sont noués entre la théologie catholique et les sciences humaines de la religion. Pourtant une question de fond subsiste, qui concerne les chrétiens mais qui ne les concerne pas seuls, car elle se pose aussi, par rapport à leur tradition, à des hommes et des femmes qui professent d'autres religions. Cette question est celle de savoir comment il est possible de concilier les deux regards que l'on est susceptible de porter sur les mêmes textes et sur les mêmes événements, le regard du croyant et le regard de l'historien.

Certes, en partant du cas particulier de l'historien des choses religieuses, on peut élargir le débat. Que l'historien soit lui-même inscrit dans l'histoire qui se fait aujourd'hui, avec ses conflits, et ses enjeux, nous ne l'ignorons plus. Et je ne m'attarderai pas à une discussion générale sur les rapports de l'objectivité et de l'indifférence. De quelque manière que l'on pense l'objectivité de l'historien, il faut bien la distinguer de l'indifférence aux réalités sociales, humaines, voire religieuses, dont il écrit l'histoire.

Mais, si nous envisageons le cas spécifique de l'historien croyant, il faut bien dire qu'il appartient ainsi à deux communautés, scientifique et religieuse, dont les intérêts peuvent n'être pas immédiatement convergents. Je ne suis pourtant pas seul à penser que cette situation est bénéfique, justement parce qu'elle oblige les croyants à s'engager de façon réelle dans la modernité et à affronter avec sérieux l'affirmation proprement moderne de l'autonomie de la raison humaine. Je pense personnellement que cet engagement résolu, mais réfléchi et éventuellement critique, dans la modernité a lui-même une signification spirituelle pour autant qu'il procède d'une foi en la Paternité divine et en la valeur de l'homme créé dans sa liberté à l'image de la Liberté divine.

Elargissons la perspective. Dans le contexte scientifique actuel, les croyants sont invités à admettre la pertinence éventuelle et en tout cas la légitimité du regard scientifique porté par autrui sur les signes de leur foi. Or, c'est un fait qui a des implications politiques. Pour le croyant, accepter le regard scientifique des autres sur sa propre foi, c'est aussi accepter que cette foi figure, dans l'espace de la discussion publique, comme une prise de position particulière, contingente, soumise à la critique et à la réinterprétation d'autrui. Autrement dit, c'est admettre la condition démocratique de la liberté religieuse. Ou encore c'est accepter la laïcité comme terrain de rencontre et de discussion, y compris d'ailleurs pour le dialogue interreligieux.

Mais il faut aller plus loin si l'on veut essayer de comprendre ce qui permet à l'historien d'unir son engagement intellectuel et son engagement spirituel. Le fait de cette union est réel : nous connaissons à l'heure actuelle des historiens qui sont aussi des croyants convaincus et qui arbitrent avec une aisance apparemment très sereine leur foi personnelle, un travail d'historien tout-à-fait sérieux et objectif. Ce fait me porte à réfléchir. Car je cherche à quel niveau il faut se situer pour tenter de comprendre un tel accord. Pour tout dire, je pense qu'il faut creuser au plus profond, jusqu'au type d'adhésion à la Vérité qui sous-tend la possibilité de cet accord.

Je parle ici de la Vérité avec une majuscule en tant qu'elle transcende toute vérité partielle qu'elle soit scientifique ou religieuse. Mais la majuscule ne doit pas faire illusion et surtout elle ne doit pas nous exposer à croire que le rapport à l'absolu de la Vérité pourrait nous dispenser du travail concerté, méthodique, par lequel nous faisons des vérités soumises à la discussion et à la vérification. Bien au contraire, c'est à travers ce travail que nous pouvons être fidèles à l'Esprit de Vérité, lequel se traduira donc de façon tout à fait concrète par une exigence de véracité.

Je voudrais maintenant étendre quelque peu le concept de spiritualité pour parler d'un rôle spirituel de l'historien à l'égard de ceux qui se reconnaissent bénéficiaires de son travail, non pas seulement pour satisfaire leur curiosité, mais pour se comprendre eux-mêmes en comprenant le monde où ils vivent et auquel ils appartiennent.

Pour le type de pensée philosophique auquel je me rattache, le centre de perspective est l'homme, ou mieux la condition humaine, dont l'un des traits fondamentaux est l'historicité. Cette notion philosophique a été developpée en Allemagne avant la Seconde Guerre mondiale. Mais, en France, c'est dans les années qui ont suivi cette Seconde Guerre mondiale, que s'est nouée une correspondance entre la réflexion philosophique sur l'historicité, comme structure fondamentale de l'existence humaine, d'une part et d'autre part la conscience vive prise par les hommes contemporains de leur condition historique. Ce n'est pas un hasard si cette rencontre du philosophique et du vécu s'est nouée dans ce contexte, c'est-à-dire à, partir d'une intensité forte de la vie historique avec son tragique et même en l'occurrence sa monstruosité, mais aussi avec l'appel adressé à la conscience et à l'action politiques.

Certes l'historiographie contemporaine a été longtemps dominée par des tendances qui l'orientaient vers la totalité sociale et vers la longue durée, et qui ne s'accordaient pas immédiatement avec une philosophie de l'historicité attentive, par définition, aux singularités individuelles ou à l'existence vécue par les individus, prenant sur la base de l'expérience passée des décisions qui engagent leur avenir. Pourtant, quelles que soient les méthodes mises en œuvre et même si elles imposent une nécessaire distance à l'égard du vécu, je me demande si l'un des aspects de l'engagement spirituel de l'historien n'est pas la volonté de maintenir toujours le contact avec l'actualité historique. Au sens où, en fin de compte, ils n'y a d'actualité que par rapport à des sujets individuels engagés dans une aventure commune, qui est d'abord celle de leur génération.

Volontiers, j'évoquerais quelque chose comme un sens fraternel de notre destinée commune, fraternité qui incite l'historien à se reconnaître participant de ce qu'ont vécu et de ce que vivent les hommes dont il écrit l'histoire. Je ne parle pas seulement du fait que l'historien peut être lui-même acteur et donc ensuite témoin. Mais je vise le fait qu'au titre même de sa compétence, l'historien est un observateur privilégié des passions humaines. Et, si objectif que soit le regard qu'il porte sur leurs manifestations, l'historien ne devient pas pour autant incapable d'éprouver et de communiquer soit son admiration, soit son indignation, voire sa révolte devant l'injustifiable. Avec d'autres, mais de façon particulièrement frappante, les historiens illustrent et renforcent la conscience que nous pouvons prendre de cette interdépendance qui fait que nous sommes les uns pour les autres à la fois le ciel et l'enfer, la source des plus grandes douleurs et la source des plus grandes joies. L'un des aspects du rôle spirituel de l'historien, et non le moindre, c'est sa capacité de renvoyer aux hommes dont il écrit l'histoire une image d'eux-mêmes qui ne dissimule en rien le tragique humain, mais qui maintienne aussi, envers et contre tout, l'espérance dans l'homme.

Eric Dupin : le journaliste

Selon Pierre Nora, beaucoup d'historiens du temps présent sont des journalistes. Personnellement, je n'oserai pas aller aussi loin. Les journalistes sont, tout au plus, des chroniqueurs provisoires, les tout premiers narrateurs de la chaîne événementielle. Si, comme l'explique Paul Ricœur, l'histoire est une réécriture permanente d'écritures antérieures, on peut peut-être dire que le journaliste est celui qui jette le premier brouillon.

Par définition, le journaliste a tendance à manquer de recul. Ce qui est excitant dans son travail, mais aussi ce qui le limite singulièrement, c'est la nécessité absolue de réagir immédiatement à l'événement, de l'interpréter en temps réel. Le journaliste est dans l'événement.

C'est pourquoi le journalisme adresse une demande très pressante aux historiens du temps présent. Dans une période riche d'événements dits historiques, le besoin d'une explication d'ordre historique est évident. Il est, par exemple, impossible de parler des affrontements entre Serbes et Croates en ignorant cette dimension-là. On pourrait presque dire que les historiens doivent «déniaiser» des journalistes qui ont souvent tendance à voir du neuf partout. A condition, bien sûr, de ne pas sombrer dans le défaut inverse qui consiste à ne repérer dans le présent que des répétitions du passé.

Je me limiterai ici à quelques remarques personnelles sur le rapport «intimité-différence» entre l'histoire du temps présent et le journalisme.

L'impact de la demande sociale

Le travail journalistique peut être envisagé comme une matière première par les historiens du temps présent. A condition de bien prendre en compte la spécificité de cette production. Car elle n'est nullement désintéressée, au sens scientifique du terme. Le travail journalistique s'inscrit obligatoirement dans une production de presse qui répond à une demande sociale concrète. Un journal est ainsi exposé à la sanction quotidienne du marché. Cette contrainte majeure introduit inévitablement des biais dans le matériau journalistique.

La contrainte de l'impact émotionnel de l'information est une des plus évidentes. C'est la myopie induite par le terrible principe du «mort-kilomètre». On sait bien, hélas, que dix morts à Paris valent médiatiquement 10 000 morts à Calcutta. Plus généralement, on constate une primauté de l'événement spectaculaire par rapport à l'événement déterminant. Par exemple, l'enquête sur la catastrophe de Furiani, en 1992, a fait incomparablement plus de bruit que l'éclatement de la FEN ...

La lecture des événements est également soumise à de dangereux phénomènes de boules de neige médiatiques. Les outrances auxquelles a donné lieu «l'affaire Habache» sont encore dans les mémoires. Il est vrai que l'on était alors en présence d'un cocktail idéal pour créer un événement grand-public : la personnalisation autour d'un homme, le sang à travers le terrorisme et la maladie, enfin le mystère des responsabilités politico-administratives.

Plus grave, le journalisme emprunte parfois son langage à la fiction. Le modèle narratif devient alors presque celui du feuilleton télévisé. C'est ce que l'on a pu observer pendant la guerre du Golfe.

Un redoutable simplisme, sur fond de moralisme grossier, déforma la présentation des enjeux en un affrontement entre «bons» et «méchants». L'événement se nourrit de rebondissements spectaculaires : un jour l'aviation irakienne est clouée au sol, le lendemain elle est toujours menaçante. Observons à cet égard que la presse écrite est trop souvent à la remorque de la grille de présentation audiovisuelle.

La critique peut aussi porter sur le type de pluralisme des sources journalistiques. D'un côté, on peut se réjouir de ce que le journalisme est aujourd'hui beaucoup plus indépendant que naguère des prismes militants et idéologiques. Mais il y a un revers à la médaille. Le système médiatique m'apparaît aujourd'hui dangereusement homogène. Le premier pluralisme, qui n'est pas celui du sens du commentaire mais celui du choix de l'importance à accorder à chaque événement, me semble mal en point. D'un média à l'autre, quelle que soit sa coloration politique initiale, le choix de la «une», de ce qui est important et de ce qui ne l'est pas, ne varie guère. L'exemple des *news-magazines*, *l'Express*, *le Point* et *le Nouvel Observateur* est, de ce point de vue, caricatural.

Le dilemme de l'engagement

A l'évidence, le dilemme de l'engagement préoccupe encore plus les journalistes que les historiens. Tout journaliste mesure la dimension mythique du concept d'«objectivité». S'il doit tendre vers une indépendance de sa fonction par rapport aux acteurs, il ne peut que participer à la fabrication des événements, du temps présent. Aussi honnête et indépendant soit-il, il jouera un rôle actif. La première traduction de l'événement que le journaliste livrera au public influera inévitablement les futures séquences événementielles. Il y a là un phénomène d'engagement involontaire.

Le journaliste n'est aucunement extérieur à la scène politique. Il vit avec les hommes politiques, il déjeune avec eux. Son vœu secret est d'ailleurs souvent d'influencer les événements. Les scoops ont cet effet et le rêve de beaucoup de journalistes est bien de faire tomber un ministre ...

Le témoignage à chaud des acteurs recueilli par les journalistes peut être d'un certain intérêt pour les historiens du temps présent. Il peut être précieux de garder une trace de ce que ces acteurs pensaient au moment même où ils agissaient. On sait que la recherche *a posteriori* de témoignages expose son auteur à d'inévitables reconstructions : avec le recul du temps, l'acteur modifiera consciemment ou inconsciemment la vision de son propre rôle et de ses intentions de l'époque.

Je voudrais souligner un apport possible du journalisme à l'histoire du temps présent : le rappel de ce que René Rémond a appelé l'importance des contingences. Un journaliste ne peut qu'être frappé par la manière dont les événements se déroulent en échappant aux logiques tirées au cordeau décrites après coup. L'histoire hésite souvent et son parcours est la résultante de mille facteurs hétérogènes. Bien des processus sont encombrés de contradictions internes qu'une rationnalisation *a posteriori* de l'histoire risque de faire oublier un peu vite. De ce point de vue, le foisonnement des matériaux journalistiques incitera sans doute l'historien à se garder de certaines simplifications abusives. Le journalisme contribuerait ainsi à «défataliser» l'histoire, selon l'expression de Raymond Aron. Et sa mission serait pleinement accomplie si, malgré tous ses défauts, le journalisme pouvait lui aussi, comme le dit Danièle Voldman, «encombrer les historiens avec le réel».

***Jean-Marie Guillon** : enseigner l'histoire du temps présent*

L'Institut d'histoire du temps présent est une maison commune à des historiens de toutes les spécialités. Il a aussi cette particularité de s'appuyer, à travers le réseau des correspondants départementaux, sur des «soutiers de l'histoire» qui se situent à tous les niveaux de l'enseignement, mais surtout dans le secondaire. Mon intervention voudrait refléter les sentiments de ces praticiens ordinaires, les plus nombreux, de l'enseignement de l'histoire du temps présent.

Introduit depuis une dizaine d'années dans les programmes, sa place est désormais bien établie au collège, en Troisième, où il serait absurde de le dissocier du programme d'éducation civique, et surtout au lycée, y compris technique et professionnel, en Première et Terminale [2]. Faut-il, pour l'évoquer, souffler dans les trompettes de l'épopée, fabriquer du malaise ou faire croire à une sorte de combat impossible ? Cette tendance à l'invention de situations dramatiques là où il n'y en a pas, significative de l'esprit du temps, est suivie à la fois par ceux qui ont à vendre quelque ouvrage «de secours» et ceux que sa percée dans l'enseignement inquiète, mais elle ne reflète en rien la réalité courante.

Je resterai donc sur le registre du banal parce que c'est bien cette entrée tranquille dans les programmes et la pratique enseignante qui caractérise l'histoire du temps présent. Cette percée, effectuée sans traumatisme particulier, rend incongrues aujourd'hui les questions qu'Antoine Prost posait en 1980 lors de la création de l'IHTP pour justifier cet enseignement [3]. Il va de soi désormais que l'on peut et que l'on doit le faire. On peut discuter les agencements choisis, le découpage des chapitres ou de la chronologie, mais le seul vrai problème — qui ne lui est pas particulier — est toujours le comment y arriver ? comment faire passer et boucler un programme toujours jugé trop lourd ? Cette difficulté dont les projets récents ont pris prétexte pour envisager sa suppression en Troisième ne signifie pas que les enseignants de collège n'y soient pas attachés. A l'évidence, bien plus grave est le malaise que provoque la manie de vouloir défaire ce qui a été fait la veille, qui n'est pas obsolète et qui sort à peine de la phase naturelle de rodage.

Poursuivant ses interrogations par le «comment faire ?», Antoine Prost proposait comme instruments privilégiés de cet enseignement le recours à la presse et l'utilisation du témoignage oral. L'expérience a montré depuis que l'usage de ces deux outils est resté sage, en particulier le second dont on aurait pu craindre qu'il n'amène quelques bousculades aux portes des salles de classe, chacun voulant dire «sa» vérité. En fait, le recours aux acteurs de l'histoire a suivi les chemins bien balisés des projets d'action éducative (PAE) ou, plus encore, du concours de la Résistance, qui, en général, fournit les temps les plus forts, souvent marquants, de la rencontre entre les élèves et une histoire incarnée. En revanche, la diffusion massive du magnétoscope a fait de la vidéo l'outil

2. Le XXe siècle occupe 1/7e du temps au primaire, 1/4 au collège et les 2/3 au lycée, d'après Pierre Garrigue, «Les nouveaux programmes d'histoire des lycées», Les *Echos de la mémoire*, Paris, Le Monde Editions, 1991, p. 253.

3. Antoine Prost, «Histoire du temps présent et enseignement», dans *Histoire et temps présent, journées d'études des correspondants départementaux, 28-29 novembre 1980*, Paris, IHTP, 1981, pp. 82-88.

privilégié de cette histoire, au point d'ailleurs que cette utilisation parfois intensive ne va pas sans dérive vers une solution qui apparaît souvent comme de facilité. Force est de constater aussi que, malgré la fréquente volonté d'initiation à la lecture des images, l'esprit critique se montre singulièrement plus indulgent vis-à-vis d'elles, même montées ou fabriquées bien longtemps après les faits, qu'à l'égard de textes de la même époque.

En insistant également sur le nécessaire enracinement de l'événement dans toute son épaisseur historique, Antoine Prost touchait par là, non seulement à un aspect scientifique essentiel, mais aussi au rôle que l'histoire du temps présent doit jouer dans la formation du citoyen. A côté des méthodes et de l'esprit critique qu'elle suppose, elle a une «fonction sociale et politique» que René Rémond soulignait de son côté [4]. Apporter des connaissances indispensables à la compréhension du monde qui nous entoure, fournir des points de repère, apprendre à discerner l'essentiel de l'accessoire dans le fatras des événements, redonner du relief — le champ historique, le recul que le fait d'historiciser procure — à ce que les médias aplatissent, banalisent par la répétition de clichés, relativisent en passant des émeutes de Los Angeles au fait divers tragique de Furiani, ou relèguent dans les sous-sols de l'actualité, promouvoir les principes élémentaires de la démocratie constituent des objectifs, souvent répétés, et qui sont moins que jamais contestés aujourd'hui.

Les événements politiques récents ont peut-être encouragé la croyance en la fragilité d'un enseignement trop axé sur le monde actuel. Ici ou là, a pointé la tentation de laisser supposer que les enseignants étaient «chahutés par l'histoire» [5]. Or, bien au contraire, loin de désarçonner, l'actualité tumultueuse n'a fait que confirmer sa nécessité et lui a donné un intérêt particulier. Mettant à profit leur discipline ou, en collège, l'éducation civique (qui, hélas, ne leur est pas toujours attribuée), les enseignants d'histoire ont bien souvent essayé de répondre aux interrogations et, tout autant, d'en susciter.

---

4. René Rémond, «Pourquoi notre société veut-elle une histoire du temps présent?», *id.*, p. 23.

5. Pour reprendre le titre d'un article du *Monde* du 5 septembre 1991, où coexistaient deux affirmations contradictoires: «*les profs d'histoire... sont habitués aux révisions de l'analyse historique*» mais «*sont dans une panade noire*» faute de repères sur le sens de l'histoire (ce qui ne manquait pas d'audace, la rentrée scolaire n'ayant pas encore eu lieu).

Légitimé par la fonction civique qu'on lui assigne généralement, cet enseignement correspondait à une attente des enseignants, bien qu'il ne soit pas confortable. Il implique pour eux adaptation et éventuellement remise en question, mais il rapproche l'histoire de son public, d'autant qu'il n'est pas verrouillé par une date-butoir et peut donc échapper aux critiques classiques sur le «retard» de l'école. On imagine celles qu'aurait suscitées, dix ans après, un programme s'arrêtant à 1979. Elles auraient repris un refrain entonné par exemple à propos des années trente :

> *«En histoire, c'était pire. Nos manuels s'arrêtaient au traité de Versailles et leur dernier chapitre était consacré aux "progrès de la démocratie", au moment même où Mussolini et Hitler la mettaient en péril. L'Université ne s'intéressait aux événements qu'avec au moins 20 ans de retard (et si possible plusieurs siècles)»* [6].

Cet enseignement actualisé est bien accueilli par toutes les parties prenantes de l'école, y compris par les enseignés. Il est généralement jugé intéressant et nécessaire, notamment pour des élèves qui atteignent leur majorité [7]. Sans avoir le monopole de l'éveil de la curiosité et de l'esprit critique, du dépassement des émotions et des idées reçues ou de la transmission de valeurs et de mémoire, il a fait la preuve qu'il répondait à un besoin social, comme François Bédarida l'avait souligné en 1980.

Pour le comprendre, il n'est qu'à voir l'émotion provoquée par le récent projet de refonte des programmes du secondaire. Les positions exprimées par l'Association des professeurs d'histoire et de géographie vont au-delà de la naturelle irritation devant le changement à répétition. Elles expriment un attachement réel, marqué par la volonté de voir préserver au lycée son apprentissage pendant les deux dernières années et la sanction par l'examen [8]. Quant aux collèges, son maintien paraît indispensable, tant pour les

---

6. Yvan Audouard, *50 ans d'impertinences*, Paris, Le Pré aux Clercs, 1987, p. 36.

7. Voir notamment Joël Cornette et Jean-Noël Luc, «'Bac-génération' 84. L'enseignement du temps présent en terminale», *Vingtième siècle. Revue d'histoire*, 6, avril-juin 1985.

8. Voir le débat sur cette question dans *Historiens et Géographes*, revue de l'APHG, notamment Suppléments aux n°334, novembre-décembre 1991, et n°335, février-mars 1992.

élèves qui ne poursuivront pas que pour les enseignants eux-mêmes qui en seraient sinon définitivement exclus.

Malgré les tentations répétées — en 1985 et aujourd'hui — de restreindre sa place, le temps présent paraît solidement installé dans l'enseignement. Mais cette position forte ne doit pas cacher les difficultés ou les butoirs auxquels les enseignants se heurtent.

— Il y a, à l'évidence, un décalage de préoccupation, depuis les années 1980, entre la majorité des élèves — une «bof génération» qui paraît reproduite à jet continu — et les enseignants, surtout s'ils ont été eux-mêmes des lycéens des années 1960 très concernés par l'actualité du monde et frustrés, sur ce plan, par l'enseignement qu'ils recevaient alors au lycée.

— Cet écart n'est pas qu'un écart de génération. Il est aussi, probablement surtout, culturel et, comme tel, ressenti même par les tout jeunes enseignants, étonnés des résistances éventuelles ou, pour le moins, de l'indifférence qu'ils rencontrent, notamment dans les classes — je pense à celles de G — qui, par leur programme et la latitude dont on dispose, se prêtent le mieux à un effort d'ouverture au temps actuel.

— La pression des médias, télévision au premier chef, s'exerce partout, mais particulièrement sur cette histoire en première ligne du fait de sa proximité et de l'existence d'images. L'enseignant sait bien qu'il doit apprendre à trier et décrypter, mais ce sont moins les erreurs, les manipulations d'opinion ou la contribution à la fabrication d'un état d'esprit qui posent problèmes que tout ce qui caractérise le «système» : la confusion qui mêle l'accessoire à l'essentiel, l'usure rapide de sujets superficiellement traités, la dévaluation du vocabulaire [9], le règne du spectaculaire ou du perpétuellement «nouveau», les modèles proposés et finalement le rythme imposé qui suscite l'oubli aussi vite que l'intérêt. Deux logiques se font face, celle qui joue sur le registre de l'éphémère, de l'émotion, de la vue et de l'oreille à capter et celle qui mise sur l'apprentissage, la réflexion, la continuité, l'une qui fabrique de l'événement et transforme l'histoire en fiction, voire en marchandise, l'autre qui restitue l'événement dans le temps, est gardienne de la mémoire collective et voudrait forger les acteurs responsables de l'histoire future.

---

9. Et dévaluation du mot «événement» lui-même comme le fait remarquer Maurice Crubellier, *La mémoire des Français. Recherches d'histoire culturelle*, Paris, Henri Veyrier, 1991, p. 319.

— L'enseignement de l'histoire a une responsabilité civique, d'autant plus grande que la transmission entre générations ne joue plus le même rôle par suite de l'éclatement des familles, de la mobilité géographique qui éloigne des grands-parents et dissout l'enracinement régional. Or les médias les plus répandus, y compris tout un secteur de l'édition, non seulement imposent leurs stéréotypes et leurs ignorances, inventant «révélations» et sujets «occultés», mais, de plus, piétinent sans retenue la porcelaine de la mémoire collective en ne mesurant les effets de leur action qu'en termes d'audience. Le «parler juste» ne se confond pas forcément avec le «parler beaucoup» ou le «parler fort». En la matière, contre vents et marées, l'enseignement doit être un garde-fou.

— Un syndrome peut se combattre, mais il peut aussi s'entretenir. L'enseignant a un devoir de discernement. Il est des sujets dont il faut mesurer les effets pervers éventuels. Est-il utile d'évoquer l'existence du «négationnisme» à un public qui l'ignore, comme trop souvent on l'a fait ? Nous savons que le génocide, les camps sucitent de l'intérêt. Sans doute l'air du temps et l'importance légitime que nous leur accordons y sont-ils pour quelque chose, mais nous savons aussi qu'il peut y avoir là quelque chose de trouble, «une part de fascination pour le mal» [10]. On peut séduire avec ce qui pourrait apparaître à quelques uns comme l'interdit et le non-conformiste. Sommes-nous si sûrs de n'avoir aucune part de responsabilité dans la résurgence et la diffusion d'attitudes qui sont en contradiction avec le patrimoine de valeurs que nous entendons transmettre ?

— «C'est à chaque instant que cette “histoire immédiate” encore brûlante nous interpelle à propos des droits de l'homme» peut-on lire dans l'introduction d'un manuel de Terminale [11]. René Girault dit bien qu'elle est «une histoire où morale et politique sont partout en jeu» [12]. Poser un regard critique et assurer la transmission de principes fondamentaux ne va pas forcément sans tension. Ce double souci, civique et scientifique, mérite d'être considéré avec lucidité car cette fonction idéologique ne peut plus être assumée avec la bonne conscience des instituteurs de la IIIe République qui nous sont souvent proposés comme modèles, au moins parce que les guerres coloniales sont passées par là.

---

10. Pour reprendre l'expression de Pascal Ory dans une interrogation identique dans *Les Echos...*, *op. cit.*, p. 47.

11. Editions Istra, collection Paul Wagret, 1989, p. 4.

12. Titre de sa communication dans *Les Echos...*, *op. cit.*, p. 155.

— Une autre tension naît de l'écart entre le souci scientifique et la transmission du savoir qui oblige à trier, à choisir, à schématiser. En enseignant, nous participons à la construction de représentations, à la création d'une mémoire dominante et à la mise en place d'une tradition [13]. Nous sommes aussi des vecteurs de légendaire. Ce trait n'est pas propre à l'histoire du temps présent. Mais sans doute prend-il chez elle, qui touche à une mémoire en formation, une acuité plus grande que pour d'autres périodes où les enjeux sont moins immédiatement perceptibles.

Enfin, comment ne pas évoquer le curieux retournement de perception qui affecte cette histoire et son enseignement ? Il me semble qu'elle subit un changement de statut qui mérite d'être pris en compte. Sa diffusion tout au long du cursus des études et l'usage massif qu'en font les médias, sa banalisation en un mot, conduisent à la considérer comme, finalement, la plus simple, comme si, avec l'éloignement chronologique, les difficultés s'accroissaient. C'est la rançon du succès. L'histoire qui apparaît aujourd'hui comme la plus accessible et la plus facile est celle que sa proximité même faisait considérer naguère comme la plus délicate à élaborer et à enseigner ...

Serge Klarsfeld : la justice et l'histoire du temps présent

La forme d'engagement que je vais évoquer est le fruit d'une expérience personnelle qui a consisté à avoir recours à la justice pour mettre au jour un certain nombre de faits historiques encore mal connus concernant, entre autres, l'histoire du régime de Vichy et notamment son action anti-juive qui représente un élément essentiel de l'histoire du temps présent.

Lorsque nous avons mené une action en Allemagne pour y faire juger les responsables encore impunis de la mise en œuvre de la *«solution finale»* en France, nous nous sommes rendus compte que rien n'avait encore été écrit concernant la participation de Vichy à la *«solution finale»*. Autour de nous, tandis que nous menions campagne en Allemagne, se sont groupés les enfants des déportés

13. Voir à ce sujet Henry Rousso, «Pour une histoire de la mémoire collective : l'après-Vichy», *Les Cahiers de l'IHTP*, 18, juin 1991.

juifs. Ceux-ci se sont efforcés de faire entrer dans l'histoire de France et dans son enseignement un certain nombre de faits qui ne s'y trouvaient pas encore. Par exemple nous avions constaté — c'était au milieu des années soixante-dix —que dans les manuels du secondaire, aucune mention n'était faite de la participation de Vichy aux arrestations et aux livraisons de Juifs aux nazis. Aucune mention non plus du fait, unique dans l'histoire de l'Europe hitlérienne, que plusieurs milliers de Juifs de la zone «libre» avaient été livrés par le gouvernement de Vichy à l'occupant nazi pour être déportés.

Nous avons alors décidé de recourir à la justice pour faire connaître la vérité historique et délibérément, en toute lucidité, nous avons déclenché un certain nombre d'affaires judiciaires — en nous assurant au préalable que les charges seraient suffisantes pour obtenir la condamnation des organisateurs allemands de la *«solution finale»* en France. Après avoir obtenu satisfaction sur ce point, nous avons mis en route d'autres affaires, en particulier des affaires mettant en cause, à travers les personnages visés, les institutions auxquelles ils appartenaient. Il s'agissait des cas de René Bousquet, chef de la police de Vichy ; de Jean Leguay, son délégué en zone occupée qui avait négocié l'organisation des rafles ; de Maurice Papon, exemple représentatif de l'administration préfectorale. Nous avons pensé qu'en déclenchant ces affaires, grâce à l'effet médiatique, nous allions pouvoir mettre en lumière des faits historiques enfouis. Dans cette entreprise, nous avons été épaulés par l'intérêt croissant qui s'est manifesté au sein de l'opinion publique pour la politique anti-juive de Vichy. Parallèlement, depuis 1972, une autre affaire se déroulait dont nous n'avions pas pris l'initiative : l'affaire Touvier derrière laquelle on pouvait dégager le rôle de la Milice.

Par ailleurs, nous avons consacré beaucoup d'efforts en vue de réunir un maximum de documentation. Il nous semblait par là continuer les efforts entrepris par la communauté juive elle-même au moment où elle risquait d'être anéantie. C'est en 1943, en effet, qu'a été créé le Centre de documentation juive contemporaine, et les membres de ce Centre ont commencé dès cette date à réunir des documents. En 1944 ils se sont saisis, avant les archives officielles, des dossiers de la Gestapo — en particulier ceux relatifs au service des Affaires juives en France. Ils ont pu également acquérir un certain nombre de documents du tribunal de Nuremberg. Tous ces documents sont accessibles aux chercheurs, sans entraves, depuis 1945, ce qui est exceptionnel.

Nous étant constitués partie civile dans toutes les affaires que nous avons déclenchées concernant aussi bien les complices français de la *«solution finale»,* que les responsables allemands — tel Klaus Barbie ou Aloïs Brunner —, nous avons eu accès à un certain nombre d'archives et nous avons pu faire saisir celles se rapportant aux affaires en cause. Nous en avons alors publié le contenu, les rendant accessibles aux historiens et aux chercheurs. Il s'agissait surtout d'archives provenant des tribunaux militaires (détenteurs de documents liés aux procès des criminels allemands), de la Préfecture de police, de la Délégation générale du ministère de l'Intérieur dans les territoires occupés, du ministère de la Justice. Nous avons ainsi, me semble-t-il, contribué à la connaissance et à l'écriture de l'histoire du temps présent en jouant ce rôle de découvreur de documentation par l'intermédiaire des actions en justice que nous avons menées.

S'agissant des décisions judiciaires proprement dites, nous avons obtenu satisfaction du côté allemand. Du côté français, nous sommes toujours dans l'attente, mais nous sommes convaincus qu'il est possible de juger sereinement, grâce notamment à notre connaissance maintenant bien documentée de la politique anti-juive du régime de Vichy — à la différence de ce qu'on savait sur ce sujet à la Libération. C'est en tout cas le vœu des familles des déportés : pour elles, la meilleure façon de rendre hommage à leurs disparus, c'est de contribuer à l'établissement de la vérité sur le destin qui a été le leur.

Pierre Vidal-Naquet : l'engagement de l'historien

L'engagement de l'historien, c'est l'engagement d'*un* historien. Il n'y a pas d'engagement de l'historien en soi. Tout témoignage dans ce domaine est fatalement individuel, et ce sera naturellement le cas du mien.

Le mien ? Celui d'un homme qui atteint peu à peu la maturité à partir de 1944, à partir de la Libération — suivie du retour et du non-retour des déportés. Formé par quoi ? Par la Seconde Guerre mondiale, tout simplement. Par l'expérience vécue de cette affaire tragique, mais simple : on était d'un côté ou de l'autre ; on se posait peu de questions, il y avait le bien et le mal. En deçà ou au-delà, comme on voudra, il y avait l'histoire qu'on m'avait enseignée, au lycée, mais plus encore à la maison.

Autant que la Seconde Guerre mondiale, l'Affaire Dreyfus a été pour moi une matrice (Jean-Pierre Azéma). Au moment de l'Affaire, les historiens étaient intervenus en tant que tels, sans qu'il y ait de distinction à faire entre les médiévistes, les contemporanéistes et même les spécialistes de l'histoire ancienne. J'ai essayé de me souvenir de cette donnée lorsque j'en ai pris conscience. Si la grande *Histoire de l'Affaire Dreyfus* est l'œuvre d'un homme politique, Joseph Reinach, son frère Théodore, spécialiste de l'antiquité en écrivit une petite et des chartistes — Arthur Giry, Paul Meyer — ont joué un rôle fondamental tant dans l'analyse de l'écriture du «bordereau» et de son attribution à Esterhazy, que dans la découverte du «faux Henry». C'est un philosophe — il s'appelait Jean Jaurès — qui, alors, a écrit ce petit livre d'histoire du temps présent, qui reste à mon sens un chef-d'œuvre, et qui s'appelle *Les Preuves.* Il y eut donc l'Affaire, mais il y eut aussi, découvert en 1942, l'article de Chateaubriand dans le *Mercure* du 4 juillet 1807 : «Lorsque, dans le silence de l'abjection, l'on n'entend plus retentir que la chaîne de l'esclave et la voix du délateur, lorsque tout tremble devant le tyran et qu'il est aussi dangereux d'encourir sa faveur que de mériter sa disgrâce, l'historien paraît, chargé de la vengeance des peuples...C'est en vain que Néron prospère...Tacite est déjà né dans l'empire». Je ne suis pas Tacite, assurément mais cette lecture m'a marqué pour la vie.

Au lendemain de la Libération, en 1946, je lus publié aux éditions Franc-Tireur, *L'étrange défaite* de Marc Bloch, premier livre d'histoire, premier livre d'historien, à m'avoir marqué. C'est dans Marc Bloch que je découvris pour la première fois le nom de Marx comme historien : «L'homme était, je le crains, insupportable ; le philosophe, moins original, sans doute, que certains n'ont prétendu le dépeindre. Comme analyste social, nul n'eut plus de puissance. Si jamais les historiens, adeptes d'une science renouvelée décident de se donner une galerie d'ancêtres, le buste barbu du vieux prophète rhénan prendra place, au premier rang, dans la chapelle de la corporation». Marc Bloch nous apprenait qu'un historien pouvait effectivement écrire l'histoire du temps présent. Il nous apprenait aussi que la froideur de l'historien n'était pas inconciliable avec un certain nombre de valeurs. L'engagement de Marc Bloch dans la Résistance était à cet égard exemplaire. Lorsque, en 1990, je lus le livre de Jean-Louis

Crémieux-Brilhac, *Les Français de l'an 40*, je dis à son auteur que le plus beau compliment que je pouvais lui faire était de lui dire que son livre était en somme un immense développement, une immense justification de *L'étrange défaite.*

Nous sommes donc dans les années 1944-1946 et c'est le moment où se posent pour chacun de nous des questions décisives. La guerre froide se profile à l'horizon, tandis que j'achève mes études secondaires. Parmi ces questions, celle de l'engagement. Etant athée, un peu par tradition familiale, il aurait été normal que je me retrouve plutôt dans Sartre ou même éventuellement dans le marxisme communiste qu'ailleurs. Il se trouve que j'ai effectivement lu le premier numéro des *Temps modernes*, avec la «Présentation» de Sartre sur l'engagement, et aussi, d'ailleurs un article de Raymond Aron sur le procès Pétain (puisque Sartre et Aron étaient alors tous les deux au comité de rédaction de la revue). Il se trouve que cet engagement sartrien n'a pas été tout à fait le mien dans la mesure où pour des raisons familiales, la revue à laquelle je m'identifiais ce n'était pas les *Temps Modernes*, c'était *Esprit* (une affaire liée à des rencontres familiales avec Emmanuel Mounier). Lorsque je parlais à l'époque de l'engagement, c'était en pensant à une formule d sur «l'intelligence engagée, dégagée». C'est-à-dire qu'il y avait les deux, il y avait à la fois l'engagement et il y avait le dégagement, le fait qu'il fallait prendre de la distance. Il y avait bien sûr la guerre froide qui nous sommait de prendre position. Je dirais que quelques amis, dont Pierre Nora par exemple, et moi nous étions passionnément ennemis de la guerre froide, c'est-à-dire que nous la refusions en bloc, avec une sorte de refus foncier de ce que Raymond Aron appelait le grand schisme. Nous n'étions pas communistes. Pourquoi est-ce que je n'ai pas comme tant d'hommes de ma génération adhéré au parti communiste ? Et bien ce n'était pas seulement à cause d'*Esprit* et des *Temps Modernes* c'était aussi tout simplement à cause de la lecture de Trotsky et de la version trotskyste des événements soviétiques, dont je ne prétends pas que ce soit une version irrécusable, mais qui en tous les cas me détourna à jamais de la lecture stalinienne.

De même, un peu plus tard, au moment des grands procès de l'Europe de l'Est, la lecture de l'article de Fejtö dans *Esprit*, en novembre 1949, a été pour moi un moment décisif, ainsi d'ailleurs que la lecture minutieuse du *Livre bleu hongrois* sur l'affaire et, tandis que Julien Benda par exemple, condamnait Rajk au nom de l'Affaire Dreyfus, pour ma part, j'innocentais Rajk au nom de l'Affaire Dreyfus comme le faisait Fejtö, ce qui montre que l'Affaire Dreyfus peut servir à beaucoup de choses, y compris à écrire des bêtises comme il m'est arrivé d'en écrire moi-même.

Mais que l'historien doive être engagé, cela m'apparaissait comme une évidence absolue, et je me souviens avoir cité dans une composition, en première (c'était en 1945-1946 dans un devoir sur Michelet), une phrase d'Henri Marrou que j'avais extraite d'un *Cahier du Rhône* sur Bergson. Et cette phrase de Henri Marrou, j'ai pu encore la citer le jour de ma soutenance de thèse en 1974. Elle m'a fourni ma conclusion : «Le travail historique n'est pas l'évocation d'un passé mort mais une expérience vivante dans laquelle l'historien engage la vocation de sa propre destinée».

C'est cela qui m'a animé au cours des combats de la décolonisation qui n'étaient pas pour moi mêlés de façon trop étroite au combat de la guerre froide. Jeune étudiant, j'ai été un adversaire de la guerre d'Indochine, mais je n'étais pas un partisan du système qui allait s'installer en Indochine. J'ai été un adversaire de la guerre d'Algérie, et je n'étais pas obligatoirement un partisan du système qui allait s'installer en Algérie, mais je ne le confondais pas non plus,comme tant d'autres, avec le système communiste ; je n'appelais pas les fellaghas les «Viets» comme le faisaient nombre d'officiers de l'armée française.

Et vous me demandez ce que faisait un historien de l'antiquité là-dedans... Je vous répondrai que le choix pour moi de devenir historien, je l'ai fait de façon consciente en 1948. Celui de devenir historien de l'Antiquité s'est fait un peu plus tard en 1951-1952 et je dirais que, d'une certaine manière, j'ai créé là une sorte de double distanciation. Jeune homme, je voulais faire de l'histoire contemporaine, j'étais passionné par l'histoire contemporaine et je rêvais, en bon antifasciste, de faire une thèse sur la guerre d'Espagne. Or en faisant de l'histoire ancienne je me mettais à distance, même si le premier livre d'histoire ancienne que j'ai publié avec Pierre Lévêque était un livre sur Clisthène c'est-à-dire sur le fondateur de la démocratie athénienne, ce qui n'était pas sans rapport avec mes engagements politiques personnels. En tout les cas, faisant de l'histoire ancienne, j'étais assuré qu'il y aurait un certain nombre de bêtises actualisantes que je ne ferais pas. Réciproquement, les méthodes de l'histoire ancienne, y compris les analyses de type structural, pouvaient éventuellement me servir dans l'étude des faits contemporains. Mais le paradoxe, évident, est que comme contemporanéiste, comme historien du temps présent, j'étais un passionné de l'établissement des faits au sens le plus positiviste du terme, alors que comme historien de l'antiquité je m'occupais des structures, des ensembles et de la longue durée. Il y avait bien tension en moi entre l'historien de l'Antiquité et l'historien du temps présent.

Cet historien du temps présent, il était confronté, tout comme Serge Klarsfeld en d'autres domaines, avec des problèmes judiciaires. Non pas d'ailleurs que la «solution finale» ait été mon premier objet de réflexion. J'ai compris assez tard ce qu'était la solution finale et quelle place elle occupait dans la Seconde Guerre mondiale. Mais il est vrai, en revanche, qu'à la lumière de la Seconde Guerre mondiale, et aussi à partir de l'exemple dreyfusard, je lus et combattis la guerre d'Algérie. Il se trouve même que mes premiers travaux publiés ont été des travaux d'histoire contemporaine. C'est ainsi qu'en 1956, avec Georges Dupeux et François Furet, j'ai collaboré à l'édition d'un tome de l'*Œuvre* de Léon Blum, et qu'en 1958, j'ai publié l'*Affaire Audin*, enquête historico-judiciaire, où je m'efforçai, partant de la source unique que constituaient les procès-verbaux établis par le juge d'instruction et son greffier, de rétablir une vérité que la justice s'efforçait justement de masquer. J'étais donc aux prises avec cette épreuve que Carlo Ginzburg a décrit récemment dans un beau livre qui s'appelle justement *Lo giudice e lo storico* [14]. Il me fallait refaire l'instruction, établir une «vérité historique», à partir d'une «vérité judiciaire» fondamentalement truquée. J'ai eu à ce propos une chance dont peu d'historiens ont pu disposer : celle de pouvoir consulter, prés de trente ans après mon enquête, les archives de l'affaire en question [15]. Là encore un historien n'obtient jamais tout : j'ai demandé à voir les archives du ministère de la Justice, et cette consultation a été riche d'enseignement, mais ce que Robert Badinter m'a libéralement accordé, Charles Hernu me l'a refusé et je n'ai jamais pu savoir quelle vision les services du ministère de la Défense ont eu de l'affaire Audin. Nous le savons bien, «the Foreign office has no secret» ...Tout de même, on aime de temps en temps remonter aux sources primaires.

Telle fut donc — ce n'est là qu'une esquisse — mon itinéraire. Je terminerai en rappelant un mot de Raymond Aron sur Valéry Giscard d'Estaing. Il disait — et Dominique Schnapper m'a confirmé que le mot est authentique : «Ce jeune homme ne sait pas

14. Einaudi, 1990.
15. Voir *l'Affaire Audin*, 1957-1978, Paris, éditions de Minuit, 1989.

que l'histoire est tragique». Il se trouve que moi, je crois que je le sais, et je sais aussi que le mot *histoire* et le mot *tragique* sont des mots grecs, alors peut-être serais-je excusé d'être aussi un historien de l'antiquité ?

Conclusion

Temps présent et présence de l'histoire

François Bédarida

On me permettra d'abord un bref retour aux sources, avant de présenter quelques réflexions tirées de mon expérience d'historien ou inspirées par les études réunies dans ce volume.

Une institution, un itinéraire : l'Institut d'Histoire du Temps Présent

En tête du n° 1 du *Bulletin de l'IHTP* figurait un éditorial que j'avais intitulé fièrement «Un nouvel atelier de Clio». L'heure en effet était à l'esprit créatif, à l'innovation, à l'audace d'une aventure intellectuelle collective. Non que l'IHTP fût le seul à incarner le changement intervenu dans le *Zeitgeist* — ou si l'on préfère le tournant épistémologique — qui caractérise la seconde moitié des années 1970 et qui explique pour une large part sa naissance : le retour en force de l'histoire et de la mémoire, une quête anxieuse d'identité, la crise des paradigmes des sciences sociales, enfin un présent rempli d'incertitudes sur lui-même et sur l'avenir dans un monde qui ne savait plus s'il allait déboucher sur Prométhée ou sur Pandore. Mais, du fait de la haute mission confiée à l'IHTP par les pouvoirs publics — le CNRS en premier lieu, mais aussi le Premier ministre —, une lourde responsabilité lui incombait.

Il est vrai que l'histoire du temps présent, loin de sortir toute armée du cerveau du roi des dieux, s'inscrivait dans une longue tradition remontant à Hérodote et à Thucydide et illustrée encore de façon éclatante en notre siècle par le Marc Bloch de *L'étrange défaite*. Des ancêtres prestigieux, des lettres de noblesse authentifiées sur le territoire de toute l'Europe, un héritage multiséculaire : l'IHTP naissant bénéficiait de la présence de nombreuses fées autour de son berceau.

Malgré tout l'accouchement fut rude et la petite enfance agitée. C'est seulement après plusieurs années que le navire, s'éloignant de la zone des tempêtes, aborda des eaux plus calmes. Toutefois sur la route fixée — et suivie — les soutiens et les encouragements n'ont pas manqué. J'en citerai simplement deux, parce que ces deux-là, en même temps qu'ils me touchaient personnellement, me semblent avoir gardé toute leur portée intellectuelle.

Le premier épisode se situe au moment même de la création de l'IHTP. J'étais alors allé trouver mon maître Ernest Labrousse afin de l'informer et de recueillir ses conseils. Immédiatement il avait applaudi l'initiative du CNRS, me disant avec sa chaleur et son enthousiasme coutumiers : «Voilà qui va faire date : c'est un tournant dans l'historiographie française». Et de me raconter comment lui même avait choisi de traiter au cours d'une Semaine de la pensée marxiste dans les années soixante le sujet «Peut-on faire de l'histoire à chaud ?» — en répondant bien sûr par l'affirmative.

Autre encouragement marquant : celui que j'ai reçu à plusieurs reprises, une fois l'IHTP lancé sur les rails, de la part du grand Arnaldo Momigliano, qui m'avait fait l'honneur de m'accorder son amitié depuis mes années d'Oxford. Esprit extraordinairement fécond à la culture universelle, refusant toute séparation entre la recherche et la vie, entre le travail sur les périodes lointaines et l'expérience vécue du contemporain — lui qui de surcroît avait tant souffert du racisme fasciste et nazi — il s'était montré passionné par la démarche inhérente au travail de l'Institut, la dialectique présent/passé (on a dit de lui que sa devise aurait pu être «le temps retrouvé»). Je me souviens en particulier de notre dernière rencontre peu avant sa mort — en 1985 je crois — à la cafétéria de l'UNESCO, où l'équipe de l'IHTP prenait alors ses repas : tout pétillant d'idées comme à l'accoutumée, il m'avait posé une série de questions sur l'avancement de nos travaux en qui il voyait un retour au socle même de l'historiographie.

C'est bien en effet l'union et l'interaction entre le présent et le passé en quoi réside l'innovation majeure à la base de l'entreprise IHTP. A vrai dire le CNRS renouait par là avec les intuitions si fécondes qui avaient été jadis celles des fondateurs des *Annales*, Lucien Febvre et Marc Bloch. On connaît le mot d'ordre célèbre du premier : «comprendre le présent par le passé et surtout le passé par le présent». Pour le second, c'est «la solidarité du présent et du passé qui est la justification véritable de l'histoire». Ainsi on a vu réapparaître des harmoniques nouvelles au royaume du temps. Mais on a assez parlé de ce binôme dans ce livre pour qu'il soit inutile d'y revenir.

En revanche, ce qui est apparu très vite — par-delà les objections de principe auxquelles il a fallu faire face et qui peu à peu ont, Dieu merci, rendu les armes —, c'est que par nature l'histoire du temps présent est faite de «demeures provisoires», pour reprendre l'expression de saint Augustin. Sa loi, c'est le renouvellement. Son *turnover* s'avère extrêmement rapide. On se consolera toutefois en pensant que ses adeptes ont le privilège d'une source de perpétuelle jouvence.

Pour saisir ce processus difficile à définir et à déchiffrer, le mieux sans doute est de recourir à des images. On songe à ces paysages qui sous des éclairages différents d'intensité, de couleur, de faisceaux lumineux verticaux ou obliques, selon le jour, l'heure, la saison, prennent une configuration autre, avec des visions changeantes des reliefs, des arbres, des villages, de la mer ou des côtes. Autre symbole, emprunté à la Bible celui-là : le buisson ardent. Le livre de l'*Exode* en effet nous dit de la flamme de feu que voit Moïse en descendant de la montagne : «le buisson était en flammes et le buisson ne se consumait pas». Mais la figure que je préfère, c'est celle du palimpseste : le temps présent se réécrit indéfiniment en utilisant le même matériau, à coup de corrections, d'ajouts, de révisions — une figure qui s'inscrit au coeur du processus de réécriture sur lequel insiste Paul Ricœur.

J'en arrive maintenant aux trois lignes de réflexion sur lesquelles je voudrais mettre l'accent. Ce sont là trois directions, ou trois leçons, pour l'histoire du temps présent auxquelles je tiens, et que l'équipe de l'IHTP m'a souvent entendu rabâcher. Ces réflexions tournent autour de trois couples : histoire et vérité, histoire et totalité, histoire et éthique.

Histoire et vérité

Histoire et vérité : noble et redoutable ambition. La vérité du passé, la vérité du présent : n'y a-t-il pas là une aporie ? Le métier de l'historien se prête-t-il en lui-même à la connaissance de la vérité ? Peut-on atteindre celle-ci ou doit-on se résigner à rester à distance, incapable de la saisir, encore moins de la cerner ? Des générations d'historiens et de philosophes se sont heurtés à cette lancinante interrogation. Qui d'ailleurs parmi nous oserait proclamer qu'il détient la vérité historique, alors qu'en principe elle est notre but et notre guide ?

Néanmoins, et sans tomber, je l'espère, dans l'*ubris*, je maintiendrai hautement que la quête de vérité doit rester envers et contre tout — et explicitement affirmée — la règle d'or de tout historien digne de ce nom. L'alpha et l'oméga du métier. Même si chacun d'entre nous sait qu'il n'arrivera jamais à maîtriser cette vérité, mais seulement à l'approcher. Flamme tremblotante et fragile dans la nuit, mais brillant malgré tout pour éclairer notre route et sans laquelle nous serions plongés dans les ténèbres.

En fait la vérité de l'histoire provient de l'interface entre les composantes du passé tel qu'il nous est parvenu à travers ses traces documentaires et l'esprit de l'historien qui le reconstruit et cherche à lui conférer une intelligibilité. Il y a donc nécessairement corrélation et réciprocité entre le sujet et l'objet. Comme l'explique lumineusement Henri Marrou, (qui fut aussi l'un de mes maîtres), «la valeur de l'histoire repose sur l'intégrité intérieure de l'historien, sa passion ardente, sans partage, pour la vérité» [1].

Mais ici on se cogne immédiatement à l'épineuse question de l'objectivité. Bien sûr tout le monde reconnaît que l'objectivité absolue n'existe pas. Et on a lu Raymond Aron qui sous-titrait sa thèse «Essai sur les limites de l'objectivité historique». On est loin aujourd'hui de la conception singulièrement réductrice des positivistes pour qui l'objet historique était donné en quelque sorte à l'avance et en soi, ce qui ferait que l'historien ne construirait pas l'histoire, mais simplement la retrouverait telle qu'elle a jadis existé. Il n'empêche : la difficulté reste réelle, et il serait vain et malhonnête de l'esquiver.

On me permettra ici de citer ma propre expérience, compte tenu de la distance qui sépare mon entrée dans la carrière et le moment actuel ainsi que de l'écart intellectuel entre cet hier et aujourd'hui. J'appartiens à une génération formée à la discipline historique sous une double influence : celle des *Annales*, celle de l'existentialisme alors triomphant. Or la critique anti-positiviste des premières n'a cessé, avec une belle vigueur, de dénoncer le fétichisme du fait, en mettant l'accent sur le rôle joué par la personne de l'historien dans la construction de l'objet historique. D'autre part, dans les belles

1. Henri Irénée Marrou, «Comment comprendre le métier d'historien», *L'histoire et ses méthodes*, Paris, Gallimard, Encyclopédie de la Pléiade, 1961, p.1523.

années de l'existentialisme au lendemain de la guerre, la méthode phénoménologique tendait à affirmer le caractère illusoire du concept d'objectivité, dans la mesure où pour elle toute réalité, au lieu d'exister en soi, est saisie par et à travers une conscience. En d'autres termes on ne peut pas dire un objet sans dire en même temps qui l'appréhende et comment il l'appréhende. Dès lors il devient impossible de séparer l'objet du sujet.

C'est avec cette vision, où était reconnue franchement et pleinement — et même parfois cultivée — la part de la subjectivité de l'historien dans l'histoire qu'il produit, qu'a travaillé pendant des années ma génération. Certes il y a là un acquis épistémologique majeur, sur lequel on ne saurait revenir. Mais l'expérience des falsifications historiques (tant à l'Ouest qu'à l'Est) que j'ai rencontrées dans le cadre de mon activité à l'IHTP et les leçons que j'en ai tirées m'ont conduit non seulement à revenir sur un certain dédain que nous avons pu exprimer naguère envers la notion de fait, mais plus encore à réévaluer en hausse le concept d'objectivité.

Deux expériences, très différentes, m'ont ainsi questionné, m'exhortant avec force à ne pas jeter le bébé-objectivité avec l'eau du bain positiviste. Le premier épisode se situe à Varsovie, en plein régime communiste, juste avant la naissance de *Solidarnosc*. Me trouvant l'invité d'une brochette d'historiens de la *nomenklatura* pour un déjeuner plutôt somptueux — ce fut le seul de mon séjour — au palais de Wilanow, lieu des fastes et des réceptions, l'un d'eux m'interpella à brûle-pourpoint en ces termes : «Qu'est-ce que c'est pour vous que l'objectivité ? Quel sens a-t-elle vraiment et même peut-elle exister ?». Je dois dire que face à ces quatre historiens-apparatchiks j'ai vite rentré mon discours d'intellectuel libéral d'Occident sur la dépendance de l'histoire à l'égard de l'historien.

L'autre expérience se situe un peu plus tard. C'est la rencontre du phénomène négationniste, — ce qu'on pourrait appeler le stade suprême du falsificationnisme : soit que l'on tente de dissoudre purement et simplement les faits les mieux établis, à coup d'arguties et de contorsions de langage et en faisant appel à une méthode hypercritique poussée aux extrêmes ; soit que l'on préfère nier en bloc tout l'acquis de la recherche historique en invoquant un gigantesque complot stalino-capitaliste machiné par les Juifs.

Je reconnais que sur ce terrain j'ai évolué sous la pression de l'histoire et de l'événement. Assurément nous avons à renouveler notre réflexion sur la notion de fait — expédiée un peu à la légère dans la foulée d'une réaction, par ailleurs saine et utile, contre un positivisme plat — en l'articulant mieux dans notre échafaudage méthodologique. Quant à l'objectivité, au lieu de la reléguer comme avant au rang de parent pauvre, et tout en reconnaissant que l'historien n'est jamais neutre, il importe de lui restituer toute sa dignité, en lui conférant par exemple le statut de ce que Sartre appelait un «mythe régulateur».

En réalité la vérité historique procède d'un mélange complexe d'objectivité et de subjectivité dans l'élaboration du savoir, le degré d'objectivation dépendant pour une large part du domaine d'application, depuis les événements simples et bien fixés, en quelque sorte à l'état brut, tels que l'invasion de la Pologne par les troupes allemandes le 1er septembre 1939 ou le discours de la reine d'Angleterre devant le Parlement européen à Strasbourg le 12 mai 1992, jusqu'aux architectures les plus sophistiquées : phénomènes de représentation, typologies, modèles, types-idéaux ...

D'où la nécessité de distinguer des niveaux de vérité historique, comportant des degrés d'approximation plus ou moins grands et des étages différents de certitude, mais où le même appel vers les cimes doit toujours retentir dans la conscience de l'historien.

Histoire et totalité

Deuxième ligne de réflexion qui me tient à cœur : l'histoire et la globalité. Depuis trois décennies environ l'historiographie a vu son champ s'élargir, s'enrichir, s'approfondir de manière prodigieuse. Avènement de secteurs entièrement neufs, multiplication des sources, diversification des approches et des questionnements, tout a concouru à un nouveau paysage historien. Ajoutons, en ce qui concerne l'histoire du temps présent, la complexité croissante du réel dans le monde contemporain, ce qui complique comme à plaisir la tâche du chercheur, tout en venant renforcer le processus général de sophistication croissante de la connaissance historique.

Or ces avancées, positives dans l'ensemble, ne vont pas sans effets pervers. D'abord, plus on accroît le nombre des facteurs, plus la parcellarisation progresse, et plus il devient difficile de trouver un principe unifiant. D'autre part la tendance dominante s'est déplacée du global vers le particulier, du social vers l'individuel, de la macro-histoire vers une myriade de micro-éléments. D'où une histoire en grande partie éclatée. A ce compte-là le territoire de l'historien ne risque-t-il pas de ressembler à une mosaïque ?

D'où aussi, à la faveur de l'anti-déterminisme et de l'anti-idéologisme ambiant, une histoire en forme de point d'interrogation plutôt qu'une histoire proposant des réponses. Pour employer une image, si l'on compare le domaine du passé — passé proche ou passé lointain — à un grand domaine avec son château, son parc, ses dépendances, je dirais qu'au lieu d'une grosse clef ouvrant le portail et donnant accès au domaine, ce qui permettait à l'historien de circuler dans le château, les dépendances, les bâtiments d'exploitation, la ferme, selon un ordre bien hiérarchisé, on a maintenant une série de petites clefs qui chacune ouvre une pièce individuelle d'un appartement, ou encore des morceaux de communs, ou des petites bicoques isolées, sans accès à l'ensemble. A fortiori quand cette histoire éloignée des continuités et des constantes se tourne vers une temporalité proche, chaude, parfois brûlante, dans des sociétés en changement rapide, bousculées par les accélérations du présent.

Certes nous voilà riches d'une histoire fascinante, chatoyante, sans doute beaucoup plus passionnante que celle qui l'a précédée, mais quelque peu désarticulée, car la dérégulation y a remplacé la régulation d'antan. Une histoire où la recherche d'identité tend à remplacer la recherche d'explication, tandis que s'accroissent les zones d'incertitude. Or deux problèmes cruciaux restent posés : le problème de la cohérence et du sens ; le problème de la globalité.

Voici près de trente ans j'avais écrit un article intitulé «L'historien et l'ambition de totalité». Là-dessus je n'ai pas changé — quitte à paraître vieux jeu. Le danger du kaléidoscope n'est point imaginaire. Sans aller jusqu'à soutenir avec Marc Bloch que la seule histoire véritable est l'histoire universelle [2], je pense qu'il y a lieu d'opérer un redéploiement sur le territoire de Clio, en écoutant les appels lancés jadis par les *Annales* pour une histoire restituée à sa totalité. Dans un de ses derniers écrits Jean Bouvier, toujours soucieux de comprendre la dynamique d'ensemble, a mis en garde contre «la multiplication concurrentielle des curiosités, des objets et des sentiers de l'histoire», nullement synonyme, ajoutait-il, de recherche de la totalité [3]. De son côté Pierre Vilar affirme (et je le rejoins tout à fait) : «Toute histoire "neuve"

---

2. Marc Bloch, *Apologie pour l'histoire*, Paris, A. Colin, 1949, p.15.

3. Jean Bouvier, «Post-scriptum» in P. Fridenson et A. Straus (dir.), *Le capitalisme français XIX°-XX° siècle*, Paris, Fayard, 1987, p.402.

privée d'ambition totalisante est une histoire d'avance vieillie» [4]. Avis aux praticiens du temps présent !

C'est pourquoi, si l'on veut échapper au risque actuel d'émiettement, il est urgent à mon sens de recentrer la recherche vers des problématiques plus globales, génératrices de schémas explicatifs capables de répondre à la quête de sens de nos contemporains. Tout au long de son oeuvre Lucien Febvre a plaidé pour l'histoire-problème. Il y a un siècle Lord Acton donnait déjà ce conseil à ses étudiants de Cambridge : «Etudiez des problèmes et non des périodes». Telle est la voie du salut pour l'histoire du temps présent comme pour toute la discipline historique.

Histoire et éthique

J'en arrive ainsi à mon troisième point sur les choix moraux de l'historien. Si l'histoire — nous en sommes tous d'accord — n'a vocation à être ni un tribunal ni une estrade de distribution des prix, le problème des valeurs et de la relation entre science et éthique ne s'impose pas moins d'emblée. Comment construire une histoire du temps présent sans du tout juger, alors même que cette histoire se définit par rapport à un avenir autant que par rapport à un passé ?

Non seulement derrière nos sujets les plus brûlants — la torture, le génocide, le goulag, le totalitarisme —, mais à propos de nos enjeux ordinaires, tels que l'histoire de la santé et du sida, celle des rapports homme/femme, l'histoire de la prison ou celle de la démocratie, nous ne cessons de nous référer à des valeurs et à des normes, porteuses elles-mêmes, qu'on le veuille ou non, de sacré. Si, après qu'on nous a annoncé «la mort de Dieu», notre univers est celui de la «mort de l'homme», alors que signifient les droits de l'homme ? Face à cette lèpre sur le corps de l'humanité que constituent, aujourd'hui comme hier, le racisme et l'antisémitisme, l'historien ne saurait se soustraire à sa responsabilité morale en tant que personne et en tant que citoyen.

On pourrait lui appliquer le propos humoristique de Georges Canguilhem sur les choix auxquels est confronté le savant. «Quand on sort de la Sorbonne par la rue Saint-Jacques, explique-t-il, on peut monter ou descendre ; si on va en montant, on se rapproche

4. Pierre Vilar, *Une histoire en construction*, Paris, Gallimard/Seuil, 1982, p.425.

du Panthéon qui est le conservatoire de quelques grands hommes, mais si l'on va en descendant, on se dirige sûrement vers la Préfecture de Police» [5].

Rappelons-nous que Jaurès — qui n'avait rien d'un esprit spécialement moralisateur — a tenu, dans la préface à son histoire de la Révolution française, et au risque de déconcerter certains lecteurs, à mettre son oeuvre «sous la triple inspiration, dit-il, de Marx, de Michelet et de Plutarque». Tandis que le patronage de Marx et de Michelet relève d'une logique évidente, la présence de Plutarque dans la trilogie traduit bien la dimension éthique que contient la démarche historique.

Autrement dit, si l'historien se doit de pratiquer une distanciation critique vis-à-vis de son objet d'étude et d'opérer avec discernement et acribie, il ne saurait pour autant être neutre. Ce serait plus qu'une esquive : une démission. Car chez lui il n'existe qu'une conscience et une seule : sa conscience d'historien, c'est sa conscience d'homme. Et selon la parole de Rabelais qu'on ne répétera jamais trop en raison de sa portée permanente et universelle, «science sans conscience n'est que ruine de l'âme».

De là faut-il aller jusqu'à parler comme certains de «magistère social» ? Ce serait sans doute faire preuve de beaucoup de présomption. Pour ma part je me contenterais d'expressions telles que la *fonction sociale* de l'historien ou sa *responsabilité dans la société*. D'autant qu'en fin de compte l'exigence éthique se manifeste plus encore dans sa démarche que dans le contenu de son discours historique.

En revanche, je tiens qu'à la demande sociale qui s'exerce sans relâche sur les historiens, en particulier sur ceux du temps présent sollicités par la conscience hautement historisée de nos contemporains, il convient de répondre sans hésitation, hardiment, mais en toute indépendance et bien sûr en respectant scrupuleusement les règles du métier — sans redouter le champ médiatique, mais aussi sans le chercher. Loin des dérives de je ne sais quel pilotage par l'aval, l'expérience de l'Institut d'histoire du temps présent me paraît à cet égard probante. Quant au cas tout récent de la commission historique à laquelle j'ai participé sur l'affaire Touvier, il me confirme tout à fait dans ma conviction.

---

5. Georges Canguilhem, *Etudes d'histoire et de philosophie des sciences*, Paris, Vrin, 1970, p.380.

Prégnance de l'histoire et présence de l'historien

Je conclurai en tentant d'allier ambition et modestie. Car cette histoire que nous nous efforçons de constituer en savoir et dont nous cherchons à pénétrer le sens afin de baliser notre route, ne nous donne-t-elle pas souvent le sentiment, en dépit de tout notre attirail d'instruments sophistiqués, de se dérober au fur et à mesure que nous l'appréhendons ?

Entre la réalité et la représentation, entre les taches d'ombre et les zones de lumière, entre l'exigence de la temporalité et le désir d'éternité, notre expérience d'historien n'est-elle pas avant tout celle de l'ambivalence — l'ambivalence d'une histoire douce-amère ?

Pour illustrer cette dualité, je me référerais volontiers à la vision allégorique proposée par l'*Apocalypse*, lorsque celle-ci évoque le petit livre de l'histoire humaine. Il s'agit d'un court passage au livre X, où, en termes d'oracle à la fois mystérieux et symboliques, est décrite, comme une révélation, la double relation de l'homme à l'histoire : besoin et appétit d'un côté au point de la dévorer, de l'autre malaise et incertitudes dans lesquelles plonge le savoir ainsi assimilé.

> *«Et la voix que j'avais entendue venant du ciel*
> *me parla de nouveau et dit :*
> *Va, prends le livre ouvert dans la main de l'ange*
> *qui se tient debout sur la mer et sur la terre.*
> *Je m'avançai vers l'ange et le priai*
> *de me donner le petit livre.*
> *Il me dit : Prends et mange-le.*
> *Il sera amer à tes entrailles,*
> *Mais dans ta bouche il aura la douceur du miel.*
> *Je pris le petit livre de la main de l'ange,*
> *et le mangeai.*
> *Dans ma bouche il avait la douceur du miel,*
> *Mais quand je l'eus mangé, mes entrailles*
> *en devinrent amères.»*

Tentons de déchiffrer. Sans oublier qu'il y a là une figure religieuse classique — le livre de la révélation tendu du ciel vers la terre (ce sont les armes mêmes de la Sorbonne) —, sans méconnaître non plus le fait que le texte appelle une autre lecture, de l'ordre du surnaturel, je me contenterai ici d'en proposer modestement une interprétation littérale et profane — les exégètes voudront bien me pardonner. Ma lecture sera même doublement profane, puisque d'une part je n'ai aucune compétence en matière d'exégèse biblique et d'autre part je me place délibérément dans une perspective d'histoire séculière.

De ce point de vue la signification symbolique du texte apparaît assez clairement, en deux temps contrastés. D'abord, à se nourrir avec délectation du petit livre de l'histoire humaine, on éprouve la joie de découvrir, de connaître et de comprendre ainsi le sens de cette histoire : d'où le plaisir de la bouche, à vrai dire fugace et périphérique. En même temps on ne peut s'empêcher de ressentir insatisfaction, et même angoisse, au plus intime de l'être — c'est l'amertume des entrailles —, tant le discours historique génère des points d'interrogations laissés sans réponses (même s'il apporte beaucoup de réponses), tant l'histoire, dans sa dimension pascalienne, sécrète d'anxiété et de vertige devant les avatars, passés ou présents, de l'homme en société [6].

Reste que l'ambivalence de la discipline historique, une fois reconnue et située, ne doit pas nous démobiliser. Bien au contraire, elle doit agir comme un stimulant, en vue de relever les défis de notre temps.

Nous savons que l'histoire du temps présent, plus que toute autre, est par nature une histoire inachevée : une histoire en continuel mouvement reflétant les bouleversements qui se déroulent sous nos yeux, et par là objet d'un renouvellement sans fin. Par elle-même, d'ailleurs, l'histoire ne peut se terminer. C'est pourquoi on doit affirmer bien haut, à l'encontre de telle théorie à la mode qui voudrait nous persuader que nous avons atteint une ère de stabilité et un stade d'accomplissement, qu'il n'y a pas de fin de l'histoire — sauf catastrophe cosmique.

Qui soutiendrait de surcroît que l'homme est jamais accompli ? Ce qui fait la grandeur de l'histoire, loin qu'elle se limite à un simple objet de connaissance, c'est qu'elle est attente d'une réponse : attente tantôt confiante tantôt anxieuse de la réponse à la question qui surgit à chaque époque et qui assaille chaque génération : comment nous situer dans notre devenir ? Comment déterminer notre place par rapport à notre présent ? Car, si nous sommes, comme l'a écrit magnifiquement Jaspers, «des hommes

---

6. Nicolas Berdiaev écrit pour sa part à propos du temps qui distille la nostalgie : «L'écoulement du temps frappe le coeur de l'homme de désespoir, emplit son regard de tristesse», *Solitude et société*, p.134.

qui ouvrons les yeux pour participer à la réalité historique» alors «plus nous comprenons ce qu'elle est, plus nous éprouvons le besoin de la chercher» [7]. Y a-t-il plus belle ambition et plus belle mission pour l'historien du temps présent ?

7. Karl Jaspers, *Origine et sens de l'histoire,* trad. fr., Paris, Plon, 1954, p.293.

INDEX DES NOMS CITES

Table des matières

L'approche historiographique

Le poids de la mémoire

II - Les grands enjeux de notre temps

Deuxième partie

FAIRE L'HISTOIRE DU TEMPS PRESENT

I - Champs de recherche : renouvellement et innovation

II - Histoire et sciences sociales

III - La «demande sociale» et l'engagement : table ronde

Conclusion

Achevé d'imprimer en septembre 1993
dans les ateliers de Normandie Roto Impression s.a.
à Lonrai (Orne)
N° d'imprimeur : I3-1968
Dépôt légal : octobre 1993